KB058616

한국의 명가

근대편 1

대한민국을 만든 165인의 인생 이야기

한국의 명가

근대편 1

김덕형 지음

21세기북스

개정판 서문

『한국의 명가』「근대편」은 필자가 올챙이 신문기자 시절 개항 이래 100년간 100여 한국의 대표적 인물을 그 후예와 자취로 추적해 쓴 책이었다. 따라서 이 책은 필자의 미진한 필력에도 불구하고 수록된 인물들의 걸출한 비중 탓으로 근대한국 인물 탐구에 빠질 수 없는 주요 자료로 인식되어 온 것이 사실이다.

한국과 공산권의 교류가 꽉 막혀 있던 1970년대 냉전체제 시절 모스크바 주재 일본《마이니치신문》요시오카 특파원이 필자를 찾아와 모스크바 국립도서관에서 『한국의 명가』를 찾아내 한국 인물 취재 자료로 삼았다고 감회 어린 소식을 알려주기도 했다. 또 어느 한국계 미국인 한국학 연구자가 이 책을 들고 찾아와 담론을 나눈 일도 잊지 못할 추억거리다.

이런 특이한 인연 탓인지 30여 년간 신문기자 생활을 하면서 틈틈이 낸 책 중에서도 『한국의 명가』는 특별한 애착을 지닌 저서로 꼽게 된다. 그러는 사이 1972년 『한국의 명가』 집필을 시작한 지 어느덧 한 세대를 훌쩍 지나 당시 30세이던 필자의 나이도 칠순을 맞게 되었으며, 『한국의 명가』「현대편」을 이어서 집필하게 된 2011년이 바로 광복 66주년을 맞는 해이기도 했다.

이제는 근대에 살았던 『한국의 명가』 주역들에 더해 광복 이후의 현대

인물들로 그 맥을 이어가야 할 시점이라고 생각하여 《주간조선》에 집필을 자청, 다시금 1년간 『한국의 명가』 「현대편」을 연재하는 행운을 누리게 된 셈이다. 초년기자 시절 2년간 집필했던 연재물을 한 세대가 훨씬 지나 똑같은 제목의 기획물로 같은 매체에 다시 연재하게 된 경우도 아마 국내외 언론계에 전무한 사례로 꼽힐 것이다.

「현대편」을 집필하면서 그 사이 우선 한글맞춤법부터 적지 않게 바뀐 사실을 새삼 알게 되었으며, 세로쓰기에서 가로쓰기로 보편화되었는가 하면, 한자도 거의 쓰지 않는 시대로 변천한 현실도 깨닫게 되었다. 이러한 급격한 변천 과정 탓에 장구한 세월에 걸쳐 집필되어 온 대하소설 『토지』(작가 박경리는 『한국의 명가』 「현대편」에 수록된 주역 인물이기도 하다)도 근래에 10년간 누락 문장 복원, 표기법 통일 등 대대적인 작업을 통해 오류 2000개를 잡고 『토지』 정본으로 출간되었다.

따라서 이번에 새 시대 추세에 맞춰 『한국의 명가』 「근대편」을 현대 맞춤법, 가로쓰기, 한자 괄호 넣기에다 그 내용도 대폭 수정 보완하여 1, 2권 두 권으로 나눠 내는 데다 「현대편」 1권을 보태 모두 세 권으로 내기로 했다. 다만 당시 취재 상황 자체가 역사적으로 보존할 가치가 있다는 생각으로 당시에 썼던 기사 자체(예컨대 주역 인물의 생가 모습이나 등장인물들의 나이)는 그대로 살리기로 했고, 대신 인물 개개인의 달라진 상황에는 '속보(續報)'를 붙여 넣었으며, 앞으로도 계속 관련 사실들을 취재해 보태기로 했다. 특히 이 '속보'는 책 속의 오프라인으로 수록할 뿐 아니라 책 밖의 온라인으로도 계속 연결해 살려 가도록 했다. 이처럼 온라인과 오프라인이 연결된, 살아 생동하면서 끊임없이 이어지는 매체는 아마도 IT시스템이 비로소 가능하게 한 획기적인 뉴미디어의 탄생으로 볼 수 있을 것이다.

『한국의 명가』(책)와 속속 이어지는 온라인의 '속보'는 앞으로 필자가 발행하는 인물 전문 인터넷신문 《People Today》(도메인 등록 완료)에 계속 취재해 수록해갈 계획이다. 온라인 '속보'를 통해 『한국의 명가』는 시시각각 새로운 내용을 다양하게 담아가면서 전 세계에 산재한 독자들에게까지 시공을 초월해 인물 소식을 유감없이 전달하는 유니크한 증보(增補)된 매체로 커나가게 될 것이다.

『한국의 명가』「현대편」(제3권)의 인물 선정 등 집필 방향도 민주주의와 민족주의 기조로 나라와 겨레를 지키고자 한 「근대편」 인물의 틀을 이었으나 이에 더하여 시대 추세에 걸맞은 세계인의 시야로 크게 넓혔다. 아울러 인물 주역은 물론 이들과 관련되는 친지, 가족, 후손들의 증언, 인터뷰, 취재 등 『한국의 명가』「근대편」과 「현대편」에 수록된 실명 인물이 2000여 명에 달해 아마도 인명사전을 제외하면 이 분야에서도 기록적인 저작물로 등재될 수 있을 것이다.

이 책이 나오기까지 애써주신 여러분의 노고가 있었음을 밝힌다. 그 중에도 특히 집필 초기부터 끊임없는 격려와 성원을 해주신 《조선일보》 방우영 고문과 방상훈 사장, 변용식 발행인과 필자의 취재 반려로서 함께한 사진작가 이수완 박사(전 홍익대학교 교수), 출판을 결정하신 21세기북스 김영곤 사장과 출판을 진행해온 양으녕 기획팀원, 그리고 원고의 한자 교열과 IT 집필작업을 도운 아내 윤인희, 두 아들 인태·예진 내외와 인성·나연 내외에게 사의를 표한다.

지은이 김덕형

6

서문

　격동과 충격으로 점철된 근대 한국 100년의 주역, 100여 인을 접하는 2년 동안 필자 역시 근대 한국 100년을 함께 살아온 듯한 긴박한 느낌이었다. 근대사의 특성을 여러 분야, 여러 각도로 규정할 수 있겠으나, 인물사의 관점으로는 케케묵은 '양반(兩班)의 시대'가 무너지고 자유와 평등의 지반 위에 다원화해가는 사회구조의 변동 추세에 따라 '다반(多班)의 시대'를 형성해가는 것이 그 요체가 아닐까 생각한다.

　벼슬길을 따라 '한양(漢陽)의 궁성'으로만 가물가물 이어지던 문무 양반의 단조로운 인물 판도(版圖)가 새 시대에 툭 터진 개화의 소용돌이에 휩싸이면서 정치인·혁명가·군인·학자·문필인 등 다반의 인물평전으로 변혁되었으니, 기껏 왕후장상(王侯將相)의 좁은 테두리로 국한되어온 인물 그룹이 백가쟁명(百家爭鳴)하는 '인물광장(人物廣場)'으로 뒤바뀐 것이다.

　'왕과 나'로 이어지던 고리타분한 사색당쟁의 인맥이 세계를 향한 거대한 인물박물관으로 확산되는 통쾌한 근대의 장(場)에서 장사꾼의 아들이, 또 가난한 농군이나 벼슬길이 막힌 서생의 아들이 바로 자신을 기점으로 한 새로운 족보의 '독립선언'을 외쳐대고 있는 모습을 산견할 수 있을 것이다.

　대충 이처럼 근대사의 정신으로 근대사의 축을 이뤄온 이즘, 민주—민족주의를 바탕 삼아 살아온 근대 한국 인물, 100여 인을 그 후예와 자취로 살펴본 것이 이 기획물의 실상이다.

바꿔 말하면 단순한 이력서적인 인물전이 아니라 자식으로서의 인물됨, 어버이로서의 인물됨, 친구로서의 인물됨 등 인물의 평가를 상황론적으로 접근함으로써 보다 구체적인 인물상을 떠올려보고자 시도한 것이다.

어린 시절의 개구쟁이로서, 혹은 장성하여 한 가정을 이끌어가는 가장으로서, 동시에 국사에 참여하고 이름을 빛내는 인물들의 공생활과 사생활을 조화시키는 과정을 조명해본 것이다. 이를 위해 필자는 관련 인물의 후예·친지를 소개하고, 그들과의 인터뷰를 통해 인물평을 얻어내는 한편 전국 방방곡곡에 흩어진 인물들의 자취를 직접 취재하기도 했다. 한 시대의 표본으로 살아온 주역들도 역시 우리와 별다름 없이, 울고 웃고 고뇌하고 번민하는 인간이며, 오직 인내와 성실로써 스스로의 격을 부단히 다져온 결과로 '우리도 저런 인물이 될 수 있겠구나' 하는 자신감을 가질 수 있도록 우리 생활 속에 함께하는 구체적인 인물 실상을 떠올려본 것이다.

대충 이러한 테두리에서 대원군 이하응을 근대 한국 인물의 일번주자(一番走者)로 삼은 것은 그의 인물됨이 근대사와 전근대사의 갈림길에서 우뚝 치솟으리만큼 두드러진다고 생각한 때문이다. 그 이후의 인물로서는 자연 개화운동의 주축을 이뤘거나 항일 반독재 투쟁 등 난세의 한국을 구하기 위해 힘쓴 분들인데, 2년간(1972년 11월~1974년 11월)에 걸쳐 《주간조선》에 연재한 당시, 기획에 앞서 각종 문헌·자료에 의해 대충 미리 선정한 인물로 메워왔으며, 선정 범위에 절대성의 오만을 필자 스스로 지워버리고자 100가(家)에 한정하지 않고 101가를 다뤘다.

관련 사학자들의 도움을 받아 현장취재를 하는 동안 각 인물의 새로운 활동상황, 새 사실(史實) 등을 발굴하는 기쁨도 맛보았으며, 관련 인물들과 직접 기거를 함께했거나, 배우고 접촉했던 생존 원로들의 생생한 인물평, 증언 등은 필자에게도 적지 않은 가르침이 되었으며, 앞으로 관심을 가지고 연구하는 분들에게도 좋은 자료가 되었으면 한다.

'양반의 시대'에서 '다반의 시대'로 이미 뒤바뀐 민주주의 시대에 이러한 보편 이념을 더욱 힘써 개화(開化)시키는 각 분야의 인물들이 속출하여 세계사의 주역으로 부상하는 한국으로 발전시켜 가기를 바라마지 않는다.

끝으로 이 기획물을 연재하는 동안 질의, 정정 요청 등 많은 관심을 보여준 《조선일보》 독자 여러분과 이를 책으로 펴내신 일지사 김성재 사장님, 그리고 편집실 여러분에게 심심한 사의를 표한다.

1976년 11월 김덕형

| 차례 |

01
흥선대원군 이하응

　근대 한국사를 주름잡던 흥선대원군(興宣大院君) 이하응(李昰應)의 후예들은 조선왕조의 왕통을 이어 오늘날 대한민국의 평범한 시민으로 조용히 살고 있다.

　흥선대원군은 1820년(순조 20년) 12월 21일 서울 안국동에서 남연군(南延君) 이구(李球)의 넷째 아들로 태어났다. 그의 직계 후손은 아들 3형제에 손자가 4명(여자 제외), 황실로 입실한 그의 둘째 아들 고종 직계의 왕족으로는 아들 3형제에 손자가 모두 13명이다.

　그의 종가의 줄기는 맏아들 완흥군(完興君) 이재면(李載冕)-이준용(李埈鎔)-이우(李鍝)로 이어져, 흥친왕비(興親王妃) 이씨(92·이재면 공의 부인)와 이우 공의 부인 박찬주(朴贊珠) 여사(62)와 그 맏아들 이청(李淸, 36·재미 유학) 씨 내외 등 3대가 현재 운현궁을 지키고 있다. 조선왕조의 풍운아 대원군이 거처하며 당대 정치를 지휘하던 서울시 종로구 운니동 114번지에 위치한 운현궁의 일부는 현재 덕성여자대학에, 또 일부는 동양 TV 스튜디오(운현궁예식장 자리)로 사용되고 있다.

주위에는 빌딩들이 솟아올라 도심에 노출되어 그동안 팔아치운 땅을 제외하고도 약 2억 원(평당 20만 원 이상)으로 추산되고 있다.

"저기 저 건너편이 그 어른이 거처하시던 곳이고…… 우리야 뭐 아나요? 그저 조용히 살아갈 뿐이지요."

역사의 현장을 손짓하는 대원군의 증손며느리 박찬주 여사는 그저 세상에서 잊혀 조용히 살고 싶다는 심정을 토로했다.

대원군이 출입할 때마다 삼영(훈련도감, 금위영, 어영청)의 장교 각 1명과 군뇌(軍牢)를 5쌍씩 출동시켜 시위하게 하고, 요로 대관들은 자진하여 문안 품의하도록 지시했다는 당시의 상황이 문득 상기되기 때문일까? 숙연한 분위기가 감돌았다.

『매천야록』에 의하면 운현궁이 위치한 관상감 재에는 왕기(王氣)가 서리고 있으므로 성인(聖人)이 난다는 동요가 철종 초기부터 전해졌다고 하며, 동학의 예언이나 민간에서도 갑자년만 되면 좋은 일이 있으리라고 믿어왔다. 고종이 등극하고 대원군이 집정하면서 이 예언은 실현된 것이다.

안동 김씨의 척족(戚族) 세도 아래 여러 가지 의옥사건으로 억울하게 처형되거나 박해를 입었던 죄인들을 본래의 신분으로 복직시켜 주었다. 그의 인사정책은 종래의 사색파벌과 지방적인 차별을 철폐하고 기회균등의 방침을 제시했다.

또 대담하게 양반, 상놈을 불문하고 적재적소주의를 펴 평민 아전배라도 유능한 인재는 모두 심복으로 기용, 경향 각 요소에 배치했다. 1867년(고종 4년) 2월부터는 각 도에 부임한 관찰사가 그 지방의 토산물을 왕실, 권문에 헌납하던 일을 폐지시켰다. 종래의 군포(軍布)를 폐지하고 호포(戶布)라는 균일세를 제정하여 양반에게도 골고루 부과시켰다.

양반들이 조상의 공훈을 들어 반대하자 그 공훈도 결국 나라의 백성을 위한 것이었는데 어찌 그 자손들의 면세로 온 백성이 중세에 허덕여야 하느냐고 반문했다.

하지만 경복궁의 중건에 대한 학정, 대외정책에서의 시대착오적인 쇄국주의, 천주교에 대한 피어린 탄압 등 대원군의 과격 일변도 세도는 운현궁의 황혼을 재촉하고 말았다. 1973년 11월 어느 날 대원군이 무상출입하던 창경궁의 전용문이 왕명으로 폐쇄되었으며, 그 후 민씨 일파와 정권장악의 암투를 벌였으나 대세는 이미 기운 후였다. 1882년 임오군란 때 대원군은 운현궁에서 납치당해 그 후 3년간 청에서의 연금 생활이란 곤욕을 치르고 귀국, 환궁했다. 그의 환궁을 계기로 정계 이면에는 외세와 직결된 골육상잔이 심해졌고, 국가 전체의 운명을 건 절박한 정쟁의 장(場)이 펼쳐졌다.

운현궁 주변에는 삼엄한 경계망을 펴고 문안에는 홍마목(紅馬木) 같은 것을 세워놓고 외부 인사들의 출입을 단속했다. 1898년 2월 2일(음력) 그는 이곳 사저에서 79세를 일기로 쓸쓸히 숨을 거두었다.

운현궁의 정적은 이러한 파란만장의 사연을 담고 있다. 그 정적 속의 오늘을 대원군의 5대 직계 종손 이청 씨가 살고 있다. 바로 대원군이 기거하던 그 방에서…….

"그분은 보수적인 면과 급진적인 면을 두루 갖춘 분이라고 생각합니다. 서원을 철폐하고 양반의 특권을 깨뜨린 반면 쇄국정책을 썼고…… 저 자신도 이 집의 내실을 일부 양식으로 꾸몄고 현재 살기는 불편하지만 고옥의 분위기는 그대로 보존하고 있습니다. 보수·개화 양면을 절충했다고 할까……."

미국 마케트대학교, 반더벨트 대학원에서 토목공학을 전공하고

흥선대원군 10년 섭정의 진원이었던 운현궁.

1970년 가을 15년 만에 귀국한 이청 씨는 이화여대 영문과 출신 김경패 씨와 결혼했다.

"미국 유학 시절 대원군의 후손임을 알게 된 학교 당국에서 봄 학기마다 초청 강의를 권유받곤 했지요. 강의 내용은 구한말의 한국 정세. 전공이 달라도 집에다 편지를 내어 강의 자료를 수집, 집안 얘기를 실감 나게 들려주곤 했습니다."

청 씨와 그의 동생 종(淙) 씨는 모두 경기고 출신. 동생 종 씨는 서울대 문리대 정치학과를 졸업하고 1966년 도미 유학 중 교통사고로 사망했다. 고교 시절 선생님들은 개구쟁이들의 장난질을 타이르는데 신기하리 만큼 매너가 의젓한 종 씨를 좀 닮으라고 할 정도였다.

"고등학교 때 친구들이 저의 집을 방문하기를 무서워했지요. 수위가 지키는 문을 몇 개 드나들어야 했으니까요. 우리는 집안에서 익은 습관대로 행동할 따름이었는데 선생님이나 동료 학생들에게는 그것이 어른스럽다거나 너무 의젓하게 비친 모양입니다."

운현궁에서 태어난 후 얼마 안 돼 곧 일본으로 가서 해방 1년 전까지 그곳에서 보내다 귀국, 다시 청년 시절 15년을 미국에서 보냈으니 그의 본격적인 한국 생활은 지금부터 출발하는 셈이다. 크지 않은 체구에 세태에 별로 익어오지 못한 듯한 그의 표정이 은근히 귀골 티를 풍긴다.

"해방 후 서재필 박사를 두 번 뵈온 일이 있었는데, 그분도 대원군을 일단 영웅으로 생각한다고 하더군요. 그의 개화 동료 박영효 씨가 저의 외할아버지라 그런지 더욱 친근감이 느껴지더군요."

그러니까 청 씨의 어머니 박찬주 여사는 바로 철종의 사위인 금릉위 박영효가 개화당사건으로 일본에 망명 중일 때 얻은 따님이다. 이처럼 보수와 개화의 양면을 지닌 대원군의 일대기를 박찬형이 쓴 『근세조선정감』은 "그는 한국의 보수세력을 가장 잘 보호한 인물이었다. 또 그는 한국의 혁신세력을 가장 잘 육성한 인물이었다"고 집약했다.

대원군의 둘째 아들인 고종 이후의 왕족은 매우 번창하여 13명의 손자 중 의친왕 이강(李堈) 공의 아들이 11명을 차지하고, 영친왕 이은(李垠) 씨 혈통의 두 아들 중 장남 이진(李晋) 씨는 일찍이 사망했고, 둘째 아들 이구(李玖) 씨가 미국에서 귀국하여 현재 미국 건축용역회사인 트랜스에이시어의 부사장으로 근무하고 있다. 이구 씨를 제외한 고종의 손자들은 모두 의친왕의 혈통이다. 이뿐 아니라 대원군의 종가를 지켜 운현궁의 혈통을 잇게 한 이우(1945년 히로시마 원폭 때 일본 육군 중좌로 전사) 공도 바로 의친왕의 둘째 아들이다.

기록에 올라 있는 의친왕의 부인은 18명에 자녀 수가 23명이나 된다.

그가 이처럼 많은 부인을 거느리게 된 것은 3·1운동 이듬해인 1920년 항일단체인 대동단의 전협 김가진 등과 독립운동을 진행하려고 상하이로 향하다가 만주 안동에서 붙들려 송환된 이후 주색으로 실의를 달래어 온 결과이다. 당시 그가 상하이 임시정부에 보낸 독립선언서의 요지는 다음과 같다.

일본이 매국 간신을 이용하여 우리나라를 침탈하고 내 부왕과 모후를 살해한 것이요, 결코 부왕께서 긍허(肯許)하신 게 아니다. 나는 한국인의 일인인즉, 차라리 독립한 한국의 한 서민이 될지언정 일본의 황족 되기를 불원하는 바이니 임시정부가 설립된 당지에 가서 광복을 위해 만의 일이라도 보조하려 한다.

그 뒤 일본 정부의 간청에도 불구하고 끝까지 도일을 하지 않아 항일 정신을 지켰으니 외세에 굴하지 않던 대원군의 정기가 그 후손에 스며 나온 구체적인 실례다. 의친왕의 다섯째 아들로서 전주이씨대동종약원 이사장직을 역임한 이수길(59·도쿄농대 졸) 씨는 아버지의 일상을 이렇게 술회했다.

"관훈동 116번지 사동궁(寺洞宮)에 계실 때 늘 약주를 드시곤 했지요. 그러다가 화병으로 돌아가신 것인데…… 일본의 감시 하에 한 생애를 사시다 돌아가신 셈이지요. 일제에 화풀이를 한다고 파견 나온 일본인 관리를 술 마신 후 잡아다가 때리던 모습이 지금도 선하게 떠오릅니다."

왕자로서 어릴 때 궁중의 풍습, 의상, 인사법을 목격해온 그로서는 요즈음 TV 방송 등에 비치는 궁중 생활이 너무 흥미 위주로 터무니없이 조작되고 있는 것이 불만이다.

"왕가는 이미 가버렸지만 엄연한 역사적 사실들 아닙니까? 상궁, 내시도 그렇게 많던 것이 아니고 일상생활은 민가와 크게 다른 것이 아니었습니다. 예절이 좀 엄했을 뿐이지요."

왕가로서의 처신은 그저 서울에서 양반이란 사람들이 지키던 예의범절을 연상하면 된다는 얘기다. 하지만 수길 씨는 아직 담배 연기 자욱한 대폿집은 가보지 못했다고 했다. 얕보아서 안 가는 것이 아니라 술을 별로 못 마시고, 줄곧 일본에서 생활하다 귀국해서도(1961년) 자연 왕가 친지들의 뒤치다꺼리에 붐비다 보니 그럴 새가 없었다는 것이다. 그의 아들 한주(32) 씨는 일본 메이지대학을 졸업하고 귀국하여 집안에서 세운 신한항업회사에 근무하고 있다. 수년 전 자본금 2500만 원으로 세워진 항공측량을 주업으로 하는 중소기업이다.

의친왕의 자녀 중 1936년 이왕직 장관 시절에 직계 왕손으로 왕실 가족 계열에 오른 사람은 이건(李鍵), 이우(李鍝) 두 아들과 이건의 아들 충(冲)과 기(沂)뿐. 1969년 전주이씨대동종약원에서 발행한 황실관계계도에는 13자(子)가 올라 있었다. 이 중 여섯째 아들 이곤(李錕) 씨는 56세로 국회사무처 수위, 가수 이석(李錫·27) 씨는 열째 아들이다. 이처럼 직업 또한 가지각색이어서 사업가로부터 고전무용강습소 교사, 농사짓는 사람들, 특히 일본에 가 있는 사람은 소식도 모르리만큼 1세기 이후의 대원군 후예들은 현대사회 속에 확산되고 있다.

내가 본 이하응

대원군 이하응은 근대 한국사의 주역으로 국위 선양에 진력한 큰 인물이다. 그분은 재야 시절 철종이 병약한 것을 알고는 자신의 차남 명복 (命福)을 왕위 계승자로 밀려고 원대한 계획을 펼쳐 왕자학을 가르치는 한편, 안동 김씨 세도에서 살아남기 위해 기막히게 위장술을 써서 정권을 잡는 데 성공한 집념의 인물이다. 그의 집권 기간 중 가장 큰 업적은 당쟁을 누르고 인물 본위로 등용하여 정쟁을 금지시켰는가 하면 대외적으로는 양이를 물리쳐 국위를 선양한 것이다. 그의 쇄국정책에 대해서는 국제 정세에 어두웠다는 비판도 없지 않으나 여하튼 그분의 집권 기간 동안에는 외이(外夷)의 침략을 모두 물리쳐 밖으로부터 국가를 튼튼히 지킨 셈이다. 스러져가는 조선왕조 말기, 이처럼 국기를 다질 수 있었던 것은 그의 과감하고 다부진 서정쇄신에 근거했다고 할 수 있다.

안동 김씨에 의해 왕족들이 모두 경원시되던 때 그분은 미친 체하며 자신을 보존했으며, 스스로 온갖 멸시와 수모를 감수하며 서민의 삶을 체득함으로써 뒷날 헝클어진 치세를 바로잡는 큰 밑거름을 다져가는 것이다. 안동 김씨 집안을 전전하며 구걸 행각을 벌여 왕족 중에 가장 타락한 인간인 술주정뱅이라는 인상을 줌으로써 이하응은 안동 김씨 턱밑에서 살아남는 것이다.

똑똑한 척하면 김씨 세도에 죽어 없어져 버릴 것을 간파하여 철저한 위장 전술로 후일의 거사를 도모할 줄 안 그의 일관된 처세는 참으로 특출한 것이었고, 그러한 원대한 전망을 할 줄 알았던 슬기로운 분이었다. 아마 대원군의 집권이 없었다면 조선왕조는 보다 일찍 혼란의 소용돌이에 휘말렸을지도 모른다.

이서구(극작가)

흥선대원군 이하응

1820년	12월 21일, 서울 안국동에서 남연군 이구의 4남으로 태어남
1843년	흥선군에 봉해짐
1846년	종친부의 유사당상(有司堂上), 오위도총부의 도총관을 역임
1863년	차남 명복이 왕위에 즉위하여 집권함
1866년	병인양요에서 프랑스 함대를 물리침
1871년	신미양요에서 미국 함대를 물리침
1873년	며느리 민비와의 암투에서 실각됨
1882년	임오군란을 배후 조정하여 집권하나 청군에 의해 납치됨
1885년	청에서 귀국하여 운현궁에 칩거함
1895년	을미사변을 일으켜 일시 집권했으나 곧 은퇴함
1898년	2월 9일, 운현궁 사저에서 별세함

대원군의 5대 직계 종손인 이청(76) 씨는 최근까지 서울시립대학교 대학원 대우교수로 재직한 것으로 알려졌다(경기고동창회명부 2012년판). 대원군의 차남인 고종의 이씨 왕통은 순종으로 이어졌으나, 순종과 순종효황후 사이에는 자녀가 없다. 순종의 뒤를 이은 영친왕 이은(작고)은 고종과 순헌황귀비 엄씨 사이의 아들이며, 그 부인이 이방자(작고) 씨다. 영친왕은 이방자 씨와 사이의 구(玖)씨를 황세손으로 삼았다. 일본에서 교육을 받아온 구씨는 14세 때 광복을 맞았으나 영친왕과 마찬가지로 역시 귀국이 허용되지 않았고, 맥아더 사령부의 도움으로 미국으로 유학하여 MIT대학 건축과에 진학했다. 그는 졸업 후 건축사무소 트랜스 에이시아에서 일하며 만난 미국인 줄리아 씨와 결혼했다. 1963년 귀국한 구 씨는 서울대와 연세대 등에서 건축공학을 강의하는가 하면 회사를 운영하기도 했다. 그러나 1979년 회사가 부도나 다시 일본으로 갔다가 줄리아 씨와 이혼 후 1996년 일단 영구 귀국했다. 2006년 7월 16일 그는 도쿄 한복판 아카사카 프린스 호텔의 싱글룸에서 작고하여 경기도 남양주 시 홍릉(고종황제릉) 뒤편 영친왕 묘역에 안장되었다.

현재 남아 있는 왕손은 모두 의친왕 가계(13남 9녀를 두었음)로 이들 중 미국에 살고 있는 9남 충길 씨가 가장 연장자로 '우리황실사랑회' 상임고문을 맡고 있다. 11남으로「비둘기집」을 부른 가수였던 석(71·본명 영길) 씨가 고종의 손자 중 유일하게 국내에 살고 있다. 석 씨는 2003년 전주 황실유물전시관에 정착하여 어렵게 헤쳐온 유랑생활을 청산했다. 그의 맏딸 홍(37·한성대 디자인산업과 졸) 씨는 2006년 탤런트로 데뷔해 '기개가 황손답다'는 누리꾼들의 선풍적인 반응을 얻기도 했다. 차녀 진(36·삼육대 사회복지과 졸) 씨도 도예가로 나서 도자기에 그래피티(낙서) 기법을 도입한 작품 활동으로 주목을 받고 있다.

02

한주 이진상, 한계 이승희

경부선을 따라 남으로 내려가다 경북 한복판 왜관에서 내려 택시를 잡아타고 한주(寒洲) 이진상(李震相)이 태어난 성주의 한계 마을로 가자고 손짓했다.

"아, 그 양반 마을 말입니까?"

택시 기사는 묻지도 않는 말에 이처럼 대답한다.

"말씀 마이소. 70년 전 경부선을 부설할 때 바로 그 양반 마을을 지나치려 했으나 선비들이 공부하는데 시끄럽다고 반대하고 들고 일어나 일제도 할 수 없이 애초의 예정을 바꿔 왜관으로 철도를 놓게 된 것이지요."

막상 '양반 동네'에서는 일제의 침략 루트로 이어지는 철로가 이 마을을 지나치는 것을 볼 수 없다고 반대하고 나선 것인데, 일제강점기가 지난 후의 양반의 후예들은 불편한 교통에 겨워하는 아이러니를 겪고 있다.

이처럼 근대와 전근대의 갈림길에서 조선왕조 500년 유학 전통의 도미(掉尾)를 장식했고, 북간도 독립기지를 개척한 한주 이진상, 한계(韓

溪) 이승희(李承熙) 부자는 경북 성주군 월항면 대포리에서 태어났다. 한주는 1818년 7월 29일 선비 이원우(李原祐)의 장남으로 태어났는데, 그의 숙부인 이원조(李原祚)가 공조판서를 지내 학문하기에는 비교적 여유 있는 환경 속에서 자라났다.

어머니가 한주를 낳을 때 꿈에 큰 냇물에 별들이 달린 용이 솟아 나오면서 한 노인이 나타나 말하기를 "이것이 너희 집 물건이니 잘 간직하라"고 타일렀다고 한다.

퇴계학파의 정통으로 영남 유림의 주류를 이룬 한주의 마을은 1세기가 지난 오늘까지도 예절 바른 동네로 정평이 나 있다. 사방이 야산으로 오롯이 둘러싸인 한가운데 한가로이 냇물이 흐르고 있어 아늑한 정취를 한껏 안겨주는 지세를 닮은 듯 사람들의 표정에서 따사로운 인심을 읽을 수 있다.

마을 북쪽 비스듬히 내려앉은 영취산 밑에 한주의 생가가 들어서 있다. 1000여 평의 집터에 펼쳐진 고가에서 조선왕조 선비의 풍류를 흠뻑 느낄 수 있다. 한주의 종손 이기원 씨가 92세의 고령으로 정정한 모습을 드러낸다.

"서울에서 왔다고? 먼 길을 오느라고 수고했구먼. 명가야 옛날 얘기이고 시대도 많이 달라졌으니까 공연히 전통만을 고집하고 살 수야 있나? 많이들 배워야지. 오랫동안 성주 토박이로 살다 보니 이 마을을 떠나기가 싫구먼. 나야 뭐 살 만큼 다 살았지. 공연히 살아남아 오히려 후손들에게 폐가 되지 말아야 할 텐데."

자세를 흐트리지 않고 갓을 쓰고 도포를 두르고 정장을 갖춘 후에야 인사를 받는 이기원 씨는 시종 자애로운 미소를 잃지 않았다.

한주, 한계의 생가에는 그 줄기를 이어 3대가 나란히 살고 있다. 한계 이승희의 맏아들 기원(92) 씨는 고령으로 뒷방에 앉아 글을 읽으며 소일하고 있고, 기원 씨의 맏아들 해석(68) 씨가 서울 중동중학교를 마친 후 한학을 공부하여 고향에서 농사를 지으면서 한주, 한계의 문집을 보존 정리하고 있다. 해석 씨와 맏아들 태용(27) 씨도 건국대 원예학과를 졸업하고 부친과 함께 고향을 지키고 있다.

한계는 기원, 기인(83) 씨 두 아들을 두었다. 기원 씨의 장남 해석 씨, 차남 영석 씨도 성주에서 농사를 짓고 있다. 해군사관학교를 졸업하고 해군 준장으로 예편한 3남 민석(55) 씨는 한성산업 사장이다. 일본 메이지대 대학원에서 행정법을 전공한 4남 규석(51) 씨는 국민대 학장서리다. 성균관대를 졸업한 5남 용석(45) 씨는 대한중석 화공과장이다. 기원 씨의 맏딸 상희 씨는 서애 유성룡 종가에 출가했고, 차녀 대희(71) 씨는 진안군 사곡면에 살고 있으며, 3녀 삼희(59) 씨는 군위군수 김명호 씨 부인이다.

한계의 차남 기인 씨는 서울 성동구 중곡동 47의 2 장남 방석 씨 집에 살고 있다. 방석 씨는 서울대 대학원을 졸업, 건국대 통일문제연구소장으로 있다. 차남 한석(51) 씨는 고향에서 농사를 짓고 있으며, 맏딸 양희(59) 씨는 경남 함안군 산안면에 살고 있다.

한주는 20세에 이미 역사, 정치, 문장, 제도로부터 산수, 의복(醫卜)에 이르기까지 깊이 연구하여 널리 통하지 않은 것이 없었다. 18세에 『성명도설(性命圖說)』을 지어내 그의 학문은 이로부터 커다란 테두리가 설정되며, 20세 때 도산서원에 들어가 본격적으로 유학을 연구한다. 이러한 확고한 학문적 바탕 위에 그는 우주 안의 모든 사업을 경륜할 뜻을 품고 숙부인 판서 원조의 교훈을 받들어 성리학 연구에 진력하여 정심(正心)·명도(明道)의 업으로서 『성리대전(性理大全)』의 공부에 매진한다.

한주와 한계가 글공부하며 담론을 하던 생가.

32세 때 증광사마시(소과)에 합격하여 버슬이 의금부도사(검찰청 차장급)에 이르기도 한다. 하지만 한주의 진면목은 학문적 실적에서 뚜렷이 찾게 된다. 그의 문집 『한주집』은 한국의 고전백선에 어엿이 낄 정도다 (《신동아》1969년 1월호 부록. 100명의 학자들이 골라 뽑은 「한국의 고전백선」에 들어 있다). 그 문집이 이처럼 크게 평가받는 이유는 한국의 영역을 뛰어넘어 동양의 사상체계를 뒤흔든 당대의 빼어난 이론을 담고 있기 때문이다.

그의 저서 『심즉리설(心卽理說)』은 동양 학풍의 큰 줄기를 이루어온 왕양명의 '심즉리설'을 정면에서 조리 있게 배격하여 중국 학계의 줄기를 그대로 추종하던 한국 유학계에 커다란 파문을 일으켰다. 이 때문에 현상윤은 그의 저서 『한국유학사』에서 한주를 6대 유학자의 1인으로 꼽기도 한다.

그는 이처럼 관직을 외면하고 학문 연구에만 일생을 바치면서도 국가

26

사회의 안위에는 무관심하고 은둔만 하지 않고, 구세(救世)의 큰 뜻을 가지고 당시의 국정을 논평해서 고식적(姑息的), 문구적(文具的), 편사적(偏私的)인 3대병(三大病)과 관방(官方), 과거(科擧), 부세(賦稅), 군정, 서리(胥吏) 등의 5대폐(五大弊)를 열거해서 위정자에게 경고하기도 한다.

한주는 이처럼 평생을 학문 연구에 몰두하다 굵직한 숱한 저서들을 남기고 1882년 10월 15일 별세하여 생가에서 20리 떨어진 성주군 선남면 낙학리에 안장된다.

"할아버지께서 돌아가셨을 때 내 나이 2살이어서 기억에는 없지만 집안 어른들 얘기로는 2000여 명의 제자들, 전국 유림들이 모여들어 굉장했다고 합니다. 태백산 속에 가 계시던 수제자 면우 곽종석 선생님이 뒤늦게 오셔서 곡을 하니 유해를 모신 방문이 저절로 열렸다고 합니다. 할아버지를 모신 못자리도 곽 선생님께서 직접 골라잡으신 것이지요. 재주와 학식이 많은 산청(경남)의 면우가 젊어서 스승을 구하러 전국을 돌아다녔으나 담론 때마다 모두 자기 수준만 못하다고 하여 허탕을 쳤다는데, 우리 마을에 오셔서 할아버지와 하룻밤 하루낮을 꼬박 심리학, 예절, 역학 등에 걸쳐 문답을 했으나 막히는 것이 없어 스승으로 모셨다는 것이지요."

장손 기원 씨의 말이다.

당대의 석학끼리 사제지간으로 맺어지던 순간의 얘기다. 사람을 한번 보면 절대로 잊지 않고 기억해냈다는 한주의 핏줄을 이어받은 증손자 해석 씨는 "16세 때 한주의 저서 『역학관규』를 읽어보면 주역으로 해석이 안 되는 것도 술술 풀어지더라"고 후학으로서 경탄하고 있다.

한주의 대를 이어 한계 이승희가 1947년 6월 19일 6남매 중 외아들로 태어났다. 그 역시 어려서부터 총명하여 『기려수필』(송상도)에 의하면 한계가 3살 때 부인들 앞에서 바지가 터지자 주저앉으니 "너는 왜 엉거주춤하고 있느냐"는 물음을 받자 "몸이 드러날까 봐 그런다"고 대답하여 놀라게 했다는 것이다.

자라나면서 그의 학문은 크게 발전하여 아버지 한주의 제자이자 학문상의 벗으로 부자가 나란히 아침저녁으로 한방에서 강론하여, 중국의 유명한 부자 학자인 서산(西山) 부자를 다시 보게 되었다고 부러워했다고 한다. 그는 아버지 한주의 제자로서 우리나라 성리학의 정도대통을 이어받는 동시에 심산 김창숙, 백농 최규동과 같은 인물들을 제자로 배출해내 광복·교육 사업의 선구자 구실을 하게 한다.

한주 부자가 함께 글을 읽고, 그들의 제자들인 이들 한국의 인물들이 함께 기거하면서 밤새워 담론을 벌이던 낙래헌(樂來軒)에는 초롱불 대신 전등불이 켜졌고, 증손자 해석 씨가 때로 한주, 한계의 문집을 뒤적이기도 하고, 신문을 펼쳐 들고 국제 정세에 관심을 보이기도 한다. 300여 년 전에 지어졌다는 이 고가는 이러한 내력을 담고 있어 성주군청에서는 문화재로 지정하여 보존하고 있다. 서쪽 모퉁이 뜰에는 시냇물 줄기를 끌어내 연못이며 미니 포석정을 파놓은 흔적이 그대로 남아 있어 한여름 낮의 시문을 읊조리던 당대 석학들의 풍류놀이의 모습을 고스란히 떠올리게 된다.

한계는 한때 과거에 응시할 뜻이 없지도 않았으나 아버지 한주와 동료 학우들의 영향을 받아 과거에의 미련을 버리며, 때로 당대의 문장가 이건창의 관직에의 권유와 과거에 응시하라는 충고를 뿌리치고 학문에 전념하여 대학자로서 명성을 떨치는 것이다.

"사람이란 삶의 갈림길에 부닥쳐서 주위 동료의 영향이며 환경에 따른 자기 판단, 자기 결정이 참 중요하다고 생각합니다. 만일 할아버지가 관계에 나가셨다면 구한말 혼탁할 때에 이처럼 뚜렷한 자신의 생애를 남길 수는 없었을 것입니다. 제가 보아도 학자의 외길로 나가신 것이 백번 잘하신 것 같아요. 우리 후손들도 자연 영향을 받게 됩니다. 천직의식이라 할지……. 하지만 우리들의 성공이야 그분들에 비하면 그저 기술에 불과하지 학문이랄 수 있습니까? 나이가 들어갈수록 점차 더욱 그렇게 느껴져요."

행정법을 전공한 오늘의 학자 규석 씨는 이처럼 할아버지의 학문을 흠모했다.

한계의 나이 20세가 될 무렵 국운이 더욱 기울기 시작하니 그는 장차의 국가대도를 이끌기 위해 당색을 가리지 않고 학문하는 사람들과 교유한다. 이러한 태도는 아직껏 당파의 테두리에서 벗어나지 못한 당시의 학자로서는 획기적이었다. 그는 소론 대가이며 문장가로 이름난 이건창과 사귀는가 하면, 노론으로 문명(文名)이 있던 김평묵과도 교유하며, 지역에 구애받지 않고 유인석(강원도), 이상설(기호) 등과도 두루 사귄다.

이에 따라 그의 활동무대도 점차 넓어져 1887년에 시국5개조대책문을 올리는가 하면, 그 후 김홍집이 황준헌사의(黃遵憲私議)를 가져온 문제로 해서 척사소(斥邪疏)를 올리기도 하고, 이어 을미년에는 미우라 일본공사를 규탄하는 상소문을 공개한다. 또 1905년에는 이완용 등 매국5적을 성토하고 이토 히로부미(伊藤博文)의 국권모탈죄(國權謀奪罪)를 규탄하기도 한다.

이러한 의거로 옥고를 치르기도 하나 그의 구국 의욕은 더욱 굳어져 이른바 한일합방조약이란 명목 아래 국권을 빼앗긴 후, 그는 계속해서 일제의 만행을 규탄하고 매국노를 성토한다.

나날이 악랄해져 가는 일제의 침략행위를 그대로 보아 넘길 수 없어 한계는 1906년에 노령(露領) 블라디보스토크로 망명한다. 그는 그곳에서 이상설을 만나 함께 광복운동을 벌인다. 그곳에 한국인의 마을을 이루어 한흥동(韓興洞)이라 이름 짓고, 이처럼 교민 부락을 형성케 하여 민족교육의 터전을 마련하고, 동삼성(東三省) 유교회당을 세워 유교정신을 바탕으로 광복운동을 지도한다.

중국의 민국혁명이 있은 후로는 총통 원세개, 부총통 여원홍(黎元洪), 손문, 강유위 등 당대 대륙의 지도자에게 서한을 보내 한국의 학문이며 독립의지를 널리 전파한다. 이때 주고받은 이들의 친필 서한 수십 통이 손자 규석 씨 집에 고이 간직돼 있다. 아버지를 따라 만주로 망명해서 함께 독립운동을 벌여온 차남 기인 씨는 이렇게 회상했다.

"형님은 집안을 지키라고 그대로 고향에 남겨두셨고 제가 망명길을 모셨는데, 나가실 때부터 철도는 왜놈들이 만든 것이라고 안 탄다고 하셔 할 수 없이 부산으로 가서 뱃길로 떠나셨지요. 수십만 평의 황무지를 개간하실 때에는 10여 년간 조밥으로 끼니를 이으시면서도 늘 흐뭇한 표정이었지요. 그때 대계란 아호도 한계로 바꾸셨지요. 블라디보스토크 그 추운 곳에서 참판을 지낸 보재 이상설 선생이 언제든지 새벽녘에 오셔서 기다렸다가 아버님이 일어나시면 꼭 아침 인사를 드리곤 하여, 네가 보재만큼만 했으면 효자 소리를 듣겠다고 말씀하시곤 했어요. 그처럼 끔찍이 아버지를 섬긴 것이지요."

한계는 베이징, 톈진 등을 거쳐 유학 성지인 산둥성 취푸의 공부자 성묘와 그 묘지를 배알하며 공부자의 후손이 지키는 공자 서당에 아버지 한주의 『춘추집전』과 『이학종요』 그리고 『사례집요』 등을 기증하여 성리학자로서는 최고의 즐거움을 누리기도 한다.

한계가 남긴 많은 저서 중 『민의공약고설(民議公約考說)』과 같은 저술은 당시 영국의 의회제도를 한국에 소개, 설명한 최초의 것으로 알려지고 있다.

성묘 배알을 마친 한계는 만주 봉천으로 돌아와 장기적인 광복운동의 기지를 마련하려다 1916년 2월 28일 별세하며, 아들에 의해 운구되어 고향 땅에 안장된다. 그는 주권 없는 우리 땅에 돌아오기가 싫었던지 임종 직전까지도 "한 치 북쪽으로 갈지언정 남쪽으로는 가지 말라"고 유언했다.

"그때만 해도 일제는 죽은 사람이 환국하는 것은 막지 않았지요. 숙부님께서 기차 한 칸을 빌려 운구해 오셨는데…… 그때 제 나이 여덟 살이었습니다. 그해 4월 집에서 장례를 치렀는데 경북 유림 모두, 그리고 전국의 학자, 제자들 하여 5000명의 장송객이 몰려들어 집에서 10리 떨어진 묘소에까지 말의 행렬이 쭉 이어졌던 모습이 기억납니다."

손자 해석 씨의 말이다.

고향에 남아 종가를 지키던 장남 기원 씨는 48세 때 김창숙 등과 함께 독립운동망을 펼치는 제1차 전국유림단사건에 연루되어 1년간 대구감옥에 간다. 그는 그 후 한주, 한계 등 집안의 문집을 보존해오면서 한학에 몰두한다. 해방을 맞아 심산 김창숙이 대전감옥에서 출옥하자 심산과 함께 상경하여 유도회(儒道會, 회장 김창숙)를 창립하고, 그 부회장을 맡는다. 그러나 유림들의 파쟁, 갈등에 환멸을 느끼고 3년 후 귀향해 은거하고 있다.

"6·25전쟁 때 이 마을도 공산군에게 점령당해 근 2개월간 피난 갔다오니 물건이 다 없어졌더군요. 공산군이 낙동강 도하작전을 한다고 바로 뒷산의 감응사에 통신시설을 가설하고…… 살벌했었지요. 하지만 마을의 전통이 뿌리 깊은 탓인지 이곳에서는 심한 좌우 대립으로 인한 희생을 별로 겪지 않았습니다."

사상의 동요기에 정신적 뿌리가 깊어 경거망동하지 않은 것이 무척 다행이라며, 해석 씨는 앞으로 유학의 줄기를 어떻게 이어나갈지에 대해서는 걱정이라면서 좀 어두운 표정을 짓는다.

"제 나이 근 20세 되어 신학문을 한다고 서울에 올라가 중동학교를 다니다 아버지가 투옥되는 통에 집안을 지키기 위해 고향에 내려왔지요. 유교의 정통적 줄기는 희미해져 가는 듯합니다. 방석, 규석이도 서울에서 대학교수로 있습니다마는 유학을 하는 것은 아니지요. 신학문에 치중하다 보니 요즈음은 유학 공부를 할 시간이 별로 없겠지요. 시대조류가 경제 관념으로 흐르니 아이들에게 유학을 전공하라고 강요할 수도 없고……. 산아제한으로 아이들도 많이 낳지 못하니. 요즈음도 아버지 앞으로 《유도월보》는 꼭 보내오고 있습니다. 유림이 어쩐지 단합이 잘 안 된다고 한탄하곤 하시지요. 가정의례준칙 준수도 어쩔 수 없겠지요. 장차는 그렇게 해야겠지만 수백 년 내려오던 것을, 그것도 갑자기 뒤바꿀 수 있나요? 지금 시대에 부득이 맞지 않는 부분을 제쳐놓고는 삼강오륜대로 지켜가는 것이 옳다고 봅니다. 결국 유학도 시대 변천에 따라 점진적으로 변해가겠지요."

그러면서 해석 씨는 눈에 보이지 않는 집안의 정신적인 흐름을 후손들도 절대 잊지는 않으리라고 낙관했다. 해석 씨 스스로 북간도를 개척하던 할아버지의 유지가 상기되는 탓인지, 한국이 뻗어나갈 길은 북쪽의 벌판뿐이라면서 산아제한에 대해서는 이의를 제기했다.

"저희 집에서는 『정몽유어(正蒙類語)』라고 조부님이 지으신 새 천자를 아이들에게 가르칩니다. 80여 년 전에 지으신 근대화된 『천자문』이랄까……. 유럽의 지리, 역사며 백인과 흑인의 생김새, 로마의 상황 등이 상세히 기술돼 있어 요즘 아이들도 재미있게 배우고 있습니다. 제가 가친에게 매 맞아가면서 배우던 것인데, 경상도 일대 한주학파들은 모두 이 책으로 한자를 가르쳐왔지요."

손자 규석 씨의 말이다.

내가 본 한주 이진상, 한계 이승희

한주, 한계의 집과 우리 집은 20리쯤 떨어진 같은 고향이어서 여러 대 내려오면서 교분이 깊다. 이 집안은 정통 유가이면서도 요샛말로 진보적이어서 옛날부터 내려오는 사상이나 습관을 그냥 답습하지만 않고, 근대적 서양 사상도 알아보려고 애쓴 흔적이 눈에 띈다.

아이들을 가르치는 『천자문』 교과서도 새 시대 감각에 맞게 새로 저작했는데, 우리 조부님도 편찬위원으로 이에 참여했고 나도 어렸을 때 이 책으로 흥미롭게 한자를 깨쳤다.

가정의례도 단순히 옛것을 전수하는 데 그치지 않고 시대에 맞는 가범·여범(女範) 등을 제정해서 성주·칠곡 일대에서 이를 지켰는데, 경상도 사투리가 아닌 일종의 표준말을 시골에서 사용하도록 한 것이다. 유학 면에서도 내려오는 학설을 그대로 답습만 하는 고집을 깨고 독창적 학설을 폈는가 하면 구한말 정치, 국운에도 관심을 크게 보여 요즘 말로 현실참여에 과감했으니, 한주의 아들 한계가 일찍이 을사조약 이후 멀리 북간도로 가서 황무지를 일구면서 독립운동기지를 개척하기도 했다.

또 한주의 유명한 문인 곽면우가 1919년 파리평화희의에 장서(長書)를 보낼 때도 성주·칠곡의 한주학파가 중심이 된 것인데, 그 사상적 연원은 역시 종래 유학과는 다른 현실참여 의식에서 나온 것이다. 이처럼 한주, 한계는 고고한 정통을 계승하면서도 시대 추세를 외면하지 않고 독립운동에 직접 참여하고 생활 면의 개혁에도 힘쓴 선구적인 유학자로 크게 주목을 받는 것이다.

이인기(영남대 총장)

한주 이진상

1818년	7월 29일, 경북 성주군 월항면 대포리에서 태어남
1835년	『성명도설(性命圖說)』을 지어냄
1837년	도산서원에 들어가 본격적으로 유학을 탐구함
1849년	증광사마시에 합격, 벼슬이 의금부도사에 이름
1882년	10월 15일, 생가에서 별세

한계 이승희

1847년	6월 19일, 경북 성주군 월항면 대포리에서 태어남
1866년	이건창, 김평묵, 유인석, 이상설 등과 교유
1887년	시국5개조대책문을 올림
1905년	이완용 등 매국5적을 성토하고, 이토 히로부미의 국권모탈죄를 규탄
1906년	노령 블라디보스토크로 망명, 동삼성 유교회당을 지어 독립운동을 지도함
1916년	2월 28일, 중국에서 별세. 아들에 의해 운구되어 고향에 안장

○○○○○○○○○○○○○○○○○○○○○○○○○○○

이진상-승희-기인 대의 종가 4남으로 국민대 총장을 역임한 규석(87) 씨가 부인 송효준(79) 씨와 함께 서울 성북구 종암동 노블리스 타워에 살고 있다. 장남 태련(50 · 성균관대 기계공학과 졸) 씨는 이혜영(46 · 이화여대 무역학과 졸) 씨와 결혼했으며, 만도기계에 근무하다 현재 주식 컨설턴트로 일하고 있다. 차남 태승(46 · 연세대 법대 졸) 씨는 부산지검 공안부장으로 임문선(40 · 서울여대 영문학과 졸) 씨와 결혼했다. 맏딸 미경(51 · 이화여대 대학원 교육학과 졸) 씨는 미국 텍사스 주 댈러스 시에 살고 있으며, 남편 김태호(56 · 고려대, 텍사스 주립대학 전자공학과 졸) 씨는 프랑스계 회사에 연구직으로 근무하고 있다.

한주, 한계 부자가 함께 글을 읽고 그들의 제자들과 담론을 벌이던 낙래현의 정침(正寢: 제사를 지내는 방)이 2009년 불탔으나 도와 군의 지원으로 복원공사 중이다. 규석 씨는 독립유공자 후예 연금통장을 따로 만들어 전액 한주와 한계 기념사업에 모두 쓰고 있다고 밝혔다. 한주선생기념사업회장은 이남철 씨가 맡아 최근에 한주의 묘역을 단장하고 진입로도 포장했다.

03
수운 최제우, 해월 최시형

동학혁명 등 출렁이는 해일로 한국 근대사의 수레바퀴를 민중 주도로 굴러가도록 뒤바꾼 유일한 민족종교인 천도교. 그 교조 수운(水雲) 최제우(崔濟愚)는 1824년 10월 28일 경북 월성군 견곡면 가정리에서 선비 최옥(崔鋈)의 늦은 독자로 태어났다. 신라의 빼어난 학자 최치원의 원손이기도 한 수운의 어릴 때 이름은 복술(福述). 그가 태어난 경주 일대에서는 지금도 동학가 「파랑새」 노래에 다음과 같은 가사를 붙여 수운이 관헌에 붙들려 가는 순간을 읊조리고 있었다.

복술 복술 최복술아 이제 가면 언제 오나 사랑하는 부모 처자 다 버리고 관
　원이 출동하여 서울 관문!
나는 가네 나는 가네 넘기 싫은 문경 새재 타기 싫은 집동질에 이 내 몸이 실려
나는 가네 서울 관문 나는 가네 나는 가네 나는 가네

이 노래는 경주 지방 사학자 최남주(70) 씨의 장남 정채(37) 씨가 천도

교도인 그의 모친 이원님(59) 씨에게서 구전해오는 것을 받아 채취한 것이다.

"동학이 한창 퍼져나가다 관의 탄압에 밀려 수운 선생님이 붙잡혀 갈 무렵, 이 노래가 유행한 것이지요. 이후 이곳 아낙네들은 바로 이 노래에 맞춰 다듬이질을 하고 베를 짜곤 했지요. 노래 내용 자체가 얼마나 서민적입니까? 드높이 우러러보아야 할 교조의 이름을 마치 친근한 벗을 부르듯 읊조리지 않습니까? 이 점이 바로 천도교의 특징이기도 하지요."

천도교 2대 교조 최시형의 증종손이기도 한 정채 씨는 이 노래의 사연을 이처럼 풀이했다.

경주 시내에서 서남쪽 벌판 신작로를 따라 10km쯤 나오면 정남 방향에 구미산, 동쪽에 토함산을 마주한 어림산 기슭 아래에 수운의 생가터가 자리 잡고 있다. 서울까지의 거리를 일일생활권으로 좁혀놓은 고속도로의 미끈한 속도감과 대조되는 털털거리는 시골길에 한 세기 전의 풍정(風情)이 포개어져 어른거린다. 띄엄띄엄 지나다니는 우마차며 차량 뒤로 뽀얗게 이는 흙먼지 사이에……

중국에서는 태평천국의 난과 영불연합군의 베이징 침입사건이 있었고, 그 여파로 우리나라에 대한 열강의 세력 침투가 시작되어 민족적인 위기를 조성했다. 특히 서학, 천주교의 전래는 사상과 풍속이 다른 우리나라에 많은 물의를 일으키니, 최제우의 뇌리에는 이러한 사건들이 시대적 불안으로 반영되어 서학에 대항하는 민족 고유의 신앙으로 새 종교를 창설하기에 이르렀다.

허허벌판이 산으로 막힌 지점, 수운의 생가터에는 이를 기리는 높이 3m 남짓의 유허비(遺虛碑)가 서 있었다. 시골 초가들이 몇 채 있는 조그만 마을이다. '이랴 이랴' 소를 모는 목동들의 여유로운 모습이 더욱 한적한 분위기를 자아내는 가정리 한 모퉁이가 '한국의 예수'를 낳은 초라한(?) 성지다.

부친도 문장과 도덕으로 경상도 사림에서 명성을 떨쳤으나 12번이나 과거에 도전하면서도 끝내 벼슬을 얻지 못했다. 이처럼 불우한 생애를 보내면서 수운의 부친 최옥은 60세가 지나도록 실자(實子)가 없어 걱정하던 중 이웃 마을 서면 금척리에 사는 과부 한씨를 맞아 겨우 외아들을 얻었다. 이렇게 태어난 최제우는 어머니(곡산 한씨)를 잃고, 16세엔 아버지마저 여읜다. 그는 나이 70이 지난 늙은 아버지의 뜻을 받들어 일찍 결혼한다. 부인 박씨는 울산 출신이다.

아버지가 별세한 뒤 집안 살림은 점점 어려워지며, 20세를 전후하여 화재까지 입어 살림은 더욱 찌들어 벼슬길도 바라볼 수 없고 농사도 지을 수 없게 된다. 이리하여 수운은 가업과 처자를 돌보지 못하고 전국 각처를 떠돌아다닌다. 그동안 이 일 저 일 다 해보았으나 어느 것 하나도 뜻대로 이루지 못한다. 살림은 더욱 어려워져 처가에 처자를 맡기기까지 한다. 아내의 고향인 울산에 내려가 무명 행상을 직업으로 전국 각처를 떠돌아다닌다. 『관변기록』에 의하면 그는 이처럼 절단되는 생활 속에서도 글방에서 글을 가르치기도 하며, 또 하느님께 기도를 드리기도 한다.

드디어 1859년 10월 처자를 거느리고 구미산(627m) 중턱 골짜기에 자리 잡은, 아버지가 남긴 정자 용담정(龍潭亭)에 은거한다. 산세가 우뚝 솟아 용 뿔을 닮았다고 하여 이러한 이름이 생긴 용담정은 생가에서 서남 방향으로 3km쯤, 해발 300m에 자리 잡고 있다. 지금은 개울 따라 관목 사이로 오르기 쉬운 오솔길이 나 있으나, 수운이 수도하던 당시에는 호랑이가 길목을 지켰다는 울창한 숲을 헤치고야 오를 수 있던 산록이었다고 한다.

산을 거슬러 오름에 따라 군데군데 새파란 물이 담뿍 담긴 늪이, 그 위에 비치는 산 그림자와 함께 어울려 성역의 운치를 가득 안겨준다. 깎아지른 절벽 사이로 하얗게 뿜어대는 물거품이 반겨 손짓한다. 이처럼 맑은 물이 풍부한 산수 속에서 수운은 매일 기도를 두 번씩 드린 뒤에 스스로 산을 닮고 물을 닮아 맑은 정기를 맘껏 스며 넣어 도를 깨달은 것이다. 누군가가 이곳을 '동양의 예루살렘'이라고 중얼거린다. 서학(천주교)에 대립되는 동학의 발상지를 적절히 표현한 것이다.

한참 골짜기를 굽이돌아 산 중턱에 걸린, 둥그렇게 여유를 머금고 나타나는 500여 평의 평지. 이곳이 100여 년 전 지상과 천상을 이은 천도(天道)의 강림(降臨)터이다. 짙푸른 산색이며 숲의 그늘이 한낮의 햇볕을 가려 신비스런 정취를 자아내는 하늘색 대기가 20평 남짓한 용담정 주위를 감돌고 있다. 당시의 건물은 물론 관의 박해를 받아 타버렸고, 지금 세워진 것은 겨우 집터를 지키는 초라한 시골 기와집으로 근년에 천도교 여성회에서 새로 지은 것이다. 8년 전부터 이곳을 지켜온다는 촌부 차림의 관리인 이인경(52) 씨 내외가 반겨 맞았다.

"매일 평균 20~30명의 교도가 찾아오지요. 봄·가을이면 학생들이 단체로 떼 지어 오기도 합니다. 이곳에 흐르는 물을 떠서 고요히 합장하는 것이 우리 종교의식입니다. 매일 아침 식전과 밤 9시 두 번 청수를 떠서 맑은 물처럼 우리 마음도 티 없이 맑게 해달라고 하느님께 비는 것입니다. 일요일은 오전 11시 한 번 더 예배를 합니다."

투명한 물빛과 대기를 닮아 이들의 목소리도 쩡하니 맑게 울려 퍼졌다.

1859년 10월 이곳 용담정에 올라온 수운은 산 밖으로 나가지 않을 것을 맹세하고 이름까지 고친다. 7개월의 수도 끝에 이듬해 5월 그는 결정적인 종교적 체험을 하여 동학을 창건한다. 몸이 떨리고 마음을 가눌 수 없는 이상한 경지에서 하느님의 말씀을 들었다고 한다. 이러한 신비스런 체험을 한 지 1년이 지나는 동안 그의 행적에 관한 갖가지 풍문이 세상에 퍼져 원근에서 찾아드는 사람이 많아진다. 뜻밖에도 그의 가르침에 따르는 무리가 많아지자 그의 기쁨과 자부심은 더욱 커진다. 그는 관의 감시를 피해 몰래 전라도 쪽을 향해 길을 떠난다. 이러한 포교 과정은 동학의 사상적 종교 발전에 큰 의의를 지닌다. 동학의 교리가 구체적으로 다듬어지는 한편 신도들과의 이별이 오히려 신도들의 신심을 굳히게 된다.

그 교리는 제병장생(濟病長生)을 토대로 하여 동양적인 유불선(儒佛仙)의 정신을 참작해 인내천(人乃天), 즉 '천심이 곧 인심이다'라는 사상을 주장하여 인간의 주체성을 강조하고 지상천국의 현실적인 이상을 표현한 것이었다. 수운은 이 체험을 "도를 받았다" 혹은 "도를 얻었다(得道)"고 술회한다.

"그렇다면 그 도의 이름을 무엇이라고 하겠습니까?"

"천도(天道)라고 부른다."(「논학문(論學文)」)

이처럼 수운은 그의 도를 천도라고 부른다. 이 천도라는 것은 하느님이 주신 도를 뜻하는 말이다. 천지자연의 이법(理法)을 뜻하거나 혹은 천체의 운행을 뜻하는, 중국 철학사상의 용어인, 이른바 천도(天道)와는 그 뜻이 매우 다르다.

이 '하느님의 도'가 무엇을 뜻하는지를 이해할 수 있으려면 수운 자신이 '도(道)'를 무엇으로 생각하고 있었는지를 먼저 따져야 한다. 수운은

최제우가 수도를 하여 천도를 깨달았다는 용담정.

경갑(庚甲) 4월 5일 도를 받았다고 한다. 이날 실제로 일어난 현상을 살펴보면 요컨대 하느님의 가르침을 받았다고 할 수 있다. 이렇게 본다면 수운이 받았다고 하는 천도란 바로 '하느님의 가르침'이란 뜻이다. 또 수운은 서학(천주교)과 자기의 가르침의 관계에 대해 "도는 같으나 이(理)는 같지 않다"고 말하고 있다. 여기서 수운은 분명히 자기의 도와 서양의 도가 같다고 말했다. 따라서 수운이 서학의 도를 역시 천도라고 생각했다는 것은 의심할 여지가 없다. 이 천도를 하느님의 가르침이라고 해석한다면 수운의 도와 서학의 도가 같다는 말이 이해된다. 두 쪽이 다 같이 하느님의 가르침을 믿기 때문이다.

따라서 그가 세운 동학이 곧 하느님을 신앙 대상으로 하는 종교임을 알 수 있다. 그리고 이 하느님은 어떤 의지적인 신이다. 이러한 종교적 사상은 크리스트교적이라고 말하는 사람도 있다. 그러나 따지고 보면 우리 민간신앙으로부터 발전된 종교사상이다. 이러한 관점에서 그의 사상은 크리스트교와 대립하고 있을 뿐 아니라 유교적 사상에 대해서도 전면적으로 맞서고 있다. 중국에서 전래한 유교는 당시 민중 위에 군림하던 양반 지배층의 종교였음에 반해 수운의 동학은 민중제도(民衆濟道)의 민족적인 서민 종교사상이기 때문이다.

이러한 민족적인 자각은 그의 동학을 불교에 대해서도 맞서게 한다. 그래서 그는 다음과 같이 외치고 있다.

"유도, 불도 누천년(累千年)에 운이 역시 다했던가." (「교훈가」)

유교, 불교가 운이 다했다고 말하는 수운 자신은 결국 하느님을 직접 모실 수 있다는 자신이다. 사실 그는 주문을 통해 하느님을 모셨고, 또 입교한 사람들에게도 하느님을 모시는 길을 가르쳤다. 또 이러한 자신은 동시에 서학에 대해서도 비슷하면서도 다르다고 선언하게 했다. 수운은 당시 서학이 한·중·일 등 동양 제국에 파고들어 활발히 전도되리만큼 놀라운 활동력을 발휘하고 있다는 사실을 잘 알고 있었다.

그러므로 그는 유교나 불교에 대해서는 운이 다했다고 선언하면서도 서학에 대해서만은 자기의 도와 운이 같다고 말했다. 오히려 그는 "하느님의 가르침을 받았다"는 점에서도 동학과 서학은 같다고 말했다. 그러면서도 그는 서학을 "비슷하면서도 다르다"고 잘라서 선언한다. 그 까닭은 역시 수운 자신은 직접 하느님을 징험(徵驗)할 수 있다는, 즉 '하느님을 모실 수 있다'는 신념이 있기 때문이다.

이러한 사상을 안은 동학은 구미, 일본의 침략과 정부의 압제로 농민 사이에 급속히 파급되어 중대한 사회문제로 등장하게 되며, 특히 충청·전라·경상도 일대에 많이 퍼져 후일 동학혁명을 일으키는 주체가 된다.

"수운 선생께서 도를 통한 이후 그해(1860년) 6월부터 포교를 시작하셨지요. 우리 천도교에서는 그분이 득도하신 4월 5일을 각도일(覺道日)

이라고 하여 매년 전국 교역자들이 다 모여 본부 대교당에서 의식을 벌이지요. 이날 젊은 학생 교도들은 오전 11시부터 밤늦도록 웅변대회, 연극 등 각종 행사로 축제를 벌입니다. 다른 종교들은 교조의 탄신일을 기념일로 지킵니다마는 우리는 도를 깨달은 날을 기념하지요. 수운 선생님의 포교활동으로 따르는 제자들과 신도들이 크게 불어나자 관에서 주목을 합니다. 관의 눈을 피해 일단 광주로 피신 행각을 떠났다가 이듬해 3월에 경주로 돌아오십니다."

서울 종로구 경운동 88번지 천도교 중앙본부 교사편찬위원회 이좌순 (60) 간사가 당시의 상황과 비교하여 오늘의 그 기념을 이렇게 설명했다.

경주에 돌아온 최제우는 그동안의 새로운 구상에 따라 더욱 활기 있게 포교활동을 한다. 가문이나 학식은 없어도 지성으로 수도해온 최시형을 누구보다 사랑하고 신임했다. 뜻밖의 사랑에 감격한 해월 최시형은 더욱 수도와 포교에 힘쓴다. 그 밖의 제자들도 해월의 열성에 감동되어 수도와 포교에 힘쓰게 된다. 날로 신도들의 수가 늘어나고 이에 자신과 용기를 얻은 수운과 그 제자들은 더욱 포교에 열성을 다한다. 이에 따라 수운의 신기한 행적을 전하는 풍문도 많이 떠돌게 되어 드디어 관헌의 지목을 받아 1862년 9월 경주진영에 잡혀 갇히게 된다.

"우리는 이렇게 전해 듣고 있습니다. 수운 선생님이 처음 옥고를 겪을 무렵에는 이미 동학의 교세가 크게 경상·충청도 일대에 뻗어나갔지요. 수운 선생님이 구금된 바로 다음 날 700명 교도들이 시위를 합니다. 국리민복을 위한 종교인데 왜 탄압을 하느냐고……. 아마도 단군 이래 한반도에서는 처음 벌인 데모일 것입니다. 관에서도 할 수 없이 며칠 만에 무죄석방하지요. 이에 교도들은 더욱 힘을 얻어 '뭉치면 된다'는 확신을 갖고 교세는 더욱 왕성하게 뻗어나갑니다. 멀리 경기·강원까지……."

중앙본부 이재순 간사가 전하는 동학 초기의 이야기다.

석방된 최제우는 신도들이 오해받기 쉬운 자극적인 언동을 삼가도록 지시한다. 한편 수운의 무죄석방은 동학의 정당성을 그대로 입증한 셈으로 신도들이 더욱 불어나게 된다. 그러자 신도들의 조직이 필요하게 되어 접주제(接主制)를 실시하여 전국 15개소에 접소를 두고 접주 37명을 임명하여 관내 교인들을 통솔하게 한다.

1863년을 맞아 최제우는 마지막 포교활동을 전개하며, 최시형을 더욱 신임하고 자신의 후계자로 키워나간다. 이해 8월에는 동학의 모든 일을 최시형에게 맡겨 후계자로 내정한다.

이 무렵 관헌들은 동학의 신도들이 늘어가는 것을 걱정하고 그 대책을 생각하고 있었다. 이해 11월 20일 선전관 정운구가 왕명을 받고 경주를 향해 출발한다. 새재를 넘어서자 동학의 소문이 들리기 시작하고 경주에 가까워짐에 따라 동학의 문구를 외는 민중들이 많아졌다. 드디어 수운의 거처를 알아내고 12월 9일 무예별감 양유풍 등 2명을 변장시켜 잠입하게 했다.

수운의 언동을 살피고 그 거처를 내사한 뒤에 돌아온 이들의 보고를 받고, 이날 밤 양유풍 등 2명의 무예별감과 포도청 군관 이은식에게 포졸 30명을 주어 최제우와 그 제자 23명을 체포하게 한다. 최제우는 1864년 1월 6일 대구감영으로 압송되어 신문을 받다가 이해 3월 2일 효수형의 판결을 받는다.

최수운 선생은 그들의 손에서 벗어날 기회와 방법이 얼마든지 있었으나 스스로 체포되어 대구감영에 수감되었다. 대구감사 서헌순은 스물한 번이나 신문하고 지독한 고문을 했다. 그러나 최수운 선생은 끝끝내 굴복하지 않

았다. (『천도교 개관』, 천도교 중앙총본부)

1864년 3월 10일 수운은 형집행을 당한다. 당시 모진 광풍과 뇌성벽력에 때아닌 폭풍우가 몰아쳤다고 한다. 전하는 바로는 그의 목을 세 번이나 칼로 쳤으나 죽지 않아 그의 요청대로 청수 한 그릇과 '보국안민 포덕천하 광제장생지대도'라는 글발을 써오게 한 다음 묵념을 올린 뒤에야 목이 떨어졌다고 한다. 수운의 순교 뒤에 동학은 본격적인 민족종교로 급성해가며, 그가 혹세무민의 죄로 사형당한 지 40여 년 만인 1907년에 그의 죄가 공적으로 사면된다.

"도를 깨달은 지 불과 2년 반 동안의 짧은 기간 중 동학이 이처럼 전파되는 것은 여러 가지 사상적 밑받침이 크게 깔려 있기 때문이지요. 우선 시천개관론(侍天開關論)이라 하여 하늘이 시키는 대로 사람을 개벽하고, 사회 민족을 개벽하고 또 일체 우주관을 개벽하는 등 이처럼 혁명 사상을 들고 나오는 한편, 외세가 밀려드는 당시 '척양척왜(斥洋斥倭)'를 외쳐 민족 수호에 앞장을 서지요. 안심가(安心歌)에는 구한말에 밀려드는 일인들을 개 같은 족속이라고 지적했고…… 이처럼 보국안민을 내세워 민족 주체성을 강조하지요.

또 계급의식의 타파에도 앞장서는데, 수운 선생님 자신이 집안의 노비를 해방하고 수양딸과 며느리로 삼기도 합니다. 이처럼 봉건 지배층의 횡포에 거슬러 인권운동을 펼치므로 천대받던 상민, 천민이 모두 모여들지요. 지역적으로도 삼남 지방이나 이북 지방 등 경기 지방 이외에 많이 퍼지는데 교도의 9할 이상이 북한 지방에 분포해 있었습니다. 1934년 통계에는 평북이 압도적이고 함남, 평남, 황해 순으로 되어 있습니다."

이재순 간사가 동학의 확장 과정을 이처럼 풀이했다. 간간이 튀어나오는 평안도 사투리에 천도교 교리가 물씬 배어 있었다.

수운의 묘소는 그가 태어난 곳과 도를 깨달은 장소 중간 지점, 솔밭 가운데 초라하게 자리 잡고 있다. 이 자그마한 묘소는 일제의 등을 업고 갈려나간 시천교 측이 한일합병 때 자기들의 교조로 모신다고 마련했던 수난의 흔적을 고스란히 떠 담고 있다[지금 남아 있는 묘비에는 '시천교조(侍天敎祖)'라고 명기돼 있음].

수운은 두 아들을 두었으나 장남 세정이 18세 때 강원도 양양감옥에서 순교했고, 차남 세청은 관의 눈길을 피해 다니다 강원도 인제에서 병을 앓아 죽었다. 이처럼 인간으로서의 자손은 동학에의 박해로 끊기지만 그의 종교적 줄기를 이어받아 제2교조가 된 해월이 종교적 자손이라고 말할 수 있다. 수운과 해월이 모두 경주 최씨이므로 먼 친척뻘이 되는 셈이다.

해월은 1827년 3월 12일 경주 동촌 황오리에서 선비 최종수(崔宗秀)의 장남으로 태어났다. 그의 생가터는 지금의 경주 시내 한복판 황오동 227번지 시가지로 변해 탁구장, 방앗간, 허름한 하숙집 등이 들어차 있다. 바로 건너편에 천도교 경주 지부가 자리 잡고 있는 것만이 이 터전을 기념하는 유일한 표징이다.

그는 동희, 동호 등 두 아들을 두었는데, 동호 씨는 대가 끊겼고 동희 씨만이 아들 둘을 두었다. 해월의 부인이 의암 손병희의 누이동생이므로 동희 씨는 일찍이 외삼촌인 의암의 독립투쟁 노선을 따라 고려혁명당을 조직하여 상하이 임시정부 요인을 지내는 등 독립운동의 일선에 나선다. 인촌 김성수 등과 와세다대학 정경과 동기 동창이기도 하다.

동희 씨의 장남 익환(63) 씨는 서울 성북구 성하동 105의 2 골목집에 살고 있으며, 차남 진환 씨는 6·25전쟁 때 납북되었다.

수운-해월 이후의 천도교는 제3교조 손병희, 제4교조 박인호를 거쳐 현재는 중의제(衆議制)로 개편하여 임기 3년의 교령으로 최덕신 씨가 지상의 천도교도를 대표하고 있다. 전국 신도 200만, 300만을 헤아리던 1910년대의 전성기를 지나 현재 문화공보부에 기록된 신도 수는 60만으로 줄어들었다.

기성 종교들이 천국과 지옥을 갈라 내세에의 공포를 위협 삼아 거의 미신적·맹목적으로 입교를 강요함에 비추어 가장 인간다운 경지가 곧 신성지경(神聖之境)이라고 설파하는 이 종교는 어찌 보면 지상의 종교 중 가장 휴머니즘에 근접하는 파격적인 신앙이라고 할 수 있겠다.

내가 본 수운 최제우, 해월 최시형

수운 최제우는 흩어진 민족정신과 민족정기를 재건하는 데 전력을 기울여 동학을 창도했다. 척족 세도정치로 민족적인 위기의식이 높아지자 구세주로 자처하면서 민족종교로서의 동학을 창도하며 드디어는 순교했다.

그는 어려움을 헤치고 새로운 광명의 세계를 바라보며 구세안민의 대도를 펴 보이고 민중의 가슴에 새로운 희망의 구세주로서 불을 지를 인내천 사상, 즉 '사람이 곧 하늘'이라는 인권존중을 부르짖으며 억눌린 대중의 갈망을 대변하고 겨레의 체취를 풍겼다. 제세구민(濟世救民), 보국안민(輔國安民), 광제창생(匡濟蒼生)으로 천심은 곧 민심이라면서 성(誠), 경(敬), 신(信)을 역설하며 선신후성(先信後誠)이라 가르쳤다. 그러기에 언제나 고독, 실의, 방랑, 고투, 반항, 불굴의 정신으로 그의 인생은 점철되었다.

그는 구도(求道)를 시작한 지 17년 만에 동학을 깨달았으며, 37세 되던 1860년 4월 신의 계시를 받아 '인내천'의 천도를 대각오도(大覺吾道)하게 되었다 하여 스스로 오도(吾道)는 천도(天道)라 하며, 동학은 유·불·선 3교의 합일임을 주장했다. 그는 정부로부터 혹세무민의 죄로 1864년 사형을 받았다.

그 뒤를 제2세 교조 해월 최시형이 이어 탄압을 받은 동학 재건에 전력을 쏟았다. 최시형의 끈기와 저력과 포용력은 최제우가 사형당한 후부터 30여 년이 지난 1894년의 동학 농민봉기만 보더라도 그 일단을 엿볼 수 있다. 따라서 수난기 교조로서 최시형의 노력이 위대했음은, 정부의 혹독한 탄압 하에서도 천도교가 꾸준히 성장하여 삼남 지역의 교세를 크게 확장한 데에서도 확실히 알 수 있다.

이현종(국사편찬위원회 편사실장)

수운 최제우

1824년	10월 28일, 경북 월성군 장곡면 가정리에서 태어남
1857년	천성산 적멸암에서 49일 기도 후 도술을 부려 기인(奇人)으로 이름을 떨침
1860년	구미산 용담정에서 결정적인 종교적 체험을 함
1862년	경주에서 동학의 포교활동을 벌이다 경주진영에 갇힘
1863년	접주제를 실시하여 본격적인 포교활동을 벌임
1864년	3월 10일, 대구감영에서 형집행을 받아 별세함

해월 최시형

1827년	3월 21일, 경북 경주 동촌 황오리에서 태어남
1861년	동학교도가 됨

1863년	최제우의 뒤를 이어 동학의 제2대 교주가 됨
1892년	손천민, 손병희 등과 함께 충청도 관찰사에게 교조의 신원서를 제출했으나 묵살당함
1894년	전봉준이 동학혁명을 일으키자 이에 호응함
1895년	재차 봉기하자 북접(北接) 각지 접주들에게 총궐기를 명령, 10여 만의 병력을 동원하여 논산에서 남접군과 합세함
1898년	원주에서 송교인에게 체포되어 서울로 압송되어 사형당함

04

산재 조병세

구한말 국운이 기울 무렵 좌의정을 역임한 원로대신 산재(山齋) 조병세(趙秉世)는 백관을 거느리고 궁중에 들어가 을사조약을 찬성한 5적을 처참하고 조약을 폐기할 것을 상소함과 동시에 각국 공사에 호소하다 비분한 나머지 자결하여 온 세상을 놀라게 한다.

조병세가 백관 정청(庭請)을 실행하자 이근명, 민영휘, 심순택 등 회경의정(會經議政)이 많이 참가했으나 모두 소수(疏首)를 기피했다. 그러므로 조병세가 잡혀간 뒤 민영환이 소수가 되어 마침내 정충대절(貞忠大節)을 세웠거니와 만일 조병세가 백관 정청을 시작하지 아니했더라면 민영환의 충절이 나타나지 않았을 것이요, …… 그러므로 그들이 순절한 뒤 고종은 똑같이 충정(忠正)이란 시호를 내렸으며, 1963년에 대한민국 정부에서도 똑같이 건국공로훈장 중장을 수여했다. (『한국근대인물백인선』, 신석호, 동아일보사)

산재의 집안은 경종 때 신임사화를 당한 노론 사대신 중의 한 사람인 조태채(趙泰采)의 후예다. 산재는 1827년 현감 조유순(趙有淳)의 아들로 서울 회현동에서 태어났다. 산재의 대(代)는 내부협찬을 역임한 태희(台熙), 중목(重穆, 경기관찰사 역임) 씨에 이어 증손 4형제가 모두 서울에 살고 있다. 중목 씨의 장남 정호 씨는 서울 마포구 서교동 292의 13에서 장남과 함께 살다 1975년에 작고했고, 중목 씨의 차남 이호(73) 씨는 서울 종로구 낙원동, 3남 기호(69) 씨는 서울 종로구 명륜동, 4남 완호(64) 씨는 서울 마포구 서교동에 살고 있다. 종가의 줄기를 잇고 있는 정호 씨는 원복(60·고려피혁 사장), 원익(자영업), 원숙(49) 씨 등 3남매를 두었다.

종손 원복 씨의 말이다.

"항일 집안으로 지목받아 온 우리 후손들은 일제하 40년을 거슬러 살았달까……. 모두가 국내에서 신식 학제의 개화 교육을 전혀 받지 않았습니다. 집안에서 통 일제하의 학교에서는 공부를 시키려 하지 않았으니까요. 그 대신 해방 후 아이들 공부는 열심히 시키려고 애를 쓰고, 아이들도 이런 기미를 알아차렸는지 학업에 열중하고 있습니다."

조카의 말을 받아 삼촌 이호 씨가 이 사실을 뒷받침했다.

"내가 어려서 학교에 간다고 하니 아버지가 붙잡고 우시더군요. '너도 왜놈들 밑에서 공부시킬 수 없으니 생명을 연장할 수 있는 한 버티어보자'고 하소연하시더군요. 그 뒤 우리 아이들도 모두 공부를 못 시키고 해방을 맞았지요. 광복 후 독립지사의 후예라고 하여 사회에 나가 활동을 하자고 친구들이 권유도 했지만 제 자신 학식이 없으니 자격도 없거니와 그런 자격이 있다고 해도 나서지 않았을 것입니다."

산재는 32세 때 과거에 합격하며 10년 후 함경도 암행어사가 되었다가 46세 때 대사성(성균관의 으뜸 벼슬)으로 승진한다. 이어 공조, 예조, 이조 판서를 거쳐 1889년에 한성판윤을 지내다 우의정에 오르고 1894년에 좌의정이 된다. 이듬해 갑오경장으로 관제가 개혁되자 중추원 의장을 역임하고 뒤이어 고종황제의 고문인 특진관에 임명되나 사직하고 선향인 경기도 가평에 내려가 은거한다.

은거 생활 중에도 산재는 원로답게 계속 국사에 관심을 가지고 1896년 폐정개혁을 위해 시무(時務)19조를 상소하며, 2년 후 다시 입궐하여 국정의 개혁을 건의한다.

"암행어사 시절 탐관오리들을 속 시원히 숙청하여 함경도 단천 거리 곳곳에 송덕비가 섰다고 하는데…… 중국 사신을 두 번이나 다녀오실 때 의주 백성들이 중국령까지 가마를 메고 따라 들어온 것을 본 중국 관리들이 '얼마나 백성을 사랑했기에 산재의 오는 길이 이러냐'고 감격했다고 합니다. 의주부윤 당시 중국으로부터 입수되는 아편을 압수하여 친히 불태워 관민이 모두 탄복했다고 합니다. 조금 눈만 감아주면 갑부가 되는 것이고, 또 그때 대부분 지방관이 그랬던 시절에 이처럼 몸소 청렴의 본을 보이신 때문이지요. 영상에 이르기까지 생애를 줄곧 관직에 바치시다가 은퇴하신 후 남은 재산이란 겨우 300석에 불과했지요. 노후에 가평으로 낙향하실 때도 청지기 등 많은 노비들을 다 놓아주고, 귀여워하시던 사동 하나만 데리고 가셨지요. 태희 할아버지가 내부협판을 하실 때도 지방관직인 외직을 받으시면 토색질하기가 쉽다면서 그분께서 지방에 나가지 못하게 하셨고, 부친이 경기도 관찰사를 하실 때에도 같은 이유로 겨우 9개월밖에 머물지 못하게 했습니다. 그때나 지금이나 이른바 좋은 자리를 찾아 앉도록 자손들에게 '운동'해주는 것이 관료 기질인데, 증조부께서는 임금과 가까이 대할 수 있는 원로대신이면서도 이와 정반대로 아들, 손자라도 공적으로는 오히려 관료의 자격이 없다고 사양하신 것이지요."

순국한 애국지사 조병세, 민영환, 최익현 세 분의 묘소인 가평 삼충단.

증손자 이호 씨의 말이다.

1905년 11월 18일 을사조약이 강제 체결되자 산재는 26일 백관을 거느리고 궁중에 들어와 정청(庭請)을 한다. 정청이란 국가에 중대한 일이 있을 때 반드시 의정을 지낸 원로대신이 주재하여 거행하는 것이다. 일찍이 좌의정을 지낸 산재는 가평으로부터 상경하여 11월 26일 이근명, 민영환, 김가진 등 백관을 거느리고 입궐하여 정청하고 상소한다. 상소의 내용은 을사조약의 장본인인 박제순 외부대신을 참형에 처하고 각 대신을 면관하여 구속하고, 새로 충량한 사람을 뽑아서 외부대신에 임명하고 각국 공사들에게 담판하여 협약의 파기를 단행하라고 요구한 것이다.

이 소식이 장안에 퍼지자 상업회의소의 결의로 종로의 상가를 비롯한 서울 시내 곳곳의 상점들이 차례로 철시하는가 하면 각급 학교의 학생들도 자진 휴교를 단행하기에 이른다. 이에 당황한 당시의 일제 경무고문 마루야마는 경찰을 동원하여 각 상점들을 찾아다니며 개점하기를 강권하는가 하면, 일제의 학무참여관도 각 학교에 훈령을 내려 수업을 계속하도록 강압한다.

26일의 상소가 별로 이렇다 할 효과가 나타나지 않을 것 같은 기미를 알아차린 산재는 이튿날 원임의정(原任議政)의 자격으로 내부 및 경무청을 비롯하여 각 부에 '첩시(貼示)'를 보내어 대소 관원이 궁내부에 집합하도록 통고한 다음 대신 이근명, 경리원경 심상훈, 판서 민종묵, 참판 김중환, 참찬 이상설 등을 이끌고 다시 상소하는데, "우물쭈물 돌아다 보다가 시일을 경과하면 순식간에 국가 대사가 어찌할 수 없는 지경에 이를 것이니 빨리 처분하여 일을 바로잡을 것"을 역설한다.

산재는 이어 각국 공사에게 공한을 보내는데 다음은 일본공사 하야시(林權助)에게 보낸 내용이다.

우리나라와 귀국은 일찍부터 국교를 체결하여 교제가 날로 두터워 마관(馬關)조약으로부터 고무라(小村) 외상의 열국에 보낸 변명서에 이르기까지 한국의 독립을 보존한다는 말을 하지 아니한 것이 없는데, 이달 17일 밤에 귀 대사와 공사가 군대로 궁궐을 포위하고 참정을 구속하고 외상을 협박하고 식례도 갖추지 아니하고 억지로 조인하여 우리나라 외교권을 강탈하려 하니, 이는 스스로 공법을 어기고 자기의 말을 식언하는 것이 아니냐. 청컨대 귀 공사는 생각해보라. 정의의 공리로서 어찌 이럴 수가 있단 말인가. 세계 각국은 장차 귀국을 규탄할 것이다. 바라건대 귀 공사는 번연개오(飜然改悟)하고 귀 정부에 보고하여 작소(繳銷)하여 우리 동아대국(東亞大局)을 보전함이 옳을 것이다.

산재는 미국, 영국, 독일, 프랑스, 이탈리아 등 5국 공사에게 보내는 글에서 다음과 같이 주장하고 있다.

폐국(弊國)이 자주독립국인 것은 천하가 다 아는 바이오. 일본이 폐국에 대하여 마관조약으로부터 러일개전의 선전소칙과 한일의정서에 이르기까지 한국의 독립과 영토보전을 말하지 아니한 바가 없는 것도 천하가 다 아는 바이오. 그런데 금번 일본 대사와 공사가 한 조약의 초안을 가지고 궁중에 들어와 날인을 강요했는데, 조약의 대의는 일본의 통감을 폐국에 설치하고 폐국의 외교를 일본으로 옮긴다는 것이오. 이렇게 되면 폐국도 망하는 것이오. 그러므로 황제가 윤허하지 아니하시고 참정대신이 굳게 거부했는데, 일본대사는 군대로 궁궐을 포위하고 군소(群小)를 협박하여 가부를 묻고, 억지로 외부의 인을 찍어 가지고 조약이 체결되었다고 발표했소. 지금 약소국가가 열강의 사이에 나라를 보전하는 것은 국제적 우의와 공법이 있기 때문이오. 공법회통 제405장에 이르기를 "조약을 정함에는 반드시 국왕의 허락을 받아서 수행한다" 했고, 또 제409조에 이르기를 "조약을 체결할 때 협박을 받았다면 그 조약은 폐기한다"고 씌어 있소. 그렇다면 조약을 체결함에는 위로 국왕의 승인을 받고 아래로 여러 사람의 의견을 들어 협정하는 것이요, 위협이나 공갈로써는 조약이 성립되었다 하여도 무효인 것이 확실하오. 조병세는 원로대신이나 우리나라 사례에 비추어 이에 공문을 앙포하오니 귀 공사는 즉각 회동 담판하여 늑약을 부인하여 우리의 국권을 잃지 않게 하여주신다면 천만 감사하겠나이다.

이러한 산재의 항일 구국운동에 다급해진 일본공사 하야시는 치안유지라는 미명을 내걸고 고종황제에게 강제 해산을 내리도록 강박한다. 구국투쟁에 대한 각국 공사의 반응이 없었을 뿐 아니라 고종도 듣지 아니하고 다 물러가라는 비답(批答)만 내린다. 이에 산재가 임금의 허락을 받기 전에는 궁중을 물러가지 않겠다 하고 대안문 밖에 거적을 깔고 연일 정청하자, 드디어 28일 일제 헌병 수십 명이 밀려들어 정동에 있는 구 일제 헌병파견소에 구금한다.

조병세를 구금하여 가는 광경을 본 한 연소한 부인이 다수 시민에게 격앙한 연설로 늑약의 불법성을 갈파하자 듣는 이는 누구나 감격하여 울지 않는 이 없었다. (『한국민족운동사』, 국사편찬위원회)

산재가 잡혀간 뒤 민영환이 대신 소수(疏首)가 되어 백관을 거느리고 정청한다. 그러나 민영환 또한 잡혀서 평리원(고등재판소)에 가게 되는데, 그는 29일에 특명으로 놓여나온 뒤 비분을 참지 못하여 자결하여 온 세상을 놀라게 한다.

일제 헌병에게 잡혀간 산재는 가평 선향으로 강제 추방되나 30일에 다시 상경하여 이튿날 표훈원(훈장, 기장, 상여 등의 일을 맡아보던 관아)에서 다시 상소한다. 이날 오전 10시 일제 헌병 다수가 달려와서 억지로 교자에 태워 끌어내자, 산재는 미리 준비해두었던 아편을 꺼내어 먹고 자결한다. 그의 위독한 용태를 보고 당황한 일제 헌병들이 일본인 의사를 데리고 와서 진료하려 했다. 옆에 있던 사위 이용직(탁지부대신 역임)이 통분하여 "우리 대한대신이 나라를 위하여 자결코자 하는데 너희 무리들이 무슨 일로 간여하려 하며 또 돌아가시는 분을 욕보이려 하느냐"고 꾸짖자 도망쳐 버렸다. 산재는 이날 오후 6시 79세를 일기로 순국한다.

선생의 부음을 들은 진신(搢紳: 벼슬아치의 총칭) 국민들이 조문하여 곡하

는 이가 많았으며 외국 인사들도 많이 와서 조문했으며 황제는 선생을 대훈
위에 증서하고 금척대수장을 하사했다. 장의는 이달 8일에 종로 네거리에서
영결식이 거행되었는바, 여러 유지자들이 분향하고 조사를 읽었는데 경무
고문 마루야마가 교통 및 치안 방해라는 구실을 붙여 이를 금지하므로, 부
득이 화개동 조민희(산재의 조카) 집으로 식장을 옮겼는바 회장자가 천여 명
이었고, 출관을 기다리는 시민은 손에 손에 청·홍·백의 만장과 대소의 등
을 들고 표훈원에서 조민희의 집까지 메웠다. 선생의 유서는 동월 3일 《대한
매일신보》에 게재되었고 동지는 5일 '독조병세유서'라는 제목의 논문을 실
어 '일언일자가 영인감격유체(令人感激流涕)'라고 한탄했다. (『대한민국 독립
운동공훈사』, 한국민족운동연구소)

산재는 경기도 시흥군 수암면 오남리 선영에 안장되었다. 아무런 장식
도 찾아볼 수 없는 평범한 묘소가 민족을 사랑하다 순국한 생전의 산재
의 모습을 떠올려준다.

"사회활동이라는 것이 자연히 세속에 흡수되어야 하는 것 아닙니까?
그런데 집안의 흐름이랄까…… 이런 사실이 늘 떠오르니 세상살이에서
늘 손해를 봅니다. 그렇다고 돈만 벌 생각은 없고 작은 힘이나마 자기 직
업에 충실하면서 값진 삶을 자손들이 살아갈 수 있도록 애써보고 있지
요. 참 완고한 집안이어서 연 16회 제사 지내던 것을 가정의례준칙에 따
라 2회로 줄이자고 얼마 전 아버지께 건의 드렸습니다만."

270년 동안 전해오는 선조의 영정을 펼치면서 분향하기를 잊지 않는
원복 씨는 윤봉길의사기념회 간사직을 맡는 등 산재의 항일 구국정신을
계승하고 있었다.

"절대로 돈 있는 티를 내시지 않으면서 값있게 살라고 가르치시는 부

친이 자라나면서 더욱 돋보입니다. 혈통으로 이어지는 참된 정신의 근본을 찾아 계승하시고자 애쓰시는 태도를 우리도 닮아야겠지요."

원복 씨의 딸 형숙(30·이화여대 영문과 졸업), 형인(20·이화여대 음대 2년) 자매의 말이다.

│ 내가 본 산재 조병세

젊어서 중국 유학 시절에 을사조약에 반대한 선현의 행적을 조사하던 중 나는 산재 선생의 위업을 처음 알았다. 원로대신을 지냈지만 직접적 책임을 질 만한 아무런 직책도 안 맡고서도 79세의 노령으로 구국 항일투쟁의 선봉으로 백관을 지휘하다 자결하신 그 기개를 접하고는 비록 일제하의 식민통치에 신음하고 있었지만 한민족은 어떤 고난도 꿋꿋이 이겨내고 영구히 살아남을 민족이라는 생각이 들었다. 그 후 김동삼, 신숙 선생님에게서도 산재 얘기를 들었는데, 이들 해외의 독립투사들도 산재 선생과 같은 선배들의 용기 있는 행동에 크게 자극받고 영향을 입은 것이다.

젊은 사람이 용기를 발휘하는 것도 쉽지 않은 일인데 예순이 넘은 나는 산재 선생이 어떻게 79세의 고령으로 그런 용기를 내실 수 있었는지 신비롭게 느껴지며, 후생으로서 더욱 우러러 받들게 되는 것이다. 을사조약을 반대하다 자결하신 산재 선생과 그를 따라 목숨을 바친 분들의 뜻을 기리기 위해 앞으로 순국 기념비를 세우겠다는 것이 내 인생의 목표다.

심형택(전《국도신문》편집국장)

산재 조병세

1827년	현감 조유순의 아들로 서울 회현동에서 태어남
1858년	과거에 급제함
1868년	암행어사가 됨
1872년	대사성으로 승진. 이어 공조, 예조, 이조판서를 역임
1889년	한성판윤을 거쳐 우의정에 오름
1893년	좌의정이 됨
1894년	중추원 의장을 역임
1896년	폐정개혁을 위해 시무19조를 상소함
1900년	입궐하여 황제에게 국정의 개혁을 건의함
1905년	12월 1일, 을사조약이 체결되자 준비했던 아편을 먹고 자결함

05

역매 오경석, 위창 오세창

조선왕조의 중인 계층에서 개화 선각자로 입신한 역매(亦梅) 오경석 (吳慶錫), 위창(葦滄) 오세창(吳世昌) 부자는 서화에도 당당한 일가를 이룬 인물들이다. 역매는 한역관(漢譯官)으로 청에 빈번히 왕래하며 일찍이 개화에 눈떠 병자수호조약이나 갑신개혁운동에 앞장섰고, 위창은 역매의 개화 기질을 이어《한성주보》의 첫 기자가 되는가 하면, 3·1운동 33인 민족대표의 1인으로 항일운동에 앞장섰고 한국서화사를 체계화한 공적도 남겼다.

역매는 1831년 1월 21일 서울 중구 장교동에서 오응현(吳應賢)의 네 아들 중 장남으로 태어났다. 그의 집안은 중인으로서 대대로 역관을 지내왔으며, 그 역시 중국어 통역관이었다. 서화에도 일가견을 이룬 그를 닮아 경윤(慶潤), 경림(慶林), 경연(慶然) 세 아우도 모두 서화에 출중한 재주를 보였다.

1864년 7월 15일 역매의 외아들로 태어난 위창은 네 형제를 두었다. 장남 일찬 씨는 작고했고, 차남 일철(보성전문 졸) 씨는 6·25전쟁 때 납북

됐다. 3남 일룡(59·보성전문 법과 졸) 씨는 서울 성북구청 사회과장으로 전예옥(54·숙명여대 가사과 졸) 씨와 결혼했고, 4남 일육(54·보성전문 상과 졸) 씨는 세원개발 회장으로 명정희(47·이화여대 가정과 졸) 씨와 결혼했다.

위창의 장남 일찬 씨는 5남매를 두었는데, 외아들 천복(56·서울공대 토목과 졸) 씨는 토건업을 하고 있으며, 맏딸 숙완(69) 씨는 박윤석(75·《서울신문》 감사역 역임) 씨와 결혼했고, 차녀 숙희 씨는 6·25전쟁 때 가족들과 함께 실종됐으며, 3녀 숙진(58) 씨는 이희영(61·주물공장 경영) 씨와 결혼하여 서울 용산구 원효로에 살고 있으며, 4녀 숙분(53) 씨는 김인성(59) 씨와 결혼하여 서울 도봉구 우이동에서 의암의 미망인 주각경 씨를 보살피고 있다.

위창의 차남 일철 씨는 6남매를 두었는데 장남 천택(42·서울공대 화공과 졸) 씨는 유코상사에 근무하고 있으며, 차남 천욱(39) 씨는 금년(1972년)에 작고했다. 자매는 숙영(49), 숙정(35·이화여대 불문과 졸), 숙련(31·성신여대 가정과 졸) 씨다.

위창의 3남 일룡 씨는 천득(30·중앙대 신문학과 졸), 천익(28·한양대 영문과 졸), 숙현(24·수도사대 미술과 졸) 씨 3남매를 두었고, 위창의 4남 일육 씨는 천혁(24·고려대 이공대 졸) 씨 등 3남매를 두었다.

종가의 줄기를 잇고 있는 위창의 장손 천복 씨는 김숙경(54·숙명여대 졸) 씨와 결혼하여 태일(25·서울상대 졸), 태성, 태순(30·이화여대 도서관학과 졸), 춘순(28·이화여대 사회생활과 졸), 달순(26·이화여대 영문과 졸) 씨 등 5남매를 두었다.

역매의 어린 시절에 대해서는 별로 알려진 바가 없고 중인계급에 속하는 그의 집안 배경을 어림함으로써 그 성장 과정을 희미하게나마 짚어볼 수 있다. 중인이란 대개 이들이 모여 사는 곳이 서울 중부 수표동을 중심으로 한 부근이므로 그 명칭이 붙은 것이라고도 한다. 이들이 하는 벼슬이란 기술공무원, 사무관과 같은 것으로 역관 또는 재무와 경리·회계, 기상 천문이나 법률을 맡아 보는 일 등을 했다.

역매의 집안은 대대로 역관 일을 맡아왔으며 역매는 한역관이다. 당시 청이 우리의 종주국이었으므로 한역관은 중요한 지위에 있었다. 오경석은 베이징에 6번이나 왕래하며, 그런 동안 중국의 명사들과 두터운 교분을 가지며 영국, 미국, 프랑스, 러시아 등 각국의 외교관들과도 교제하게 되어 세계 정세에 밝아진다. 당시 베이징에 주재하던 프랑스 외교관이 찍어준 오경석의 사진은 우리나라에서 가장 오래된 사진으로 알려져 있으며, 셋째 손자 일룡 씨가 소장하고 있다.

일룡 씨의 집에는 역매가 중국 고관들과 교환했던 서신이며 서화 300여 점이 간직돼 있고, 역매의 아들 위창과 그 아들 대에 걸쳐 당시 중국에서 가져온 서적 5700권을 국립도서관에 기증했다. 이 중에는 요즘 세계 최고의 금속활자본이라고 파리에서 알려진 『직지심경』 등 희귀한 문헌도 포함돼 있다.

"중국 베이징을 여러 번 내왕하면서도 커다란 선물 보따리는 온통 서적, 서화, 골동품으로 꽉 찼고 비단 등 값진 생활용품은 하나도 없었다고 해요. 이처럼 물욕에는 아주 어두우면서도 문화재에 대한 감식안은 아주 밝아 문화적 전래에 기여한 것이지요."

일룡 씨의 말이다.

역매는 청을 드나들면서 청나라 정부가 우리나라 조야(朝野)에서 오랑캐라고 멸시하는 구미 각국과 대등하게 교제하고 있고 당시 베이징에서는 이미 '대일본' '대황제' '짐(朕)'이라고 써 보낸 국서를 아무런 트집 없이 접수하고 있는 사실을 목격한다. 자금성 건너편 교민항(交民港)에 각국 외교관이 자기 나라 국기를 높이 달고 청 정부를 상대로 당당히 외교활동을 벌이고 있는 것을 똑똑히 보아온 것이다.

이리하여 서세동점의 형편에 눈을 뜬 역매는 그와 친분이 두터운, 베이징에 왕래하여 당시의 국제 정세를 다소 짐작하고 있는 영의정 박규수에게 쇄국을 물리치고 개국하지 않으면 안 될 필요성을 역설한다. 구미 각국은 오랑캐가 아니고 부강한 문명국이므로 우리나라도 이들과 국교를 터서 그들의 문명을 배워 하루바삐 부강한 나라가 되어야지, 앞뒤문을 꼭꼭 닫고 문명세계와 동떨어져 살아가면 마침내 나라를 망쳐버릴 것이라고 그는 주장한다.

그러나 수구파의 중신들과 대원군, 유림에서는 개국을 절대 반대하여 국론이 갈피를 잡지 못하고 있을 무렵 역매와 박규수가 계속 개국의 불가피성을 역설한다. 여기에 민씨 일족도 이에 가담한 데다 때마침 청의 이홍장이 일본과 수호하기를 권고하는 서한을 조선에 보내 고종도 일본과의 수호를 결심한다.

이리하여 1876년 1월 역매가 인천 앞바다에 정박 중인 일본 군함 일진(日進)에 가서 구로다(黑田淸隆)와 회견하고 수호조약에 응할 것을 통고하며, 회의 절차를 상의하여 강화부 진무대에서 개최할 것에 합의한다. 우리 쪽에서는 신헌이 접견대관으로 전권이 되었다. 역매는 직접 회합에는 참여하지 않았으나 당시 외교 절차를 아는 유일한 사람이었으므로 여러 가지를 막후에서 지휘하여 회담을 진행한다.

"역매의 아들 오세창 선생에게 들은 얘기인데 병자수호조약을 맺자 사림에서 '오경석이 역적이다. 죽이자'고 들고 일어나 그분은 갓 쓰고 변장하고 다니다가 그것도 어려워 칭병하고 1년간 이불 쓰고 누워 있었더니 진짜 병이 나서 사망했다더군요. 당시 청계천변 관철동에서 약국을 경영하던 유대치가 은자로 있었지만 애국지정이 커 역매가 베이징에 일고 있는 개화 물결의 상황을 그에게 전해주면 그는 자기 집에 출입이 잦던 박영효, 김옥균, 홍영식에게 이런 소식을 알려주고…… 이렇게 개화 인맥이 형성된 것이지요."

언론인 유광렬 씨의 말이다.

역매는 1879년 8월 22일 서울 중구 이동(당시 이름 보시꼬지)에서 별세하며, 경기도 양주군 설악면 밤나무골 가족묘지에 안장된다.

역매가 34세 되던 1864년 7월 15일 위창은 그의 장남으로 서울 중구 장교동에서 태어났다. 의식세계에 접어들면서 그는 부친의 개화 인맥을 이어 개화당 인물들과 젊어서부터 교유한다. 갑신정변 때 김옥균의 나이 33세, 위창은 21세이니 나이 차가 커 직접 가담하지는 못하나 유광렬 씨에 따르면 "김옥균과는 여러 번 만났다고 하며, 김옥균이 재분이 절등한 사람이라 평하기도 했다."

1883년 우리나라에서 처음 발행된 《한성순보》가 3년 후 다시 《한성주보》로 발행됐을 때, 그는 그 정부 발행기관이던 박문국의 주사로서 기자를 겸하기도 한다. 이듬해 갑오경장을 추진하던 당시 위창은 군국기무처(軍國機務處) 낭청(郞廳)총재비서관을 지내며, 이어 농상공부참의, 우정국통신국장으로 승진한다.

1896년 서재필이 《독립신문》을 창간하던 해 그는 일본 문부성 초청으로 도일하며, 도쿄외국어학교 교수로 있다가 이듬해 귀국하여 개화당 인사들과 교유하면서 기울어가는 국운을 바로잡기에 힘쓴다.

1902년 그는 개화당 동지들과 국정을 개혁하는 정변을 꾀하다 발각되어 일본으로 망명하여, 동학당으로 망명해 있는 손병희를 만나 그 제자가 되며 동학에 입당하여 국내 동포와 연락하면서 구국운동을 벌인다.

3·1운동 전 오세창(아랫줄 오른쪽 끝)이 손병희(오른쪽에서 두 번째), 권동진 (세 번째) 등과 찍은 사진.

"도쿄에서 의암을 만나고서는 스케일 큰 인격에 반한 데다 국내에서 신도들에게 많은 돈을 거두어 오는 동학세력에 대해, 이들과 손잡으면 구국운동에 큰 도움이 되겠다 해서 권동진 선생과 함께 의암의 제자가 되고 동학에도 입교했다고 하더군요."

유광렬 씨의 말이다.

위창은 1904년 6월 손병희와 함께 귀국하여 국정개혁 5개조를 발표하니 국회의 개설, 종교의 자유, 재정의 정리, 정치의 개혁, 외국유학 장려 등이 그 내용이다. 1906년 그는 의암과 상의하여 그해 6월 16일 신문사 사장이 되어《만세보》를 창간하는데, 이 신문은 처음으로 한자 옆에 국문으로 그 음을 달고 또 국초(菊初) 이인직(李人稙)으로 하여금 최초로 신문체 소설『혈의 누』를 연재케 하는 국문학적 공훈도 남긴다.

당시 의암을 배신하고 쫓겨난 이용구의 일진회가 일제의 앞잡이 노릇을 하는 데 맞서 위창은 윤효정과 함께 대한협회를 창립하여 그 부회장으로 활약한다. 국세가 더욱 기우는 1909년 그는《대한민보》를 발행하여 구국논조를 펴나 1910년 한일합병으로 폐간된다. 이후 10년간 의암 아래서 인재 양성과 교도훈련으로 3·1운동의 기초를 마련하며 33인 민족대표의 한 사람으로 서명하여 3년간 복역한다.

"저도 6·25전쟁 중 장면 씨가 주미대사로 계실 때 미국대사관, 외무부 등에 1년간 근무했던 일이 있으니 역관 집안의 대를 계승한 셈이지요. 하지만 우리 후손들은 어려서부터 일제강점기 때 아버지가 33인 민족대표의 한 사람으로 활약하셔서 항일 집안으로 자처하게 된 것이 무엇보다 자랑스러워요. 물론 고초도 많이 따랐지만……. 근자에는 소장학자들의 노력으로 개화사가 크게 발굴되고 조부의 개화 행적이 많이 드러나 긍지를 느낍니다. 영의정을 지내면서 양반 행세만 하던 것보다 오히려 민족에 큰 공헌을 하신 것이 지금 빛을 보고 있구나 하고……."

일륙 씨의 말이다.

위창은 또 민족문화의 보존이라는 원대한 안목에서 집안의 각종 문화재를 정리하고 떠돌아다니는 서화 등 민족문화의 유산들을 힘닿는 대로 찾아 모은다. 그는 역대 서화가의 이름과 관계 기록 등을 조사, 정리하여 후학들의 도움이 될 서화가의 인명사전을 1910년대 중엽에 이미 상당히 진척시킨다. 다음은 당시 《매일신보》 기자가 위창을 방문하고 쓴 기사 「별견서화총(瞥見書畵叢)」의 일부이다.

근래에 조선에는 전래의 진적서화(眞籍書畵)를 헐값으로 판매하며 조금도 아까워할 줄 모르니 딱한 일이로다. 이런 때 오세창 씨 같은 고미술 애호가가 있음은 가히 경하할 일이로다. 오세창 씨는 수십 년 이래로 조선의 고래 유명한 서화가 유출되어 남을 것이 없을 것을 개탄하여 실력을 아끼지 않고 동구서매(東購西買)하여 현재까지 수집된 것이 1275점에 달했는데 그중 1125점은 글씨요, 150점은 그림이다.

1916년 12월 17일부터 5회에 걸쳐《매일신보》에 연재된 한용운의 위창 댁 방문기 「고서화(古書畵)의 3일」에도 위창의 서화에 대한 깊은 조예가 잘 나타나 있다.

일곱 축의 서첩을 가져다 놓고 열람을 독촉하는지라, 벽에서 눈을 돌리니 '근역서휘(槿域書彙)'라고 표제가 적혔는데 위창이 직접 화첩을 꾸미고 쓴 것이다. …… 나는 눈으로는 그림을 보고 손으로는 화가의 이름을 짚어나가기에 바빴다. 이렇게 그리워하던 영예스러운 우리 고인의 수택(手澤)을 접촉하니 감개가 무량했다. …… 도합 191인의 역대 화가가 그린 250점의 그림을 5시간 반이나 걸려 배람(拜覽)했다.

위창은 1928년 마침내 서화가의 행적, 자료들을 집성한 『근역서화징』을 출판한다. 이 책은 오늘날에도 가장 정교한 한국 미술가 사전으로, 자칫 영구히 묻혀버릴 뻔한 미술사료들을 체계화하여 전수시킨 큰 공을 남긴 것이다.

"아버지의 취미는 서화와 수석인데 언젠가 찾아온 분이 집 안에 굴러다니는 돌을 보고서는 깜짝 놀라면서 왜 이처럼 값진 것을 함부로 다루느냐고 했을 때는 '내가 무식하구나' 하고 얼굴이 화끈해지더라고요. 그래 수집하신 책들은 대부분 1962년 중앙도서관에, 낙랑대의 명문이 있는 벽돌 2점, 삼국시대 기와 조각 44점, 고구려 성벽 각자(刻字) 등은 1965년 이화여대 박물관에 넘겨주었지요."

일룡 씨의 말이다.

위창은 해방 후 각 정당 사회단체의 고문과《매일신보》,《서울신문》 사장, 입법의원(立法議院) 의원 등을 지내다 6·25전쟁 때 대구로 피난하여 1953년 4월 16일 별세, 서울 망우리 공동묘지에 안장된다.

내가 본 역매 오경석, 위창 오세창

역매는 역관의 신분으로 중국을 내왕하던 그의 직분을 확대시켜 구한말 개화 인맥을 과감히 다진 출중한 인물이다. 대원군을 비롯한 유림 등 보수세력이 공고했던 당시 역적 소리를 들어가며 죽음을 무릅쓰고 조국의 개화 혁신에 진력한 선견과 용기는 앞으로 더욱 높게 평가될 것이다.

역매의 아들 위창을 내가 처음 접한 것은 3·1운동 후 3년간 복역하면서였다. 1910년 한일합병 후 의암을 도와 권동진과 함께 일제를 감쪽같이 속이고 3·1운동을 성사시킨 것은 전적으로 그분들의 공이라고 생각한다. 1918년 1월 일제는 윌슨 미국 대통령의 민족자결주의가 천명됐을 때 이들 천도교 참모에게 조선에서의 민심 동정을 누차 물어왔으나 "일본이 정치를 잘하니 조선인은 모두 너희 심복이 되었다"고 속여 넘기고 3·1운동의 거사를 이끌었다.

키가 훤칠하고 잘생긴 그에게 육당 최남선, 춘곡 고희동 등이 세배를 가곤 했고, 서화와 완당 연구에 뛰어난 가정지학(家庭之學)을 이어 위창 역시 이 분야에 일가견을 이뤄 큰 공적을 남긴 것은 더욱 특기할 사실이다.

유광렬《한국일보》논설위원)

역매 오경석

1831년	1월 21일, 서울 중구 장교동에서 태어남
1867-1875년	청 베이징에 역관으로 6번 왕래
1876년	일본 군함 일진호에 승선하여 병자수호조약에 응할 것을 통고
1879년	8월 22일, 서울 중구 이동(당시 이름 보시꼬지)에서 별세

위창 오세창

1864년	7월 15일, 서울 중구 장교동에서 태어남
1886년	정부 발행기관이던 박문국의 주사로서 기자를 겸함
1894년	군국기무처 낭청 총재비서관을 지냄
1896년	일본 문부성 초청으로 도일, 도쿄외국어학교의 한국어 교수를 함
1902년	개화당 동지들과 정변을 꾀하다 발각되어 일본으로 망명
1904년	국회의 개설, 종교의 자유 등 국정개혁 5개조를 발표
1919년	33인 민족대표로 3·1운동에 가담, 3년간 옥고를 치름
1928년	『근역서화징』을 출판함
1945년	해방 후 《매일신보》, 《서울신문》 사장, 입법의원 의원 등을 지냄
1953년	4월 16일, 대구로 피난 중 별세

06

면암 최익현

구한말 위세 당당했던 대원군의 세도를 정면 공박하고 마침내 그를 하야시켜 당시 세상을 깜짝 놀라게 한 행동파 선비 면암(勉庵) 최익현(崔益鉉)은 신라 말의 문호 최치원의 원손(遠孫)으로, 1833년 12월 5일 경기도 포천군 내북면 가신리에서 최대(崔岱)와 경주 이씨 사이에 차남으로 태어났다.

면암은 모친의 상을 벗고 스승 이항로의 장례를 치른 후 36세 때 ① 경복궁 공사를 중지하고 ② 원납전 등 백성의 재물을 거두기를 금하고 ③ 당백전을 없애고 ④ 사대문 문세를 폐지하라는, 이른바 시폐4조(時弊四條)의 상소를 올림으로써 생애의 큰 전기를 이룬다. 그는 이 상소 때문에 사간원의 탄핵을 받아 관직이 삭탈되었으나 얼마 후 오랫동안 막혀 있던 언로(言路)를 다시 여는 단서를 이뤘다는 칭찬을 받아 돈녕부도정(敦寧府都正)으로 오히려 승임된다. 하지만 계속 관직에의 취임을 사양하고 조용히 고향에서 학문에 힘쓴다.

그러다가 그는 고종 10년 11월 제2의 폭탄 상소를 올려 마침내 대원군의 10년 집정에 종지부를 찍고 그 대가로 삼사(三司)의 탄핵과 거의 모든 관인의 공격을 받으며 제주도 귀양길에 오른다. 3년 후 제주도 유배에서 풀려나오며 이듬해 1876년 병자수호조약이란 불평등조약을 계기로 한 타의 개국과 더불어 충군애국을 최고의 목표로 표방하는 면암의 위정척사(衛正斥邪) 활동은 본격화된다. 이해 1월 강화도에서 수호조약의 체결이 추진되자 그는 도끼를 메고 광화문에 나아가 자리를 깔고 밤새워 노숙하며 이렇게 항변한다.

> 오늘날 조약을 맺으려는 것은 우리 쪽이 맺고 싶어 그렇게 하는 것인가, 그렇지 않으면 저들의 위협에 못 이겨 마지못해 그렇게 하는 것인가? 만약 전자와 같아서라면 힘이 우리 쪽에 있어 그 조약은 우리에게 유리할 수 있지만, 만약 후자와 같아서라면 힘이 저쪽에 있어 조약은 우리에게 불리할 것이 자명하다. 우리의 산물은 토산물이요 민명(民命)이 달려 있는 필수품인데 반해 저들의 산물은 기기음교(奇技淫巧)한 사치품들이기 때문에 한 번 통교가 이뤄지면 우리의 고혈은 몇 년 못 가서 말라버리게 된다.

이 상소는 결국 뜻을 이루지 못했지만, 당시 개국 외교에 대한 최초의 반대자로서 그는 이후의 생애를 민족 주체성을 펼치는 데 몰두한다.

그의 직계 후손은 영조, 영학, 영복 등 아들 3형제에 손자가 6명이다. 종가의 줄기는 영조–원식–병하–창규로 이어진다. 서울대학교 사회대학 정치학과 교수로 있는 최창규(40) 씨는 고조부의 정치 행적을 이렇게 평가했다.

"그분의 위정척사 사상은 병자수호조약이란 불평등조약을 계기로 구체화되지요. 그 구체적 역사 상황이 바로 수호조약이란 대외적인 상황이었기 때문에 민족적 자주의식의 거부 반응이었겠지요. 우리 민족이 근대사의 단계에서 전통 질서의 극복이라는 근대화에의 임무와 침략 배제라는 자주화에의 임무라는 두 개의 무거운 짐을 동시에 짊어져야 했던 절박한 상황에서 그분은 자주를 지키려고 투철하게 저항한 것이지요."

양물(洋物), 사치품에 접근하다 보면 자기도 모르는 사이에 어느덧 동화되고 만다고 하여 평생 삼베수건을 사용하고 직접 농사를 지어 생계를 이었다는 자기 것에 대한 집착, 철저한 전통지향적인 사림의 가풍이 1세기가 지난 오늘의 창규 씨의 생활에도 상당히 배어들었다. 열 살까지 한시를 짓고 붓글씨를 배우는 등 집에서 한문 수학을 하다 해방을 맞아서야 겨우 조부에게 허락을 받아 초등학교 3학년에 편입하여 신학문과 인연을 맺게 되었다.

"대전중학을 거쳐 서울대학교 문리과대학 정치학과에 들어갔지요. 자연히 한국 사상 문제에 관심이 쏠려 한국 근대정치사를 파고들게 된 것입니다."

소장학자이면서도 해박한 한문 지식을 활용하여 그는 『한국인의 정치의식』, 『근대한국정치사상사』, 『한국정치법제론』(영문) 등 국학 관계 정치학 저서를 많이 내고 있다.

면암이 1900년 60세 때 항일 의병을 일으키기 위한 준비 작업의 하나로 지금의 충남 청양군 목면 송암리로 옮겨 최씨 일가는 현재 이곳에 정착해 살고 있다. 1904년부터 일제가 러일전쟁을 유발하고 그 여세를 몰아 조선을 병합하려는 야욕을 드러내자 그는 다시 일련의 상소를 올려 항일투쟁에 앞장선다. 이듬해 2월 일본군에 체포되어 그들 사령부에 감금되나 면암의 엄정한 의리와 헌헌한 기백에 눌려 석방한다. 이해 10월에 이르러 이른바 을사조약이 체결되자 그는 곧 을사5대적의 처참을 상소했고, 팔도사민(士民)에게 포고문을 보내어 납세의 거부 및 철도 이용을 비롯한 일체의 일제 상품에 대한 불매운동을 벌이도록 촉구한다.

이듬해 4월 13일 호남 태인에서 봉기를 선언, 이 사실을 왕에게 상소하는 한편 도처에 격문을 보내 전 국민의 호응을 촉구하는 한편 일본 정부에 대해서도 의병의 이유를 밝히고 동양 평화를 위해 이 땅에서 물러서라고 요구한다. 이때 모인 의병은 80여 명에 지나지 않았고, 1주일 후 관군의 습격을 받았다. 면암은 적군이 왜병이 아닌 관군이므로 차마 동족상잔의 비극을 저지를 수 없다고 하여 깨끗이 죽음을 기다리기로 했다. 관군은 꼿꼿이 앉아 독서하는 면암과 그 일행 13명을 압송하여 일본사령부로 넘겼다. 면암은 대마도 구인(拘引) 3년으로 정해지고, 그곳에 감금되어 단식투쟁을 하다 1906년 11월 17일 대마도 수관(囚館)에서 74세를 일기로 순국한다. 그의 영구가 배에 실려 부산항에 닿으니, 시가는 철시하고 수천 남녀들이 호곡으로 맞이했다.

그의 장남 영조 씨는 이사 간 충청도 정산 집을 거점으로 부친의 의병활동과 배일운동에 분신적 역할을 했으며, 손자 면식 씨는 1910~20년대 의병활동의 군자금을 동원하는 등 무력항쟁을 지원한 뒤에 독립유공자 포상을 받았다. 또 손자 원식 씨는 평생 머리를 깎지 않고 창씨에 반대하며, 총독부 부령에 끝내 반대하다 3개월의 옥고를 치르기도 한다. 이처럼 최씨 일가는 대를 이어오면서 항일투쟁의 거점으로 삼남의 유림을 지휘한다.

현재 생존해 있는 용식(74) 씨는 충청도 일대 한학의 저술 대가로 삼남일대에서 이곳 서원에 모여드는 선비들과 한학 연구에 몰두하고 있다. 집안의 결혼 원칙도 명문벌족을 피하고 오히려 집안의 의리, 사상을 더

일본군 사령부에 체포되었으나 오히려 그들을 설득하고 있는 최익현(『일성록』에서).

욱 존중한다는 것인데 창규 씨의 조모 김사순 씨는 집안 살림은 찢어지게 가난했지만 병자호란 때의 삼학사인 김상헌의 후손이라서 이 집안의 며느리로 간택됐다고 한다. 또 창규 씨의 모친 이월희 씨는 소녀 시절부터 면암을 사모하여 이 집안으로 출가하기를 꿈꾸어오던 게 실현되었다는 것이다. 창규 씨의 결혼도 구습대로 그가 대학원 재학 시 집안에서 정해준 규수 이현구(39) 씨와의 사이에 이루어졌다. 조부께서 와병 중인 때 3년간 시중을 들다가 상을 당한 후에야 결혼을 했다는 보수 기질이 고스란히 이어지고 있다. 그뿐 아니라 창규 씨는 서울에 집이 있으면서도 아들 진규(14) 군을 시골 본가가 있는 충남 청양군 목면에 보내 교육시키고 있다.

"집안에서 어린아이 교육은 시골에서 시키는 것이 오히려 좋다고 해요. 너무 까지고 혼잡한 세태를 어려서부터 닮는 것이 좋지 않다는 것이지요. 저도 이 뜻에 찬성했지요."

창규 씨의 동생 흥규(31) 씨는 육사 26기로 베트남전쟁에 참전했었다. 재학 시에는 자치회 명예위원장도 한 모범장교이다.

면암에 대한 여러 에피소드가 집안에 전해오고 있다. 그의 젊은 시절 전국적으로 괴질(장티푸스)이 심해 집안사람들이 병에 걸려 죽었으나 모두 병이 옮을까 염려하여 장사를 지내주지 않았다. 이에 면암이 손수 집안 어른들의 장사를 치러줬으나 병에 걸리지 않은 것을 보면 그가 매우 건강했다는 것을 알 수 있다. 또 1906년 대마도에 감금될 당시 호위하던 일제 헌병이 폭행하자 죽이라고 항거하여 74세의 노구로 물 한 모금, 쌀 한 톨도 안 먹고 1주일 이상이나 버티어 오히려 일제 경비대장이 사과하고 회유했다는 것이다.

그의 생존한 제자 장석규(87·전 국회의원 장영순 씨의 부친) 씨의 면암 회고담을 옮겨보자.

"1905년 12월 충남 노성(魯城) 관리동에서 유림대회 때의 일이지요. 왜놈들이 알면 온 동리가 쑥밭이 된다고 책임자들이 불안해하는 것을 보고 면암이 호통을 치시더군요. 선비가 그렇게 기개가 없느냐고. 모든 일은 내가 했다고 하라고 해요. 처음 참석한 선비들 100여 명의 이름을 헤어질 때 인사를 받으면서 일일이 기억해 호명하더군요. 아침에 잠깐 상면했던 사람들인데."

이처럼 기억력이 비상했다는 것이다. 이 밖에 면암의 제자로는 《황성신문》, 《대한매일신보》 등의 주필로 있으면서 뒤에 상하이 임시정부의 국무총리로 독립운동에 나선 백암 박은식이 있다. 안중근 의사는 바로 백암의 제자이다.

면암이 과거에 응시할 때의 이야기. 관복이 있어야 응시할 수 있는데 시골에서 올라온 선비에게 관복은커녕 서울 북촌의 방 한 칸을 빌려 사흘간 굶으면서 시험을 포기할 수밖에 없었다. 당일 아침 응시하기로 했던 지인의 아들이 복통으로 시험을 치를 수 없게 되자 겨우 그 관복을 빌려 입고 아슬아슬하게 응시하여 무난히 합격했다는 것이다.

면암이 태어난 경기도 포천군 내북면 가채리에는 그의 영당(影堂)이 세워져 유림들이 그의 뜻을 기리고 있다. 충남 노성 월오동면 지경리

무룡산에 안장했던 유택을 1909년 개장하여 충남 예산군 대흥면 봉수산으로 옮겼다. 그 후 면암을 추모하여 세운 전국 12개 사당 중 그 후손들이 지키고 있는 충남 청양군 목면 송암리에 세워진 모덕사에는 매일 10여 명의 전국 유림 선비들이 모여들곤 한다. 또 매년 2월 24일과 9월 9일, 11월 16일 등 3~4회 가족 친지들이 모두 모여 면암을 추모하고 있다.

면암 정신을 기리는 민간단체로 현재 모현(慕賢)기념사업회가 있다. 회원은 군 장성, 실업가, 교수, 언론인 등 70여 명이며, 회장을 성사경(서울은행 을지로지점장) 씨가, 간사를 김진우(서울민사지법 부장판사) 씨가 맡고 있다. 매달 추모 모임을 가지며, 면암 선생 추모비를 건립할 예정이다.

최면암은 고명한 사인(士人), 격렬한 상소를 올리기 수회, 도끼를 지니고 대궐에 엎드려 신의 목을 베라고 박(迫)한 것과 같은 참으로 국가를 걱정하는 선비였다. 또 5조약에 반대하여 상소하고 뜻대로 되지 못하자 의병을 일으킴에 이르렀다. 왜병이 이를 체포했어도 나라의 의사라 하여 대마도에 보내어 구인했다. 그러나 그는 백이·숙제 이상의 인물이다. 주율(酒栗)을 불식한다 했으나, 최 선생은 물도 불음한다 하셨으니 만고에 얻기 어려운 고금 제1의 인물이다. (왜경찰 수사보고서의 안중근 의사 옥중 취조문)

내가 본 면암 최익현

면암 최익현은 조선왕조 말기 거유(巨儒)로 국운이 기울어갈 때 분연히 일어나 의병운동을 전개했던 의병장의 한 분이었다. 14세 때 부친의 명으로 화서 이항로의 문하에 들어가 성리학을 수학하고 24세 때 과거에 급제하여 이후 70평생을 관직과 초야에서 절개를 굽히지 않고 오직 국가만을 위하여 자기 일신을 희생한 대표적인 애국자였다.

강직과 충군애국을 지상목표로 삼은 그는 대원군의 혁신정치에 과감히 도전하여 왕도정치의 이상을 부르짖는 것도 어느 개인이나 파벌을 대변한 것이 아니었으며, 일본과의 통상이 논의될 때 위정척사의 기치를 높이 들고 지부(持斧)상소로 반대한 것도 성리학적 사상을 바탕으로 한 그의 신념의 결과였다.

개항 후 국제 정세의 변화에도 불구하고 그의 신념은 더욱 굳어져 민족의 자주성을 전제로 하지 않은 개화의 근본 모순을 신랄하게 공격하고 외세의 침투를 경계했으며, 특히 일제의 내정간섭을 규탄하는 데 앞장섰다. 국모 시해의 국적을 토벌하고 단발령에 맞서 두발을 보전하기 위한 투쟁을 벌였으며, 을사조약 체결 소식을 듣고 의병운동을 벌이다가 체포되어 일제에 의해 대마도에 구인되었을 때 단식농성으로 대결한 것도 그의 철저한 애국충절의 발로였다.

중화사상에 입각한 주자학적 정통론에만 치우친 감은 있으나 그의 인생관은 시세에 영합하지 않고, 난마와 같은 정치 소용돌이 속에서 충군애국으로 자신을 지킨 것이다.

김호일(국사편찬위원회 편사연구관)

면암 최익현

1833년	12월 5일, 경기도 포천군 내북면 가신리에서 태어남
1855년	명경과 병과(丙科)에 합격. 이후 성균관 전적, 사헌부 지평, 이조정랑 등을 지냄
1857년	대원군의 시정을 상소로 공격

1876년	병자수호조약이 추진되자 도끼를 메고 광화문에 나아가 농성
1904년	일제가 조선 병합에 나서자 다시 상소함
1905년	전북 태인에서 항일봉기를 선언, 전 국민의 호응을 촉구함
1906년	대마도에서 감금되어 단식농성 중 11월 5일 순국

07

의암 유인석

　구한말 전국의 의병들을 지휘해오다 1909년 13도의군(義軍) 도총재(都總裁)로까지 추대됐던 의암(毅菴) 유인석(柳麟錫)이 태어난 곳은 춘천에서 남서쪽으로 직선거리 32km쯤 떨어진 외진 산골이다. 마치 게릴라전의 요새를 연상시키는 첩첩산중 춘성군 남면 가정리다. 춘천 시내에서 80리밖에 안 되지만 자동차로 달려도 2시간 걸려서야 겨우 닿을 수 있는 험난한 도정(道程)이다. 최근 중도에 가로지르는 새 다리가 놓여 그나마 40분쯤 단축됐다.

　시내에서 아스팔트 길을 따라 12km쯤 나오면 등선폭포 진입로 건너편으로 북한강을 가로지르는 등선교가 눈에 띄는데, 다리 폭은 넓지 않으나 중간에 교각이 없고 아치형으로 높이 뻗은 붉은색 난간이 산하의 청록색과 대조되어 샌프란시스코 만에 세워진 금문교를 연상시킨다.

　한국의 명가가 위치한 곳을 오지로 버려둘 수 없다고 해서 도(道) 당국이 6600여 만 원을 들여 착공하여 1년 만에 최근 완성한 것이다. 트라스식 공법이라는 이러한 특수공법은 동양 최초로 사용된 것으로, 사람이나 차량이 지나다닐 때마다 다리 자체가 흔들거려 출렁다리라는 별명이 붙었다.

"국가와 정의를 위해 송두리째 생애를 바친 그분의 공적을 강원도 곳곳에 전파해야 할 것이고, 그분이 태어난 마을이 아직 벽촌인 채로 남아 있다는 것은 바로 우리 후배들의 수치지요. 앞으로 그분이 태어난 곳을 성역화하여 그분의 뜻을 크게 기려가겠습니다. 동상도 금년 내로 세우기로 되어 있습니다."

춘성군수 이길원 씨의 말이다.

우불구불 깎아지른 벼랑길을 굽이돌아 산 넘고 물 건너고······ 산 사이로 골짜기를 타고 울창한 숲 사이에 걸친 뽀얀 안개와 그 위를 여유롭게 빙글빙글 날고 있는 하얀 들새들이 조화되어 태고의 동양화가 군데군데 펼쳐진다. 마치 『삼국지』에 나오는 사천분지로 이르는 듯한 험로 사이를 오락가락 한참이나 굽이돌아, 탁 터져 펼쳐지는 오롯이 높지 않은 둔덕으로 둘러싸인 산자수명한 마을. 이곳이 의암의 고향이다. 뛰노는 닭들도, 삽살개도 어슬렁어슬렁 선경(仙境)의 정기를 머금은 듯 여유롭다.

나무 위에 걸터앉은 까치떼들이며 맑은 공기를 꿰뚫고 '텅텅' 울려오는 장작 패는 소리가 도회에서 이미 사라져버린 풍경으로 신기하게 느껴진다. 200여 채가 옹기종기 모여 사는 씨족부락이다. 이 중 70여 호가 의암의 일가인 고흥 유씨다. 마을 한가운데 조그만 언덕을 배경으로 의암의 생가가 남아 종문인 유혜상(51·농업) 씨가 지키고 있다.

"그분이 이 집을 떠나신 지는 80년쯤 될 것입니다. 태어나서 어린 시절에 이사하셨으니까요. 이 집들도 물론 새로 지은 것이고요."

빼어난 선비로서 한 손에 붓을 쥐고 또 한 손에 총칼을 거머쥐고 일제에 항쟁하던 의암 이야기는 온 동네 꼬마들까지 줄줄 외고 있었다.

"저기 저 건너편 그분의 당숙뻘 되는 집 문지방에는 일제 순경들이 선생님을 잡으려다 놓치고 홧김에 장검으로 찍어 후벼 판 자국이 남아 있고요."

생가 바로 건너편 200여 m에 마주한 가정초등학교에도 의암의 초상화가 걸려 있었다. 너무나도 뚜렷이 아로새긴 애국 행적에 비해 너무나도 알려지지 않은 의암의 행적을 뒤늦게 알아차린 이곳 군 교육청이 1972년부터 관내 초등학교에 모두 의암의 초상화를 걸고 그 뜻을 가르치도록 지시했다는 것이다.

1841년 의암은 이곳에서 태어났다. 생가에서 동쪽 800m쯤 양철지붕 집에 그 후손들이 살고 있다. 의암의 외아들로 멀리 연해주, 만주 벌판의 독립전장으로 부친을 따라다니던 유원동 옹이 86세의 고령으로 장수를 누리고 있다. 그 아들 준상(53) 씨는 고향에서 농사를 돕고 있다. 준상 씨의 장남 연창(37) 씨는 춘천중학을 나와 집에서 농사를 짓고 있으며, 차남 연성(25) 씨는 군 복무 중이며, 밑으로 4자매가 모두 서울에서 공부하고 있다.

"조부께서 3살 때 어머니 젖을 빠시면서도 과일이며 떡이며 간식거리가 있으면 꼭 어머니 입에 먼저 넣어주시곤 했다고 해요. 또 어머니가 편찮으시면 젖을 일부러 먹지 않으셔서 어른들에게 칭찬을 받았다고 해요. 그분이 7살 때 마을에 도둑이 들어 아이들이 모두 도망쳤는데 그분만 작대기를 들고 도둑을 쫓아가셨다고 해서 담이 큰 아이라고 모두 놀랐다는 얘기도 전해오지요. 그분의 별명은 '수염이 있는 부인'이라고 했다는데, 그처럼 준수하고 점잖으시면서도 용맹했던 것이지요. 그러면서 한 번 깊이 사색에 잠기면 끼니도 잊을 정도로 진지했다는 것입니다."

손자인 준상 씨가 전해 들은 의암의 어린 시절은 이처럼 남다른 총명과 용맹으로 이어지고 있다.

의암이 친척이자 스승인 성재 유중돈을 따라 거유 이항로에게 갔을 때 '유인석이 몸은 크지 않지만 강한 의지력과 과감한 성품을 한눈으로 보고 장차 대성할 인물임을 예견했다'는 것이다. 이항로가 세상을 떠나자 유인석이 그 학문의 줄기를 이어 전통적인 유학사상을 고수하는 전형적인 위정척사론자로 후배들을 이끌어간다.

1875년 9월 일제가 군함 운양호를 강화도 근해에 접근시켜 함포사격으로 위협한 뒤 이듬해 2월 병자수호조약을 조인하도록 강요하자 전국 유림이 들고 일어나는데, 유인석도 문하생 40여 명과 함께 개국의 부당성을 상소한다.

"부친께서 이때 궐문 앞에 나아가 배일 상소를 올려 처음 국사에 참여하시지요. 그 후 을미사변으로 민비가 일제에 참변을 당하자 부친은 이춘영, 안승우, 맹영재 등 의병장들의 추대로 의병대장이 되어 항일전선에 나서지요. 처음에 의병장 이춘영, 안승우 등이 강원도 저평에서 제천에 당도하여 부친의 문하생 서상열, 이필희, 신지수, 이범직 등을 먼저 포섭하고, 부친에게 총대장직을 맡아줄 것을 간청하나 부친께서는 모친의 상중이라는 이유로 일단 거절하십니다. 그런데 이분들이 모친 상중이라도 국사가 위급하면 선비가 나섰다는 고사를 들며 꿇어앉아 울고 농성을 하여 부친도 감복하셔서 추대에 응하시지요."

미수를 지난 해동 옹은 또랑또랑한 목소리로 밝은 눈빛을 투사하며 당시의 인명이며 국내 정세를 또박또박 기억해내고 있었다. 곱게 늙은 표정을 흐트리지 않고 아직껏 풀지 않은 상투며, 그 위에 손수 얹은 관이며, 연방 태워 무는 기다란 담뱃대가 요즘 사람에게는 하나의 시청각 민

의암 유인석의 묘(강원도 춘천시 소재).

속교육 교재처럼 돋보였다.

의암의 의병부대는 제천·충주 등 충북 일대를 제압하고 관찰사 김규식을 비롯하여 원주·단양·청주 등의 여러 군수를 죽이고, 단양에 몰려드는 일본군을 격파하는 등 대승을 거둔다.

"당시 충북의 도청소재지인 충주를 진격해서 점령하는 등 의병들의 기세는 승승장구였지. 그러다가 신식 총으로 무장한 일본군이나 관군에 패하게 되는데……. 어쩔 수 있나요. 우리 의병들이 당시 사용하던 신식 무기라야 화승총인데, 사정거리가 800m인 신식 소총에 비해 겨우 10여 m밖에 나가지 않는 데다 그나마 비바람이 불면 불을 붙일 수도 없는 무용지물이 되지요. 이러니 많은 장교들이 전사했다는 것인데 안승우 씨는 철환이 떨어지자 투석으로 항전했다고 해요."

부친의 의병 전황을 설명하는 해동 씨의 목소리는 열기를 더해 차츰 고조되어 갔다.

"부친께서 당시 선봉장 김백선을 죽였다고 군장으로서의 관용성이 부족했다는 기록도 엿보이는데…… 사실은 이렇습니다. 김백선이 선봉장을 하다 보니 자연 공이 많을 것 아닙니까? 그러니까 아마 공을 내세우고 우쭐거린 모양입니다. 당시 계급이 자기보다 높은 중군장인 안승우의 침실에 술을 마시고 맨발로 들어와 칼을 빼 들고 위협하는 등 군의 기강을 흐리는 행태를 벌이자 의병대장인 부친은 군법대로 다스리라고 한 것이지요."

여하튼 김백선 처형사건은 그 뒤 의암의 의병부대가 1896년 5월 관군과의 충주·황강 전투에서 패하는 주요 원인이 되었고, 그 후 의암은 재기의 뜻을 품고 평안도를 거쳐 만주로 들어간다.

"부친께서는 다시 의병을 일으키려 조선인들이 많이 사는 집안현에 정착하여 군사기지를 닦는 한편, 학교를 세워 의병을 기르고 문하생을 가르치십니다. 순검들의 눈을 피해 당신께서 직접 들려 가시기도 하고 또 의병 제자들로 하여금 충청·평안·황해 등 국내 연락망을 갖춰 군자금을 거둬 오기도 합니다. 그러나 한편 청의 원조를 받으려 하던 부친의 구상은 빗나가지요. 당시 의화단사건 등으로 청 자체가 스스로를 가누지 못할 만큼 외세에 쩔쩔매고 내란에 휩쓸리게 되니 어디 이웃 나라를 도와줄 여유가 있습니까? 게다가 일제의 압력으로 오히려 재만 조선인을 배척하지요. 부친 일행에게 머리를 깎으라고 명령해 왔는데 당시 유생에게 이 말은 곧 죽으라는 것이지요. 모두가 자결을 결의하자 그래도 인정은 어쩔 수 없는지 일단 그 명령은 취소합니다. 참말 아슬아슬한 순간이었지요."

이때 의암의 의병대는 중국 관헌의 해산 명령을 받고 비운의 한을 짓씹어야 했다. 무기 압수의 대가로 주어진 은화 수백 냥을 받아쥔 의암은 스스로 이역에서 키워온 200여 명의 의병을 눈물을 머금고 해산시키는

데, 당시 모습을 『기려수필』에서는 "의병 219명을 해산시켜 떠나보내는 데 종일토록 통곡했으며 이별을 견뎌내지 못했다"고 묘사하고 있다.

의암은 그 뒤 고종의 소명을 받아 평안도 초산까지 왔다가 되돌아간 일이 있을 뿐 생전에 다시 고국 땅을 밟는 숙원을 이루지 못했다.

1907년 관군 해산을 계기로 다시 전국에 의병이 벌떼처럼 일어나자 의암은 격문장을 띄워 필승의 신념을 다짐하고 의병들을 격려한다. 1909년 그는 마침내 13도의군 도총재로 추대되어 간도, 노령 연해주 의병부대의 국내 진공작전을 총지휘하게 되었다.

"이때에도 선친께서는 일단 자격이 없다고 사양하시지요. 당시 봉천 여관에 와 있던 이재선(고종의 동생) 씨에게 일단 양보했다가 나중에야 취임하십니다. 그 이후의 국내외 의병활동은 모두 철저한 세포조직으로 선친과 밀접히 연결됩니다. 이갑, 홍범도, 안중근 등과도 밀접한 관계를 맺게 되지요."

이처럼 이역에서 항일전쟁에 생애를 바쳐오던 의암은 1915년 만주 봉천성 관전현 소아하당치구에 묻혔다. 그는 1935년 생가에서 바로 800m쯤 떨어진 곳에 이장되었다.

"그때가 일제하 아닙니까? 그들에 항거하던 조선 의병대장의 유해가 이장된다니 가만히 두겠어요? 비밀히 하노라고 했는데도 어느새 알아차리고 철거 명령이 내렸지요. 그때 남면 주재소 한국인 형사가 양하일(70) 씨라는 평안도 영변 출신인데, 우리 가족에게 알려 묘소를 숨겨두도록 하고 허물어버렸다고 허위 보고를 했지요. 지금도 양 씨는 봄 가을 조부 제사 때면 꼭 오셔서 참배하곤 합니다."

이처럼 우여곡절을 겪어온 의암의 묘소는 별세한 지 반세기가 지나 그 뜻을 알아차린 후예들에 의해 성역화된다. 3년 전부터 도·군에서

30만 원의 예산을 들여 석축을 새로 쌓고, 주위에 은행나무와 노간주나무를 심는 등 조경사업에도 힘쓰고 있다.

모두 292권으로 된 『의암문집』은 현재 국립도서관에 보관되어 있으며, 일본 도쿄대학 철학과에서도 한국 근세 유학의 연구 자료로 그 문집에 주목하고 있다고 성균관대 박성수 교수가 전했다.

"자라나면서 할아버지의 면모를 알아가게 됩니다. 관에서 도움을 받는 것도 자손으로서 부끄럽고 금년부터 김삼(6대 국회의원) 씨 등 유지들이 의암기념사업회를 발족하여 문헌 수집 등 본격적인 작업을 벌여가고 있습니다."

손자 준상 씨의 말이다.

내가 본 의암 유인석

의암은 율곡 계통의 학통을 이은 학자로서 근세 이항로, 유중교, 김평묵의 학풍을 계승한 유일한 근대 성리학의 태두이다. 또 행동 면으로도 전국의 유림들을 결합하여 의병총대장으로 두드러진 면을 나타냈으니, 어떤 면으로는 근세 실학파적 사상을 지녔다고도 할 수 있다. 구한말 국가의 위기를 맞아 궐기한 사심 없는 그분의 애국충정은 임진왜란 때 서산대사가 승병을 이끌고 항일전을 벌인 것 이상으로 높게 평가할 만하다.

그분의 행적이 남한 쪽에 잘 알려지지 않은 것은 북간도와 두만강, 압록강 일대 등 북방을 주된 활동무대로 삼았기 때문이다. 어쨌든 의암은 선비로서 가장 두드러지게 행동하여 한국 의병사에 가장 특징적인 존재로 남게 된 것이다.

일상생활 속의 몸가짐도 늘 자신에 엄격했던 그분이 의병대장으로 얼마나 노심초사했던지는 『소의신편(昭義新編)』 4권에 잘 나타나 있으며, 그분의 학문적 사상과 의병활동에 대해서도 상세히 기술되어 있다.

의암의 제자 중 유명한 학자들은 모두 항일운동에 몸을 바쳐 문행일치의 높은 뜻을 펼쳐주었다. 평북 출신 김기한 같은 분은 중국에서의 항일운동이 두드러졌으며, 일경에 체포되어 10년 이상 복역하기도 했다.

이처럼 의암은 성리학자나 유학자로서 근세에 크게 두드러진 존재일 뿐 아니라, 흔히 나약하기 쉬운 선비의 신분으로 항일전선에 나서 용전분투한 사실이 더욱 크게 기려지는 분이다.

송지영(《조선일보》 논설위원)

의암 유인석

1841년	강원도 춘성군 남면 가정리에서 태어남
1876년	문하생 40명과 함께 개국의 부당함을 상소
1895년	의병대장에 추대되어 의병을 일으킴
1907년	한국군 해산을 계기로 봉기한 의병들에게 격문장으로 격려함
1909년	13도의군 도총재로 추대됨
1915년	만주 봉천성 관전현 소아하당치구에서 별세

08
도원 김홍집

　구한말 개화 관료의 거두 도원(道園) 김홍집(金弘集)은 1842년 7월 6일 서울 북촌 순화방에서 김영작(金永爵)의 3남으로 태어났다. 중앙청 왼쪽 효자동 입구 길로 300m쯤 들어가다 왼쪽 100m쯤에 위치한 지금의 중부시립병원 자리가 바로 그곳이다. 하지만 현재 생가의 형적은 남아 있지 않다.

　그의 집안은 경주 김씨의 상당한 명문이다. 5대조 김주신(金柱臣)은 숙종의 부원군(왕의 장인)이었으며, 부친은 이조·호조·예조·병조 등의 참판과 사헌부 대사헌, 홍문관 제학 등 벼슬을 지냈고, 두 형 항집(恒集)과 승집(升集)이 각기 참판과 강원감사를 지낸 관료 집안이다. 그 역시 갑오경장 전후부터 을미사변을 거쳐 아관파천에 이르기까지 영의정과 내각 총리대신을 세 차례나 지낸 바 있다.

　그는 아들은 없고 딸만 둘을 두었는데 맏딸이 바로 독립운동을 하다 광복 후 초대 부통령을 지낸 성재 이시영의 부인이다. 따라서 그의 가계는 둘째 형 시집(是集)의 손자 교영(敎英) 씨가 봉사손으로 대를 잇고 있다. 상업은행 이사, 국회사무차장 등을 역임한 교영(70) 씨는 서울 서대문구 대조동 84의 53에 살고 있다.

그의 장남 정극(49) 씨는 덴마크 대리공사, 차남 정복(38) 씨는 신탁은행 대리, 3남 정석(35) 씨는 미국 보험회사 중역으로 근무하고 있다. 이밖에 도원의 증손으로는 김정록(70·서울대학교 인문대 미학과 교수), 김정학(67·자영업) 씨가 있다. 그러나 사실상 도원의 종가 줄기는 2대조부터 정목—홍경(65·증권업협회 회장) 씨로 이어지고 있다.

도원은 1867년 문과에 급제하는데 그때 부친이 훈계한 내용은 다음과 같다.

네 나이 이미 27세인데 국록으로 잔뼈가 굵었다. 하물며 오늘부터 네 자신이 국록을 받게 되었으니 그 책임이 중한 것을 잊지 말아야 한다. 옛날부터 일컫기를 국록을 먹는 자는 항상 나랏일에 정성을 기울여 국록에 대한 책임을 저버리지 말라고 했느니라.

전형적인 양반 관료로서 명가를 이룬 이 집안의 가훈은 '청빈'을 내세운다.

"양반의 지조로서 '자손이 집을 사면 사당에 못 들어간다'는 말이 있지요. 아무리 정승, 판서를 지내도 국록은 역시 공무원 월급 아닙니까? 그것으로 생활이나 했지 무슨 호강을 한다고 하면 옛날이나 지금이나 곧 부정을 의미하는 것이지요."

김정록 교수가 어려서부터 집안에서 들어온 이야기다.

도원의 부인 남양 홍씨는 젊어서 은비녀를 제대로 꽂을 수가 없었다고 한다. 국록만으로는 아무리 해도 어려운 살림인지라 남편 점심 반찬

값으로 저당 잡히곤 했기 때문이다. 이러한 가풍의 영향 탓인지 후일 도원이 출세하여 재상 자리를 여러 차례 지냈음에도 불구하고 한 번도 탐관오리의 누명을 쓰지 않는다.

"대대로 내려오는 가풍이 그런 것 같아요. 그분의 5대조가 바로 숙종대왕의 장인 아닙니까? 그 배경을 이용하려고 각 당파의 인사들이 몰려든 모양이에요. 아부꾼들이 보기 싫어 그때부터 아예 사랑채를 없애버렸다는 것이지요. 어렸을 적 집안에서 들은 얘기지요."

교영 씨가 이어서 한 말이다. 은행 간부를 지내고 고급 공무원도 지낸 그 자신의 살림이 무척 간소해 보였다. 자그마한 한식 양옥집에, 겨울철 방 안은 윗바람이 센 탓인지 휴대용 석유난로를 쬐고 있었다.

도원이 관계에 나선 지 8년 만에 대원군이 하야하고 1876년에는 병자수호조약이 체결되어 쇄국의 문호가 활짝 열린다. 당시 그는 예조판서가 되었고, 고종 17년에 제2차 수신사로 일본으로 파견되어 일본 국내 정세의 파악과 병자수호조약의 뒤처리를 마무리 짓는 총책을 떠맡는다. 그는 비록 일본 배 천세환을 타고 갔으나 당당한 사신으로 활약하고 귀국하는데, 당시 《도쿄신문》은 그의 풍모를 이렇게 평하고 있다.

수신사 김 공은 매우 침착한 인물인 만큼 조선국 정부가 그 인선에 얼마나 신중을 기했는가 짐작된다. 그는 학문이 유려한 인물인데 글씨도 잘 쓰고 문장도 출중하다. 태도는 정중하고 용모는 지극히 태연 평온하며 안색과 미우(眉宇)도 청수하고 결하다.

그는 일본에 머무르는 동안 주일 청공사 하여장(何如璋)과 그의 참찬관 황준헌과 자주 만나면서 당시 일본 정부가 맺고 있는 구미 각국과의 불평등조약을 개정하려는 움직임, 러시아 정부의 남하정책에 대한 진상 등을 깨닫게 되고, 황준헌의 저서 『조선책략』을 받아 가지고 귀국한다.

이 책은 조선이 믿어오던 대국(청)의 외교관이 '조선 외교의 기본 전략은 러시아 제국의 남하정책을 가장 견제할 것'이라고 전제하고 그에 대한 방어책으로 '중국과 친하며 일본과 맺고 미국과 연결하라'는 구체안까지 제시하고 강조했으므로 당시 큰 파문을 일으켰다.

유생들은 만인소(萬人疏)로 도원과 대신을 탄핵하고 척사운동으로 번지게 되자 개화를 주장하던 대신들도 갑자기 태도가 바뀌는 판국이었다. 하지만 도원은 소신을 굽히지 않고 외교를 담당하여 미국, 영국, 독일 등 열강들과 차례로 국교를 열었다.

1882년 6월 임오군란 후 정권을 잡은 대원군은 청·일이 군함을 파견하자 도원을 접견대관의 부관으로 임명하여 일본 대표와 협상하게 했다. 그 후 대원군이 몰락하고 민씨가 다시 집권하고서도 제물포조약 체결 때 전권대신 이유원의 부관으로 임명했으며, 정권이 다시 보수파로 넘어간 뒤에도 우의정이 되고 좌의정이 되었다.

고양이 눈알처럼 변화무쌍한 국내 정세의 소용돌이를 헤치고 도원이 이처럼 계속 요직에 앉아 국사를 처리할 수 있게 된 비결은 박학다식과 정치적 역량을 바탕으로 한 급진파나 보수파에 치우치지 않는 중도적 태도에 있었다.

그 후 그는 오랫동안 한직인 판중추부사 직에 머물다가 동학혁명을 계기로 청군과 일군이 국내로 진주하고 일본의 위협 아래 공사 오지마가 조선의 내정 개혁을 강요하게 되자, 교섭 통상 사무를 겸직하게 되고 또다시 난국 수습의 재상으로 나선다.

이때 비로소 도원을 수반으로 한 경장(更張)내각이 성립한다. 일제가 시키는 대로 2부 8아문의 새 제도를 채택하여 영의정을 총리대신으로, '판서' '참판'을 '대신' '차관' 등으로 고치고 불과 3개월 동안에 200여 건의 법령을 개정 발표했지만, 이것은 어디까지나 타율적인 껍데기 개혁에 불과한 것이었다.

이듬해 일본은 한반도에서의 기울어가는 세력을 만회하려고 미우라 공사를 파견하여 대원군과 결탁, 명성황후를 시해하는 을미사변을 일으켰다. 이러한 험악한 상황 속에서도 김홍집 내각은 1895년 11월 15일을 기해 단발령을 내리고 새해부터는 양력을 쓰기로 했다. 단발령을 강제하자 전국 도처에서는 항일 의병이 궐기했고, 드디어 친러파의 주동 아래 이듬해 2월 1일 왕은 궁실을 나와 러시아 공사관으로 피신하는 이변(아관파천)을 일으켰다.

도원도 이러한 급박한 상황 아래에서 총리직을 맡은 것을 무척 꺼림칙하게 생각했던 모양이다.

"집안에 전해 내려오는 이야기로는 당시 정치 정세로 보아 은퇴 중인 그분에게 재입각의 권유가 있을 것을 예상하고 미리 가족회의를 열었다고 해요. 가족들은 어떤 일이 있어도 다시 입각하지 말라고 권유했고, 그분도 일단 동의했다고 해요. 그런데 궁실에 들어갔다 돌아온 뒤에는 난국에 상감이 밤잠을 못 주무시고 조르시니 어찌 내 몸 하나만 보전할 수 있느냐 하셨지요. 그렇게 제3차 총리가 되신 것이지요."

증손 김정록 씨의 말이다. 당시의 상황에 대해 손자 교영 씨도 말문을 열었다.

"외세가 밀려드는 구한말에 열강들의 틈바구니에서 나라를 이끌어갔으니까 그분에게는 오해도 많이 뒤따르는 것 같아요. 심지어 아예 친일파로 몰아붙이려고도 하지요. 하지만 일찍이 수신사로 일본에 가서 개

김홍집이 과거에 급제하여 벼슬길에 오르자 청렴한 관리가 되라고 타이른 아버지의 교시가 담긴 책 『소정시고(邵亭詩稿)』(증손 김정록 교수가 소장하고 있다).

화해가는 모습을 목격하니 여러 가지 자극을 받았을 것 아닙니까? 단발령 실시, 과부 개가 허용 등 사회개혁을 시도한 것도 바로 이러한 개화의 의욕에서 솟아난 것이지요. 6·25전쟁 전 위당 정인보 선생도 찾아와서 그릇된 편견에 치우친 김홍집관을 바로잡겠다면서 집안에 전해오는 자료를 빌려달라고 했어요."

그는 도원에 대한 신문, 잡지 스크랩을 펼쳐 들며 선조에 대한 그릇된 견해를 바로잡아야 한다고 주장했다. 그러면서 도원의 문집이며 사진 등 자료들이 피난 통에 모두 흩어져 없어졌다고 아쉬워했다.

"요즘 양반, 상놈 집안이 따로 있나요? 자기 능력에 따라 출세할 수 있는 세상이 역시 좋은 것이지요. 돌아가신 분에 대해 다시 생각해보고 그 자취를 다시 더듬어보는 것은 값진 일이겠지요. 단지 집안의 어른이라는 차원을 넘어 이미 역사 속의 인물로 새겨진 것이니까요. 하지만 자랑스런 생각과 동시에 솔직히 개인적으로는 부끄러운 생각도 듭니다. 집안의 선조는 그렇게 국난 속에 몸을 던졌는데 우리는 도대체 무엇을 해왔는지."

도원은 아관파천 때 대궐에서 정사를 보다가 뒤늦게서야 이 사실을 알고 주위의 만류를 뿌리치고 왕을 모시러 러시아 공사관으로 가려 했다. 그러나 반대파가 미리 동원한 관제 집단인 보부상에 의해 매국 친일당의 두목이란 누명을 쓰고 광화문 네거리에서 살해되고, 시체는 종로에 있는 종각까지 끌려가 수일간이나 묘욕을 당했다.

"그때의 이야기는 바로 이렇지요. 전 군부대신 조의연이 아관파천 직후 그분을 찾아와 친러파가 왕명이라 하고 부르러 올 테니 속지 말고 잠시 피하라고 당부했는데…… 그분은 어쨌든 현직 신하로서 왕명을 거역할 수 없다고 이튿날 입궐하지요. 광화문에 들어서니 순졸들이 문을 닫고 장검으로 쳐 죽였고 군졸들이 시체를 끌고 종로로 나와 종각 높은 탑 위에서 성토를 했다는 거예요. 어려서 부친에게 직접 들은 얘기인데 당시 그분(도원)을 모시고 갔던 부하가 가족들에게 알려준 것이지요."

김정록 교수가 당시의 현장을 이렇게 떠올렸다. 철저한 항일주의자였던 매천 황현은 당시의 도원을 이렇게 평가, 기록하고 있다.

김홍집은 화왜(和倭)를 주장하다가 청의(淸議)에 득죄(得罪)하기도 했으나 국사에 진심했고 그의 재간과 지략은 속인배(俗人輩)가 따를 바 아니었고 그의 죽음에 세인은 몹시 애석히 여기었다. 그의 부인은 변란을 듣고 목매어 자살했으며 젖먹이 어린아이는 강보에서 죽었으니 사람들이 더욱 슬퍼했다. (『매천야록』)

하지만 할머니의 자살설에 대해 손자 교영 씨는 사실과 다르다고 말했다.

"부군이 잔혹한 죽음을 당한 것을 보고 20일간 식음을 전폐, 몸져누우신 것이지요. 조부께서 돌아가신 날이 12월 27일인데 할머니의 제삿날이 20일 후인 1월 17일이거든요."

처참한 최후를 마친 도원에 대해서는 한일합병 전 고종이 원을 풀어준다고 나라에서 제사를 지내도록 했으며, 충헌공이란 시호도 내린다. 교영 씨가 나던 해(1906년)에는 고종이 평택군 서정리에 피신해 살던 도원의 후손들을 찾아 벼슬을 주어 그의 조카 춘희 씨는 한일합병 직전에 고종의 시종관을 지냈다.

"어려서 집안끼리 약혼하고, 그분이 16살 때 결혼했는데요. 자손이 적은 집안이라 걱정도 됐는데 이제 6남매를 두었으니 번성한 셈이지요."

교영 씨의 부인 최종원 씨의 말이다.

도원의 묘소는 파주군 임진면 운천리에 있다. 미군부대 주둔 지역이어서 집안에서 한식이나 추석 때 성묘 갈 때면 보초에게 사정을 해야 한다는 것이다.

"1952년 전쟁 중에 금융기관 분실장(임시직)으로 일선장병 위문을 갔는데 바로 그분의 산소로 들어가잖아요? 부대장에게 말하고 참배를 했지요. 전란 통에 묘주, 장식 등이 모두 무너져버렸더군요. 빨리 복구시켜야 할 텐데."

교영 씨가 혼잣말처럼 중얼거렸다.

내가 본 도원 김홍집

도원은 당시 사람들이 '비오는 날의 나막신'이라고 평했듯이 어떤 정권이든 절대적으로 필요했던 인물이었다. 병자수호조약 이후 수신사로 일본에 파견된 것을 비롯해 내치외교 면에서 온후한 인품으로 사리 판단에 신중한 인물이었다. 일본의 강압적인 요청에 대해서도 굽히지 않고 오히려 당당한 표정으로 일본 외교관들을 설득시켰다. 수신사로 일본에 갔다 올 때 가져온『조선책략』은 국내 정계에 커다란 파문을 던졌으며, 특히 유생들이 만인소로 그를 탄핵했으나 의연하게 대했고, 관직을 물러나면서도 자신의 개화 주장은 굽히지 않았던 앞을 내다본 인물이었다.

구한말의 변동이 심한 정치적인 소용돌이 속에서도 항상 앞을 내다보며 중용의 길로 일관했다. 그러기에 때로는 주체성 없는 인물같이 보이기도 했으나 개화파나 수구파에서 다 같이 필요한 인물이었다.

국내 정치의 어려운 고비가 있을 때마다 뒤처리를 도맡았다. 외교에도 능숙하여 요직을 거쳐 총리대신까지 올랐으며, 친일 매국자라는 비난을 들으면서도 개화로의 길을 버리지 않았다. 아관파천 당시 살해되는 비극으로 그 일생은 끝났으나 약세에 몰린 국운을 걸머지고 국정개혁 등 허다한 큰일을 처리하는 데 앞장섰던 한말의 정치가였다.

이현종(국사편찬위원회 편사실장)

도원 김홍집

1842년	7월 6일, 서울 북촌 순화방에서 태어남
1867년	경과(慶科) 정시(庭試) 문과 병과 제9인으로 과거에 합격
1880년	예조참의가 된 후 제2차 수신사로 도일
1882년	임오군란 후 접견대관의 부관으로 일본 대표와 협상
1884년	갑오경장을 계기로 초대 총리대신이 됨
1895년	제3차 김홍집 내각을 세워 단발령 및 양력을 실시
1896년	2월 1일, 아관파천 당시 광화문 거리에서 보부상에 의해 피살됨

도원 김홍집은 1842년 7월 6일 김영작과 창녕 성씨 사이에 외가가 있는 서울 용산방에서 태어나 이후 줄곧 북촌의 본가에서 자랐다. 그의 가문은 대대로 청렴과 충군애민을 가훈으로 삼았다. 구한말 조선의 개화에 주요 준거 문헌으로 기여한『조선책략』은 1880년 일본에 수신사 정사로 파견된 도원이 당시 일본주재 청공사 황준센(黃遵憲)에게 요청하여 저술된 것으로 알려졌다. 이는 김홍집의 유고인『대청흠사필담(大淸欽使筆談)』의 기록이 뒷받침한다.

"1880년 7월 6일의 필담에서 김홍집은 국제 정세 등을 논하면서 황준센이 지은『일본잡지사』와 허루장 및 황준센의 공저인『일본지(日本志)』를 보여달라고 요청한 바 있다. 허루장은 남아 있는 책이 없다는 이유로 이를 간곡히 사절하면서 다른 날 다시 만나 얘기할 것을 약속했다. 열흘이 지난 8월 2일에 황준센이 김홍집을 찾아와 이같이 변명하며『조선책략』을 건네주었다."('자주적 개화론자 김홍집」, 신동준,《월간조선》2007년 11월호)

정인보가 쓴 김홍집 유고 서문에 따르면 대부분 외교나 공문서에 관한 내용임을 알 수 있다.

09
오원 장승업

　오원(吾園) 장승업(張承業)은 조선왕조 화단의 도미(掉尾)를 장식한 화백이다. 그는 1843년에 태어나 1897년에 별세하기까지 우리나라 남화(南畵)계의 흐름과 명맥을 이어주어 오늘의 한국화를 꽃피게 한 대표 화가이다.

　고향도 생일도 모두 잊히고 자손마저 끊긴 오원이 오늘의 한국 화단에서 더할 수 없이 귀한 존재로 추앙받는 이유는 그 스스로 한국 동양화의 기틀을 다져주었기 때문이다. 그의 화기(畵技)와 화풍은 소림 조석진, 심전 안중식을 거쳐 살아 있는 어진화가(왕의 초상을 그려주는 화가) 이당 김은호(83)에게까지 이어지고 있다.

　"저는 직접 오원 선생님에게 배운 적은 없습니다만, 오원의 지도를 받아온 심전 안중식 선생님에게 그림을 배웠으니 우리 스승이랄 수 있지요. 자손은 없지만 그분이 결혼한 것은 분명합니다. 술을 좋아하고 호탕한 기질에 방탕한 생활을 하다 보니 어디 살림다운 살림을 꾸려볼 새가 있었겠어요? 아마 부인께서 장롱 하나 없는 살림을 늘 한탄했던 모양인데…… 어느 날 그림을 판 돈으로 장롱을 사 들여왔다고 해요. 그러나 집이 워낙 좁으니까 어디 놓을 데가 있어야지요. 결국 부인에게 '그렇게 바라던 장롱 실컷 가져라'고 껄껄 웃으며 소리치고는 모두 동네 사람들에게 나눠 줬다고 해요. 이처럼 참 멋있는 화백이었지요."

김은호 화백의 전언이다.

원래 몹시 가난하게 태어나 정상적인 교육을 받을 기회가 없었던지 오원은 글을 몰랐으며, 어려서 부모를 잃고 상경하여 수표동에 있던 한성판윤 변원규의 집 등을 떠돌아다니면서 기식한다.

"무식하고 가난하면서도 그는 귀재답게 몹시 당당하여 어렸을 때도 주인집 아이들 어깨너머로 글도 깨우치고 그 집안의 원, 명 이래의 명인들 서화를 기웃거려 흉내 내 그릴 수 있을 만큼 총명하고 재주가 비상했다는 것이지요. 주인이 이에 놀라 지필묵을 사주어 본격적으로 그림을 그리게 되어 많은 사람이 다투어 그의 그림을 청하게 되었다는 것이지요. 우리도 광교의 종이가게에 그림을 그려주고 학비를 빌려 공부하지 않은 사람이 별로 없으니, 아마 오원도 틀림없이 그런 식으로 학비를 마련했을 것입니다."

김은호 화백의 말이다.

오원은 술을 아주 좋아하고 고집이 세어 전제군주 시대의 제왕도 그의 성미를 꺾지 못했다고 한다. 그러한 인간성 탓인지 그가 55세의 생애를 독신으로 지냈다는 기록(『일사유사』, 장지연)도 엿보인다.

"오원이 종이가게의 주문을 받아 닭, 개, 호랑이 그림을 그려 줬는데 금방 뛰는 것같이 팔팔 살아 움직여 지물포에서 소동이 났다고 해요. 그래 도화서에서 이 그림을 보고 깜짝 놀라며 이런 천재를 그냥 썩힐 수 없다고 하여 도화서에 넣어주어 화원이 되었다고 해요. 당시 중인계급

〈호취도(豪鷲圖)〉(왼쪽, 호암미술관 소장)와 〈관아도(觀鴉圖)〉(오른쪽, 호암미술관 소장).

은 통역관, 의사 등이 제일 대우를 받고 도화서원은 환창이라고 하여
가장 멸시받았지요. 그런데 화원도 임금의 화상 하나만 그리면 출세를
한단 말이야.

그런데 오원이 이태왕(고종) 앞에서 그림을 그리게 되자 술꾼이 술을 마실 수 있어야지. 궁중 담을 뛰어넘어 목로집에 가 술을 잔뜩 마시고 붙잡혔지. 그래도 예술가의 방탕은 애교로 보아 이해해준 탓인지 '술을 작작 먹지 그 꼴이 뭐냐'고 용서해준 것이지. 그분의 그림에도 이처럼 호탕한 붓끝이 살아 움직여서 새의 좌우 날개가 한쪽으로 몰려 있거나 사람의 손이 한쪽으로 몰린 것도 있는데, 분명히 구도상으로는 잘못되었는데도 참 잘된 명화거든. 아마 성대 좋은 사람이 노래 부를 때 박자가 틀려도 그런대로 듣기가 좋은 식으로 파격미가 그처럼 살아난 것이지요."

김은호 화백의 말이다.

이처럼 한 번 붓끝으로 삐끗하여 신들린 듯이 살아 생동하는 오원 특유의 화풍은 무엇을 그리든지 그대로 독특한 맛이 살아남았다. 산수를 요구하면 산수를, 새와 꽃을 그려달라고 하면 새와 꽃을 그리면서 살아간 것이다.

정규적인 화법은 누구에게도 직접 배우지 못했지만, 오원은 걸식 생활을 하면서도 문인화의 계통을 밟아 절기기완(折技器玩)에 화조화(花鳥畵)의 본질을 탐구하여 사혁(謝赫)의 말대로 '고화품록(古畵品錄)'의 기운생동(氣韻生動), 골법용필(骨法用筆), 응물상형(應物象形), 수류부채(隨類賦彩), 경영위치(經營位置), 전이모사(轉移模寫) 등 동양화의 6법에 따르는 조형을 산수화 속에 깊숙이 투영했다.

조선왕조 500년을 통해 오원은 그에 필적할 만한 화가가 없을 만큼 독학으로 대성한 화가이다. 간고(艱苦) 속의 사색과 수업 속에서 익힌 활달 분방한 필체와 대담호방한 성품이 화면 속에 차분히 배어들어 그의 그림은 곧 오원의 이러한 잔영분신이라고 할 수 있다. 오원의 그림으로 항간에 전하는 것은 상당수에 달하며, 또 낭시의 권세가나 감상가를 위해 오원은 그림도 많이 그리고 항상 그들의 사랑방에서 지낸 것으로 알려져 있다.

그림을 요구하는 사람들이 완당 이래 중국 취미에 젖은 권력 집안이 많았던 탓으로 오원의 기량을 가지고도 전통 산수의 테두리 안에서 머물 수밖에 없게 되었다. 이 까닭에 오원의 그림은 결국 민운미, 민영환, 신국빈, 오역매 등의 수장과 지배 아래에 있던 결과가 되어 영조, 정조 간에 있었던 것과 같은 서민층의 수요와 접촉을 갖지 못하고, 그리고 그의 그림은 사실(寫實) 사생 위에 근거한 것이 아닌 까닭으로 사경(寫景), 산수, 속화(俗畵)가 전무하다는 현상을 가져왔다. 이러한 의미에서 그의 회화사적 의의가 겸재나 도원과 자연 다르게 된다.

…… 오원은 그야말로 옛 취미와 옛 전토에 빛난 과거를 의미한다. 그러나 전통 산수의 시대적 화관을 냈던 과거의 기준에서 볼 때는 그 기력이 놀랍지 않을 수 없다. 그의 산수도의 횡폭(橫幅)과 설채 산수의 두 작품은 각각 묵법과 오파 산수의 진수를 얻은 것 같다. 또 세상에 많이 알려진 성재수각(聲在樹閣) 등의 양 폭은 원나라 사람의 화의를 얻은 것으로 알려진다. 그리고 소품에도 희한한 산수를 넣어놓은 명품이 있다. (『한국회화소사』, 이동주)

오원은 일체의 기성 수법이나 사본이 없이도 스스로의 미를 표현할 수 있는 역량을 지녀 눈에 보이는 대로, 느끼는 대로, 체질에서 우러나는 대로 독자적으로 작품을 구성하고 이룩할 수 있는 천재성을 타고난 희귀한 화가이다.

그러나 오원의 이러한 천품은 그의 작품을 주문하던 당시 수요자의 대부분이 다분히 중국 취미에 젖은 관료 세도가였으므로 그들의 취향에 따라 그리다 보니 자연 정형산수(定型山水)의 테두리를 크게 벗어나지는 못하고 있다. 이런 관점에서 그의 작품은 겸재 정선, 단원 김홍도 등 사실과 사생의 바탕에서 산수를 그린 작가들에 비해 차이가 있다. 또 그는 방원인법(倣元人法)이라 하여 맹수를 많이 그렸으며, 신선한 갈대밭에 둥근 달을 배경 삼아 미끈한 기러기들이 내려꽂히고 치솟는 형상은 오원 특유의 화풍을 실감하게 한다.

오원은 기법을 다루는 정신에 있어서도 단원 김홍도 이래 차츰 시들어져, 치졸하고 스케일이 작아지던 당시 화단의 조류에서 과감히 벗어나 대륙의 활달한 기풍을 대담하게 흡수하고 있다.

중국 근대 미술의 2대 산맥인 청 초기 석도의 파묵조법(波墨條法)과 8대산인의 백묘(白描)화법을 터득하여 그린 남화계 산수화의 걸작 〈청록(靑綠)산수도〉는 국립박물관에 소장되어 있으며, 유명한 〈풍림산수도〉는 서울대 박물관에 소장되어 있다. 또한 오원의 기명절기(器皿折技)는 중국풍의 맛이 있으나 그 기법이나 격식에 있어서는 오원 고유의 것을 지니고 있으며 많은 걸작을 남기고 있다.

사군자에 있어서는 그가 몸을 담아온 환경이 원래 남송 문인화에서 가장 중요시하는 서권기(書卷氣), 문기(文氣)니 문자향(文字香)이니 하는 높은 격조의 화론과는 아예 거리가 있었지만 매화, 국화 등에서는 많은 걸작을 내었다. 이처럼 오원의 작품이 다방면에 걸쳐 많이 쏟아져 나왔으나 그의 제자들 또한 그의 화풍을 그대로 따르고 있어, 소품에서는 오원이 그리지 않은 오원의 그림이 많이 나오므로 정확한 작품 수는 알 길이 없다.

"심전 안중식, 소림 조석진 신생님이 젊어서 그린 것들도 요즘 모두 오원 선생님의 그림으로 취급되니까 진짜 그분의 작품은 사실상 훨씬 적게 남아 있을 것입니다. 우리는 세화(細畵)를 많이 하기 때문에 그 양반 화풍이 자연 많이 들어가지요. 그런데 그분 작품은 우아하고 신비로운 멋이 월등 더하거든요. 하여간 참 이상한 양반이어서 꼭 한 번 붓을 그었는데도 아무리 그대로 따라 해도 안 되거든요. 게다가 요즘에는 우리나라 고유의 그림은 없어지고 있으니까요. 국전이라는 것도 해마다 지탄되어 가는 추세이지요.

당시와 비해보면 상상하기 어려울 만큼 대우도 아주 좋아졌고 한데 왜 그런지 모르겠어요. 50여 년 전 제가 화단에 발을 들여놓을 때만 해도 찢어지게 가난한 데다 환쟁이라고 해서 집안에서 이 길로 나가는 것을 펄펄 뛰고 막았는데, 그러다가 오원 선생님의 화풍을 이은 심전 선생님이 앞으로는 시대도 그렇지 않고 자네 재주가 아깝다고 창덕궁에 들어가 어진을 모시라고 해서 지금 그 줄기를 잇고 있는 것인데……. 동양 삼국을 통해 몇백 년 만에 한 번 나올까 말까 한 거장의 기록이 이처럼 소홀히 남아 있는 것은 우리 후배 모두에게 참 아쉬운 일입니다. 당시의 시대적 배경이 이처럼 화가를 경시한 데다 그분의 직계 후손마저 이어지지 못하고 있기 때문이겠지요."

오원의 화풍을 계승하고 있는 김은호 화백은 아쉬운 표정으로 조선 왕조 후기의 화단 상황을 이처럼 더듬었다. 처음 배울 때는 오원의 작품이 그처럼 명화인 줄 몰랐으나 뒤에 일본에 가봐도 중국에 가봐도 이처럼 일필휘지로 탁탁 던져서 그린 것이, 팔팔 살아 떠오르는 그런 그림은 다시 찾아볼 수가 없었다는 것이다.

이러한 평가대로 오원의 그림들은 동양화의 연원이 되고 있는 중국

대륙의 대가들의 작품들과 겨뤄도 오히려 빼어나 침체된 조선왕조의 화단에 활기를 활짝 불어넣고 있는 것이다.

내가 본 오원 장승업

오원 선생님과는 한 시대 뒤져 태어난 나는 그분의 직계 제자인 심전 안중식 선생님의 가르침에 의해 그분의 화풍을 이어받고 있다기보다 흉내를 내고 있다. 80평생에 적지 않은 그림을 접해오지만 오원의 그림처럼 팔팔 살아 움직이는 그림을 나는 아직 보지 못하고 있다. 오원의 그림은 조선왕조 전체를 통해서뿐만 아니라 중국, 일본 등 동양삼국에서도 가장 뛰어난 것이라고 보지 않을 수 없다.

그처럼 굳세면서도 살아 생동하는 신비가 감돌아 아무리 흉내를 내려고 해도 어쩔 수 없으니, 참말 오원은 이상스런 붓끝을 지녔다고 하지 않을 수 없다. 이러한 독특한 화풍은 당당한 서민으로 한평생을 살아온 그의 대담하고 떳떳한 인간성에 바탕을 두고 있다고 할 수 있으니, 그는 실로 그의 작품들을 통해 거장다운 풍모를 오늘에 뚜렷이 전하고 있다. 아마도 오원은 조선왕조 화단을 마지막으로 꽃피운 화가답게 다시는 그런 대가가 나오기 어려우리라고 생각된다. 아니, 한국이 낳은 전무후무한 거장이라 해도 걸맞을 만한 인물이다.

김은호(동양화가)

오원 장승업

∞∞∞∞∞∞∞∞∞∞∞∞∞∞∞∞∞∞∞∞∞

고향도 생일도 모두 잊히고 자손마저 끊긴 오원의 출생지가 황해도 안악이라는 추론이 나와 주목을 받고 있다. 회화사 연구가인 이양재 씨가 2002년 9월에 발간한 『오원 장승업의 삶과 예술』(해들누리)에서 눈길을 끄는 대목은 오원의 본관과 출생지에 대한 고찰이다. 이 씨는 고려대 도서관에 소장 중인 19세기 말 족보 관련 문서인 「성원록(姓源錄)」에 '대원 장씨는 인동 장씨에서 갈라져 나왔다'는 기록이 있음을 확인하고 오원의 본관인 대원 장씨가 인동 장씨와 같은 혈족임을 확인했다.

이 씨는 또 『신증 동국여지승람』 등의 자료를 살펴 황해도 안악군에 대원이란 곳이 있었던 것으로 미루어 오원의 고향이 황해도 안악일 가능성이 높다는 의견을 제시했다. 이 씨는 오원의 예술적 재능은 뛰어났으나 중국 작품을 적잖이 모방했다는 일부 평가에 대해서도 "오원은 중국화를 모방한 것이 아니라 중국화의 경지를 뛰어넘은 국제적 화가"라고 평했다. 이 책에는 북한에 있는 10여 편의 오원 작품도 소개되어 있다.

10
면우 곽종석

3·1운동 직후 전국 유림들의 항일투혼이 가득 담긴 독립청원서를 파리까지 보내도록 지휘 독려한 구한말의 거유 면우(俛宇) 곽종석(郭鍾錫)은 1846년 6월 2일 경남 산청군 내성면 사월리 초포에서 선비 곽원조(郭源兆)의 아들로 태어났다.

진주를 관통하는 남강 상류의 맑은 물줄기를 따라 서쪽으로 30km쯤 구불구불 거슬러 올라가다 남쪽으로 방향을 바꿔 5km쯤 산을 끼고 돌면 바로 이 마을이 나타나는데, 진입로 길가에는 고려 말 문익점이 처음 원나라에서 목화를 가져다 심었다는 사실을 기념하는 목화밭과 사당이 있다.

"웬일로 이 산골까지 오셨지요? 저는 기자 양반을 난생처음 만납니다. 30년 전에 본거지인 거창을 떠나 조부께서 태어나신 이곳에 들어와 지내고 있지요. 농촌 생활이란 예나 지금이나 뻔한 것 아닙니까? 그저 논 갈고, 밭 갈고……. 더구나 이런 벽촌의 농사는 늘 쪼들림을 면할 길 없지요. 오히려 제 개인 형편으로는 이곳에 들어온 것이 더 손실을 본 셈이지요. 그나마 마련했던 기반을 떠나 아무도 없는 이곳에 단지 조부님의 고향을 지키려고 이주해 온 것이니 살림은 새 출발을 해야 했거든요. 하지만 맏손자로 태어났으니 어쩝니까? 어쨌든 종가를 지켜야지요."

언덕 위의 조그만 농가 속에서 꺼칠하게 그은, 한학을 하는 농민 곽태(57) 씨가 기자를 반겨 맞았다.

면우가 태어난 생가터에는 그가 별세한 후 제자 사림들이 니동서당(尼東書堂)을 세워 스승의 뜻을 기리고 있다. 바로 이 서당에서 해방 전까지만 해도 면우의 제자들이 글을 가르쳐왔다고 하나, 지금은 텅 비어 있고 방 안에는 면우가 생전에 즐겨 읽던 2000여 권의 책들이 가득 쌓여 있다.

"얼마 전에도 유적 조사를 한다고 나와 안내했습니다만 제대로 조부님을 알려드릴 수가 있습니까? 수십 권이나 되는 그분 저서를 저 스스로 연구할 실력이 없으니 참 안타깝지요. 참, 여기 고종황제께서 직접 내리신 한복이며 사령장이 여럿 있습니다만. 이사 다니다 보니 바래고 좀이 슬어 면구스럽습니다. 고관이 되려고 머리를 싸매고 덤벼드는 요즘 세태와는 달리 그때만 해도 절대권을 쥔 임금도 거스를 수 없는 선비 기질이 살아 있었던 듯해요. 임금께서도 시골에 은거하시는 조부님의 학문을 알아보시고 정6품부터 차례로 벼슬을 내립니다마는 계속 사절하니, 그만 정3품까지 내리고는 그 뜻을 꺾을 수 없다고 단념하고 말았습니다. 지금 생각하니 참 멋진 운치랄까, 여유를 느끼게 되는군요."

장손 태 씨의 말이다.

면우는 두 아들을 두었다. 장남 단 씨는 6·25전쟁 때 지리산 공비 소동으로 작고했으며, 차남 정 씨도 6년 전 작고했다. 단 씨의 장남이 산청의 면우 생가를 지키고 있는 태 씨이고, 차남 목(43) 씨는 거창읍에서 운수업을 하고 있다. 정 씨도 형제를 두었는데 장남 발 씨는 면우의 묘소가 위치한 마을인 거창군 가조면에 살고 있으며, 차남 진(27) 씨는 서울 중앙고교를 졸업하고 조부의 문집을 연구하기 위해 면우의 제자인 김황(83) 씨에게 한문을 배우고 있다.

이처럼 면우의 후손들이 흩어져 살고 있는 것은 면우 스스로 생애를 통해 거의 안주할 거처도 없이 곳곳으로 떠돌아다녔기 때문이다. 출생지 초포에서 인근 도평으로, 안동·거창 등지로 여러 번 이사하는데, 안동에서는 박정희 대통령의 선친 박성빈 옹을 가르치는 등 도처에서 전국의 우수한 문하생 700여 명을 배출한다.

거창에 생존해 있는 제자 이성훈(80) 씨와 변개석(70·면우의 외종손) 씨는 문하생 시절을 이렇게 회상했다.

"그 어른은 누구든지 한 번 만나 통성명하면 수십 년이 지나도 잊지 않았지요. 우리를 가르치실 때는 노후였는데 그저 묵묵히 앉아 계시다가 토씨나 문리가 안 통하는 것을 질문하면 차분히 가라앉은 목소리로 깨우쳐주시곤 하셨지요. 제자들이 글을 읽다가 음만 조금 틀려도 금방 잡아내 고쳐주시곤 했지요. 눈이 투명하고 귀가 크고 얼굴이 백옥처럼 흰 데다 머리털이 명주처럼 부드러운 학발(鶴髮)이었지요. 영정은 털 하나 달라도 그 사람은 아니라고 끝내 그리기를 거부하셔서 남아 있는 것이 없어요. 그때 사진기자가 있었으면 찍어드렸으면 됐을 텐데…….

채소를 즐겨 드셨고 술은 딱 한 잔 마시곤 했으나 주량은 많아서 일흔이 넘어서도 큰 밥그릇으로 죽 마시는 것을 본 적이 있습니다. 눈빛이 부리부리하여 임종 때 방 안의 천장과 벽면에 서기가 비치는 것을 바로 우리가 지켜보았습니다. 장례 3일 전부터 기별했는데 장례날에는 전국의 유림 제자 1만여 명이 모여들어 인산(임금의 장례)과 맞먹는다고들 했지

경상남도 산청군 단성면 사월리 면우의 생가터에 그 뜻을 기리기 위해 후학들이 세운 이동서당(尼東書堂).

요. 거창 산골짜기를 지나는데 가운데 냇물을 사이에 두고 20리 길이 온통 사람으로 꽉 찼었고 관청의 기관장, 신문기자들도 여러분 왔었지요. 거창과 합천의 헌병과 경찰이 독립시위를 벌일까 봐 장례를 보호한답시고 골짜기로 새카맣게 올라와 삼엄하게 포위 경계했지요. 평소 제자들에게는 근검하고 착실히 공부하라고 하시면서 결코 허위로 공부해서는 안 된다고 타이르셨지요."

면우는 4세 때 글을 배우기 시작하여 6~7세 때에는 이미 사서와 『시경』 등을 통한다. 12세 때 부친상을 당하나 그 후 그는 더욱 분발하여 자기가 거처하는 방을 매실(晦室: 어두운 움집)이라고 부르며, 20세 때에는 이러한 인생철학이 담긴 『매설삼도(晦說三圖)』를 저술한다.

24세 되던 해 봄에 고향에서 50리 떨어진 삼고현의 산협으로 들어가 7년 후 다시 고향에 돌아오는데, 그동안 경고재라는 서재를 지어 학문을 닦고 후진을 가르친다. 25세 때 겨울, 경북 성주군 월항면 대포리로 한주 이진상을 찾아 그 제자가 되며, 이후 허유 등 빼어난 동문 학자들과 교유한다.

면우는 33세 때 안동 도산의 퇴계 묘소와 그 유적을 둘러보며, 38세 때에는 조령을 넘어 금강산을 거쳐 삼척과 태백산 일대를 편력한다. 이듬해 봄 가솔을 거느리고 춘양 태백산 속의 협곡으로 이주한 뒤에 거창, 다천으로 남하할 때까지 12년간 이곳에서 주경야독으로 오로지 학문에만 몰두한다. 그의 아호를 면우라 하게 된 것도 바로 이때부터인데, 집의 처마가 낮고 좁아 출입할 때 언제나 머리를 아래로 숙여야 한다는 뜻이다. 평생 입은 옷도 무명이고, 출입할 때는 짚신에다 명아주 지팡이를 짚는 수수한 차림이고 벼루와 책상, 가구 집기도 모두 소박한 것을 썼다고 한다.

50세 때 그의 명성을 들은 조신의 천거로 비안현감에 임명되나 부임하지 않는다. 면우는 어릴 때 어머니의 뜻을 따라 과거에 응시한 적이 있으나 당시 과장의 문란과 또 그것이 참된 위인의 학이 아님을 깨닫고 관직을 아예 단념한다. 이해 8월 일본 군대가 황궁을 침범하여 명성황후가 살해되고 뒤이어 단발령이 내려, 겨울에 지방의 선비들이 의병을 일으키고 면우에게 아장(지금의 장성급)이 되어달라고 청한다. 그러나 면우는 우선 군대 없는 포의(벼슬 없는 선비)의 몸이라는 점과 자칫 국내 정치를 동요시키면 오히려 외적으로 하여금 침래할 구실을 주기 쉽고 또 현실 문제로서 의병과 맞서게 되는 군대가 형식상 관군이라는 점을 들어 이에 응하지 않는다.

1896년 2월 한계 이승희 등과 함께 일본의 죄상을 통박하는 글을 지어 열국 공관에 보내기도 한다.

"아마도 그분은 요즘 말로 현실참여랄까 하는 문제에 대해 상당히 합리적으로 접근하신 듯합니다. 일제하에서 우리를 가르칠 때도 무조건 항일하는 것은 시기와 전략에 맞지 않는 일이라고 설파하셨지요. 공부하는 사람은 역시 공부 자체를 철저히 하면서 때를 봐서 거사해야 한다고 가르쳐왔는데, 뒤에 3·1운동을 전후한 그분의 유림단 지도노선이나 또 노후의 몸으로 임종을 앞두고 꼿꼿이 항일 옥중투쟁을 벌이신 사실을 보면 자신의 시국관을 몸소 실천하신 것이지요."

제자 이성훈 씨의 말이다.

1903년 2월 정3품 통정대부가 되고 6월에는 비서원승이란 벼슬을 받으며 8월에는 고종의 간곡한 부름을 받아 상경해 독대하여 서둘러 국력을 충실히 한 다음에 외세를 격퇴해야 한다고 진언한다.

이듬해 러일전쟁이 일어나고 이어 을미사변을 당하게 된 시국에 맞서 면우는 다시 상경하여 매국적신을 목 베고 열국공법에 호소하도록 청하는 격렬한 상소를 한다. 그의 항일노선은 더욱 격화되어 3·1운동이 일어나던 해 2월 파리평화회의에 보내는 장서를 지어 제자인 심산 김창숙을 시켜 우선 중국 상하이로 가게 한다. 137인의 전국 유림 대표가 서명한 이 장서는 2674자의 순 한문으로 된 것으로 파리강화회의에서 추진하고 있는 민족자결의 원칙에 따라 한국의 자주독립을 공인할 것을 요구한 명 논문이다. 다음은 그 요지다.

한국 유림 대표 곽종석, 김복한 등 137인은 삼가 파리평화회의 제대위각하(諸大位閣下)에게 봉서하노라. 근래에 와서 국운이 불행하여 강린(強隣)의 외제로서 모든 조약이 강제로 체결되었을 뿐 아니라 마침내는 우리 한국을 이 세계의 열방에서 제외했으니…… 병자년 우리나라 대신과의 강화조약이나 을미년 청국 대신과의 마관(馬關)조약에서 한결같이 '한국의 자주독립국에 대한 조약을 영구 준수한다' 했고, 또 계묘년 러시아에 선전할 때도 '한국의 독립을 공고히 한다'는 것을 분명히 세계에 성명했으니 이는 세계가 주지하는 사실이다.

그러고도 미구한 시일에 그들로부터 온갖 사기와 조작이 연출되어 내정의 협박과 외교의 기만으로 독립이 보호로 변하고 보호가 합병으로 변하게 한 다음…… 만국 대표 여러분! 일본의 우리 한국에 대한 이러한 행위가 과연 세계 공의에 위배되지 않는다고 생각하는가? 제대위는 깊이 생각하시고 공의의 권위를 더욱 높이어 큰 광명과 같이 미치지 않는 곳이 없고 큰 운화(運化)와 같이 순행치 않음이 없도록 하시면 이는 우리의 없어진 나라를 회복할 수 있을 뿐 아니라 온 세상의 인류가 행복을 누리게 될 것이요, 만일 그렇지 못하다면 우리는 차라리 자진하여 죽을지언정 맹세코 일본의 노예는 되지 않을 것이다

이 장서의 원문은 상하이에서 영문으로 번역하여 원본과 더불어 인쇄되어 파리는 물론 중국과 기타 여러 나라에 우송되며 국내의 모든 향교에도 우송된다.

파리장서사건이 탄로 나자 그해 4월 일경은 면우를 거창 헌병대로 연행, 대구감옥에 수감한다. 5월 20일 2년 징역형이 언도되는데 "나는 살아서 돌아갈 기약을 하지 않고 여기에 있다. 왜 종신 징역을 선고하지 않고 하필이면 2년이냐"고 하며 절대로 경어를 쓰지 않았다고 한다. 또 공소를 하는 것이 좋을 것이라는 권고에 대해서는 "그것은 원수 도적에게 빌붙는 짓이다. 내가 공소할 곳은 하늘밖에 없다"고 버티다가 그해 7월 19일 병보석으로 풀려나와 8월 24일 별세하여 경남 거창군 가북면에 안장된다.

"우리 후손들은 모두 일제하에서 교육을 받지 못하게 하여 요즘 세태에 적응하지 못하고 있습니다. 막내 손자인 진이 해방 후 교육을 받게 되어 유일하게 새 시대의 혜택을 보고 있는 셈이지요. 일제하 거창으로 부임하는 왜인 경찰서장은 항일 집안인 우리를 잘 감시하라는 것을 지시각서 1호로 받았다고 해요. 거창 서장을 지내고서는 경남도경 국장으로 발탁되는 그들의 출세 코스이기도 했지요."

손자 발 씨와 목 씨의 말이다.

50여 년이 지난 1973년 10월 3일 서울 장충단공원에서는 파리장서기념비 건립행사가 열려 당시 유림의 큰 뜻을 기렸다. 거창의 면우기념회 성수현 부회장(자생병원 원장)은 이렇게 말했다.

"그분의 뜻이 너무 컸기 때문에 우리가 그분을 위해 무슨 사업을 벌인다고 해도 오히려 면구스러울 따름입니다. 이 고장에 바로 그런 자랑스러운 분을 모시게 되었으니 우리야 그저 힘닿는 대로 그분의 뜻을 기리고 전하는 일이라면 뭣이든 힘껏 펼쳐갈 것입니다."

내가 본 면우 곽종석

면우 선생은 구한말 국내 제일의 문장가이자 덕망을 구비한 학자로 그분이 거창에 정착해 살다가 이곳에 묻힌 것은 고향 후배로서 무척 영광되게 생각해왔다. 그분께서 주동한 파리장서 독립청원사건만 해도 3·1운동과 별개의 것이 아니라 그전부터 은밀히 추진된 것이니, 교통 통신이 불편했던 시절 33인과도 연결이 제대로 되지 않았을 터인데도 홀로 내리신 대단한 결단이었다. 그 후 만해 선생도 이런 사실을 입증해주셨다.

나는 어릴 때 거창에서 자라나면서 만년의 그분을 뵈온 적이 있는데, 호숫가에서 유유히 노니는 학처럼 신비스런 풍모가 아직껏 퍽 인상적이다. 당시 쇄국적이라던 유림이 멀리 파리까지 독립청원을 해서 국내외를 깜짝 놀라게 한 독립 거사에 후배로서 진정으로 감사드리면서, 성의를 다하여 그분을 기리는 일에 작은 힘이나마 여생을 바칠 생각이다.

표현태(제헌국회의원)

면우 곽종석

1846년	6월 24일, 경남 산청군 내성면 사월리 초포에서 태어남	
1865년	『매설삼도』를 지음	
1870년	한주 이진상의 제자가 됨	
1891년	상경하여 이승희 등과 글을 지어 열국공관에 천하의 대의를 포고함	
1903년	정3품 통정대부, 비서원승이 됨	
1904년	을사조약에 맞서 매국적신을 목 베고 열국공법에 호소할 것을 상소	
1919년	파리강화회의 장서사건을 주도하고 2년 징역형을 받음	
1919년	8월 24일, 경남 거창에서 별세	

11

월남 이상재

　월남(月南) 이상재(李商在)는 구한말에 태어난 개화 관료로서 독립 협회 회원, YMCA 총무, 《조선일보》 사장 등을 역임한 인물이다. 그는 1850년 10월 26일 충남 서천군 한산면 종지리에서 시골선비 이희주(李羲主)의 4남매 중 외아들로 태어났다. 월남은 고려 말의 유명한 학자 목은 이색의 원손이다. 그가 태어난 집(50평)은 사랑채 등 30평만 남아 있으며 손자 은직(49) 씨가 이곳에 살고 있다.

　월남은 승륜, 승인, 승간, 승준 등 4형제를 두었으나 지금은 모두 작고 했다. 장남 승륜 씨는 4남매를 두었다. 자매와 3남 한직 씨는 작고했고, 4남 홍직(70) 씨는 조선전업 사장을 역임했으며, 서울 서대문구 홍제동 335의 10에 살고 있다. 월남의 3남 승준 씨는 7남매를 두었는데, 장남 정직(54) 씨는 대전전신전화국에 근무 중이며, 차남 은직 씨는 서천군 한산면 종지리에서 선영을 지키고 있으며, 3남 강직(40) 씨는 대전의 초등학교 교사이다.

　고향에서 공부하던 월남은 18세 때 과거 보러 상경하나, 낙방하고 승지 박정양의 문객이 되어 담론을 벌이면서 당시 조선을 에워싼 내외 정세에 익숙해진다.

이상재 선생은 어떠한 인물이었던가? 그 어른은 돈이 많으신 이도 아니요, 옷을 잘 입으신 이도 아니요, 권세가 있으신 것도 아니요, 다만 언제 뵈옵든지 점잖고 너그럽고 어지실 따름이었다. 그렇다면 그러한 분을 어찌하여 특별히 잘났다고 하는 것일까? 그것은 월남 선생께서 80평생을 첫째로 옳은 일만 하셨고, 바른 말씀만 하시고, 한 번 옳지 않은 일이라고 생각하신 것은 그야말로 목숨이 끊어져도 아니 하셨으며, 옳은 일이라면 어디까지든지 힘을 쓰신 것이 선생의 잘나신 것이었다. 둘째로 선생은 한 몸이나 한 집안을 위해 애쓰시거나 생각하신 일도 없고, 자나 깨나 어떻게 하면 모든 동포들이 잘살게 되며, 자유와 독립을 누리게 될까 하는 것이었다. (『월남 선생 일화집』, 김을한 편)

월남의 번뜩이는 유머, 위트는 박정양과의 만남에서도 속 시원히 폭발한다.

월남 선생께서 처음 서울에 올라오셨을 때 우연한 인연으로 판서 박정양의 집에서 얼마 동안 기숙하고 계셨는데…… 하루는 선생께서 다른 버선을 신고 나오셨다. 즉 한 짝은 새 버선이고 한 짝은 헌 버선을 신으신 것이니 사람들이 모두 이상하게 생각했다. 그 이야기가 박정양의 귀에까지 들어가서 박 판서가 일부러 월남 선생을 청하여 보매 과연 짝짝이 버선을 신었는지라 "이 서방은 어째서 짝이 다른 버선을 신었소?" 하고 물으니 선생은 천연덕스럽게 "객지에 있는 놈이 별수 있습니까? 떨어진 짝만 우선 갈아 신었지요"라고 대답하셨다. 박 판서는 그때 대관으로 매우 청렴했을뿐더러 생활에도 규모가 있었던 사람이므로 월남 선생의 검박한 것이 마음에 들어서 그 후부터는 선생의 인상이 더욱 뚜렷하게 남게 되었으며…….

선생께서 박 판서의 식객으로 계실 때의 일.

어느 때 박정양이 병이 나서 자리에 누웠는데 하루는 교분이 두터움을 믿고 선생께서 의사를 불러오기를 청했다. 선생은 그의 말대로 의원 집을 찾아가서 그 초대면의 의원을 보고 "자네가 아무개인가. 박 판서가 몹시 아프니 좀 가보게" 하고는 곧 돌아왔다. 후일 박 판서의 집안사람들이 그 말을 듣고 식객으로서 너무 무례함을 책망하니 선생은 태연한 표정으로 "심부름을 잘 하면 또 시키는 법이야"라고 했다. (『월남 선생 일화집』)

1881년 월남은 박정양이 홍영식, 김옥균 등을 데리고 일본 시찰을 갈 때 동행하며, 갑신정변을 계기로 1887년 봄까지 3년간 낙향 생활을 한다. 당시(1885년) 대신 김홍집과 벌인 에피소드이다.

대신 김홍집이 선생과 더불어 정사를 의논할 때 "지금 전국에 탐관오리가 너무 많아서 백성을 도탄에 빠지게 하니, 8인만 죽여야 되겠어"라고 했다. 그 뜻은 대개 8도 감사(지금의 도지사)를 죽여야 되겠다고 함이라, 선생은 "그 8인까지 갈 것 있소? 3인만 죽이면 될 것이요"라고 대답했다. 그 뜻은 대신 3명만 죽여도 넉넉하다는 의미라 김홍집도 무색해서 말을 더 못 했다고 한다. (『월남 선생 일화집』)

1887년 박정양이 초대 주미대사로 갈 때 월남은 공사관 서기장으로 미국에 동행하는데, 당시 벽안(碧眼)의 이역에서도 유유히 색다른 외교

활동을 벌여 주목을 받는다.

일행은 양복을 입을 줄 몰랐으므로 상투를 짠 채 사모관대로 번화한 워싱
턴 거리를 구경하게 되니 그와 같은 복장은 처음 보는 까닭에 길 가던 아이
들이 줄줄 따라다니며 혹은 농담을 하기도 하고, 혹은 돌멩이를 던지기도
했다. 외국 사신에게 무례한 짓을 한지라 호위하던 경관이 현장에서 그 아
동들을 검속했다. 그러나 선생은 경찰서까지 찾아가서 그들의 석방을 요구
하니 그 너그러운 태도에 경관들도 경탄했다. 그 소문이 퍼지자, 한국 공사
의 덕망이 미국 신문에까지 대서특필되었다.
…… 선생이 미국으로부터 귀국하니 고종황제가 미국의 한국에 대한 호의
유무(好意有無)를 하문했다. "폐하께서 선정을 하시면 미국에서 호의를 가
질 모양이나 그렇지 못하면 가졌던 호의도 없어질 듯하더이다"라고 언상(言
上)……. (『월남 선생 일화집』)

1894년 동학혁명 이래 정부에서 행정 개편을 단행하여 군국기무처를
두자 월남은 승정원 우부승지 겸 경연참찬, 학부아문참의로 학무국장
등을 역임하면서 신교육령을 반포하여 사범학교, 중학교, 소학교, 외국
어학교를 설립한다.
"이처럼 할아버지의 반골 정신은 상대가 아무리 대단해도 꿰뚫어 버
리곤 하셨지요. 구한말 어느 날 공무로 당시 세도 재상인 민응식을 찾아
가 박정양의 서신을 전하는데, 민 씨는 아무 말도 없이 편지만 쓰므로 그
거만스런 태도가 아니꼬워서 '시생은 가겠소' 하고 일어서니 민 씨가 '요새
외국을 다녀온 사람들은 매우 거만하다'고 했다는 것인데…… 할아버지
는 대뜸 '요즘 왜승 바지에 여송연(담배)깨나 물고 있으면 개화가 다 된 줄

미국 공사관에 갈 당시의 월남 이상재. 원 안의 사람이 월남. 아래 가운데가 당시 주미공사 박정양.

알아요?' 하고 응수하셨다는 것이지요. 바로 그 민 씨가 그런 차림에 여송연을 물고 있었거든요.

또 아관파천 때 할아버지는 의정부 통의국장을 지내셨는데 하루는 러시아 공사관에 가서 고종황제를 만나려 하니 그 앞에 보자기에 싼 첩지(돈을 받고 팔려는 정부 인사 발령장)가 놓여 있었대요. 할아버지는 '상감 계신 방이 왜 이렇게 추울까?' 하시면서 그 보자기를 몽땅 난로에 쑤셔 넣으셨다고 해요. 그러면서 유유히 어전을 물러 나오시면서도 내시들에게 호통을 치셨다는 것이지요. '이놈들아! 여기까지 와서 폐하를 욕되게 하느냐'고요."

손자 이홍직 씨의 말이다.

1896년 독립협회가 설립되자 월남은 정부 고관 신분이면서도 이에 가담한다. 그는 가두에 나서 독립협회의 취지를 선전하며, 국가의 재정정책이 그릇되었다고 규탄하고 대중 앞에서 구국의 열변을 토한다. 1898년 반대파의 모함으로 독립협회가 해산되나 개화 선각자들이 계속 정부의 무능을 질타하자, 썩은 대신들은 월남을 체포 감금한다.

독립협회 사건으로 경무청에 피수(被囚)되었을 때 문초하는 경관이 백방으로 위협, 공갈하나 선생은 태연자약하여 도무지 어찌할 수가 없으므로 필경엔 저희들끼리 거짓 자백서를 꾸며서 선생에게 자복하는 도장을 찍으라고 했다. 선생은 주머니에 있던 도장을 꺼내어 주면서 "죽여도 내 손으로 도장은 못 찍겠다. 찍으려거든 너희들이 집어다 찍어라" 하고 호통하시니 그 기운에 눌려서 경관들도 그 이상 더 조르지를 못했다. (『월남 선생 일화집』)

월남은 끝내 감옥으로 넘어가 옥중 동지로 이승만을 만나고, 기독교도 알게 되며, 1904년 3년 만에 풀려나온다. 을사조약이 체결되는 날 월남은 고종의 간곡한 권유로 참찬이 된다. 이때 참정대신 박제순과의 에피소드이다.

하루는 참정대신 박제순이 선생을 보고, "내가 위원 몇십 명을 쓸 터이니 그리 알아주오." 이같이 상의하니 선생은 쾌락을 하고 나서 다시 말하기를 "나는 위원이 소용없으니 대전(代錢)으로 주시오"라고 청구하는지라 박은 당황해서, "내가 무슨 돈이 있어 대전을 드리겠소." 선생은 여전히 태연하게 "대감께서는 늘 팔아 자시니까 판로를 잘 알겠지만 나는 팔 곳을 모르니까 소용없단 말이오."(『월남 선생 일화집』)

1906년 월남은 헤이그평화회의 사절 파견을 위해 한규설, 이상설 집을 왕래하던 중 탄로 나 구금되었다가 2개월 만에 증거불충분으로 풀려나며 참판직도 물러난다. 이듬해 헤이그밀사사건으로 통감부가 고종의 위를 박탈하자 58세의 월남은 다시 군중 앞에 나서 일제를 성토한다.

1908년 황성 기독교청년회 종교부 총무와 교육부장 등을 역임하면서 월남은 청년 지도에 몰두한다.

중앙 기독교 청년회가 창립된 지 얼마 아니 되어서 하루는 총독부로부터 "돈 5만 원을 줄 터이니 귀향하여 여생을 편안히 보냄이 여하?" 하고 권고하는지라, 선생은 얼굴을 붉히며 "이 돈으로 땅을 사라니 나더러 이 자리에서 죽으란 말이지?" 하시며 자리를 차고 일어나면서 "나는 하늘에서 타고나기를 편안히 일생을 마치지는 못하게 태어났다"고 하시니……

통감시대에 조선미술협회라는 것이 창립되어 식장에는 이토 히로부미를 위시하여 일인 고관들과 이완용, 송병준 등의 매국도당들이 모두 모였었다. 선생이 "대감네도 도쿄로 이사 가시오"라고 하니 송, 이 양인은 웬 영문인지 몰라 "영감, 별안간 그게 무슨 말씀이오?" 했다. 선생은 태연히 "대감들이 망하는 데는 천재니까 도쿄에 가면 일본이 또 망할 것 아니오"라고 하셨다.

소위 보호조약이 체결된 뒤 일제가 저희 나라의 부강한 것을 과시하기 위해 당시 한국의 명사들로 일본시찰단을 조직…… 월남 선생도 기독교계를 대표해서 그에 참가하셨는데 하루는 도쿄에서 제일 큰 병기창을 시찰하고 바로 그날 저녁 환영연이 있어 모든 사람이 감상을 말하던 중 선생은 "오늘 동양에서 제일간다는 도쿄 병기창을 보니 과연 일본이 세계의 강국임을 알게 되었다. 그런데 한 가지 걱정은 성서에 말하기를 칼로 일어서는 자는 칼로써 망한다고 했으니 그것이 걱정이오" 하시니 일인들도 슬기로운 선생의 말씀에는 트집을 잡을 수도 없어서 결국 꼼짝없이 무안을 당하고 말았다. (『월남 선생 일화집』)

이처럼 당당한 월남의 풍모를 그 후예는 어떻게 보는가?

"바로 저 글은 해방 후 이승만 박사가 써주신 글인데 인생 사는 것, 진리를 구하는 길 외에 더 소중한 것이 없다는 뜻이지요. 평소 할아버지와 교분으로 느끼신 점이라는 것인데요. 저는 아버님이 일찍 돌아가셔서 줄곧 할아버지 밑에서 자라왔는데 '인생을 조작해서는 살지 말라'고 늘 충고해주셨지요. 원체 가난한 집안이라 초등학교 때 월사금을 제대로 못 내도 '궁즉통(窮則通)'이라는 한마디 말씀을 하시더군요. '아무리 노력

해도 되는 것이라야 한다'는 노자 사상을 삶의 철학으로 지니셨지요. 늘 셋집으로 옮겨 다니시는 간구한 살림이었는데 연 3~4회 어떤 때는 전농동, 재동, 원서동으로 하루 세 번 이사하신 적도 있지요. 그러면서도 눈 하나 깜짝 안 하시는 그런 엄격함을 보이셨지요."

손자 홍직 씨의 말이다.

월남은 1924년 《조선일보》 사장에 취임하여 민족지로 키우는 데 공헌하며, 1927년 민족진영의 구심체로 결성된 신간회 회장에 취임한다. 그는 이해 3월 29일 별세하며, 한국 최초의 사회장으로 경기도 양주군 장흥면 삼화리에 안장된다.

내가 본 월남 이상재

월남 선생은 한마디로 암흑시대의 젊은이들을 이끌어온 정신적 지주(支柱)이시다. 번뜩이는 위트와 유머로 속 시원히 일제에 저항하시던 풍모에 우리 젊은이들은 마음속으로부터 박수갈채를 보내곤 했다. 두루마기에 남바위를 쓰신 소탈한 차림으로 YMCA에 나오셔서 젊은이들과 허물없는 농담으로 흐뭇한 애정을 쏟아 퍼부어 주시곤 했다. 무언중에도 풍겨 나오는 존경감이 저절로 우리를 이끌어주셨다.

그분을 처음 접한 것은 40여 년 전 《조선일보》 사장 시절이었으나 그전부터 이미 사숙해온 셈이다. 일제하 처음으로 사회장을 지낸 것도 아마 우리 민족이 그분을 향해 지성으로 모시고자 한 한 예일 것이다. 그만큼 그분은 온 민족의 사표여서 운구가 서울역을 나갈 때 온 세상이 들끓듯 성황이었지만 왜놈들도 감히 막을 수가 없었다. 그분이 3·1운동 때 33인에 들지 않은 것은 본인도 말하지 않았으나, 거사 후 후배들의 뒷일을 처리하시고자 한 배려였던 것이며, 무언중의 인격이 오히려 더욱 돋보이는 예가 아닌가 한다.

박종화(예술원 회장, 작가)

월남 이상재

1850년	10월 26일, 충남 서천군 한산면 종지리에서 태어남
1881년	박정양이 김옥균, 홍영식을 데리고 일본 시찰을 갈 때 동행함
1887년	박정양이 주미 초대 공사로 갈 때 일등서기관으로 동행함
1894년	승정원 우부승지 겸 경연참찬에 임명됨
1896년	독립협회에 관료로 가담하여 서정쇄신에 앞장섬
1901년	정부의 무능을 탄핵하다 3년간 옥고를 치름
1906년	헤이그평화회의 사절 파견에 관여해 구금, 2개월 만에 증거불충분으로 풀려남
1924년	《조선일보》 사장에 취임
1927년	신간회 회장에 취임
1927년	3월 29일, 서울에서 별세. 한국 최초의 사회장으로 경기도 양주군 장흥면 삼화리에 안장됨

월남이상재기념사업회가 2010년 1월 29일 발족되었다. 사업회 측은 창립 취지문에서 "이상재 선생은 민족단결과 구국을 목표로 좌와 우, 구와 신을 하나로 아우른 선구자"라며 "대립과 갈등으로 혼탁한 이 시대에 선생의 업적과 정신을 기리고 그 공훈을 선양하기 위한 것"이라고 밝혔다. 기념사업회 대표회장은 이윤구 전대한적십자사 총재가, 공동대표는 김근환 전 서울신학대 총장과 민병준 한국ABC협회 회장, 방상훈 《조선일보》 사장 등 9명이 맡았다.

2012년 3월에는 그의 일대기를 5권으로 펼친 『민족의 스승 월남 이상재』(한국학술정보)가 출간되었다. 《토요신문》 논설고문인 천광노 한국정신(더 잘 세울)문화연구원장이 4년을 바쳐 만든 역작이다. 1년 이상 미국까지 다녀온 현장 답사 등 국내외에서 모은 자료가 벽 한쪽을 채우고도 남는다고 밝혔다. 월남의 무릎에 안겨 자란 손녀 차순 씨의 회상기 등 관련 인사들의 증언과 자료 등 소중한 자료들을 담고 있다.

월남은 기독교인이었으나 천도교, 불교 지도자와 손잡고 3·1만세운동을 지휘했고, 그의 애국사상은 상하이 임시정부 요인들까지 감화시켰다. 당시 '대한민국'이라는 국호를 제정했던 신석우가 스승으로 모시던 월남을 찾아가 '해외 여러 곳에 흩어져 있는 임시정부보다 신문이 더 중요하다'며 경영난을 겪고 있던 《조선일보》 인수를 상의하며 사장직을 제의했다.

월남은 《동아일보》와 싸우지 말고 합심하여 민족의 계몽 육성에 힘써야 한다"는 조건으로 사장 제의를 수락했다. 그의 장례식은 우리나라 최초의 사회장으로 치러졌다. 당시 경성(현재의 서울) 인구의 3분의 1에 해당하는 10만 인파가 몰려나와 종로에서 경성역까지 긴 애도행렬을 이뤘다.

12

고균 김옥균

구한말 개화파의 풍운아 고균(古筠) 김옥균(金玉均)은 1851년 충남 공주군 정안면 광정에서 김병태(金炳台)와 송씨 사이에 태어났다. 그는 6세 때 아저씨뻘 되는 김병기(金炳基)의 양자로 입적하여 서울 화동(경기고교 자리)으로 옮겨 살게 된다.

양부 김병기는 조선왕조 후기를 뒤흔든 세도가문 안동 김씨인 데다 강릉부사 형조참의를 지냈으며, 또한 평안감사와 이조판서 등 요직을 맡고 있던 당대의 실력자 조성하의 모친이 바로 고균의 아주머니였다. 이러한 명문 배경이 장차 고균의 사회적 활동을 당당히 뒷받침하게 된다.

바로 그 풍운아의 직계 핏줄은 막혔으나 고균이 별세한 이듬해 (1895년) 먼 친척 조카 영진(英鎭)이 양자로 대를 이어 4남 4녀를 두고 1947년에 작고했다. 이렇게 대를 이은 장손 성한(59) 씨는 서울 서대문구 연희동 B지구 아파트 5동 402호 전세방에 부인 박정회(56) 씨와 두 딸과 함께 살고 있다. 성한 씨의 맏딸 영자(37) 씨는 이화여대 교육과를 나와 결혼하여 서울 성북구 수유동에 살고 있고, 차녀 경숙(31) 씨도 이화여대 교육과를 나와 결혼하여 캐나다에 살고 있으며, 보건전문대를 졸업하여 영양사 자격을 얻은 3녀 영희(29) 씨는 미국에 살고 있다.

고균의 둘째 손자 계한(54·연세대 의대 졸) 씨는 경기도 안성읍 덕제의원 부원장이며 찬희(30·덕성여대 졸, 영양학석사), 의동(28·가톨릭의대 졸), 영동(26·감리교신학대 졸) 씨 등 5남매가 있다.

셋째 손자 문한(40·서울상대 졸) 씨는 외환은행 런던지점장 대리이며, 넷째 손자 태한(36·중앙대 신문학과 졸) 씨는 원창실업 회계과장이다.

고균의 맏손녀 순한(63) 씨는 경기도 양평군 마석면에 살고 있고, 둘째 손녀 정한(60) 씨는 서울 성북구 정릉동에 살고 있으며, 셋째 손녀 명한(51) 씨는 서울 도봉구 우이동에 살고 있고, 넷째 손녀 필한(43) 씨는 서울 성동구 약수동에 살고 있다.

고균은 10세 때 강릉부사가 된 부친을 따라가는데 그곳 송담서원에서 글을 익히며, 이율곡의 유풍을 배웠다고 한다. 그는 1866년에 부친의 벼슬길을 따라 상경한다. 그 후 22세 때 문과에 장원급제하면서 10년간 출세가도를 달린다. 성균관 전적에서 출발하여 2년 후 홍문관 교리, 이어 사간원 정언이 된다.

이처럼 관료 생활을 하면서도 고균은 유대치, 오경석, 박규수, 이동인 등 당시 선각자들과 교유하면서 신지식에 접하게 된다. 오경석은 한어역관으로 일찍부터 베이징 등지에 수십 차례 내왕하며 신학문에 접했고, 유대치는 한의사 출신의 개화 사상가이며, 이동인 역시 신지식에 물든 개화승이다.

이들 당시의 개화인들이 서울 재동 박규수(실학사상가 연암 박지원의 손자, 판중추부사 등을 역임한 고관)의 집에 드나들면서 개화사상에 익어가는데, 고균이 이에 끼어든다.

그 사상은 내 일가 사랑에서 나왔소. 김옥균, 홍영식, 서광범 그리고 내 백형 박영교하고 재동 박규수 집 사랑에서 모였지요. (『박영효를 만난 이야기』, 이광수)

이들 혁신 청년들의 개화운동을 고균이 실질적으로 이끌게 되는 것은 당시 그의 출신 성분이 제왕과의 근접이 용이했기 때문이었으며, 고종 역시 젊은 왕으로 개혁 무드에 호의적으로 접근한다. 그는 1881년 개화당 일색의 수신사 일행으로 도일하여 도쿄에 4~5개월간 머물면서 당시 일본의 개화 교육자 후쿠자와 유기치의 주선으로 일본 조야의 고관과 명사들을 소개받고 이듬해 6월 귀국한다. 당시 국내 정세는 오랫동안 하야했던 대원군을 등에 업은 구식 군대의 쿠데타(임오군란) 직후여서 청·일을 배경 삼은 개화, 수구파의 대립이 날카로워 고균은 난처한 입장에 놓이게 된다. 이러한 사실은 당시 수구파를 이끌던 독일인 재정고문 묄렌도르프의 모략으로도 잘 알 수 있다.

조선의 해독은 당오전(當五錢)이 아니라 김옥균이니 우선 그를 제거하여야 한다. 국왕께 대하여도 김옥균이 백방으로 제군(諸君)을 무해(誣害)하고 있는지라. 제군은 상호 결합하여 이 나라 제일의 폐해자를 제거하지 않으면 아니 된다. (『갑신일록』, 김옥균 수기)

같은 해 8월 군란 수습차 박영효가 일본 수신사로 가게 되는데 고균은 왕의 밀유(密諭)로 그 종사관으로 따라간다. 그는 일본 외무성의 알선으로 17만 원의 차관을 얻어 그중 5만 원을 군란의 제1차 배상금으로 상환하고 나머지는 여비와 체재비에 충당한다.

김옥균의 참혹한 최후. 서울 양화진.

　고균은 박영효 일행이 귀국한 후에도 고종의 밀지에 따라 일본에 머물면서 차관 교섭에 몰두하는데, 당시 그는 일본에서 300만 원의 차관만 얻을 수 있다면 기선, 군함 등을 구입하여 국내 개혁을 달성할 수 있으리란 구상이었다. 이 교섭은 결국 국내 수구파의 방해로 실패한다. 고균은 귀국 후 1883년 2월 승정원 우부승지, 3월에 새로 설치된 외무아문의 참의로 승진하고, 겸하여 동남제도(東南諸島)개척사 겸 관포경사(管捕鯨事)의 직함을 갖는데 아마도 국토 개척을 위해 신설한 관청이었던 것 같다. 이어 4월에는 다시 이조참의의 요직에 오르며, 10월에는 호조참판, 11월에는 외부협판으로 전보된다.

　1884년 10월 일본의 다케조에(竹添進一郎)가 내조(來朝)하면서 개화독립당의 혁명 기운은 새삼 비등하여 11월 4일 박영효 집에 모여 개화당 요인과 일본인 시마무라(島村久)까지 참석한 가운데 고균의 발의로, 첫째 우정국 개설 피로연을 이용한 거사, 둘째 심야에 수구사대당원을 일망타진하고 민태호 부자에게 죄책을 돌리자는 것, 셋째 홍영식 별장에서 거사하자는 등 3안을 놓고 토의한 결과 제1안이 채택되어 추진했다. 11월 8일에는 장사 이인종이 원세개의 진중을 탐사하고 수구세력의 동태도 깊이 정탐한다. 11월 18일에는 고균이 입궐하여 시국의 어수선함은 오로지 그 책임이 청병과 사대당에 있다고 밀주(密奏)하며, 19일 밤에는 도도한 웅변으로 이렇게 상주(上奏)한다.

지금 천하의 대세를 살펴보면 멀리는 서양 여러 나라의 동양 정책이 10년래 갑자기 변하여 영국, 프랑스, 러시아의 모든 강국이 호시탐탐한 눈으로 서로 엿보고 있는 가운데 제일 먼저 나폴레옹 1세 이래 동양 침략에 착수한 프랑스는 나폴레옹 3세 때 벌써 인도차이나에 세력을 부식하고 이제 다시 청불전쟁을 일으키게 되었는데, 지금 청의 내정은 재정의 궁핍이 극도에 이르고 군병은 절제가 무엇인지 알지 못하는 오합의 무리이며, 또한 정부에는 일정한 방침이 없으므로 전쟁의 결과가 청에 불리한 것은 명확하며, 프랑스가 청을 굴복시킨 다음에는 그 손길이 조선에 미칠 것은 지난 1866년의 전례(임오군란)를 볼지라도 다시 의식할 여지가 없을 터이니, 그렇게 되면 지금 퇴폐한 국력으로 장차 어찌 수용할 것이며 러시아의 진출은 무엇으로 막겠습니까?
…… 또 근래에는 청일 양국의 사이가 점점 불리하여 전에 가서 본 바로 지금 일본은 군비확장에 밤낮을 가리지 않는 형편인데, 이것이 청일전쟁을 준비하는 것임은 의심할 여지가 없사오며 전날 다케조에 일본공사가 신과 의논이 맞지 않아 신의 일을 사사건건 방해해온 것은 위에서도 독대하시는 바이거니와, 이번 귀로(歸路)했다가 온 뒤로 갑자기 태도를 바꾸어 도리어 신

과 사귀고자 하는 것을 보고 일본의 전략이 바뀐 것을 가히 알 수 있습니다. …… 안으로는 제도를 혁신하여 민력을 기르고 밖으로는 독립을 세계에 선포하고 문호를 개방하여 신지식을 받아들이는 것이 급선무입니다. (『김옥균 전기』, 민태원)

1884년 12월 4일 역사를 엮는 순간이 닥쳐온다. 오후 7시 우정국 낙성식을 기해 개화 쿠데타의 횃불을 당긴 것이다. 우정국 안에는 우정국 총판 홍영식이 정면에 앉고 그 오른편에 푸트 미국공사, 통역인 윤치호, 시마가키(島埼) 일본공사관 서기관, 김옥균이 앉았다. 그 왼편에는 김홍집 외부협판, 이조연 좌영사, 묄렌도르프 순으로 앉아 있었다. 이어 우정국 개국연에는 한규설(전 영사), 민영익(우영사), 서광범(승지) 등도 앉아 있었다.

홍영식이 우정국 건축에 대한 간단한 보고를 마친 후 양식의 향연이 벌어진다. 정변의 주모자 고균은 화장실에 간다, 집에서 심부름하는 사람이 왔다는 등 자주 자리를 뜨며 지휘에 몰두한다.

연회장에 술이 거나하게 돌았을 때 "불이야!" "전동대감 댁에 불이 났다!" 하는 함성과 더불어 우정국 창문이 환히 밝아 올랐다. 민영익은 그의 아버지요 수구파의 핵심인 민태호의 집에 불이 났다는 함성에 놀라 헐레벌떡 문을 열고 뛰어나갔다.

잠시 후 피투성이가 된 민영익이 뛰어들었다. 연회장은 수라장이 되었으며 청의 진수당(陳樹棠) 영사는 창을 열고 도망쳤다. 행동대 이규완, 최은용 등이 칼을 뽑아 안으로 뛰어들고 거사 30여 분 만에 이웃 초가의 불은 잡히고 행동대는 지령대로 박영효 집으로 몰려갔으며, 우정국은 고요를 되찾았다.

정변 이후 근 90년간 방치되었던 이 건물은 1972년 12월 3일 체신기념관(서울 종로구 견지동 38)으로 복원되어 당시 우정국 총판 홍영식의 증손 석호(32) 씨가 관리를 맡고 있다.

결국 쿠데타는 삼일천하로 실패하여 고균은 박영효, 서광범 등 동지들과 일본으로 망명한다.

"할아버지는 갑신정변 후 조각할 때 호조참판만 맡겠다고 하셨는데 동지들이 적어도 판서는 해야지 그게 말이 되느냐고 하자 '우리는 개화의 길을 터주는 것뿐이니 그런 자리는 앞으로 정말 일할 사람들에게 주자'고 만류하셨다고 해요. 망명 당시 할아버지와 깊이 사귀어온 일본인 동지 도야마 미치로(頭山滿) 씨의 증언이지요."

손자 은한 씨의 말이다.

망명 초 일본 정부는 정변 가담의 책임을 회피하고 또 고균에게도 냉담하나, 그를 동정하는 민간인들이 한때 반도 진출 운동을 벌여 조선과 청에 적지 않은 자극을 주게 된다. 그 여파로 고균을 암살하려는 조선왕조의 자객들이 일본으로 여러 차례 밀파되기도 한다.

그는 이 기간 동안 갑신정변의 내력과 경과를 자세히 적은 『갑신일록』을 저술한다. 1886년 일본 정부는 자객 지운영 사건을 기화로, 고균을 인적이 드문 절해고도인 남쪽 오가사와라(小笠原島)에 유배하여 다시 2년 후 북해도 삿포로로 옮기는 등 수모를 가한다. 그가 일본 정부로부터 받은 모욕과 냉대는 북해도 유배 시절 오오쿠마 외무대신에게 보낸 서한에도 잘 나타나 있다.

…… 삿포로에 도착, 도청의 공기를 살펴보았더니 귀찮은 골칫덩어리로 취급하는지라, 옥균의 신상으로 미루어 실로 참기 어려운 꼴을 당했으나 옥

균이 내심으로는 각하의 은혜를 믿고 마치 처녀처럼, 천치처럼 인내를 지켜 이미 서너 달이 지났는데도 아무런 소식이 없었습니다. …… 헌데 들려오는 풍설에 의하면 옥균을 외국에 보냄으로써 일본이 상처를 구하느니보다 무리해서라도 가히 일본 정부에 들어온 자를 눌러두고 만약 생존하면 기회가 있을 때 한번 도구로 써먹는다는 것이옵니다. ……

그 후 주일 청국공사관의 이경방 등이 고균을 청국으로 유인해 들일 계획을 추진한다. 고균은 1894년 2월 고베를 떠나 상하이로 향하는데 그 배 안에는 자객 홍종우가 함께 타고 있었다. 이해 3월 28일 상하이 동화양행이라는 여관에서 고균은 홍종우의 총탄을 맞고 별세한다.

"돌아가시자 역적으로 몰려 그 시신을 국내에 들여다가 효수형에 처하지요. 할아버지를 따라 입국해 살던 가이(甲斐)라는 일본인 사진사가 그 머리털을 몰래 잘라다가 도쿄 문경구에 있는 진정사(眞淨寺)에 묘소를 만들었지요. 중학교 때 하숙집에서 일본어로 말하니 그 주인이 '유식한 쌍놈'이라고 핀잔을 주어요. 고균의 손자라는 것을 아신 것이지요. 그 후 발분하여 한글을 깨치고 한문도 독학했지요."

경성(京城)중학, 대전중학, 경성고상을 나와 식산은행에 근무했던 장손 김성한 씨가 이렇게 말했다.

내가 본 고균 김옥균

고균 선생이 한창 젊은 시절 청국의 내정간섭이 극에 달했다. 한성 구리개(지금 을지로) 약방에 청병이 뛰어들어 인삼을 강탈하고, 지나가는 여인을 희롱하고 겁탈해도 어쩌지 못하는 한심한 상황에서 독립, 유신을 주장하고 나선 개화 그룹의 리더가 고균이다. 그의 시국을 보는 눈도 비교적 날카로워 청불전쟁으로 대국이 곤경에 처한 틈새에 일본 세력을 이용하여 개화정권을 세우고자 했다. 하지만 고균을 지붕 위에 올려놓고 사다리를 내리는 격으로 교활한 일본이 물러나 버려 결국 갑신정변은 삼일천하로 끝나고 만다.

그 후 고균은 파란만장한 일본 망명 생활을 하는데 이 동안에 그는 오히려 그들에게 한국인의 큰 기질을 유감없이 발휘한다. 많은 낭인이 고균의 제자로 모였으니 민간인 유공자로 이름을 빛낸 미야자키(宮崎滔天)도 그 제자 중 한 사람이다. 이처럼 고균은 일인들과 교유하되 거인(巨人)으로 부각되어 그들 위에 군림하는 존재로 한국을 빛낸 것이다.

김을한(전 언론인)

고균 김옥균

1851년	충남 공주군 정안면 광정에서 태어남
1872년	문과에 장원급제, 10년간 출세가도를 달림
1881년	개화당 일색의 수신사 일행으로 도일
1882년	임오군란 수습차 도일, 17만 원의 차관을 받아 5만 원을 배상금으로 지급
1884년	갑신정변에 실패하여 일본으로 망명
1894년	상하이로 떠남
1894년	3월 38일, 상하이에서 자객 홍종우의 총탄을 맞고 별세

국내에서 양복을 처음 입은 이는 김옥균 등 구한말 개화파 일당인 것으로 알려졌다. 2009년 한국고용정보원이 발간한 『세월따라 직업따라』에 의하면 우리나라에서 양복

을 처음 입은 것은 1881년으로 소개됐다. 이는 명성황후시해사건 뒤 친일내각에 의해 단행된 단발령(斷髮令: 1895년 12월)보다 4년 앞서는 것이다. 당시 양복을 처음 입은 이들은 개화파를 이끌었던 김옥균, 유길준, 홍영식, 윤치호 등인 것으로 전해졌다. 이들은 당시 일본을 방문한 후 양복을 입고 귀국했다.

2012년 4월에는 고균이 일본 망명 때 쓴 휘호를 일본인 소유자가 주일 한국대사관에 기증해 국립중앙박물관에 소장됐다. 고균이 갑신정변에 실패한 뒤 쓴 이 휘호는 '운산호묘(雲山浩渺)'로 '구름 낀 산이 넓고 아득하다'는 뜻이다. 망명 당시 고균의 마음을 표현한 것이다. 다음은 재일 김옥균 연구 전문학자 금병동 씨의 고균 평이다.

"조선 역사에서 100년에 한 번 나올까 말까 한 사람이었습니다. 왜? 세상을 바꾸려고 했으니까. 생각하는 사람은 많았습니다. 오경석, 박규수, 유대치 이런 사람들은 생각만 했지요. 김옥균은 실패는 했지만 실천을 했습니다."(《월간조선 인터뷰》, 2007년 11월호)

13

영재 이건창

영재(寧齋) 이건창(李建昌)은 조선왕조 말기 크게 주목되는 학자 중의 한 분이다. 그는 숱한 일화를 남긴 청백리로서, 구미의 새 물결을 탄 개화파로서가 아닌, 정통파 문장가이자 한학자로서 빼어난 생애를 보여준 대표적 선비다.

구한말의 김창강은 그의 문장을 연암 박지원과 비견해서 극찬했다. 그는 학문상으로는 강화학파(江華學派)라는 독특한 영역을 구축하기도 했다. 23세 때 독장관(讀狀官)으로 중국에 가서 그곳의 한림들과 교유할 당시, 이들은 모두 "만일 영재가 중국에서 태어났더라면 우리들의 관직을 그에게 양보해주어야 할 만큼 그는 문장에 능하다"고 평했다는 것이다. 그래서 '영재가 한 번 글을 쓰면 온 천지가 뒤집히고 한국에 태어난 것이 오히려 불행한 사람'이라고 불리기도 한다.

집안 자체도 명문이다. 조선 2대왕 정종의 아들 덕천군의 후예로서 대대로 관직과 문장이 끊이지 않은 명가이다. 그의 중조(中祖)는 석문(石門) 이경직(李景稷)으로 아우 백헌(白軒) 경석(景奭)과 함께 당대의 일류 정

136

치가이자 학자였다. 병자호란 때 석문은 도승지였고, 백헌은 부제학에다 효종 원년에 영의정으로 승임되었다. 또한 백헌은 조정의 요직에 있으면서 송시열, 이유태 등 많은 선비를 천거, 등용한 인물로 알려져 있다.

또 바로 이 석문의 후예에는 문장 명필이 많아 진유(眞儒), 진검(眞儉), 진휴(眞休) 세 형제가 이름난 능시·능필이요, 『수문록(隨聞錄)』의 저자이며, 명저 『연려실기술』 등을 남긴 이긍익 등이 모두 석문의 제자다. 또 영재의 증조부 대연(岱淵) 면백(勉伯)도 문집 4권을 남겼고, 조부 사기(沙磯) 시원(是遠)도 문과에 장원급제하여 홍문관 제학을 지냈고, 관직이 이조판서에 이르렀으며 국조문헌 100여 권을 편술하고 병인양요 때 순직했다.

이러한 명문의 줄기를 이어 영재는 1852년 강화도 사기골에서 군수를 역임한 진사 이상학(李象學)의 3형제 중 장남으로 태어났다. 영재는 『당의통략(黨議通略)』, 『명미당문집(明美堂文集)』 등 명저를 남겼을 뿐 아니라 그의 아우 건승(建昇) 역시 뛰어난 문장가로 일제와 맞서 중국으로 망명했고, 영재의 재종제 건방(建芳)이 바로 특이하게 꽃피운 강화학파의 양명학 줄기를 정인봉에게 전승시켜 오늘에 이르고 있다.

한일합병을 전후해 배일했던 집안들마저 일제의 식민통치를 거치는 동안 막심한 고통을 당해 겨우 명맥을 이어오는 터에 영재의 배일은 그보다 20여 년이나 거슬러 갑오경장 때에 이미 표출되고 있으니, 어찌 집안이 온전히 보존될 수 있겠는가? 영재의 아들 범하를 거쳐 그 자손 진상, 우상 형제에서 덕상 댁에는 자손이 끊겼고 우상 댁의 홍주(40), 형주(33), 혁주(28) 씨 3형제와 딸 희주(46) 씨 4남매가 덕상의 미망인 정재온(81) 씨와 함께 서울 동대문구 전농3동 24의 2에 소재한 다 낡은 고가의 한 모퉁이 단칸방에 살고 있다.

당대 석학의 후예들이 대학은 고사하고 중학교조차 제대로 못 다니고 입에 풀칠을 하기 위해 하루 끼니를 걱정하고 있는 현실에서 인간사의 극과 극을 실감하게 된다. 전농동 로터리에서 다닥다닥 무질서하게 들어앉은 답답한 골목길을 헤집고 들어서다 보면 다 쓰러질 듯 유난히 눈에 띄는 폐가가 나타난다. 그나마 몇 집 살림이 어울려 지내는 그 구석진 방 한 칸이 이들 후예의 차지이나, 마루벽에는 집행관의 집행장이 붙어 있어 그나마 이 집의 운명마저 얼마 남지 않았음을 알 수 있다.

"증조부 이후의 집안 꼴에 대해 뭐 할 말 없지요. 일제강점기 때 능참봉을 지내시던 아버지가 어려서 사망하시면서 그저 생계에만 얽매여 지내오는 것이지요. 강화도에서 대를 이어 살다 제가 아홉 살 때 부친을 잃고서는 나무를 하고 조개를 줍기도 하고 가을이면 이 동네 저 동네 다니면서 끼니를 이어야 했으니까요. 부친이 돌아가실 때도 동네에서 쌀을 꾸어서야 겨우 장례를 치렀지요. 다 쓰러져가는 초가 생활에 형님 또한 병약했으니 어디 학교에 다닐 겨를이나 있습니까? 몇 푼 안 되는 기성회비를 내지 못했다고 초등학교 졸업장도 주지 않더군요. 그 당시의 안타까움이란 말로 표현할 수가 없어요. 만약 재기한다면 선조의 뜻을 되살리겠노라고 결심도 해보았지만 지금 형편이 이러니 자연히 선조에 대해 무심할 수밖에 없군요."

증손자 형주 씨의 말이다.

생존이 어려운 상황 속에서도 종가의 후사가 없음을 우려하여 형주 씨로 하여금 큰집인 덕상 댁으로 호적을 옮겨 대를 잇게 하는 명문의 체통이 눈물겹다. 형주 씨가 대대로 살아온 고향 강화도를 떠나 상경한 계기는 13년 전 종친인 당시 유한양행 사장 이건웅 씨의 부름에 응한 데서다.

"그분이 강화도까지 오셔서는 우리가 살아가는 형편을 보시고 '이건창 선생의 후예가 이렇게 살아야 하느냐'고 몹시 분개하시면서 당장 상

영재 이건창의 생가. 인천광역시 강화군 화도면 사기리 소재.

경하여 기술도 배우라고 하시더군요. 그때 제 나이 18세 때 상경해서는
영등포에 있는 한국직원학교 사환으로 취직했지요. 얼마 안 있어 그분
이 퇴사하시는 바람에 저도 따라 나와 그분이 새로 차린 인쇄소 직공으
로 일하다가 그 사업도 실패하고…… 그분 조카가 제판부만 인수받아 저
도 따라갔지요. 그러다가 군에 입대해서 군 인쇄공장에서 복무하다 결
핵으로 제대했어요. 몸이 말을 듣지 않으니 어찌합니까? 서울 생활 13년
동안에 15번이나 셋방살이 이사를 했으니까요."

이처럼 '생활의 곤욕'을 띄엄띄엄 실토하는 형주 씨는 제대하자 어렸을
때의 한이 커져, 조급한 마음에 불면증만 여러 해 겹쳐 아침에는 활동하
기조차 어렵다니 명문의 후예로서 애꿎게 감수해야 하는 일종의 화병
증상일까?

영재의 아우 건승이 지은 행장에 의하면 "공은 몸이 보통 사람에 지나
지 않으나 미목(眉目)이 소명(疎明)하고 신채(神采)가 영발(英發)하며 성품
이 강정명백하고, 또 조금도 교정(矯正)이 없고 긍색(矜色)함이 없었으며

마음에 기호(嗜好)하는 바가 없고 오직 독서하기를 좋아해서 잠시라도 책을 손에서 떼지 않았다"고 한다.

영재의 영정이나 사진이 남아 있지 않아 우리는 그의 모습을 이처럼 떠올릴 수밖에 없다.

영재는 어려서부터 전통적인 양반 가문의 분위기에 젖어 장차 뼈대 있는 청백리이자 큰 선비로서의 바탕을 다진다. 그의 조부 사기 이시원은 생전에 이조판서를 역임했고 죽어서는 영의정에 추서되나, 본래 이 집안은 벼슬 않는 순수한 선비 집안이어서 이런 관직 역시 그의 뜻이 아니었다. 강화도령 시절 이 집안 내력을 들어오던 철종이 등극하자 불러들이게 된 것이다. 그의 저서 『사기문고』에는 중앙에서 거듭 제수되어 온 함경감사, 이조판서 등 벼슬에 대한 그의 사퇴서가 가득 실려 있다.

영재는 바로 이 조부로부터 어린 시절 많은 영향을 받는다. 1866년 초가을 프랑스 함대가 고요한 마을 강화도성을 향해 포격을 가해 왔을 때 마땅히 죽음으로써 그곳을 지켜야 할 고관들이 모두 도망쳐버린 데 분개한 사기는 그의 아우 지원과 함께 간수를 마시고 자결한다. 총명한 손자에게 유서까지 남겼는데 이때 영재의 나이는 15세. 이해에 그는 문과에 급제하며 문명이 높아 대쪽 같은 개성을 지니면서도 벼슬이 판서에까지 이른다.

23세 때는 세폐사(歲幣使) 일행의 서장관으로 베이징에 가 쟁쟁한 문사 한림과 교유하며, 이듬해 귀국해서는 충청도로 암행하는 칙명을 친수받는다. 그는 당대의 서슬이 푸른 권신이던 충청감사 조병식이 토색질을 일삼는 현장을 덮쳐 금고처분을 내리나, 이어 조병식의 역습을 받아 한때 북변의 벽동으로 귀양 가기도 한다. 그의 기개가 얼마나 당당했던지 고종이 다른 신하에게 외직을 맡길 때 "잘못하면 이건창을 내려보낸다"고 경고했을 정도이다. 그는 31세 때 당상통정에 오르고 경기도 13읍을 암행하기도 한다.

영재는 33세 때 어머니 윤씨의 초상을 맞아 3년상을 치르고 뒤이어 부친의 3년상을 겹쳐 치르게 된다. 그의 명저 『당의통략』이 집필된 것도 이즈음의 수확으로 보이는데, 그 서술의 동기는 국조(國朝)의 당폐가 역대에 보지 못하던 것이라 이것을 밝히기 위해서였다.

조선 시대의 당쟁에 관한 저술이 결코 적은 숫자는 아니다. 그러나 이 『당의통략』처럼 체계적으로 저술되었고 비교적 공정하게 쓰인 글은 없다. 그런 점에서 이 『당의통략』이 지니는 가치는 매우 높이 평가되어야 할 것이다. 저자는 이 책에서 시시비비를 가리지 않았다. 다만 여러 사실을 나열해서 독자로 하여금 스스로 어떠한 판단을 내릴 수 있는 여유까지 주었다. 이러한 뜻에서도 이 책은 참으로 조심성 있게 편저된 것이다. (『당의통략』, 강주진 해제, 이민수 역, 을유문화사)

이어 동학혁명 때 영재는 함경도 안핵사가 되어 함흥의 민란을 다스리는데, 그는 이것을 사회 전복을 꾀하는 혁명으로 간파하고 강경한 진압책을 쓴다. 이어 그는 강화도로 물러가 있는 동안 고종황제로부터 중앙에 나오는 것이 싫으면 도백이라도 좋으니 해주관찰사가 되라는 제수를 세 번 받고서도 거절, 마지막으로 관찰사 영직(榮職)과 고군도 유배와 둘 중의 하나를 선택하라는 엄명에 대해서도 귀양길을 택하여 고스란히 선비 기질을 지킨다.

갑오경장을 맞아서는 일본 세력과 결탁한 개혁을 끝까지 부정하여 그 후 다시는 서울 땅을 밟은 적이 없는 위인이다. 그는 1898년 6월 17일

47세를 일기로 별세하여 강화군 양도면 건평리 선영에 안장된다. "떳떳하지 못하게 살았으니 묘소를 따로 꾸미지 말라"는 유언을 따라 그의 묘소는 아무런 비석조차 없는 평범한 무덤이다. 때로 그를 흠모하는 후학들이 찾곤 할 뿐 달리 무슨 기념사업회나 추모의 모임조차 없다.

"5대조(사기공)께서 병인양요 때 순국하셔 고향 땅 사기리에 세웠던 충절문은 우리가 자라날 때도 볼 수 있었지요. 그 문짝도 보관되어 있는 것을 보았으나 지금은 어찌되었는지…… 최소한 주춧돌은 남아 있겠지요. 제가 강화도에 있을 때 증조부님의 불망비가 나뒹구는 것을 보니 얼굴이 화끈거리더군요. 가끔 찾아오시던 후학들도 너무나 초라한 증조부님 산소를 보시고는 부끄럽다고 이웃 촌사람들에게 잘 돌봐달라고 푼돈을 주고 가기도 하나 정작 부끄러운 것은 우리들이지요. 형편이 닿으면 비부터 해 세워야 할 텐데……. 작은 증조부님(이건승)께서는 의술도 잘하셔 만주에 망명하셔서는 병환을 치료해주고 번 돈으로 독립군의 군자금을 대기도 하고 또 집에 맡겨둔 군자금을 왜놈들이 와서 가택수색을 벌였으나 책갈피 속에 넣어둬 용케 숨길 수가 있었다는 것이지요.

이러한 사실들이 탄로 날까 보아 잠꼬대를 잘하시던 조부님(이범하)은 외딴 절로 가서 주무시곤 했다고 해요. 왜놈들의 이목이 두려워 집안의 땅을 조금씩 조금씩 떼어 팔아 상하이 임정 독립군의 군자금으로 보탠 것이지요. 해방 후 김구 선생님이 찾아오셔서는 증조부님 묘소를 찾겠다고 했습니다만 부친께서는 그저 멀다고만 하시고 사절하셨어요. 묘소가 너무 초라해 그렇게 피하신 것이지요. 할아버지는 상하이 임정에서 온 서신들을 왜놈들이 두려워서 그때그때 태워버리셨고……. 김구 선생님께서 구한말 옥고를 치르실 때 우리 집안에서 석방운동을 벌인 사실을 그분의 부친께서 알려주셔 백범 선생은 더욱 큰 관심을 가지신 것이지요."

증손자 형주 씨의 말이다.

내가 본 영재 이건창

근대 문장가이자 한문학자로 유명한 영재 선생은 유난히 강직하고 솔직한 분이어서 난세이던 그 시대에 외면하지 않고 살아왔다. 그분은 개화할 때에도 적극적인 개화파도, 완고한 수구파도 아닌 자기 주체의 삶을 꿋꿋이 살아온 분이다. 그가 암행어사로 내려갔을 때 당시 권세가이던 충청감사 조병식의 유혹과 압력을 끝내 물리치고 그의 수탈을 고발하여 고종의 신임을 받은 사실이라든지, 또 당시 수구파가 청에 기대어 개화하려는 것에 대해 이홍장(개화를 주도했던 청의 실력자)은 큰 거간꾼과 같은 사람이라고 몰아친 기개 등이 그의 강직한 성격과 뚜렷한 주체의식을 그대로 입증하고 있다.

그는 동학혁명을 맞아서도 도둑의 무리들을 엄하게 다스려야 한다는 남다른 지론을 폈고, 갑오개혁 때도 외세에 영합해서는 안 된다고 끝까지 반대했으며, 개화파들과 사귐을 가졌으나 친청으로도, 친일로도 기울지 않고 끝까지 한국의 주체성을 살려갈 것을 주창했다.

조선왕조의 당쟁을 어느 저서보다도 잘 서술해낸 그의 책 『당의통략』은 얇은 책이지만 그 문장이 간결하고 각 문집에서 두루 인용했을 정도로 함축력이 대단하여, 그의 사필(史筆)도 상당했음을 보여주고 있다. 박학다식하고 뛰어난 문장력을 지닌 대단한 선비로서 구한말의 난세를 살아오면서도 오늘의 우리도 탄복할 정도로 개성껏 살다가 간 분이다.

이병도(학술원 회장)

영재 이건창

1852년	강화도 사기골에서 태어남
1866년	문과에 급제, 벼슬이 판서까지 이름
1874년	세폐사 일행의 서장관으로 베이징에 가 문사 한림과 교유
1875년	충청도 암행어사로 충청감사 조병식의 토색질을 색출함
1882년	당상통정(堂上通政)에 오르고 경기도 13읍을 암행
1884년	『당의통략』을 저술
1894년	동학혁명 때 함경도 안핵사가 되어 함흥의 민란을 다스림
1898년	6월 17일, 47세를 일기로 별세, 강화도 양도면 건평리 선영에 안장됨

《조선일보》 기획 행사로 2011년 10월 강화도에 영재의 묘를 찾은 탐방단은 봉분만 남아 초라하기 짝이 없는 모습에 탄식을 내뱉었다. "삐죽삐죽 솟은 잔디 사이로 걸음을 내디딜 때마다 애꿎은 풀벌레만 사방팔방 뛰어올랐다"고 개탄했다. 그러나 "떳떳하지 못하게 살았으니 묘소를 따로 꾸미지 말라"고 한 영재의 유언을 따라 그의 묘소는 아무런 비석조차 없는 평범한 무덤으로 남아 있다고도 볼 수 있다.

하지만 영재의 무덤 앞에서 듣는 증손자 이형주의 삶은 역시 탐방단의 가슴을 저리게 했다. 동행했던 이희목 성균관대 교수(한문학과)의 말이다.

"이형주 씨는 1970년대에 중랑교 밑에서 넝마를 줍고 있었습니다. 그러면서 자신의 선조를 기리기 위해 이건창의 사상을 다룬 책 두 권을 냈고, 평생 지니고 있던 집안 전적을 국사편찬위원회에 기증했습니다. 최근에는 집안의 역사를 기록한 자료를 성균관대 존경각에 기증했고요." (《조선일보》, 2011년 10월 10일)

ㄱ자 초가 형태인 영재의 생가도 무덤만큼이나 수수했다.

이 교수는 "한말 가장 위대한 문인 중 한 분의 묘소가 이런 모습으로 남아 있는 것이 안타깝지만 한편으로는 자신의 삶을 죽어서도 그대로 보여주는 것 같아 의미 있다"고 덧붙였다.

14

이범진, 이위종

　이범진(李範晉)은 대원군 때 훈련대장을 지낸 이경하(李景夏)의 서자로
서 법무대신, 농상공부대신까지 지내다 만년에 러시아 공사로 망국을
전후하여 항일 독립운동에 나선 인물이다. 그의 차남 이위종(李瑋鍾) 역
시 부친의 뜻을 따라 헤이그만국평화회의 밀사로서 이상설, 이준 등과
세계 만방에 한국의 독립을 설파하다 일제의 궐석재판에서 사형 언도까
지 받은 독립투사이다.

　이범진의 부친 이경하는 1811년에 태어나 1891년에 별세한 대원군 시
대 인물이다. 그는 일찍이 조대비의 친척으로 훈련대장과 어영대장, 형
조판서 등을 지냈으며, 관계는 보국숭록대부(輔國崇祿大夫)까지 올랐다.
이경하 하면 곧 병인양요 때의 프랑스 함대와 대결하던 쇄국, 수구의 조
선이 연상되리만큼 대원군 노선에 철저했던 인물이다. 병인양요의 개요
를 잠시 떠올려보자.

　철종 때에 와서 종래 천주교에 대한 탄압, 단속의 방침이 완화되자 이 틈을

타서 베르뉘, 리델 등을 위시한 프랑스인 신부가 많이 들어와 선교사업에 힘썼으므로 1861년에는 교도 수가 1만 8000명, 1865년에는 2만 3000명을 헤아리게 되었다. 대원군은 처음에는 천주교를 탄압하지 않았으나 1866년 정월에 천주교 탄압령을 내려 불과 몇 개월 동안에 9명의 프랑스인 신부와 남종삼, 정의배 등을 비롯한 8000여 명의 천주교 신자들을 죽였다. 이때 탈출한 리델 신부는 당시 중국 톈진에 주둔하고 있던 프랑스 극동함대 사령관 로오즈 제독에게 보고했다. 베이징에 있던 프랑스 대리공사 벨로네는 이 보고를 받자 조선 정벌의 결의를 언명했는데, 청을 통해 이것을 전해 들은 대원군은 탄압을 더 심하게 하는 한편 변경의 방비를 더 굳건히 했다.

로오즈 제독은 1866년 9월에 전함 3척을 이끌고 리델 신부와 조선인 신자 3명의 안내로 인천 앞바다를 거쳐 양화진, 서강까지 이르렀고, 이로 인해 서울 도심은 공포의 혼란 속에 빠지게 되었다.

…… 문수산성을 지키고 있던 한성근은 26일에 120여 명의 프랑스군과 싸워서 이를 쳐부순바, 20여 명의 사상자를 내고 도주했다. 프랑스군은 다시 교동부의 경기수영을 포격하고, 앞서 강화부를 점령한 일대는 11월 9일 정족산성을 공략하고자 했으나 천총(千摠) 양헌수 및 사격에 능한 500여 명의 매복한 포수에 의해 30여 명의 사상자를 낸 채 도망했다. 이에 놀란 프랑스군은 장녕전을 위시한 여러 관아를 불사르고 갑곶진으로 퇴각했다.

…… 이로 말미암아 대원군은 쇄국양이 정책을 더욱 고집하여 천주교 탄압에 더욱 박차를 가하게 되었고, 한편 유럽 열강은 조선 왕국의 국제적 지위와 한·청 관계에 대하여 재검토하게 되었고, 그들이 탈취해 간 많은 서적과 자료는 후일 유럽 인사들의 한국 및 동양 연구에 이바지하게 되었다. (『국사대사전』, 이홍직 편)

대략 이런 배경 속에서 활약해온 이경하는 대원군이 기독교도를 살해할 때 포도대장으로, 교도를 수없이 잡아 죽였으며 죄인들을 명동(지금의 중국대사관 자리)에 있는 자기 집에서 취조했으므로 사람들이 그를 염라대왕처럼 무서워했다고 전한다. 갑신정변 때 조대비, 민비, 세자(순종) 등이 이경하의 아들 범진의 집에 피난했다.

『매천야록』에 의하면 이경하가 진주 기생과 관계하여 얻은 이범진의 별명은 천하장사 범보, 범보는 민씨의 세도가 시퍼렇던 이 시절 서울의 깡패 두목 민망나니(민영환의 사촌)가 장국밥집에서 공짜 밥을 먹으면서 양민들을 괴롭히는 현장에 나타나 본때를 보여 혼내주기도 하고 민비에게 담뱃불을 붙여주는 주인공으로 등장한다.

1897년 문과에 급제한 이범진은 민비의 사랑을 받아 궁중에 출입한다. 그는 친러파인 안형수 등과 같이 궁중의 힘을 배경으로 친일파를 몰아내고, 일본 장교에게 훈련받은 훈련대를 해산하는 등 왜색을 일소하는 데 힘쓴다.

일제의 세력이 밀려나는 이러한 상황 속에서 친러파인 이범진, 이완용 등은 러시아 공사 웨베르와 제휴하여 박영효의 음모고발사건을 계기로 친일 내각을 무너뜨리고 제3차 김홍집 내각을 구성한다. 이에 당황한 일본 정부는 이노우에(井上馨) 공사에게 훈령을 내려 1894년에 체결한 홍범 14조 중 왕비의 국정 간여를 금지하는 조항마저 삭제하기에 이른다.

반면 민비 등은 일본의 이러한 양보를 러시아에 대한 굴복으로 해석하여 더욱 친러적 경향을 짙게 한다. 더욱 당황한 이노우에는 본국으로 송환되고 무인 출신인 미우라 공사가 새로 부임하나 궁중의 민비파는 여전히 일본공사를 무시하고 친일 내각이 이루어놓은 신제도의 파괴에 착수하여, 과거의 민씨 집권 체제로 복귀시킬 음모를 추진하는 한편 러시아에 대해서는 후원의 대가로 함경도의 항구 하나를 대여한다는 밀약을 추진한다.

이에 대해 일본은 대원군을 다시 받들어 민비 일파를 제거할 비상수단을 쓰게 되며, 대원군 또한 이러한 시세를 타고 일본공사와 제휴한다. 마침 10월 7일 일제 최후의 아성인 훈련대가 해산당하자 미우라는 대원군을 받들고 8일 새벽 훈련대 장병 및 일본인 자객들을 앞세우고 경복궁으로 쳐들어가 호위병을 죽이고, 이어 궁내부대신 이경직과 연대장 홍계훈을 살해하며, 옥호루(玉壺樓)에서 민비를 살해한 다음 시체에 석유를 뿌려 불살라 뒷산에 묻는다. 일제는 고종에게 강요하여 친러파 내각을 실각시키고, 유길준 등 친일파를 중심으로 제4차 김홍집 내각을 수립한다.

이러한 을미사변 이후 한국의 유생 중심으로 번져가는 의병 봉기 등 소란한 틈을 타서 이범진 등 친러파는 정권을 탈환하려고 러시아 공사 웨베르와 결탁하며, 친위대가 서울에 없는 사이 인천에 와 있던 러시아 수병 100명을 서울로 이동시키고, 민비가 죽은 후 신변에 위협을 느끼고 있던 고종과 황태자를 정동의 러시아 공사관으로 옮겨 모신다. 『매천야록』에 의하면 당시 이범진은 엄상궁에게 돈 4만 냥을 주어 고종을 모셔 내었다고 전해지고 있다.

여하튼 이범진 등 친러파는 박정양을 수반으로 내세워 친러파 정부를 조직하며, 이때 이범진은 법상 겸 경무사를 맡는데 내각이란 명칭도 친일파의 명칭이라 하여 의정부(議政府)로 하고 기타 왜색 제도도 대폭 뜯어고친다.

이범진과 관련이 깊은 정동의 러시아 공사관은 그 후에도 줄곧 러시아 남하정책의 본거지가 되어오다 러일전쟁 당시에는 일시 폐쇄된다. 이어 소련의 영사관으로 재차 개설되어 공산주의 선전의 본부로 되는가 하면, 해방 후에는 계속 존속했으나 얼마 안 가서 철수한 뒤 이 건물은 1950년 6·25전쟁 때 부서지고 말았다.

구한말 러·일 세력이 대치하던 긴박한 상황 속에서 친러 세력을 이끌어온 이범진은 내부협판, 법무대신, 농상공부대신, 경무사와 러시아· 프랑스·오스트리아·독일 등의 공사를 역임하고 을사조약을 전후하여 러시아에 망명한다. 그는 연해주를 중심으로 항일 독립운동을 벌인다. 1905년 을사조약으로 인해 각국에 있던 한국 공사관은 모두 일제 강압으로 폐쇄되나, 이범진만은 자기의 자금으로 러시아 공사관의 간판을 유지하고 항일 외교를 전개한다.

을사조약 이후 본국 정부로부터의 송금이 떨어지자 곤경에 처하여 고민하던 이범진은 1910년 한일합병 소식을 들은 후 울분과 비통 끝에 자결하기로 결심한다. 그는 조국 광복운동으로 그곳에 온 추정(秋汀) 이갑과 만나 의논한 후 자기의 재산을 나누어 시베리아에 있는 국민회 및 《신한민보》의 보조금으로 쓰도록 즉시 우편으로 송금하고 헤어진다. 그후 이범진은 유산을 정리하여 장례 비용까지 마련해놓고 이갑과 헤어진 다음 날 자결한다. 이때 러시아 신문들은 '전 한국 공사 이범진의 자살'을 크게 보도하여 애도했다.

이범진은 두 아들을 두었으나 장남에 관해서는 별로 알려진 것이 없고, 차남 이위종은 1887년에 출생하여 7살 때부터 부친을 따라 구미 각국을 편력하여 영어, 프랑스어, 러시아어 등 외국어에 통달하게 된다.

이위종은 을사조약 체결 이듬해인 1906년 부친이 공사로 있던 러시아 공사관의 참사관으로 봉직한다. 이듬해 6월 네덜란드의 수도 헤이그에서 만국평화회의가 열리게 되어 러시아 황제가 고종황제에게 비밀히 초청장을 보내온다. 고종은 이 기회에 밀사를 파견하여 구미 열강의 도움으로 일제의 사슬에서 벗어날 것을 염원하여 회의에 파견할 밀사로 전 참찬 이상설을 정사로, 이위종과 전 평리원 검사 이준을 부사로 임명한다. 이에 이준은 고종의 친서와 신임장을 휴대하고, 서울을 떠나 간도에서 이상설을 만난 후 블라디보스토크를 거쳐 시베리아 철도로 러시아의 수도 페테스브르크에 도착하여 이위종과 합류한다.

여기서 이위종 일행은 고종황제의 친서를 러시아 황제에게 전달하고 많은 원조를 요청한다. 이들이 대러시아 외교를 벌이고 있을 무렵 마침 이곳에 주재하던 네덜란드 신문 특파원이 6월 28일 이 사실을 본사에 알려 보도함으로써 구미 각국에 한국의 밀사가 러시아에 와 있음이 세계에 알려진다. 이어 7월 1일에는 미국 신문에도 보도되고, 국내에서는 7월 3일자《대한매일신보》의 보도로 이 사실이 알려져 국내외에 큰 반향과 충격을 불러일으킨다.

헤이그에 도착한 이위종 일행은 미국인 헐버트 박사와 협력하여 회의에 참석할 것을 만국평화회의 의장과 네덜란드 정부에 요청하나 한국에 외교권이 없다는 이유로 거절당한다.

그러자 이위종 일행은 미국, 영국, 프랑스, 네덜란드 대표들을 역방하고 "우리는 황제가 신임하여 파견한 정당한 외교 사절이며, 한일협약은 한국 황제의 뜻이 아니라 일제의 강압으로 이루어진 것"임을 호소하나 큰 성과를 얻지 못한다.

이어 일행 중 이준이 『한국사정』이란 책자를 내어 여론 환기에 힘쓰고, 일행은 만국평화회의에 호소문을 제출한다. 이에 자국 대표들이 마침내 한국 대표들의 애국적인 호소에 동정하자 일제 대표는 크게 당황한다. 그들은 "한국의 외교권은 일본에 위임되었는데 한국이 참으로 밀사를 파견하여 신임장을 보냈는지를 전보로 한국 황제에게 조회하자"고 하여 각국 대표는 이 의견에 추종하나, 당시 한국의 통신기관은 이미 일제가 장악한 뒤라 직접 황제에게까지 도달할 리가 없었다.

일행의 온갖 노력에도 불구하고 끝내 회의 참석이 거부되자 이준은 분통이 극에 달하여 식음을 전폐하고, 이위종은 7월 8일 네덜란드 신문인 윌리엄 토머스 스테드가

A Plea for Korea
BY PRINCE YE CHONG

헤이그에서 이위종이 토로했던 연설 「한국을 위한 호소」전문.

주최한 만국기자협회 석상에서 1시간이 넘도록 일제의 한국 침략 경위를 규탄하여 청중의 갈채 환호를 받는다.

그 후 이 연설은 「한국을 위한 호소」라는 제목으로 각국 신문에 대서특필되어 한국 독립을 에워싼 세계의 여론을 크게 환기시켰다. 일행은 계속 투숙한 여관에 태극기를 내걸고 당당한 정식 외교사절단으로 열띤 활약을 하나 이준은 울분이 지나쳐 이역만리에서 분사, 순국한다. 이위종과 이상설은 이해 7월 16일 그 유해를 네덜란드 듀에낭에 안장한다.

이어 일제가 이 헤이그밀사사건을 물고 늘어져 고종황제에의 추궁이 극심하자 7월 20일 조칙을 내려 법부로 하여금 엄벌토록 하여 궐석재판에서 사형을 선고한다.

이위종 일행은 일단 페테스브르크에 갔다가 다시 헤이그로 와서 이상설과 함께 7월 19일 이곳을 출발한다. 그들은 영국 런던을 거쳐 미국 뉴

욕으로 가서 미국 정부 및 미국민의 여론을 환기시키고 블라디보스토크로 돌아온다.

그 후 이위종은 1910년 6월 연추에서 최재형, 엄인섭 등 여러 동지와 더불어 동의회(同義會)를 조직하여 최재형이 회장, 이위종이 부회장을 맡는다. 그는 러시아 돈 1만 루블에 달하는 군자금으로 각지에 지부를 설치하고 항일투쟁을 벌인다. 이위종의 그 후 소식은 끊겼으며, 그 직계 후손 역시 한국에 남아 있지 않다.

내가 본 이범진, 이위종

우리와는 먼 친척뻘인 데다 내 당숙과 이범진이 가깝게 지내 나는 예닐곱 살 때부터 그 집안에 대해 얘기를 들어왔다.

이범진의 부친 이경하는 대원군 때 훈련대장을 지낸 유명한 분으로, 바로 이범진이 그 서자로 태어났으나 인물이 잘생겨 출세해서 고관이 되는가 하면 민비의 담뱃불을 붙여드릴 만큼 궁중 출입도 자유로웠다. 당시만 해도 서얼을 엄격히 따지는 때였으나 이범진이 김가진과 더불어 이러한 인습을 깨고 대신까지 출세한 것을 보면 그 인물됨이 얼마만큼 출중했던지를 알 수 있다.

그는 걸걸하고 기운이 센 데다 청렴결백하여 부친 이경하가 높은 벼슬을 지내 상당한 생활을 했음에도 불구하고 노후 생활이 곤궁했다. 일찍이 친러파에 속해 친일파와 대결해온 그는 만년에 러시아 공사로 있으면서 항일 독립운동을 벌여온 것이다.

그의 차남 이위종은 영어, 프랑스어 등 4개국어에 능통하여 외교관으로 진출, 러시아 공사 참사관으로 있으면서 헤이그만국평화회의에 이상설, 이준과 함께 부사로 가서 통역을 맡았다. 그는 일제의 궐석재판에서 사형 언도를 받은 이후에는 구미에 머물면서 해외의 조야에 한국 독립을 호소해왔다.

이범승(초대 서울특별시장)

이범진

1853년	이경하의 아들로 태어남
1879년	식년(式年) 문과에 병과(丙科)로 급제
1887년	협판내무부사에 취임
1895년	농상공부협판으로 대신서리가 됨
1896년	법부대신 겸 경무사가 됨
1905년	연해주를 중심으로 항일 독립운동을 벌임
1910년	한일합병 소식을 듣고 자결함

이위종

1887년	서울에서 이범진의 아들로 태어남
1906년	러시아 주재 한국공사관의 참사관이 됨
1907년	이상설, 이준과 함께 헤이그만국평화회의 대표로 활동함
1910년	노령 연추에서 최재형, 엄인섭 등과 동의회를 조직하여 항일투쟁을 벌임

1910년 한일합병 소식을 들은 후 이범진이 자결하자 러시아 신문들은 '전 한국 공사 이범진의 자살'을 크게 보도하여 애도했다. 당시 아들 이위종은 장지와 관련해《레치》지와 가진 회견에서 다음과 같이 말했다.

"부친의 유해를 고국에 모시고 싶으나 일본인들이 유해를 모독할지 모른다는 걱정을 하지 않을 수 없습니다. 저는 조국이 다시 독립을 찾는 그때 유해를 서울로 모실 것입니다."

이범진의 유해는 페테스브르크의 한 예배당에서 조촐한 영결식을 마친 후 인근의 공동묘지에 묻혔다. 그러나 그의 유해는 1975년 소련 당국의 명에 따라 묘역을 재정비하는 과정에서 사라지고 말았다. 2002년 이범진 공사 탄생 150주년을 맞아 1년 동안 한국과 러시아 학자, 주러시아 한국대사관 직원 등 30여 명을 동원, 러시아 고문서 연구소를 중심으로 이 공사의 행적을 추적해왔다. 이에 참여한 러시아의 고려인 사학자 보리스 박 교수는 "러시아 고서연구소에서 이 공사에 관한 새로운 사료들을 발굴, 당시 공관 자리와 묘역 등을 확인했다"고 말했다. 이 공사가 묻힌 곳은 시내에서 약 40km 떨어진 공동묘지이며, 루터교 신자들의 묘역으로 확인되었다.

현재 페테스브르크 시 북방 공동묘지에 그를 추모하는 높이 2m의 화강암 추모비가 세워져 있다. 비에는 한글과 러시아어로 "이범진 공사는 페테스브르크에서 순국한 대한의 충신이다"라는 내용이 새겨져 있다. 이범진이 근무했던 3층짜리 공관 건물도 페테스브르크 중심가인 페스첼라가(街) 5번지의 고색 창연한 아파트 건물에 당시 모습 그대로 남아 있다. 현재 임대 아파트로 사용되고 있는 이곳 현관 앞에는 2002년 한국 정부가 새겨 넣은 현판이 부착되어 있다. 여기에는 "이 건물에서 1901년부터 1905년까지 이범진 러시아 주재 대한민국 초대 상주공사가 집무했다"는 글이 새겨져 있다. 2002년 당시 정태익 한국 대사는 이 건물에 근 100년 만에 태극기를 다시 게양했다. 이범진의 후손들인 류드밀라 에피모바와 율리아 파스클로바는 눈물을 글썽이며 기념식을 지켜봤다. 이위종의 외손녀 류드밀라는 "구소련 시절 제정 러시아의 귀족이었다는 사실을 숨기느라 할아버지에 대해서는 말도 꺼내지 못했는데 이제 기념비가 세워져 감격스럽다"고 말했다.

파리 체류 당시 생시르사관학교에 다니던 이위종은 러일전쟁 때 러시아 주재 공사관의 1등 서기관으로 근무하며 부친을 도왔다. 차르(러시아 황제)는 이들의 공을 높이 사 이범진에게는 스타니슬라프 1급 훈장을, 이위종에게는 스타니슬라프 3급 훈장을 수여했다. 당시 20세의 이위종은 세 살 아래인 놀켄 남작의 딸과 결혼식을 올리면서 러시아 정교회의 관행을 좇아 '블라디미르 세르게에비치 리'라는 세례명을 얻었다.

15

전봉준

녹두장군 전봉준(全琫準)은 갑오동학혁명의 기수이다. 그는 몰락해 가는 조선왕조의 제도화한 부정부패에서 피압박 민중을 구해내고, 밀려드는 외세의 침략을 몰아내려다 산화한 걸출한 인물이다.

전봉준은 1854년 전북 정읍군(고부군) 이평면 장내리에서 향반 출신인 전창혁(全彰爀)의 아들로 태어났다. 그가 태어난 곳은 정읍에서 북서쪽으로 12km쯤 떨어져 있다. 지금도 신작로에서 굽이돌아 2km쯤 논둑길과 숲이 우거진 야산의 고개를 헤쳐 가야 나타나는 전형적인 전라도의 시골 촌락이다. 10여 채의 집들이 옹기종기 들어앉은 한가운데 그의 생가로 알려진 다 쓰러져가는 초가가 자리 잡고 있다. 대지를 모두 합쳐야 50평이 될까 말까 한 낡은 초가가 과연 100여 년 풍상을 이겨온 그의 생가일까 의심이 가지만 아무튼 동리 노인들은 구전으로 그렇게 믿고 있었다. 정확한 현재의 번지는 정읍군 이평면 장내리 458. 김복녀(72) 여인이 이 집을 지키고 있고, 마침 서울에서 내려왔다는 그의 아들 고동채(39) 씨는 "아버지 대 중간쯤에 이 집에 이사 와서 그동안 헛간만을 새로 지었다"는 극히 모호한 고증만 남겼다.

"전봉준 장군의 공초 기록에는 자기 집이 모두 불타 없어졌다는 진술이 나옵니다만 그분이 가족이나 이웃 사람에게는 일절 피해를 끼치려 하지 않으려 했던 만큼 오히려 그분과 함께 살아온 동리 노인들의 구전이 더 근거 있다고 봐야겠지요. 건물 안을 살펴·상량 기록 등을 더듬어 보면 좀 더 상세히 확인해볼 수 있겠지요."

안내를 맡은 최규식(53·《전북신문》 정읍지사장) 씨가 무척 아쉬운 표정을 짓는다. 80년 전만 해도 엄연히 조선조 시대가 아닌가? 조선 시대의 패장이 가통을 이을 수 없었듯이 전봉준 역시 그의 핏줄을 이어오지 못하고 있다. 그의 공초 기록에 의하면 식구가 모두 6명. 2남 2녀를 둔 셈이다.

큰딸 옥례 씨는 아들 이희종 씨까지 낳아 동학혁명의 요람인 동곡리(지금 칠보발전소가 있는 곳)에 살면서 그의 여동생(전봉준의 차녀)을 못 찾는다고 한탄했다. 전봉준의 장남 용주 씨는 동학혁명 후 도망하여 의지할 곳이 없어 큰누나 집을 찾곤 했으나 사돈 영감들이 눈치채 발길을 끊은 후 영 소식이 끊겼다. 차남 용현 씨는 남의집살이를 하다가 폐병으로 숨졌다고 한다. 대략 그의 후손에 대한 후문은 이렇다. 사실상 그의 가계는 끊긴 셈이다.

동학혁명 이후 곧 일제의 식민통치로 이어져, 집안의 누명을 벗지 못한 그의 후손들은 집안의 내력을 모두 숨기고 그늘 속에서 지내오다 핏줄마저 사라진 것으로 보인다.

10여 년 전만 해도 동학란으로 기술되던 전봉준의 의거가 근래 주체적 사관으로 우리 역사를 다시 보고자 하는 소장 학자들의 노력으로 동학혁명으로 규정되고 있다.

우리나라 역사에 민주주의가 있었느냐고 묻는다면 우리는 곧 갑오동학혁명을 들 수 있을 것이다. 동 혁명은 당시 고부군수 조병갑의 학정에 항거한 민중 봉기이며 자유와 평등을 위한 민권의 투쟁이요, 민주주의의 발로였고 축멸왜이(逐滅倭夷), 한민족의 자주를 외친 독립 쟁취의 궐기였던 것이다. 청사의 빛이어야 할 이 위대한 혁명 업적이 일제의 침략으로, 혹은 왜곡된 사관으로 그릇 평가되어 오다가 5·16혁명을 계기로, 이는 민족혁명이라 심판되어 역사적 햇빛을 보게 되었으니 이제 우리는 조국 중흥의 거대한 사명감과 함께 오는 동학혁명 80주년을 맞이하여 제7회 갑오동학혁명기념문화제를 갖게 된 것은 거룩한 혁명 정신을 굳게 이어받아 민족의 자주독립과 협동 정신의 기틀을 튼튼히 하자는 데 큰 의의가 있는 것이다. (제7회 갑오동학혁명기념문화재의 취지문)

전봉준의 혈육은 끊어졌으되 그를 낳은 고장의 후예들은 우리나라 근대 민주주의 요람이란 긍지로 그의 뜻을 이처럼 생생하게 기리고 있었다.

전봉준은 어릴 때부터 영리했고 일찍이 사서삼경을 배워 한학에 능통했으며, 체구가 작아 녹두라고 불린다. 성격은 강직하고 학식도 높은 데다 무예도 익혔다. 한때 태인군 산외면 동곡으로 이사하여 살다가 다시 배들로 와서 산다. 1890년 37세 때 후기 남접(南接: 삼남의 남쪽에 본기를 두었던 동학의 강경파)의 거인 서장옥의 부하 황해일의 소개로 동학에 입도하며, 그 후 고부접주가 된다.

이듬해 동학이 호남, 호서에 크게 번져 2월에는 손화중, 김덕명, 김개남 등 후기 동학혁명의 주류를 이루는 접주들과 손잡게 된다. 이즈음 향교의 장의(掌議)를 역임한 그의 부친이 고부군수 조병갑의 서모가 사망했을 때 백성들에게 부의금으로 매 호당 1냥 내지 1냥 반씩 강제 갹출케

전봉준 생가. 전라북도 정읍시 이평면 장내리 조소마을 소재. 「새야 새야 파랑새야」 노래 비석이 그 옆에 있다.

하자 군중을 선동하고, 이에 반대하다가 군수에 의해 투옥되어 장살(杖殺)된다.

　1892년 7월 서병학, 서인주가 도주하여 최시형에게 교조신원(敎祖伸冤)운동을 일으킬 것을 역설하나 듣지 않으므로 이들은 이해 10월 독단적으로 교도를 공주에 집합시켜 충청감사 조병식에게 교조신원의 소장을 낸다. 10월 27일 최시형은 동학교도들에게 통의문을 내어 각지 두령은 교도들을 거느리고 11월 1일 삼례원에 집합하도록 지시한다. 수천 명이 모인 이 집회는 동학사상 처음 보는 대집단 시위였으나, 그 후로도 지방관의 탐학 수탈은 여전히 계속된다.

　이듬해 2월 11일 소수(疏首) 박광호 등 40여 명이 서울 광화문 앞에서 3일3야 교조신원으로 농성하나 반응이 냉담하자, 최시형은 각지에 통문을 발하여 보은군 장내리에 2만여 명을 집합시킨다. 이 집회에서는 척왜척양의 외세 배제가 구호로 등장하는 등 점차 정치적 항변을 짙게 한다.

그러나 북접 지도층의 희미한 타협적 태도에 정치적 대결을 촉구하는 호남접의 불평은 고조되어, 마침내 전봉준은 고부군 궁동면 양간다리에서 서당 훈장직을 가지고 각지의 동지들을 규합하여 동학혁명을 준비해 간다. 그의 혁명 기질은 끊일 새 없는 민란을 보아오던 어린 시절부터 싹튼 것이니 지방의 탐관오리, 토호들의 착취에 견디다 못한 농민들이 봉기하여 지방 관리를 타도하고, 혹은 환곡 장부를 불사르며 살인·방화 등의 폭동을 일으키는 장면들을 목격한 것이다.

1893년 11월 전봉준은 농민 대표 40여 명과 함께 온건한 방법으로 만석보(萬石洑) 수세감소운동을 벌여 군수 조병갑에 진정하나 모두 구금당한다. 석방된 뒤를 이어 그는 또다시 60여 명과 더불어 군수에게 진정하나 일축당하자 고부군 서군면 죽산리 송두호의 집에 도소(都所)를 정하고, 집강(執綱)이자 동학교도인 송인호, 임노홍, 최경선 등 19명과 다음 사항을 결의하여 사발통문을 돌린다.

① 고부성을 격파하고 군수 조병갑을 효수할 것
② 군기고와 화약고를 점령할 것
③ 군수에게 아유(阿諛)하여 인민을 침어(侵漁)한 탐리를 격징할 것
④ 전주를 함락하고 경사(京師)로 직향할 것

이듬해 1월 10일 동지인 정익서, 김도삼 등과 더불어 마항시장에 농민군을 모아 고부읍으로 쳐들어가 군기와 양곡을 접수하고 고부군가를 점령하여 악질 이속배를 징치한다. 1월 17일 그는 농민군의 주력부대를 마항시장으로 이전시키며, 1월 22일 전주영병 50명이 변장하여 농민군 진영으로 잠입하는 것을 일망타진한다. 1월 25일에 전 농민군을 이끌고

백산으로 이전 웅거하며, 이곳의 관곡을 접수하여 굶주린 농민들에게 분배해 주는가 하면 2월 15일에는 농민들의 원성이 사무친 만석보 신보(新洑)를 헐어버린다.

정읍에서 북쪽으로 10km쯤 떨어진 만석보 자리는 신태인과 정읍에 흘러오는 시내의 합류점으로, 호남 김제평야와 연결되는 탁 트인 곡창의 한가운데. 혁명 당시 이 봇둑을 허물어버려 지금은 푸릇푸릇 논바닥이 질펀히 깔려 있으며, 그 한 모퉁이에는 당시 만석보의 지점을 알리기 위한 유지비가 몇 해 전에 세워져 이곳을 찾는 사람들의 감회를 더욱 새롭게 해주고 있다.

"본래 이곳이 곡창이라 고부군수 하면 전라도에서도 꼽히는 자리였지요. 조병갑이 군수로 와 가지고는 농민들을 동원하여 품삯도 안 주고 배들 쪽의 밑을 막아 구보(舊洑) 밑에다 필요도 없는 신보를 만들어놓고 보위의 논에서는 2마지기, 아래에서는 1마지기에 1섬씩 700석을 받아내면서도 물을 안 주곤 하니 그 원성이 오죽했겠어요? 그런데 더욱 기막힌 것은 후세 사람들이 이곳을 찾아와서는 만석보의 자리를 못 찾아 쩔쩔매더군요. 그래 우리 기념회에서 그 지점을 알리는 비석을 세웠는데, 일꾼들이 귀찮다고 길가에 세우자는 것을 되도록 정확한 자리를 알려주기 위해 실랑이를 벌이면서 이곳까지 끌고 들어왔지요."

최현식 갑오동학혁명문화제 부위원장의 말이다.

이해 3월 21일 전봉준은 안핵사 이용태의 무도포악한 탄압으로 백산(고부 고을에서 20여 리 떨어진 봉수대가 있는 곳)에서 다시 기병한다. 3월 27일 백산에서 격문을 발하여 중의에 따라 그는 대장에 취임하며, 손화중·김개남이 총령관에, 김덕명·오시영이 총참모에, 최경선이 영솔장에, 송희옥·정백현이 각각 비서에 오른다.

4월 4일 전봉준은 농민군을 거느리고 금청현 완평으로 진출하여 이곳 관아를 습격하여 무기를 접수하며, 안핵사 관아도 습격하여 군기와 전곡(錢穀)을 접수하고 2통의 동학군 통문을 법성포 등지에 발송한다.

4월 7일 새벽 그의 농민군은 황토현에서 전주병영 800명, 보부상군 800명을 격멸하고 이들의 무기를 노획하는데, 정읍에서 서북 6km쯤 떨어진 이곳에는 1963년 10월 '제폭구민 보국안민(除暴救民 輔國安民)'이라는 당시의 구호가 아로새겨진 갑오동학기념탑이 박정희 대통령 임석 하에 제막되어 그날의 높은 뜻을 기리고 있다.

"흔히들 1894년 3월 이전의 일차 봉기는 반란으로 규정해왔습니다마는, 일차 봉기도 계획적으로 모임을 가져 진행했던 혁명이므로 지금까지 3월 21일로 보던 동학혁명의 기점은 일차 봉기 때까지 거슬러 잡아야지요. 또 그 후 천도교의 입김이 세어 동학 일변도의 거사처럼 상당한 학자들도 기술하고 있습니다마는, 전봉준이 처음부터 동학에 입교한 것이 아니지요. 천도교 문헌에는 동학혁명 10년 전에 전봉준이 동학에 입교한 것으로 기술하고 있으나, 당시 촌로들의 얘기를 들어보면 전봉준은 이미 일차 봉기를 저질러놓고, 이차 봉기 때에야 동학에 입교하게 되지요. '전봉준의 일급 참모였던 손화중이 동학에 입교한 것이 1888년경이고, 경상도에서 돌아와 정읍에 와서 5~6년 포교하다가 다시 무장으로 가서 포교소를 설치하고 정읍에 왔을 때 전봉준이 입교했다'고 손화중의 아들 손응수 씨에게서 18년 전에 직접 들었습니다. 그분은 모친(손화중의 부인)에게서 직접 들었다고 하더군요."

최현식 씨의 말이다.

1894년 4월 7일 고부군 삼거리에 야영한 농민군은 이튿날 전봉준의 인솔 아래 흥덕읍으로 진주하여 군기고를 파괴하고, 무기를 접수하고, 다시

고창읍으로 진주하여 이곳의 옥문을 파괴하고 동학교도를 석방시킨다.

4월 9일 농민군의 핵심 부대를 거느리고 무장현으로 진주하여 군기를 접수하고 무장을 강화하는데, 농민군이 1만여 명에 이르며, 이즈음 발포한 창의문은 당시의 시폐(時弊)를 가장 요령 있게 지적한 것으로 전국 식자들 간에 널리 애송된다.

이리하여 영광, 함평, 장성을 거쳐 4월 27일 그의 농민군은 전주성을 점령하고, 방문(榜文)을 전주성 남문에 내걸어 척족정치의 폐단과 초토사의 실책, 무능을 농민들에게 폭로한다.

이어 완산에서 두 차례 경군(京軍)과의 격전에서 큰 타격을 주며, 5월 5일에서 7일에 걸쳐 그가 제시한 농민군의 폐정개혁안을 관군 측이 받아들여 전주화약이 성립된다.

전봉준은 일단 농민군을 철수시키고 전라도 53군, 현에 집강소를 설치하여 폐정개혁을 단행한다. 그러나 국내로 침입한 일본군이 개혁을 물리치고 친일 정권을 수립, 왕궁을 점령했다는 소식과 함께 동학 농민군을 토벌하려 하자, 그는 다시 기병을 결심하고 9월 12~13일 남북접의 삼례회의를 개최한다. 처음에는 기병을 반대하던 북접 측도 일본군의 무차별 동학교도 학살에 대한 대항책으로 9월 18일 북접의 최시형은 남접과의 합작, 봉기를 허락한다. 이어 공주성을 점령하려 농민군은 총공세를 취하나 신식 무기를 앞세운 일군의 반격에 점차 밀려나 몇 차례의 패배를 거듭한다.

전봉준은 이해 11월 28일 정읍 입암산성을 떠나 순창 흥복산 속의 피노리(지금의 쌍치면 금성리)로 가서 왕년의 부하였던 김경천을 찾으나, 그의 밀고로 12월 2일 밤에 붙잡혀 나주, 전주, 공주를 거쳐 서울로 압송되어 와 일본 영사관 감방에 구금된다.

그는 5차례 신문을 받으면서 살길을 택하라는 일본 영사관의 권유를 뿌리치고 "나는 다른 말은 없다. 나를 죽일진대 종로 네거리에서 나의 목을 베어 오가는 사람들에게 내 피를 뿌려주는 것이 옳은 일이거늘 어찌 캄캄한 적굴 속에서 암연히 죽이느냐"고 꾸짖는다.

그는 교수대 앞에서 '나라 위한 붉은 충성 그 누가 알리오'라는 싯구를 남기고 42세를 일기로 별세한다. 전봉준이 교수형을 받을 때 집행총순(執行總巡)으로 있었던 강 모 씨의 술회다.

"나는 전봉준이 처음 잡혀 오던 날부터 마지막으로 형을 받던 날까지 행동을 전부 살펴보았다. 그는 과연 보기 전 풍문으로 듣던 말보다 훨씬 솟아나 보이는 감이 있었다. 그는 외모부터 천인 만인의 특(特)으로 뛰어난 인물이었다. 그의 청수한 얼굴과 정채(精彩) 있는 미목(眉目), 그리고 엄정한 기상과 강장한 심지(心志)는 세상을 한번 놀라게 할 대위인, 대영걸로 보였다. 과연 그는 평지돌출로 일어서서 조선의 민중운동을 대규모적으로 한 자이니, 그는 죽을 때까지라도 그의 뜻을 굴치 아니하고 본심 그대로 태연히 간 자다."

내가 본 전봉준

전봉준 장군은 우리나라에서 처음으로 근대 민주혁명을 주도한 분이다. 조선왕조의 곪을 대로 곪은 부정부패와 말기 증상에 의연히 맞서, 안으로는 탐관오리로부터 민중을 구제하고 밖으로는 밀려드는 외세의 침략을 물리치고자 동학농민혁명을 이끌었다. 일제의 파병만 아니었던들 그의 봉기는 민주혁명의 성공으로 정착되어, 보다 밝고 폭넓은 우리

근대사를 엮어낼 수 있었을 것이다.

봉기 중도에 민중 세력 규합의 방편으로 그 스스로 동학에 입교했지만 그렇다고 오늘의 사가들이 천도교 측의 사료에만 치우쳐 그의 본질적인 혁명사상을 그르치는 오류는 참된 전봉준관을 정립하는 데 오히려 방해가 될 것이다.

그는 부친이 탐관오리의 매질에 죽어가는 현실을 몸소 체험하고, 민중의 찌든 체험을 몸소 겪어온 혁명 지도자이다. 민주주의의 보편 이념 속에 살아야 하는 오늘의 우리로서 전봉준의 민주혁명은 우리 역사를 더욱 살찌울 수 있는 얼마나 자랑스런 쾌거였던가!

겨우 80년이 지난 아주 가까운 근대사에 그분의 행적이 제대로 투영되지 못하는 현실을 바라보면서, 우리 후학들 모두가 깊은 반성을 해야 하리라고 생각한다.

최현식(동학혁명기념문화제 부위원장)

전봉준

1854년	전북 정읍군 이평면 장내리에서 태어남
1890년	동학에 입교, 그 후 고부접주가 됨
1894년	동학혁명을 일으켜 폐정개혁안을 성사시키나, 부하의 밀고로 서울에 압송됨
1895년	3월 29일, 교수되어 서소문 장터에서 효수됨

16

왕산 허위

　동대문에서 청량리에 이르는 동부 서울의 간선도로 3.3km는 바로 왕산(旺山) 허위(許蔿)의 아호를 따 1966년부터 왕산로라고 부르게 되었다. 구한말 의병을 일으켜 일제와 대결한 영남 선비 왕산이 바로 이곳으로 입성하려다 역부족으로 패배한 '애국의 한'을 기리는 기념으로 붙여진 가로명이다. 이처럼 의병장으로 항일투쟁을 벌이다 일제 헌병대에 붙잡혀 교수형으로 순국한 왕산은 1854년 4월 2일 경북 선산군 구미면 임은리에서 허조(許祚)와 진성 이씨 사이에 4형제 중 막내아들로 태어났다.

　왕산의 조부인 운(澐)은 비서승에 추증되었고 부친인 조(祚)는 진사로서 참찬에 추증되었다. 왕산의 모친 진성 이씨는 퇴계의 후예인 증이조판서(贈吏曹判書) 휘수(彙壽)의 딸이다. 왕산의 맏형인 방산(舫山) 훈(薰)은 당대의 거유, 문장가로 손꼽혔다. 왕산이 태어난 동네는 구미공업단지가 들어서 공장지대로 바뀌었다. 1974년 1월 불타버린 윤성방직공장 바로 옆이 그의 생가 터이며, 주변의 조금 높은 둔덕을 돋우어서 선영으로 가꿀 예정이다.

왕산의 유족들은 모두 북만주나 시베리아 등지로 망명했다. 장남 학 씨와 4남 국 씨는 블라디보스토크에서 작고했으며, 차남 영 씨와 3남 준 씨는 북만주에서 살았으나 그 후 행방불명되었고 오직 영 씨의 아들 형제들만이 해방 후 귀국했다. 영 씨의 장남 경성(51·사업) 씨는 대구시 산격동 142의 9에 살고 있고, 차남 순성(49·농협경북지부 근무) 씨는 대구시 대봉동에 살고 있으며, 3남 도성(43·한국감리교신학대 졸) 씨는 경기도 양주군 수동면 임석리 수도감리교회 목사이다. 왕산의 종증손으로 흡(72·대구흥산기업 사장, 대구시장 역임) 씨와 전(61·부산상고 졸) 씨가 있다.

세세유가에서 자라난 왕산은 5살 때 이미 문자를 체득하여 어릴 때 지은 다음의 한시 속에 장래의 기상과 아울러 빼어난 글재주를 보여주고 있다.

달은 대장군 되고,
별들은 군사처럼 따라다니네.
꽃을 꺾으니 봄이 손에 있고,
물을 길어 오니 달이 문으로 들어오네.
月爲大將軍,
星爲萬兵隨.
折花春在手,
汲水月入家.

맏형인 방산에게 수학한 왕산은 15세에 삼경을 모두 독파하고, 효성이 지극하여 특별히 외출하는 때가 아니면 부친의 집을 떠나지 않고 고금의 기문필적 등을 이야기해드려 부친을 즐겁게 한다.

"증조부 4형제 중 첫째 분은 젊어서 남쪽으로 가야산·계룡산·속리산을, 북쪽으로 금강산을 두루 답파하셨고, 한문 기행문에 뛰어나 근대 한국문학의 백미로 평가되고 있지요. 벼슬을 거부하고 성리학에 조예를 쌓으셨고 문장가로서 한문 시인으로 뛰어났지요. 유학자이면서도 불교에도 조예가 깊어 경상도 사찰 곳곳에 이분께서 지은 비문이 4~5개나 서 있지요. 어릴 때 서고에 들어가 어른들이 종일 찾았는데 해 질 녘 서고에 사람 소리가 나서 들어가 보니 책을 뒤지면서 글을 읽고 있었대요. 이처럼 독서에 미치면 밤잠도 자지 않았다고 하더군요. 둘째 분은 일찍 돌아가셔 얘기가 별로 없고 셋째(노(魯)) 분은 넷째(왕산) 분과 같이 독립운동을 하다 옥고를 치르셔 당시 《매일신보》에도 보도되었지요. 그분은 만주 의병사건의 주모자로 멀리 노령까지 가셨지요. 바로 넷째 분이 가장 크게 의병활동을 벌이다 순국하신 왕산이시고요. 이분은 어린 시절 음식을 해 오면 침, 코를 발라서는 손님 상에 올리지 못하게 해놓고 혼자 다 자셨다고 하더군요. 아마도 이처럼 일거일동이 좀 심술궂어 동네 아이들과도 꽤 다퉜다고 해요. 이런 괴짜 기질은 젊어서 학문을 하면서도 나타나 수리사업도 해보고 한때 해운업에도 손대서 당시 친구와 내왕한 편지를 보면 소금 장사를 하다 폭우에 몽땅 망쳤다는 사연도 있어요."

종중손 흡 씨의 말이다.

1895년 명성황후시해사건에 뒤이어 일제의 침략이 더욱 노골화하자 왕산은 동지 이은찬, 조동호, 이기하 등과 함께 의병을 일으켜 김천 장날을 이용해서 장정 수백 명을 모집하고, 금산군 무기고에 있는 병기를 모조리 거두어 금산-성종 사이에 포진한다. 이어 왕산은 격렬한 내용의 격문을 이웃 읍에 보내 각처의 동지들을 격려하나, 대구병영이 먼저 성주의 의병 진영을 습격하자 서울과 공주의 관병도 이에 합세하여 삼면으로 협격해 온다. 이은찬, 조동호가 마침내 체포되나 왕산은 이에 굴하지 않고 군세를 정돈하고 사기를 고무시켜 충청도 진천까지 이르렀다. 그때 내시 한 사람이 와서 의병을 해산시키라는 황제의 전지를 내린다.

당시 왕산은 한시 한 수를 지어 올려, 그의 통분을 달래면서 후일을 약속하고 군대를 해산시킨다.

호남 땅 3월 오얏꽃 나는데,

나라에 보답하려던 서생 부질없이 갑옷을 벗단 말가.

산새야 네 어찌 세상일 급한 줄 알고,

밤새도록 나에게 불여귀를 들려주느니.

湖南三月李花飛,

報國書生解鐵衣.

山鳥何知時事急,

終宵勸我不如歸.

의병을 해산시킨 왕산은 방산이 은거하고 있는 곳으로 가서 같이 학문을 강론한다.

"유학에 뛰어난 그분의 맏형(방산)께서도 '유학에 있어서는 내가 아우에게 양보할 것이 없지만 포부와 경륜에 있어서는 내가 아우에게 미치지 못한다'고 말씀하셨대요. 이처럼 그분은 행동하는 학자로 생애를 장식해가신 것이지요."

종증손 흡 씨의 말이다.

1899년 조정에서는 왕산을 불러 영희전봉사(永禧殿奉事), 소경원봉사(昭慶園奉事)를 거쳐 성균관 박사로, 4년 후에는 승훈랑(承訓郎)에 올려

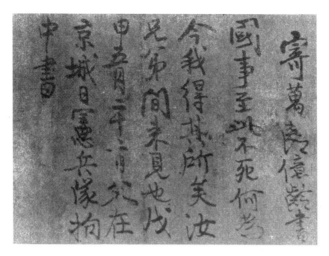

왕산 허위의 필적. "나랏일이 여기 이르니 죽지 아니하고 어찌하랴. 내가 지금 죽는 곳을 얻었은즉 너희 형제간에 와서 보도록 하라." 옥중에서 큰아들과 둘째 아들에게 보낸 편지다.

쓰며, 그 이듬해에는 통훈대부, 중추결의관, 통정대부를 거쳐 평리원 수반판사에 임명한다. 계속하여 왕산은 의정부참찬에 임명되어 주요 국정에까지 직접 참여하여 10여 조의 소를 올려 신료들의 문란한 뇌물 근성을 시정하도록 건의하기도 한다.

1901년 비서원승이 된 그는 일제의 불법적인 국정 간섭을 못마땅하게 여겨, 외교 교섭으로 난국을 타개해보려고 유력한 척신 민 모 씨와 밀의하고 독일로 가려고 계획하나 실현하지는 못한다. 그는 다시 일제의 주권 침략과 자유 억압 등 행동을 열거한 격문을 살포하다가 찬정 최익현, 김학진 등과 함께 일군에게 체포된다.

4개월 만에 석방된 왕산은 7년 동안 머물던 관직 생활을 청산하고 지례의 삼도봉 밑으로 돌아간다. 러일전쟁에 이어 포츠머스조약에서 일제가 한국에 대한 침탈 전략을 더욱 본격화하고 이른바 5조협약을 강요,

체결한 소식을 접한 왕산은 재차 의거의 기회를 노려 경기, 강원 각 도를 두루 돌아 동지들을 규합하는 한편, 영천의병장 정환직에게 2만 냥의 거금을 주선해 보낸다.

한편 이때 조정에서는 헤이그밀사사건이 탄로 나 일제는 융희의 즉위를 강행시키고 이어 7조약을 강제로 체결하며 우리 군대까지 해산시켜 국토를 거의 강점해간다. 이에 분격한 왕산은 경기도로 올라와 포천·양주·철원·연천 등지에 포진하고, 일방적으로 해산당한 우리 강화진 영병들을 규합한다. 그는 이곳에서 역사(力士) 연기우, 김규식, 권중설 등 제장과 함께 적을 격파해 위세를 떨친다. 그러나 의병은 무기와 양식이 부족한 데다 훈련도 제대로 받지 못한 데 비해 적군의 힘은 너무 엄청나게 컸다. 이에 우리 의병도 총력을 한군데 집결시킬 필요가 있다고 느낀 왕산은 의병장 이인영이 포진한 강원도 원주에서 각 도 의병진의 연합회를 연다.

이 회의 결과 왕산의 계획대로 총연합의 진영이 결성되어 이인영을 8도의병총대장에, 왕산을 군사장에 추대하고, 민긍호를 관동, 이강연을 호서, 박정빈을 영남, 권중희를 경기와 해서, 방인헌을 관서, 정봉준을 관북 등의 승의대장(僧義隊長)으로 각각 정하고 서로 기일을 정하여 일거에 서울에 모여 일제의 통감부를 격파하기로 결정한다.

"증조부 대 셋째 분과 넷째(왕산) 분, 그리고 조카 숙 등 세 분 집안 어른께서 의병을 같이 했는데 연세가 모두 비슷하여 세 분이 함께 서울을 드나들며 연락을 취하고 의병활동을 하신 것이지요. 그때만 해도 대가족 제도라 모두 종가 밑에 속하고 경제도 종가에서 지휘하게 되니, 동생들이 집의 돈을 서울 가서 의병활동에 모두 써서 어른들 때문에 재산이 다 축났다고 하더군요. 우리가 어렸을 적에 들은 노래에 '청송에는 방산 문장(文章)대장, 서울에는 왕산 의병대장'이란 구절이 있었지요."

종증손 흡 씨와 전 씨의 말이다.

의병의 전열을 정비한 왕산은 전국 영사관에 일일이 글을 보내 우리나라의 입장을 설명하고 이들 의병의 지위를 국제법상 교전단체로 인정해주고 모든 후원을 해주도록 요구한다.

이리하여 서울 입성의 기일을 정한 왕산은 군단장으로서 만반의 태세를 갖춘 후 수병(手兵) 300명을 거느리고 동대문을 향해 진군하나, 다른 부대는 하나도 약속한 시간에 오지 못한다. 후속 부대가 없는 왕산의 부대는 동대문 밖 30리 지점에서 적과 격전을 벌이나 중과부적으로 패퇴한다. 이때 총대장 이인영은 친상을 당해 그 후 전군의 지휘는 사실상 왕산이 맡게 된다. 그는 군율을 고쳐 정하고 군표(軍票)를 발행해 물자를 조달하고 군기를 제조해 군대의 훈련을 더욱 강화하면서 재기를 다짐한다.

왕산은 경현수를 시켜 청 혁명당에 밀서를 보내 연합을 협의케 하고, 박노옥·이기학 등을 시켜 통감부에 글을 보내 태황제의 복위와 외교권의 반환, 통감부의 철거 등을 요구한다. 이때 이완용이 연천에 있는 왕산의 진지로 사람을 보내 경남관찰사의 자리를 줄 테니 모든 행동을 중지해줄 것을 종용하나, 왕산은 도리어 옆에 있던 그의 부하들이 사자(使者)를 죽이려는 것을 말리고 꾸짖어 돌려보낸다.

1908년 왕산은 드디어 경기도 영평군 유동에서 6월의 더운 날씨에 솜옷을 입은 채로 일본 헌병에게 체포되는데, 당시 경무총감인 일군 소장이 왕산을 방문했을 때 "의병의 수창자(首唱者)는 누구며 대장은 누구냐?"고 묻자 그는 "이토 히로부미가 대역무도를 저지르지 않았다면 의병이 일어나지 않았을 것이니까 결국 의병의 수창자는 이토요, 대장은 나다"라고 대답한다.

마침내 이해 10월 23일 정오 교수대에 나가 사형 직전에 염불천복(念

佛薦福)하려는 일승을 꾸짖으며 "충의의 귀신은 당연히 천당으로 갈 것이요, 또 설사 지옥에 떨어진다 할지라도 어찌 너희들의 도움이야 빌겠느냐?"고 반문한다. (《대한매일신보》 1936호)

54세를 일기로 순국한 왕산은 경북 칠곡군 북산면 지경내에 안장된다. 그의 유서 속에는 다음과 같은 글이 전하고 있다.

아버지 장례도 치르지 못하고, 나라의 주권도 회복하지 못했으니 충성도 못하고 효도도 못하는 몸이 이제 죽은들 어떻게 눈을 감으리.

당시 《대한매일신보》는 왕산의 모습을 이렇게 보도했다.

…… 허위가 배일운동의 거두로 철원군에서 잡혀 경성으로 호송되었다. 그가 순진한 애국자임을 알고 아카이시 경무총감이 스스로 취조를 담당했다. 취조를 해본즉 그의 인격, 식론이 모두 당당함이 있어 다른 직업적 비적과는 다른 바가 있었다. 그의 진정에 동정한 아카이시 장군은 막료인 야마가타 중좌의 진언을 받아들여 데라우치 통감에게 이의 조명(助命)을 청한 바까지 있었다. 아카이시 장군의 눈물 어린 청원은 마침내 한국 대중들로 하여금 감격의 눈물을 흘리게 했지만 법은 굽힐 수가 없어 허위는 드디어 극형에 처하게 되었다.

"제가 바로 다섯 살 때 그분이 돌아가셨으니 뚜렷이 기억은 못 합니다마는 아주 키가 크고 청수한 모습이었지요. 그분이 외부에 가서는 큰일을 하셨습니다마는, 반면 가족들은 경제적으로 무척 어려웠습니다. 3000석 추수를 모두 군자금으로 바쳐버렸으니 그분이 돌아가신 후 우리의 어린 시절은 그야말로 한(恨)백년의 장면이었지요. 일제 헌병들이 아예 우리 사랑채를 뺏어 살게 되니 증조부님은 저를 종손이라고 산속으로 데리고 다니면서 열두 살까지 글을 가르쳤습니다."

종증손 흡 씨의 말이다.

"조부님께서 옥사하신 후 가족들은 만주로 망명길을 떠나 백부님과 막내 삼촌은 계속 독립운동을 하셨는데, 그 후 노령에 계신다는 말만 듣고 생사를 확인하지 못한 채 남하했습니다. 해방 이듬해 대구로 돌아와서는 흡 씨 등 기반 잡은 친척들에게 도움을 많이 받았지요. 왕산의 손자라고 종종 일간지 기자들이 찾아오곤 했지요. 우리가 자라나면서 지난 10여 년간 자료 수집에 몰두하여 이제는 책 한 권을 만들 만한 분량이 모였습니다."

손자 경성 씨와 도성 씨의 말이다.

이들 후예의 노력으로 왕산의 맏형 방산의 글을 모은 『방산문집』이 서울대 출판부에서 곧 나올 예정이며, 왕산 전기도 자료를 갖춰 머지않아 출판된다는 소식이다.

내가 본 왕산 허위

나의 조모가 왕산 선생의 종질녀여서 어려서부터 그 집안 얘기를 들었다. 왕산의 맏형 방산 부자(父子)는 3000석 하는 부농인데 모두 글을 좋아해 유림 대학자의 손을 많이 쳤다. 방산과 왕산은 모두 조부에게 글을 배웠는데, 10여 세 차이지만 글재주는 난형난제였다고 한다. 왕산은 글을 배우되 경서뿐 아니라 육도삼략(六韜三略)을 즐겨 읽어 국모시해사건 후 금천에서 의병을 일으켜 성주—대구—서울로 진격하기도 했다.

그 후 그는 경기도 의병대장을 지내면서 재산을 다 털어 군자금으로 넣었고, 끝까지 일제에 저항해 싸우다 체포되어 사형을 당했다. "평생 어려운 때 누워 생각하니 절개 지키는 것이 참 어렵구나"라는 의리와 절의의 명(銘)이 바로 그분 집안의 가훈으로 그분의 맏형 방산이 왕산에게 적어준 글이라고 한다.

내 조모는 어릴 때 이처럼 친정 얘기를 들려주시면서 풍비박산이 되어 친정에 갈 수도 없으니 오히려 시집에서 그 뜻을 펴야겠다고 하여 그분의 아들 육사(陸史)의 정신세계에도 적지 않은 영향을 준 것이라고 생각한다.

이동영(영남대공전 교수·국문학)

왕산 허위

1856년	4월 2일, 경북 선산군 구미면 임은리에서 태어남
1895년	명성황후시해사건에 이어 의병을 일으킴
1897년	이은찬, 조동호 등과 의병을 일으켜 일군과 싸우다 고종의 종용으로 해산함
1899년	참봉, 성균관 박사 등을 지냄
1904년	통훈대부, 중추결의관, 평리원 수석판사에 임명됨
1905년	원주 8도의병거사에서 군수장에 추대됨
1908년	10월 23일, 서울 입성작전에서 일군에 체포되어 교수형을 받음

2007년 왕산의 고향 구미시에서는 왕산을 기리는 기념공원이 조성되는 등 다양한 기념사업이 펼쳐졌다. 구미시는 이에 앞서 2006년 왕산의 유족과 경북도 내 기관 및 단체장, 학계인사 등 100여 명을 모아 '왕산허위선생기념사업회'를 조직하여 본격적인 기념사업에 나섰다. 기념사업회가 발족하자 왕산의 장손인 허경성(당시 80세, 대구시

북구) 씨는 조부의 생가터 601평(당시가 9억 원)을 구미시에 기증했다. 이에 시는 10억 원을 투입하여 2007년 8월 구미시 임은동 266번지 생가 부근에 왕산기념공원을 건립했다(건립추진위원장 노진환). 이 공원에는 왕산의 일대기를 새긴 길이 10m짜리 '왕산의 벽'과 3.5m 높이 동상이 설치되었고 잔디광장, 대나무숲도 마련되어 시민이 즐겨 찾는 쉼터로 활용되고 있다. 이어 이웃 임은동 산7번지에 40억 공사비로 건립된 왕산기념관(관장 김교홍)은 부지 3000평, 건평 900평에 전시실, 시청각실, 어린이도서관 등을 고루 갖췄으며, 이즈음에 개교한 왕산초등학교도 인근에 있다. 2004년에는 안동대 박물관에 의뢰해 『왕산 허위의 나라 사랑과 의병전쟁』이라는 책자 1500부를 발간하기도 했다.

왕산의 유족들은 모두 북만주나 시베리아 등지로 망명했으며 오직 차남 영 씨의 아들 형제만이 해방 후 귀국했다. 영 씨의 장남 경성(85) 씨는 부인 이창숙(78) 씨와 대구시 북구 산격동 집에 30년 넘게 살고 있다. 차남 순성(83) 씨는 미국 댈러스에서 살고 있으며 3남 도성(77) 씨는 미국 휴스턴에서 살고 있다. 경성 씨는 2남 1녀를 두었으며 장남 윤(58 · 계명대 경제학과 졸) 씨는 서울 신길동 빌라에 살고 있다. 윤 씨는 예장총회유지재단 소장으로 이민자(53 · 대구대 역사교육학과 졸) 씨와 결혼하여 홍(25 · 서울대 독문학과) 씨와 근(22 · 한동대 국제관계학과) 씨를 두었다. 홍 씨가 UDT, 근 씨가 해병대에 복무하여 부모는 "왕산의 애국의 뜻을 조금이나마 이어받은 것으로 이해한다"면서 흡족해했다. 경성 씨의 차남 진(54 · 영남대 전자공학과 졸) 씨는 문경숙(47 · 동산대 간호학과 졸) 씨와 결혼하여 미국 댈러스 보험회사에 근무하고 있으며, 장녀 수임(49 · 경북대 전자공학과 졸) 씨는 미국인 스티브(38 · 전산회사 근무) 씨와 결혼하여 클리블랜드에 살고 있다.

한편 오랫동안 소식이 끊겼던 북만주와 시베리아 쪽의 왕산 후손들이 속속 고국 땅을 밟아 감회를 새롭게 한다. 2004년 8월에는 러시아 거주 허춘화(46 · 화가) 씨가 귀국하여 서울 서대문구 독립공원 내 서대문형무소 등을 돌아봤다. 왕산의 손자이자 춘화 씨의 부친인 허진 씨는 1940년대 북한에서 공부하다 1951년 반김일성 운동에 연루되어 러시아로 탈출했다. 2005년 6월에는 왕산의 4남 허국 씨의 아들인 블라디슬라브(55) 씨가 키르기스스탄에서 트럭 운전으로 생계를 이어오다 귀국했다. 지질학석사 출신으로 금광 발굴에 20여 년간 종사했던 그는 경기도 안성의 비겐의료기 공장에서 단순노무직으로 일했다. 또 2008년에는 왕산의 4남 허국 씨의 차녀 허 알렉산드라(78) 씨가 귀국하여 마중 나온 조카 허벽(74 · 서울 도봉구) 씨를 부둥켜안고 눈시울을 붉히기도 했다.

17
송촌 지석영

우리나라에서 처음 종두를 실시한 송촌(松村) 지석영(池錫永)은 1855년 서울 탑동공원 뒤 낙원동에서 태어났다. 지금의 파고다공원인 탑동공원 뒤는 그 이후 크게 변모하여 온통 길이 나고 빌딩이 들어서 그 번지수도 어림하기 어렵다.

송촌은 다섯 아들을 두었으나 모두 작고했으며, 그의 종가 줄기는 신통하게도 모두 의사로 이어지고 있다. 송촌의 부친 지익룡(池翼龍)이 한의사였고, 송촌의 장남 성주, 장손 홍창(56) 씨가 모두 의사이고, 홍창 씨의 외아들 무영(30) 씨도 서울대 의대를 졸업한 의사이다.

"핏줄이란 역시 속일 수가 없는가 보지요? 선친께서도 직업에 대해 집안의 어떤 권유를 받은 것도 아니고 저도 아들에게 네 뜻대로 살라고 했으나 결국 의사의 길을 택하더군요."

서울 종로구 낙원동 56번지에서 지홍창내과병원을 개업하고 있는 송촌의 장손은 자신도 신기로운 듯 고개를 갸우뚱하며 이렇게 집안 내력을 설명했다.

바로 선친이 개업했던 곳이라는 지금의 병원 진찰실에는 송촌의 초상화며 한성부윤 임명장 등이 걸려 있고, 각종 훈장과 인장, 진료에 사용했다는 종두침이 진열되어 있어 마치 작은 규모의 '지석영 기념관'처럼 보였다.

종두법이 우리나라에 보급된 것은 일본을 통해서였다. 1876년에 한일수호조약의 수신사 김기수를 따라갔던 박영선이 일본 도쿄의 순천당의원에서 우두종법을 배운 후 구가 가쓰아키(久我克明)가 저술한 『종두귀감』이란 책을 얻어 가지고 들어와, 그 책과 함께 종두법을 문하생 송촌에게 전한다. 이론을 익힌 송촌은 이를 실제에 적용하기 위해 1879년 10월 부산에 있는 일본 해군병원인 제생의원에 가서 원장 마쓰다(松田讓)와 군의관 도즈카(戶塚積齋)에게서 직접 종두법을 연수한 후 상경 중에 그의 부인의 고향인 충주군 덕산면에 들러 친척과 이웃 사람 40여 명에게 처음 종두를 실시한다.

"조부께서 종두 보급에 전념하신 동기를 직접 들었는데, 당시 천연두가 하도 창궐해서 병 걸리는 사람은 무조건 거적에 싸서 밤나무나 고목나무 밑에 갖다 버릴 수밖에 없었다는 것이에요. 의사로서 귀한 생명을 어떻게 구해야 할 것인가? 골똘히 궁리하던 중 마침 종두법을 배우게 된 것이지요. 조부님 덕분에 특히 많은 여성이 곰보 신세를 면하게 되었으니…… 은인이랄 수밖에 없겠지요."

의학 선배로서 조부의 공적을 되새기는 홍창 씨는 이처럼 인술의 표본으로 살아온 그분의 행적에 늘 감명을 받곤 한다는 것이다.

1880년 5월 제2차 도일 수신사 김홍집의 수행원으로 송촌은 일본에 가서 외무성의 주선으로 내무성 소속 위생국 생두종계소(生痘種繼所)에서 생두균(우두약)의 제조와 축장법(蓄藏法) 등 우두에 관한 모든 방법을 완전히 습득한 뒤에 두묘 50병을 가지고 귀국한다. 그 후 서울에서 두묘의 제조와 종두를 계속 실시하는 한편 일본공사관 의관, 해군 군의관 마에다(前田淸則)에게서 서양 의학에 대한 지도를 받기도 한다.

그러나 1882년 6월 임오군란이 일어나 쇄국배일의 정책을 펴자 송촌에게 체포령이 내려 한때 몸을 피해야 했고, 종두장(種痘場)은 난민에 의해 불타 없어졌다. 이곳은 지금의 서울고등학교 건너편 문화방송국 근방이라고만 알려져 있을 뿐 역시 아무런 행적도 찾을 수 없다.

그해 8월 정국이 수습되자 송촌은 다시 서울에 돌아와 종두장을 부활시켜 종두를 계속 보급했고, 곧이어 전라도 어사 박영교의 청으로 전주 성내에 우두국을 설치하여 도내와 군의 인사들을 뽑아 종두법을 가르쳤으며, 이듬해에는 충청도 공주부에도 우두국을 설치한다. 이러한 틈바구니에서도 그는 문과에 급제하여 성균관의 전적과 사헌부의 지평을 역임하기도 한다. 1885년 4월 종두술에 관한 오랜 경험과 지식을 종합하여 『우두신설(牛痘新說)』이란 저서를 발표하는데, 이 책은 우리나라에서 처음으로 간행된 종두 서적이다.

"그분의 의술을 직접 계승한 분은 특별히 없는 것 같아요. 서울대 의대 학장을 지낸 심호섭 박사가 직접 조부님에게 우두를 맞았다고 하셔요. 이질균을 발견하여 명성을 떨친 시가(志賀) 박사가 내한했을 때 조부님을 집으로 찾아와 기념 촬영까지 했지요. 일제강점기 때에도 남산의 조선과학관에서 조부님의 사진 유물 전시를 했는데, 지금 우리 과학관에서 그걸 잊고 있으니 참 아쉬워요."

송촌의 유품이 자꾸 사라져가는 것을 홍창 씨는 무척 안타까워했다.

1887년 여름 사헌부의 장령으로 나날이 문란해가는 당대의 폐습을 비판하던 송촌은 '우두의 기술을 내세워 일본과 결탁한 개화당과 어울린다'는 중상을 받아 전라도 강진군 신지도에 유배되었으나, 그곳에서도 종두의 보급과 서술을 계속한다. 유배 생활은 5년 만에야 풀려 그는 서울에 돌아와 이듬해 봄부터 서울 교동에 우두보영당을 설립하고, 자선사업으로 종두를 실시한다. 1894년 6월에는 형조참의를 제수하고 뒤이어 승지 및 한성부윤을 지내며, 2년 뒤 동래부사로 내려가서도 주민들에게 종두법을 계속 실시한다.

"조부님은 평생 돈을 몰랐습니다. 생기는 돈이 있으면 몽땅 털어 우두시술소 등을 차렸지요. 유산 한 푼 안 남기셨고요. 일제강점기 때 어린이 감기약 영효산과 어린이 위장약 보영산 등 특효약을 조부님께서 제조해 팔았는데, 지금 50줄에 접어든 사람들도 그 약효를 잘 알지요. 돈을 벌려면 얼마든지 벌었을 텐데 그분은 모두 의료사업에 써버리신 것이지요."

홍창 씨는 지금도 이 특효약을 재생시키지 못하는 것을 조부님께 미안하게 생각한다고 말했다.

1899년 3월 학부 직속으로 관립의학교가 설립되자 송촌은 초대 교장에 취임해서는 고종을 설득하여, 서양의 의학지식 보급운동을 벌이는가 하면 이듬해 2월 만주에서 페스트가 유행하자 그 예방 강연회도 연다.

송촌은 의사, 관료로서만이 아니라 국문 연구에도 뜻을 두어 1907년 2월에는 국문연구소 위원으로 임명되어 평소부터 주장해오던 새로운 국문의 사용 방법을 연구하며, 이듬해 『자전석요(字典釋要)』를 펴내 국문으로 한자를 쉽게 해석할 수 있는 길을 개척해주었다.

송촌은 1902년 12월 우리나라에 종두를 처음 실시한 공으로 훈5장 8괘장(卦章)을 받았고 그 후 의학교장으로서의 공로가 인정되어 태극장을 받는 등 훈장을 받는다. 한일합병이 되고 나서도 일제는 송촌에게 대한의원 의육부(관립의학교)에서 계속 근무해줄 것을 종용했으나, 망국의

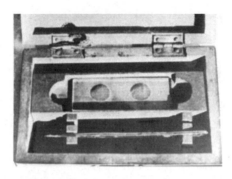
지석영이 사용하던 종두침.

통한에 사로잡힌 그는 이를 뿌리치고 그 자리를 물러난다.

"그분은 일제하에서는 아예 두문불출 조용히 독서와 저술 생활에 몰두하셨습니다. 아침 일찍 일어나서 책을 읽고 글을 쓰곤 하셨어요. 우리도 일찍 자고 아침 6시면 일어나야 했지요. 사발시계로 기상 시간을 맞춰놓고 손자인 저를 옆에 데리고 주무시곤 하셨지요. 제가 6시 전에 일어나면 상금으로 5전을 주시고, 5분만 늦게 깨면 목침 위에 올려 세워 매 20대를 손수 때리곤 하셨어요. 이처럼 근면을 가훈으로 내세워 몸소 깨우쳐주셨지요. 글은 항상 귀한 것이라고 하시면서 신문 등 글씨가 씌어 있는 종이를 화장실에 가져가거나 코를 푸는 휴지로 쓰면 벼락이 떨어졌지요."

중학 2년 때까지 조부님을 모셨다는 홍창 씨는 '사생활에서 몹시 엄격한 분'이라는 이미지로 송촌을 떠올렸다.

"시아버님은 정직한 성격을 늘 강조하셨지요. 그러려면 용모나 태도부터 단정해야 한다고 하시며 집안 여자들이 가르마를 탈 때도 똑바로 타라고 일러주셨어요. 책상을 놓을 때도 반듯이 놓도록 가르치셨고요. 진짓상이 조금만 비뚜로 놓여도 큰일 났지요. 그처럼 반듯한 성품이셨습니다. 음식도 하루 밥 세 끼면 그만이지 간식도 안 드시고 과외 돈도 통 안 쓰셨어요. 밥도 꼭 혼식을 드셨지 하얀 쌀밥은 통 드시지 않으셨고 밥 알 하나 흘려도 혼났지요."

송촌이 상처한 후 죽 뒷바라지해온 맏며느리 윤주용(80) 씨가 그의 일상을 이렇게 말했다.

"위생 관념도 철저하서 엄격히 금주·금연을 하셨지요. 하지만 선친이나 저는 정직, 근면, 문자 존중 등 다른 가훈은 다 지켰으나 술·담배는 끊지 못하고 있습니다. 조부님은 잔칫날에도 술은 마시지 않으셨어요. 그래 미안하게 생각하지요."

장손 홍창 씨의 말이다.

송촌은 독실한 불교신자로 집에 불상까지 모시고 지냈으며, 홍창 씨가 어려서부터 비가 오나 눈이 오나 가회동 취운정 약수터에 약수를 뜨러 다니는 심부름을 도맡아서 해왔다고 한다.

송촌은 1935년 2월 1일 서울 종로구 낙원동 17 자택에서 별세한다. 교동초등학교 앞 골목길을 굽이돌아 30m쯤 들어가면 2층 양옥집 사이에 조그만 한식집이 막다른 골목에 위치해 있다.

"사방이 온통 초가였는데 이렇게 달라진 것이지요. 방이 네 칸 있고, 이곳에는 우물이 있었는데 없어져 버렸어요. 유산이라면 바로 이 17평짜리 집이 유일한 것인데 그분께서 돌아가시자 곧 팔아버려서 벌써 몇 다리를 거쳤을 테니 소유주가 누군지 알 수 있나요?"

안내하는 홍창 씨를 보자 동네 사람들은 모두 반겨 인사를 했다. 이처럼 지씨 일가는 낙원동 토박이로 낯익어 온 것이다. 대문을 두드리니 전세로 살고 있다는 아주머니가 얼굴을 내밀었다. 이곳이 바로 송촌의 집이었음을 까맣게 모르고 있었다. 그동안 종두법이 발달을 거듭해 천연두의 병마가 이미 한국 땅에서 자취를 감추었듯이 지석영의 자취도 가물가물 사라져가는 것일까? 손자 홍창 씨가 살고 있는 곳이나, 송촌이 태어난 곳이나, 그리고 그가 별세한 곳이나 모두 100m의 반경 속에 이웃하고 있는 셈이다.

내가 본 송촌 지석영

송촌은 당시 과거 합격자로서 일생을 편안하게 살 수 있었으나 종두 사업을 결심하고 천연두를 각 가정에서 추방하기 위해 헌신했다. 내가 송촌을 뵌 것은 조선조 말 송촌이 대구판관, 진주목사, 동래부사 등을 지낸 후 귀가하여 보영관을 경영하실 무렵이었다. 나는 송촌의 장자인 지성주와 소학교 때부터 아는 사이여서 자주 그 집을 찾았는데 송촌은 항상 온화한 표정에 한복 차림을 한 단장(短杖)의 모습이었다.

송촌은 목사나 부사와 같은 영직을 다니면서도 주민들에게 종두 보급을 잊지 않았으며, 특히 개화당과의 연계로 인해 전라도 신지도에 유배되었을 때에도 주민들에게 종두를 실시할 만큼 열성적이었다.

우리나라에 두창이 빨리 없어진 것은 송촌의 은덕이라고 할 수 있으니 그분은 유아의 사망률을 30% 이하로 떨어뜨려 천연두에 대한 부모들의 걱정을 덜어주었다.

송촌은 의학 분야뿐만 아니라 관리 생활을 하면서는 서슬이 시퍼렇던 일본 상인들의 밀수를 막기 위해 낙동강 연변에 세금징수소를 설치하고, 일본 영사와 담판하여 합법을 가장하고 들여오던 일본 상인들의 밀수 행위를 단연 근절시키는 용기를 보여주었다. 귀양살이를 하면서도 국왕에 대한 충성은 조금도 변치 않아 망국 후에도 일제와 협력하지 않는 절개를 지켰다.

이러한 송촌의 애국정신은 국문 연구에도 이어져 1907년 국문연구소 위원으로 임명되어서는 평소부터 주장해오던 새로운 국문의 사용 방법을 연구했다. 이처럼 송촌은 의사로서만이 아니라 국문 연구의 선구자로서도 큰 공적을 남겼다.

정구충(전 대한의사협회 회장)

송촌 지석영

1855년	서울 낙원동에서 태어남
1879년	부산의 일본 해군병원에서 종두법을 배워 우리나라에서 최초로 종두를 실시함
1885년	『우두신설』을 냄
1887년	사헌부의 장령으로 시폐를 논하다 전라도 신지도로 유배
1892년	서울 교동에 종두보영당을 설립함
1894년	형조참의, 한성부윤 등을 역임함
1899년	관립의학교 교장에 취임
1908년	국문 연구서인 『자전석요』를 냄
1935년	2월 1일, 서울 낙원동 자택에서 별세

18

왈우 강우규

왈우(曰愚) 강우규(姜宇奎)는 3·1운동 후 새로 부임한 사이토(齋藤實) 총독을 남대문 역두(지금의 서울역)에서 습격한 독립투사이다. 그는 1855년 6월 1일 평남 덕천군 무릉면 제남리 69에서 가난한 농부 강재강(姜齋江)의 4남매 중 막내아들로 태어났다. 북만주에서 3·1운동을 직접 지휘하는 등 항일운동에 몰두하다 폭탄 세례로 일제 총독과의 맞대결에서 사형집행으로 장렬한 생애를 마친 왈우는 건하, 건형 등 두 아들을 두었다. 장남 건하 씨는 부친의 거사 후 옥바라지와 장례를 치른 뒤 만주로 가 61세로 용정에서 작고하기까지 딸만 3자매를 두었다.

만주에 남았던 맏딸 복담(75) 씨와 조부(강우규)와 부친(건하)이 이주해 살던 함남 홍원에 남았던 차녀 용담(72) 씨는 현재 소식이 끊겼고, 3녀 영재(67·이화여고보 졸) 씨가 농업기술원장을 지낸 예병석(71·도쿄제대 원예과 졸) 씨와 결혼하여 서울 서대문구 대조동 74의 7에 살고 있다. 영재 씨는 4남매를 두었는데, 맏딸 소영(44·이화여대 사학과 중퇴) 씨는 배대한(48·제주농사시험장장) 씨와 결혼하여 수원에서 살고 있다. 영재 씨의 장남 수철(41·연세대 영문과 졸) 씨는 부모와 함께 주거하면서 기계 연구를 하고 있으며, 차남 수민(37·서울상대 졸) 씨는 현대의료 기획실장, 3남 수인(32·연세대 토목과 졸) 씨는 상업에 종사하고 있다.

왈우의 차남 건형 씨는 젊어서 작고했으며, 외아들 수연(72) 씨를 두었는데, 그는 해방 전까지 만주에 살았으나 현재는 소식이 끊겼다.

왈우는 일찍이 부모를 여의고 누님 집에서 자라나면서 적막한 소년 시절을 보내며, 잠시 서당 공부를 할 뿐 별다른 학교 교육은 받지 못한다. 30세 때 그는 수천 원의 거금을 모아 가지고 함남 홍원으로 이주하여 홍원읍 남문 앞에 잡화상을 벌인다.

"어려서 들은 어른들 말씀으로는 조부님의 고향 덕천에서도 역시 무슨 애국운동에 관련되어 신변의 위협을 느끼게 되자 피신도 할 겸 홍원으로 이사 오신 것이라고 해요. 처음 혼자 오셔서 상점 자리를 잡으신 곳은 홍원 읍내에서도 가장 번화한 중심가로, 남문 앞 서쪽 골목에서 셋째 집인데 주로 잡화상과 음식점이 죽 늘어서 있었지요. 조부님께서는 바로 이곳에 잡화상을 벌여놓고 물감, 담뱃대, 면사, 포목, 철물 등을 팔았습니다."

손녀 영재 씨의 말이다.

왈우는 이후 25년간 홍원에 살면서 상업 활동으로 번 돈으로 청소년들의 신식 교육에 주력한다. 1905년 을사조약 이후에는 비밀결사 신민회 함경도 책임자인 이동휘 등과 접촉하여 사립학교를 세우는 등 교육사업에 더욱 힘을 쏟는다.

"부모님을 일찍 여읜 조부님은 홍원에 오시자 그곳에서 여관을 경영하시던 과부 한 분을 양어머니로 모셨는데, 이분은 항상 모본단 마고자에 흰 수건을 머리에 쓴 깨끗한 옷차림으로 동네 친지 집을 순방하며 집

집의 살림이나 어린아이도 돌봐주셨는데 이분에 대한 효성이 아주 극진했지요. 한번은 증조모님께서 노환으로 편찮으셔서 중태에 빠진 일이 있었는데, 저녁때 조부님 손가락에 흰 헝겊이 감겨 있었어요. 일하다 다친 줄만 알고 무심히 보아 넘겼는데 나중에 알고 보니 조모님께 수혈을 해드리기 위해 왼손 약손가락의 한마디를 잘랐다는 것이에요. 하여튼 저는 조부님께서 돌아가실 때까지 증조모님이 조부님의 양어머님이란 사실을 까맣게 몰랐었으니까요.

조부님은 부친을 내세워 장사도 하고 다른 장사꾼의 뒤를 돌보아주시기도 했는데, 도상봉 화백의 선친인 도명수 씨는 청년 시절 우리 상점에서 일하면서 조부님의 도움을 받아 대성하여, 그의 점포 덕흥상회는 관북 일대에 지점망을 펴고 굴지의 기업체로 군림했지요. 또 조부님은 길가에 쓰레기가 널려 있으면 손수 이를 치우고 다니셨고, 아침 일찍 일어나 상가와 점포를 돌며 문 열기를 재촉하는가 하면, 거리에서 시비가 벌어지면 이들을 뜯어말리고 엄숙하게 연설조로 훈계하여 읍민들은 그분을 강초시라고 부르면서 친부모처럼 따랐지요."

손녀 영재 씨의 말이다.

1910년 한일합병을 맞아 왈우는 조국을 떠나 노령으로 망명한다. 우선 가족 일부를 노령으로 보내고 이듬해 봄 그도 만주 두도구를 거쳐 노령으로 떠나며, 그 후 약 5년간 노만 국경 지방 한인촌을 유랑하며 고향에서 익혀둔 의술로 끼니를 잇는다.

그는 1915년 하바로프스크에서 북만주 서북구의 벽지인 지린성 요하현으로 이주하여 이곳에 신흥동을 개척한다. 1917년 봄 왈우는 신흥동에 광동학교를 설립하고 한인 자녀들을 교육하는 한편, 수시로 노령을 넘나들며 독립운동 단체와의 연락도 취하고 행상 의료업으로 광동학교의 운영자금도 마련한다.

"조부님은 젊어서 배운 한의술뿐만 아니라 양의학도 틈틈이 공부하여 노령에 망명을 가서도 아무 데고 한인 부락이 있는 곳에 집을 짓고 간이병원을 차려놓고, 환자들이 찾아들면 치료해주었지요. 이처럼 조부님의 의술은 차츰 인정을 받아 명의라고 소문이 나서 신흥동이란 새마을을 손수 개척하셨지요. 마을에서 5리만 나가면 강이 흐르고 바로 강 건너가 노령이어서 만주의 독립운동 단체와 연락을 하기 위한 거점으로는 안성맞춤이었지요.

정착한 지 3년 만에 100호를 넘는 한인 마을을 이룩했고 우리가 살던 집은 우뚝 솟은 조그만 언덕 위에 있어 '천당집'이라고 불렀지요. 바쁘신 생활 중에도 특히 저를 사랑하셔서 당시 일곱 살 된 저에게 한문을 가르쳐주셨는데 매일 한자 한 자씩을 손수 정서하여, 이것을 반복하여 쓰게 하셔서 손님들에게 내보이며 자랑도 하셨지요. 광동학교를 설립하셨을 때는 학교 간판을 쓰라고 하여 이것을 걸어놓기도 하셨지요. 이 학교는 동네 가운데에 터를 잡아 통나무로 한식 창고 같은 건물을 세우고 여기서 아이들을 가르쳤지요. 학생 수도 100명을 넘었는데 조부님은 교단에 서실 때마다 일제의 야만적인 침략주의를 규탄하고 빨리 독립국가를 건설하여 한민족은 한민족끼리 살아야 한다고 연설하셨어요."

손녀 영재 씨의 말이다.

이곳 신흥동에 3·1운동의 소식이 전해진 것은 3월 4일. 왈우는 이곳의 교포들을 이끌고 만세시위를 벌이며, 3월 26일 블라디보스토크에서 노인단을 조직하고 요하현 지부 책임자가 된다.

"그해 3월 4일 100여 호 동리 사람들이 남녀노소 할 것 없이 모두 광동학교 운동장에 모이자 조부님은 미리 마련하신 태극기를 나눠 주시고

강우규의사기념사업회가 2011년 9월 2일 옛 서울역사 앞에 건립한 강우규 의
사 동상. 1919년 9월 2일 왈우가 남대문역(현재 서울역)에서 조선 총독 사이토
마코토를 향해 폭탄을 던지기 직전의 모습을 조각가 심정수 씨가 표현했다.

'대한독립만세'를 삼창하셨어요. 시위 행렬은 건너 동네 중국 관헌들이
있는 부중(府中)으로 들어가 중국인들 앞에서 힘껏 만세를 불렀는데 저
도 꽁무니에서 만세를 부르며 따라다녔어요. 그 후 조부님은 자주 강 건
너 노령을 왕래하며 독립운동가들과 긴밀한 연락을 취하시다가 노인단
에 가입하시지요."

손녀 영재 씨의 말이다.

46세 이상 70세 이하의 남녀로 조직된 노인단은 독립운동에 분망한
청년들을 지원할 목적으로 창립된 단체인데, 왈우는 노인단의 과격한
독립운동 노선에 동조하고 일본의 거물급 정객을 제거하자는 거사 모임
에서 이에 자원한다. 이해 3월 말경 동부 시베리아 우스리 철도의 청룡
현에서 노화 50원을 주고 폭탄을 구입하고, 5월 3일 블라디보스토크 신
한촌에서 하세가와 총독이 사임하고 다른 총독이 부임한다는 사실을
듣자 이자를 제거하겠다는 거사 목표를 잡는다.

"신흥동 집으로 돌아오신 조부님은 장기 여행에 필요한 옷가지와 도구를 챙기셔서 블라디보스토크로 가셨는데, 식구 중 누구도 조부님께서 당신 목숨을 던져 신임 총독을 죽일 어마어마한 거사 계획을 하고 있는 줄은 전혀 몰랐지요."

손녀 영재 씨의 말이다.

이해 6월 11일 왈우는 일본 기선 에치고마루(越後丸)를 타고 블라디보스토크를 출발, 6월 14일 원산에 도착하여 친지 최자남, 허형, 도명수 등의 협조를 얻어 거사 자금을 마련하고, 8월 4일 원산을 출발하여 이튿날 서울에 도착한다.

거사일인 9월 2일 오후 5시 부산발 특급 열차에서 서울역에 내린 사이토 총독 일행은 환영객들에게 인사한 다음, 일단 귀빈실에 들렀다가 곧 대기해놓은 마차에 올랐다. 그때 강우규의 폭탄이 던져졌다.

귀빈실 바깥 어귀에는 총독부에서 보낸 마차, 자동차가 기다리고 있다. 귀빈실을 나온 일행은 각각 나누어 타고 총독 동부인이 탄 마차가 정히 발을 떼어 놓을 때에 돌연히 끽다점 옆 인력거 둔 곳의 등 뒤에서 총독의 마차를 겨냥하고 폭탄을 던진 자가 있었는데, 폭탄은 총독을 떼어 놓은 뒤쪽 두 간 가량이나 되는 곳에 떨어져서 굉장히 큰 음향이 일어나며 폭발되는 동시에, 그 폭발에 상한 자가 부지기수인바 드디어 중경상자 29명을 낸 상당한 춘사(椿事)가 일어났는데, 다행히 사이토 총독은 군복 및 혁대 세 곳에 구멍이 뚫어질 뿐이요, 다행히 무사했다. (《매일신보》, 1919년 9월 4일)

65세의 노인 왈우는 그 길로 군중 속을 빠져나와 친지 박영호 집, 김종호 집 등을 전전하다가 9월 7일 가회동 81번지 장익규 집으로 이전, 다시 사직동 임승화 집으로 옮겼다가 9월 16일 이 집에서 한인 순사 김태석에게 잡힌다.

"거사를 치른 후 일제 경찰이 애매한 우리 청년들을 잡아다 신문, 고문한다는 소식을 듣고 선생님은 젊은이들을 더 고생시킬 수 없다면서 자수하신 것이지요. 법정에서도 태연자약하며 일인 판사가 반말로 물으니 대답을 안 해 그들도 꼬박꼬박 존댓말을 썼고, 끝내 다 내가 했다고 버티셨지요."

독립동지회 부회장 김승문 씨의 말이다.

이듬해(1920년) 2월 25일 일제의 경성지법은 그에게 사형을 언도하며, 뒤이어 상급심에서도 사형이 확정되어 12월 29일 서대문형무소 교수대에서 처형된다. 그의 유해는 현재 국립묘지에 안장되어 있다.

다음은 왈우의 옥바라지를 해온 장남 건하 씨에게 남긴 유언이다.

"네가 만일 내 사형받는 것을 슬퍼하는 어리석은 자라면 내 자식이 아니다. 내 평생 나라를 위해 한 일이 없어 도리어 부끄럽다. 내가 자나 깨나 잊을 수 없는 것은 우리들의 교육이다. 내가 죽어서 청년들의 가슴에 조그마한 충격이라도 줄 수 있다면 그것은 무엇보다 중요한 일이다. 지금은 훌륭한 사람도 많으니 소홀할 리가 없겠지만 그래도 눈을 감으면 쾌활하고 용감히 살려는 13도의 청년들이 눈에 선하다. 너는 나의 이 유언을 전국의 학교와 교회에 통지하여라. 조선 청년이 향할 곳은 기독교이니 먼저 기독교를 믿어 심령을 맑게 한 후에 공부를 해야 할 것이다."

왈우가 사형집행된 후 그 후손들은 요시찰인으로 늘 일제의 감시망 속에 괴롭게 살게 된다. 옥바라지에 가산을 탕진한 장남 건하 씨는 딸 영재 씨의 양육을 고향 친지 함석태 씨에게 부탁하고 작고한다.

"저는 여학교를 졸업하고 경남 함양에서 교편생활을 했는데 걸핏하면

형사들이 주재소(경찰지서)에 불러가 심문을 하곤 했고, 독립단원이 붙잡히면 무슨 내통이 있나 해서 하숙방을 모조리 뒤지기도 하고, 부인 강습회 때도 형사들이 그 부인을 집어넣어 감시하곤 했어요. 그 후 조부님 묘소를 수유리로 이장할 때는 이승만 대통령이 보태 쓰라고 14만 원을 보내오시기도 했어요. 생각할수록 외로우신 조부님의 뜻을 어떻게든 이어가야 할 텐데……."

손녀 영재 씨의 말이다.

내가 본 왈우 강우규

왈우 선생님은 고향 선배인 데다 먼 외척 조부뻘이 되어 나는 어려서부터 그분에 대한 얘기를 많이 들어왔고, 내가 경성법전 학생 때 그분을 법정에 가서 직접 뵙고 재판을 방청했다.

그분은 문무를 겸했으며 독립운동을 몸소 실천하다 가셨으니, 독립투쟁의 한 표본을 스스로 제시하신 것이다. 젊어서는 교회·학교를 세우고, 기독교를 전파하고, 만주와 노령의 교포들을 가르치는 일에 힘써오다 노인이 되어서는 한 몸을 바쳐 한국인의 기개를 떨친 것이다.

65세 된 노인으로 생명에 대한 애착심을 훌훌 털어버리고, 더구나 거사 후 애꿎은 젊은이들이 일경에 붙잡혀 고생하는 것을 보고 선뜻 자수한 것은, 참된 애국자로 존경하게 되는 것이다. 재판을 방청할 때면 일본인 재판장이 오히려 피고인인 듯이 쩔쩔매도록 왈우 선생님의 풍모가 당당하여 나는 속으로 쾌재를 불렀다. 왈우 선생님이 별세하신 후 나도 독립단 사건에 학생 대표로 걸려들어 3년쯤 옥살이를 했는데, 그때 더욱 왈우 선생님의 뜻과 인격을 실감할 수 있었다. 이처럼 목숨을 내던진 한 사람의 애국 실천은 그 후 많은 젊은이에게 말 없는 가르침으로 크게 감명을 주어온 것이다.

김승문(독립동지회 부회장)

왈우 강우규

1855년	6월 1일, 평남 덕천군 무릉면 청산리 68에서 태어남
1885년	함남 홍원으로 이주, 이후 청소년 교육에 주력함
1910년	한일합병이 되자 노령으로 망명
1915년	지린성 요하현에 이주하여 신흥동을 개척
1917년	신흥동에 광도학교를 설립
1919년	애국단체 노인단을 조직, 사이토 총독에게 폭탄 투척
1920년	12월 29일, 서울 서대문형무소에서 처형됨

2011년 강우규 의사 의거 92주년을 맞아 서울역 광장에서 의거 92주년 및 동상제막식이 열렸다. 기념식에는 우무석 국가보훈처 차장, 박유철 광복회장, 오산고 학생 등 800여 명이 참석했다. 동상은 몸체와 좌대를 합한 높이가 5.8m로, 1919년 9월 2일 두루마기 차림의 강우규 의사가 남대문역(현재의 서울역)에서 조선 총독 사이토 마코토를 향해 폭탄을 던지기 직전의 모습을 재현했다. 조각가 심정수 씨가 제작했으며 4억 원 남짓의 건립비는 기념사업회의 모금에 정부지원금을 보태 마련했다.

강인섭 기념회장은 "강우규 의사의 동상이 독립을 위한 애국정신을 일깨우고 선진 통일조국으로 나아가는 길의 정신적 징표가 되기를 바란다"며 "남북이 통일되면 서로 만나 얼싸안을 장소인 서울역에 동상이 세워지게 된 것은 매우 의미 있는 일"이라고 말했다.

유족으로는 강 의사의 외증손자 최수철(75) 씨가 참석했다. 최 씨는 강 의사의 손녀 영재 씨의 아들이다.

19
수당 이남규

　수당(修堂) 이남규(李南珪)는 영재 이건창과 더불어 구한말 문장과 지절(志節)로, 주체적 사상의 수호로 쌍벽을 이룬 명현이다. 산강 변영만과 단재 신채호의 스승이기도 한 그는 아들 충구(忠求)와 함께 홍성 의병활동을 끝까지 지켜주다 순국한 애국지사이다.

　수당의 가문은 한산 이씨 중에서도 기호 지방에 기반을 다진 명가이다. 원조인 여말의 가정(稼亭) 이곡(李穀), 목은(牧隱) 이색(李穡)을 비롯하여 조선 시대의 이산해(李山海), 이경전(李慶全) 등 거유(巨儒), 현상(賢相), 명경(明卿)들이 배출된 그의 가문은 조선 후기로 내려오면서 점차 당쟁의 권핵에서 벗어난다. 반면 사대부 사회의 양식을 견지한 문장지절로 긍지를 지켜옴으로써 이러한 전통 속에 뛰어난 재질과 불굴의 정신을 이어받아, 민족주체성으로 일관된 그의 날카로운 상소는 왕까지도 감복시킨다.

　수당은 1855년 11월 3일 서울 미동에서 내부협판을 지낸 이호직(李浩稙)과 청송 심씨 사이에 맏아들로 태어났다. 수당은 두 아들을 두었는데, 장남 충구 씨는 1907년 그와 함께 순국했고, 차남 동구 씨도 일찍 작고했다.

수당의 장남 충구 씨는 2남 1녀를 두었으며 외딸 명복 씨는 신영호 씨와 결혼했다. 충구 씨의 장남 승복(82·휘문고보, 대동법률전문학교 청년학원 졸) 씨는 연해주, 상하이 등지에서 망명 생활을 하다가 귀국하여《동아일보》조사부장,《시대일보》상무,《조선일보》영업국장 등을 역임했다. 그는 일제하 민족진영의 구심체인 신간회 활동에 참여하기도 했다. 광복을 옥중에서 맞은 그는 김구, 안재홍과 한독당, 국민당에 관여하여 정치활동을 벌이기도 하고,《민주일보》부사장을 역임하는 등 언론활동을 벌이기도 했으나, 지금은 서울 관악구 사당2동 142의 26 자택에서 자신이 직접 참여했던『신간회운동사』를 집필하고 있다.

충구 씨의 차남 창복 씨는 행원, 호원 씨 형제와 3자매를 두었다. 맏딸 양원(51) 씨는 이준세(53·부산석면 사장) 씨와 결혼하여 부산시 부산진구 범천동 869의 16에 살고 있고, 차녀 현원(44) 씨는 이준식(47·과수원 경영) 씨와 결혼하여 충북 청원군 북일면 정산리에 살고 있으며, 3녀 인원(25) 씨는 강용찬(29·서울농대 졸, 문화방송 재단관리실 근무) 씨와 결혼했다.

충구 씨의 외딸 명복 씨는 지수(50·경기도 김포 거주), 연수(45·남편은 김황수치과 원장), 필수(43·대전 거주, 남편은 교원인 김하경 씨), 성수(34·남편 배경권 씨는 자영업), 양수(32·대전 거주) 씨 등 5자매와 양자인 만수(33·한양대 기계과 졸, 태양금속 업무과장) 씨를 두었다.

수당의 맏손자 승복 씨는 수당의 어린 시절을 이렇게 술회했다.

그분이 태어날 즈음 협판공(수당의 부친)은 이상한 꿈을 꾸었다. 용을 파는 장사꾼이 나타나 "용을 사지 않으려오?" 하기에 흔쾌히 후한 값을 주고 그

것을 사들인 사연의 꿈이었다. 꿈에서 깨어나자 여종이 "아드님을 출산하셨어요" 하면서 기쁜 소식을 알려오지 않는가. 소년 수당 공은 어려서부터 재능이 뛰어났고 총명, 영특했다. 일찍이 수학할 적에 '지(之)' '이(而)' 두 자의 뜻을 캐물었으며 또 운을 달아 글귀를 적을 줄 알았다.

"가도 가도 산은 가이없고, 느릿느릿한 해는 아직 중천에 떠 있다"라는 글귀가 있었다. 공은 공부함에 있어서 번거롭게 되풀이하여 배우지 않고도 스스로 깊고 숨겨진 뜻을 깨칠 수 있었다. 또 조용하고 꼿꼿한 자세로 글 읽기를 그칠 줄 몰랐다. 그래서 약관의 나이에 경(經), 사(史), 제자(諸子)에 통했고, 한 번만 읽어도 욀 정도다. 더욱이 옛사람의 글을 읽다가 그 가운데 의리가 격절(激切)한 대목에 이르러서는 곧 책을 덮고 탄식하며 눈물을 흘렸다. 예컨대 국조(國朝)의 장고(掌故)며 학통과 당론, 집안의 원류와 사방의 풍토, 그리고 국방의 요험(要險) 등을 두루 살피고 그 요령을 파악했다.

그래서 원근의 토우(土友)들이 의심나고 어려운 대목이 있으면 반드시 공에게 와서 물었다고 한다. 어버이 곁에 있으면서도 늘 알뜰히 보살펴 명을 받들어 순종했다. 늘 명랑하고 착하여 남의 칭찬을 듣는 바 되었다. 모부인(母夫人)은 성격이 퍽 급하고 엄격하여 섬기기를 더욱 삼갔다. 형제간에는 겉으로 지나치게 엄했지만 내심으로는 돈독한 우애를 지녔다. 공의 아우가 요절하고 어린 조카가 눈을 감을 적에는 그 쓰리고 아픔이 보통이 아니었다.

(『삼천백일홍』, 평주 이승복 선생 팔순기)

수당은 몇 차례의 성시(省試)에 실패한 후 1882년 정시(庭試) 문과에 합격, 이듬해 승문원 부정자(副正字)를 제수받는다. 1885년에 홍문관 교리문신 겸 선전관이 되며, 이듬해에는 서학교수(西學敎授), 사간원 정관이 되나 그가 고의로 늦게 갔으므로 갇히는 몸이 된다. 그러나 곧 풀려나 영군사마 부수찬이 되며, 이해 10월에는 옥사(獄事)로 문사낭청(問事郎廳)에 차임(差任)된다.

1892년 공조참의, 1894년 형조참의가 되었을 때 무당들이 날뛰어 그 병폐가 극심하자 요사스런 수괴를 잡아 엄중한 형벌로 다스리고 각지의 음사(陰祀)를 모두 철폐시켜서 미신을 뿌리 뽑기도 한다.

"그분의 기록(세보)을 보면 초시에 떨어진 것도 적어놨더군요. 과거에 몇 차례 낙방을 하신 후 5인 합격자 중 2등으로 뽑히셨어요. 으레 세도 부리는 집에서 장원이나 합격자가 정해져 있으니 유생들이 아예 시험장에 들어가지 않으려 했으나, 당신께서는 기왕 시험 보러 왔으니 들어간다고 해서 과거를 치르셨는데, 마침 상강(上講)과 부강(副講)이 싸우는 통에 왕께서 낙시(落試)만 주우라 해서 다시 채점하여 2등으로 합격하신 것이지요. 벼슬을 하셨대야 돈 생기는 자리가 아니라 학문을 하는 승문원 코스부터 밟으셨지요. 실학자인 성호 이익의 학통을 이은 탓인지 벼슬이 종2품에 이르러 금관자, 옥관자를 붙이시고도 손수 밭에서 김을 매시는 등 늘 일하셨지요. 편지 부칠 때 쓰고 남은 풀을 따로 풀 통에 담아 모았다가 끓여서 개에게 먹이는 등 절약하는 생활을 하셨다고 합니다. 주자가례가 번거롭다고 해서 성호(星湖)예식으로 일찍이 간소화해서 지금도 우리 집 제사는 그저 깨끗하고 정결하게 짧은 시간 안에 마치곤 하지요."

증손자 문원 씨의 말이다.

수당은 동학이 번짐에 따라 그 교주 최수운이 사도(邪道)로 민중을 현혹시킨다는 죄목으로 당국에 의해 처형되자, 그 무리 수천 명이 대궐 앞에서 울부짖으며 교주의 원을 풀려고 할 때 소를 올린다. 또 계속해서 왜병이 오만하게 대궐을 범하는 것에 대해 준열하게 성토한다.

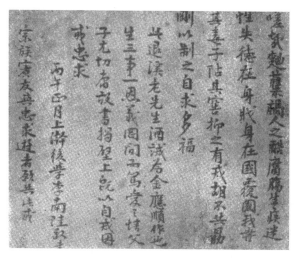

수당 이남규의 친필 「주계명(酒戒銘)」.

이어 우부승지에 오른 그는 1894년 여름, 북쪽 변읍 중 다스리기 어렵다는 영흥부사를 제수받는다. 부임하는 날부터 광세(鑛稅)를 감하여 백성의 근심을 덜고, 문교를 돈독히 하여 선비의 기틀을 바로잡아 나간다. 어느 날 일병 수백 명이 군의 누각에 올라오자 그는 이들을 흘겨보면서 문지기를 잡아다가 엄하게 벌주고, 이때 일병 대관(隊官)이 칼을 뽑아들고 수당을 협박하나 타이르는 말에 눌려 일병은 곧 물러간다.

이듬해 을미년을 맞아, 명성황후를 시해한 뒤 도망했던 무리들이 왜적과 결탁하여 고종황제를 핍박할 뿐 아니라 황후를 폐위하여 서민으로 만들라는 칙명을 내리게 하자, 수당은 곧 "신이 비록 죽는 한이 있더라도 칙명을 받들지 못했습니다" 하고 글월을 올린다.

이어 단발령이 내렸을 때도 "머리를 끊을지언정 머리칼은 자르지 못하겠습니다"라는 글월을 올린다. 그 뒤 벼슬을 버리고 낙향해서도 상소로써 황후의 복위를 청하고, 왜적을 토벌할 것을 개진하나 간사한 무리들의 방해로 그 뜻을 관철하지 못한다.

1894년에 그는 왕의 간청을 받아 안동관찰사로 내려가며, 이어 함경 남북도 안핵사로 임명되어 여러 군읍의 기풍을 바로잡기도 한다.

"함경남북도 안핵사로 임명할 때 왕이 권유하기를 '경은 공직염명하 여 효충함이 많다'는 교지를 내려 부득이 이 명을 받들었다는 것인데, 성 격이 불같고 칼날 같아 궁중에서는 '이남규의 상소가 또 왔구나' 할 정도 로 날카롭고 곧은 내용을 높이 샀다는 것이지요. 그래서 이태조의 고향 영흥이나 유림의 텃세가 센 안동 등 다스리기 어려운 곳에 보내셨다는 것이지요."

증손자 문원 씨의 말이다.

"성격이 엄격하서 집안에 과부가 많았으나 흔히 말들이 많은 여자들 이 모두 화목하게 지냈고, 동네 일가들을 모두 모아다 글을 가르쳐 막일 꾼이라고 해도 풍월을 읊게 했지요. 400석 하는 비교적 유복한 재산이 나 60~70명의 일가를 먹여 살려, 당신께서는 늘 구차하게 지내시면서도 글만 읽으셨지요."

둘째 손자 화복 씨의 말이다.

13세까지 수당의 일상사를 지켜본 맏손자 승복 씨는 이렇게 술회했다.

조정에 나간 지 30년을 두고 한 번의 벼슬자리라도 임금으로부터 직접 내려 온 것뿐이고, 스스로 그 지름길을 찾거나 사사로움을 구한 적이 없었다. 가 정을 지키나감에는 위아래와 절도가 있게 하기를, 끊고 맺음을 조정에서 와 같이 화목하게 하여 일가친척에게는 모두 환심을 사게 되었다. 가난하 여 혼인이나 장례를 치르지 못하는 일가친척에 대하여는 특별히 도와주셨 다. 어느 날 성균관에서 밤늦게 돌아올 적이었다. 매우 추울 때인데 이웃집

어린이가 이불을 덮지 못하고 자는 것을 보게 된 공은 신혼 때 부인이 해온 이불을 갖다 주었다. 그뿐 아니라 음식과 의복 및 식량을 주선하여 그 집을 구제했다.

이런 일은 한두 가지가 아니었다고 전한다. 평생 빈객을 좋아하셔서 손님이 오면 술과 안주를 내놓고는 경, 사, 론에 대하여 말씀 나누기를 즐겨 하셨다. 평소 청빈하셔 내외직을 역임하면서 항상 녹이 있는데도 남을 도와주지 못함을 한으로 여겼으며, 자신의 의식에는 박하게 하시어 조복(朝服) 외에는 비단옷을 몸에 걸치지 않을 정도였다. 외척 가운데 과수 한 분이 있었다. 우리 집에 와서 기거하게 하셨고 또 논문서를 떼어 줄 뿐 아니라 양자까지도 삼아주셨다. 가족과 종제 및 여러 숙모들과 한 집에서 수십 년을 살면서도 말썽 한 번 없었다.

…… 하루는 수당 공이 취침 중인데 도둑이 들었다. 효심이 지극한 아드님 유재 공은 숙면하시는 엄친께서 잠을 깨실까 무척 걱정이었다. 그래서 도둑에게 "지금 아버님 주무시는 중인데 다른 건 다 가져가도 좋으나 잠만은 깨시지 않게 해줘" 하는 부탁을 잊지 않았다. 집안 여기저기를 한참 뒤져본 도둑은 "가져갈 것이 아무것도 없는 집에 와서 허탕을 쳤군!" 투덜거리며 내려갔다는 것이다. (『삼천백일홍』)

1905년 을사조약 때 수당은 "이제 나랏일은 마지막이로구나. 우리 임금의 안부가 어떠실까?" 하면서 글월을 올려 5적의 목을 베겠다고 청한다. 이듬해 충남 홍성 의병장 민종식이 수차 예산 수당의 집에 몸을 숨기자 일제는 수당을 수개월간 공주감옥에 가두나 굴하지 않는다.

이때 일군은 아들 충구를 붙들어다가 민종식을 찾아내라고 하룻밤 사이에 세 차례나 악형을 가했으나 선생은 아들을 타일러 끝까지 거절케 했다. 그 후 선생이 의거할 것을 꺼려한 일제는 1907년 8월 19일 일 기병 100여 명을 출동시켜 체포했다가 온양 평촌 냇가에서 참살하니 향년 53세였다. 이때 아들 충구(34) 씨는 아버지의 몸을 가리고 일병의 칼을 막다가 죽었으며 교자 군 김응길은 맨주먹으로 일병에 대항하다가 죽음을 당함으로써 한 집안에 충신, 효자, 충노가 한꺼번에 쏟아져 나왔다. (『대한민국 독립운동공훈사』)

수당 부자가 얼마만큼 난도질당했던지 새끼손가락 한마디 찾을 수 없을 정도였고, 피묻은 토수가 보관되어 전해 내려와 제삿날만 되면 아침부터 엄숙하면서도 침울한 분위기가 이 집안에 감돈다는 것이다. 일제 하의 왜놈들도 예산 수당의 향제 앞을 지나칠 때는 꼭 말에서 내려 걸어갈 만큼 무서워했다고 한다. 근 400년이 되었다는 99간의 이 집은 일제 강점기 때 잠시 남의 손에 팔려간 적이 있으나, 그 주인 부자가 시름시름 앓다가 죽는 이변도 낳았다고 하며, 그 후 수당의 후손들이 다시 사서 살고 있는 이후로는 평온하다는 전설을 간직하고 있다.

충남 예산군 대술면 상항리에 위치한 수당의 고택은 인조 15년(1638) 한림공 이구 때 지은 우리나라 고가 중 하나다. 정부가 수년 전 IBRD 차관을 얻어 이곳에 방산 저수지 등 소규모 저수지 개발 계획을 추진할 때 수당 공의 이 고택은 한때 수몰될 위기에 몰리기도 했다. 그 후 유족을 중심으로 평원정(고택명)보존위원회를 발족하며, 학계·언론계·유림 등이 당국에 진정 탄원하여 이제는 영구 보존이 가능하게 됐다. 또 뒤늦은 감이 있으나 평원정이 충남 문화재 83호로 지정된 것은 다행한 일이라 하겠다.

내가 본 수당 이남규

구한말 한창 외세가 밀려들 무렵 수당 선생은 끝까지 구체제를 옹호하는 편에 서게 되나, 그분은 어디까지나 객관적 입장에서 자기 이념에 충실했을 뿐이었고 당시 집권욕에 눈이 어두워 점진적 개혁을 거부하던 보수파 위정자들과는 본질적으로 달랐다. 더구나 개화라는 이름 밑에 외세에 영합하여 권력을 쟁취하려는 조변석개의 정상배와는 처음부터 인간형을 달리했다.

선생의 나라에 대한 충성심과 청렴강직한 성격은 일세의 사표가 되었고, 그분의 진지한 애국충정은 외세에 대한 배격에서 가장 선명하게 드러난다. 개화론자들이 외세를 도입하려다 실패하여 결과적으로 국가 주권을 적에게 넘겨주게 된 통분할 사실을 두고 볼 때, 처음부터 외세와의 결탁을 철저히 거부한 선생의 태도는 단순히 개화를 반대하는 그의 보수적 주장만으로 좁게만 볼 것이 아니라 한 걸음 나아가 그의 종전의 의연한 주체적 자세에서, 그리고 나라의 앞날을 위한 깊은 사려에서 나온 것으로 이해해야 할 것이다.

선생의 문하에서 많은 인재가 나오기도 했으니 선생의 문장을 계승, 발전시키면서 동서양의 문화를 섭취하여 한문학의 새 경지를 개척한 산강 변영만과 또한 선생의 정신과 지개(志槪)를 이어받아 독립운동에 투신하는 한편 민족사학을 수립한 단재 신채호는 두드러진 인물이다. 지금 우리에게는 수당 선생처럼 기개와 용기로써 옳은 일을 깨우치고 나라와 겨레를 위해 자기를 희생시키는 참된 선비도가 아쉬운 것이다.

이우성(성균관대 교수, 대동문화연구원장)

수당 이남규

1855년	11월 3일, 서울 미동에서 태어남
1882년	정시 문과에 합격
1886년	사간원 정언이 됨
1892년	공조참의에 임명됨
1894년	형조참의에 임명됨
1895년	일본공사 오오토리(大鳥圭介)가 군사를 거느리고 궁궐에 들어가자 무모함을 상소
1896년	함경남북도 안핵사에 임명됨
1905년	을사조약 때 5적의 목을 베자고 왕께 글월을 올림
1906년	의병에 관련된 혐의로 일제에 의해 공주감옥에 갇힘
1907년	8월 19일, 일 기병에 피살되어 순국함

∞∞∞∞∞∞∞∞∞∞∞∞∞∞∞∞

수당의 증손자 문원 씨는 2001년 독립기념관장에 임명되어 수당의 후예로서의 면모를 돋보였다. 2007년에는 기념사업회(회장 이상복)가 수당 별세 100주년 기념 학술대회를 열었다. 서울 종로구 경운동 천도교 대교당 강당에서 열린 이날(9월 14일) 학술대회에서는 '수당 이남규의 학문과 사상'을 주제로 김시업 성균관대 교수, 권오영 한국학중앙연구원 교수, 김문식 단국대 교수가 발표했다.

20

매천 황현

　매천(梅泉) 황현(黃玹)이 빼어난 글재주로 구한말의 사회 풍정을 옮긴 『매천야록』은 중요한 사료로 평가되고 있다. 그는 1910년 망국의 비보에 접하고서는 야인의 몸으로 자결하여 순국한 애국자이다.

　매천은 1855년 12월 11일 전남 광양군 서석촌에서 황시묵(黃時默)의 아들로 태어났다. 현재 매천의 후예로는 증손자 황의강 씨가 전남 구례군 광우면 수월리 672에 살고 있는 것으로 알려졌다.

　매천은 어려서부터 총명하여 한 번 본 것은 잊지 않았다. 총기 있는 아이라 하여 호남의 유학자 기정진(奇正鎭)이 보고 기특히 여겼다고 하며, 11살 때 한시를 지어 사람들을 놀라게 한다. 이처럼 소년 시절부터 시를 잘 지어 벌써 향촌 사람들은 신동이라 하여 그를 우러러보았다.

　청년 시절에 과거를 보기 위해 서울에 올라와 이때 문장으로 이름을 날리던 강위, 이건창, 김택영, 정만조 등과 교유한다.

　1883년에 보거과(왕의 특명에 의해 치르는 과거)에 응시하여 초시 초장에 그의 글이 당선되나, 시관 한장석이 시골 사람인 것을 알고 둘째로 내려놓으며, 이어 회시(會試)를 보이지 아니하니 그는 고향으로 내려가 구례 지리산 밑으로 이사 간다.

그 후 1888년에 다시 상경하여 생원회시에 응시하여 장원이 된다. 그러나 이때는 임오군란과 갑신정변의 뒤를 이어 청·일 양국이 서로 침략을 경쟁하고 민비와 정부의 모든 관리가 극도로 부패하고 권력과 사리사욕을 탐내어, 국사가 날로 그릇되어 가므로 매천은 드디어 벼슬의 뜻을 버리고 구례 향제로 내려간다.

이후 그는 구례 향제에 묻혀 두문불출하며, 장서 3000권을 벗 삼아 독서로 소일한다. 이즈음 서울에 있는 벗들이 그에게 편지를 내어 속히 상경하여 다시 관에 나아가 같이 일하자고 권고하나, 그는 곧 "그대들이 어찌하여 나를 귀신 나라 미친 사람 가운데로 끌어들여 같은 귀신이 되게 하고, 미친 사람을 만들려고 하느냐?" 하고 도리어 책망한다.

그는 구한말의 어지러운 세상을 두루 구경하고, 청년 시절에 상경하여 글 잘하는 문우와 사귀면서 틈틈이 현실 사회에서 날뛰는 인사들을 목격하여 『매천야록』에 그 기록을 남긴다. 매천의 이 저서는 일종의 야사로서 정사는 아니지만 앞부분은 대개 당시 떠돌아다니던 이야기를 적어놓거나 인물, 사건들을 날카롭게 논평한 것으로 일종의 당대 저널리스트의 역할을 한 것이라고 볼 수 있다.

대원군의 득세 시대와 민씨 일파의 득세 시대를 비교하여 민씨의 가렴주구를 꼬집어, 오히려 대원군의 10년 세도를 그리워하며 민비의 권모술수가 고종을 허수아비로 만들었다고 개탄한다. 특히 과거제도의 문란성은 고려 말기보다 더 심화되어 '인인주사가가참봉(人人主事家家參奉)'이란 말이 이때 생겨났다고 직필한다.

민망나니 이야기, 서자 출신의 등용, 이덕유(李德裕)의 어음, 배중익

(裵重益)의 대상(大商) 등 서민 사회의 모습을 제대로 그려주어 일반 사회의 움직임을 말한 것이니, 정사에서는 볼 수 없는 생생한 생활사라 하겠다.

갑오년(1894년) 청일전쟁 때 청병들의 약탈행위가 심해 참패한 사실과 일본 군인들의 군율이 엄정한 것과 그들 일군이 민간의 물건을 돈 주고 산다는 새로운 사실을 들어, 군령이 엄한 곳의 백성들은 전쟁을 모르고 즐거이 향도했다는 사실 등은 매우 냉정한 비판으로 평가되고 있다.

한편 민비를 비롯한 세도 민씨들의 악행이 민생을 얼마나 도탄에 빠뜨렸나 함을 지적하고 있으며, 엄상궁도 민비와 비슷한 용모로 권모술수가 있다 하여 경계하는 등 궁정 중심의 단편 이야기가 사회의 반향을 일으키기도 한다.

아관파천 같은 큰 사건에 친러파가 득세하고 친일파가 몰릴 때 친러파가 한 짓은 충의 때문에 한 짓이 아니며, 또 러시아를 위하고 일본을 배척하기 위하여 한 짓도 아니요, 모두 권력 싸움 때문이라고 정확한 논평을 가한다. 왕조 시대의 비정(秕政)을 바로 그 당대에 살면서 이처럼 매섭게 꿰뚫어 파헤치는 과정에서 매천의 칼날 같은 패기, 선비다운 기개를 엿볼 수 있는 것이다.

의병운동에 대해서도 매천은 역시 비판적이다. 그 내용은 대략 이렇다.

처음에는 온 나라가 격분하여 모두 의병을 환영했다. 그러던 중 세월이 지남에 따라 그들의 예기(銳氣)는 점차 떨어지고 규율이 없어, 경군만 만나면 싸우지도 않고 도망쳤다. 이 때문에 죽어가는 자가 많았다. 그중에도 충의를 가진 자는 몇 사람 안 되고, 이름만 내걸고 따라다니는 자가 더욱 많아졌다. 일하기 싫어하는 자들이 무리를 지어 의여(義旅)라 하며 따라다녔다. 이런 자는 전날 동학란 비적의 잔당으로서 이름만 바꿔 단 자들이다. 이 때문에 그런 자들은 약탈과 강간을 자행하여 광도(狂徒)와 다름이 없었다. 이러한 사실은 단발령을 내린 데 대한 반항으로 일어난 의병의 일부였다. 덮어놓고 의병은 국가를 위하고 민족을 위하는 의병이 아니었다.

매천의 이 논평이 반드시 옳다고만 단정할 수는 없겠으나 의병활동이라면 무조건 옳은 것으로 추어줄 수 있는 민족 감정을 꿰뚫고 이처럼 소신껏 평가한 것은 역시 의연한 춘추필법의 태도라고 할 수 있다.

"여하튼 『매천야록』의 논조는 정부에 대한 비판이 매우 신랄하여 당시 위정자치고 매천의 필봉에 두드려 맞지 않은 사람이 없었지요. 대원군과 민비 사이의 정권 다툼에서 그래도 대원군은 낫게 보아준 셈이고, 일찍이 청의 이홍장에게 교육을 받아 비교적 일찍 개화한 영의정 이유원과 박규수, 대원군의 형 이최응은 점잖고 개화한 인물이라고 평가했지요. 당시 시정의 사사(私事)를 생생히 밝혀주어 망나니라는 민영휘의 사촌인 서울의 깡패 두목 이야기도 참 재미있지요. 그 민망나니는 서울 시내 장국밥 집에서 공짜로 먹는 등 행패를 부리다가 이범진(병인양요 때 장수 이경하의 서자)에 걸려들어 봉변을 당하고부터는 이범진은 범보라고 하여 천하장사로 꼽히는데…… 이 범보가 민비의 궁중에서 담뱃불을 붙여주고 아관파천 때 엄상궁에게 돈 4만 냥을 대주고 왕을 모셔내 법부대신, 러시아 공사까지 올랐다는 식으로……. 구한말에 얽힌 내막들을 이처럼 철두철미 캐낸 매천이었으니까요."

사학자 이상옥 씨의 말이다.

을사조약이 체결된 뒤 전국 각지에서 학문을 해야 한다고 우후죽순처럼 생겨난 각종 학교, 학회에 대해서도 매천은 매서운 비판을 가하고 있다.

처음에 생겨난 학회들은 학교를 경영하고 민족에게 새로운 학문과 지식을 넣어주어 후일을 기약한다고 했지만, 당시 학회와 학교는 너무나도 마구 세워 사실상 간판뿐인, 재정난으로 하룻밤에 쓰러지는 부실에 허덕인다. 그뿐 아니라 학교 자체 내의 학생 수보다도 교장, 교감, 사감, 주임 등 임원 교직원이 더 많은 상태여서 일종의 유담(遊談)하는 곳에 지나지 않는다고 했다. 갑오경장 이후 10년간 신풍을 배우며 개화를 부르짖었지만 모두 바람을 잡는 것 같다고 매천은 논평했다. 그중에 몇몇 유지들이 만든 학회와 학교는 달라진 점이 있다고 완고한 도학자인 매천도 인정한다.

1907년에 일어난 국채보상회와 단연(斷煙) 문제에 대해서도 그의 논평은 적중한 셈이다. 당시 우리나라의 국채는 1300만 원이라는 엄청난 액수여서 이것을 알게 된 대구 사람 서상돈, 김광제 등이 단연회를 만들고 2000만 동포가 1개월간 담뱃값 20전씩을 모으면 3개월 만에 넉넉히 갚게 된다고 했다. 이러한 처지의 단연회가 생겼다는 소식이 일단 신문에 보도되자 온 백성이 여기에 호응해 왔다. 그런 중에도 정부의 대관이나 부자들은 한 푼도 내지 않고 이름없는 사람들, 부녀자들이 금비녀, 반지 등을 빼어 주었다. 이 운동은 처음에는 곧잘 진전되어 본부를 서울로 옮기며 대대적으로 선전했다. 그러나 시초만 있었지 끝이 없어 결국 몇몇 개인의 주머니로 들어갈 것이라 하여 매천은 통탄했으며, 과연 그처럼 끝장나 버렸다.

또한 매천은 당시의 사회적인 불신 풍조에 대해서도 예리하게 비평하고 있다. 융희 시대로 들어서면서 일제의 압박은 더욱 심해가며 민생은 곤란했다. 이런 중에 매천은 때때로 새로운 풍속의 변화를 기록하여 후일 좋은 참고 자료를 남겨주고 있다. 남녀 간의 새로운 풍조, 여학교 설

매천 황현의 친필 「절명시」의 일부.

립, 신식 혼인의 시작 등을 적어두어 우리 사회가 발전해나가는 과정을 알리고 있다. 1907년에 이르러서야 겨우 각 관청의 대관들이 요강을 폐지했다는 기록, 무수한 신문의 발행, 외국에서 활동하는 교포들의 소식이 간간이 있어 당시 발간되는 신문 자료를 체계 있게 뽑은 것을 알 수 있다.

1910년 7월(음력) 매천은 일본에 합병되었다는 망국의 소식을 8월에야 듣고, 식음을 전폐하고 다음과 같은 「절명시(絶命詩)」를 써둔다.

난리 속에 백두가 되니
몇 번이고 생을 버리려다 못했네.
오늘날 진정 어찌할 수 없고 보니
휘황한 촛불은 창천에 비칠 뿐이구나.

요사스러운 기운에 임금의 자리 옮기니
구중궁궐 침침해 해만 길구나.
조서와 칙서는 이제 아주 갔으나

208

임리한 지상에는 눈물만 흐르네.

짐승들도 바닷가에서 지저귈 때
근역 세계는 아주 갔구나.
가을 등불 아래 책 덮고 옛일 생각하니
아, 글자 아는 사람이 가장 괴롭구나.

내 일찍이 국가를 지탱하는 거물은 아니지만
그래도 살신하여 성인하되 충성은 아닐세.
다만 송대의 인 윤곡(尹穀)을 따를 뿐이고
송대의 인 진동(陳東)의 뒤를 따르지 않음을 부끄러워하네.

매천은 1910년 9월 10일 다량의 아편을 먹고 자결, 56세를 일기로 순
국한다. 그가 아들에게 남긴 유서 내용은 다음과 같다.

국가가 선비를 양성한 지 500년에 이제 최후로 망국의 날이 왔다. 한 사람도
국가를 위하여 순사한 사람이 없다 하니 어찌 통탄할 일이 아니냐. 나는 황
천에 대하여 바른 덕을 책임질 필요는 없으나 평생에 독서한 그 뜻을 남기
기 위하여 길이 잠들고자 한다. 너희들은 지나치게 애통하지 말라.

매천의 저서로는 『매천집』, 『매천야록』, 『동비기략』 등이 있다. 『매천집』
은 김택영의 편집으로 일제강점기 때 상하이에서 출판되었으나, 일제 헌
병에 의해 압수된 까닭에 널리 보급되지 못했다. 『매천야록』은 구한말의
풍운사를 보고 들은 대로 집필한 것으로, 한말사 연구의 귀중한 사료이

다. 근년 국사편찬위원회에서 1000부 한정판 사학총서로 간행되어 국사학도들 사이에 널리 인용되고 있다.

매천은 천성이 강직하여 악한 것을 원수같이 미워하고 비록 권력을 가진 사람이라 할지라도 잘못이 있으면 면박했으므로 세도가에게 호감을 얻지 못했으나, 오늘을 사는 후세인들에게는 이처럼 호감을 사고 있다.

내가 본 매천 황현

매천 선생은 가난한 시골선비로 분수껏 입지하여 후세에 좋은 사료를 남겨준, 요즘 말로 해박한 저널리스트의 역할을 했는가 하면 망국을 지켜보면서 자결로써 순국한 애국자이다.

그분은 처음 과거를 치러 시골 사람이라는 미천한 신분 때문에 일등을 할 것을 이등으로 합격시키지만 아예 관리가 되지 않으며, 또 그의 재질을 아끼는 동료들이 출세를 권고해도 외세에 말려들 우려가 있다고 끝까지 거절한다. 이처럼 철저히 배타적인 꽁생원 기질로 구한말 격랑이 이는 한 시대를 증언해왔으니, 그의 저서 『매천야록』에는 당시의 일반 여론, 유행하던 말, 사사(私事) 등이 적확하게 기술되어 있는 것이다.

매천은 일본, 미국, 러시아 세력을 믿는 각 파의 위정자들을 모두 사리사욕을 위해 날뛰는 놈들이라고 매섭게 몰아붙이면서 사건의 이면을 뒤져 적확한 논평을 가하고 있는 것이다. 망국의 종장을 지켜보면서 매천은 드디어 아편을 먹고 순국했다.

대한제국이 멸망할 때 대관들은 사실상 일본의 작위와 은사금을 받느라고 서로 몰려들었고, 제대로 반항을 하지 못했다. 이처럼 망국에 직접 책임져야 할 대부분 관료들을 제쳐놓고, 매천은 직접 책임져야 할 관료가 아닌 야인이면서도 그 비분을 통감하고 자결한 애국지사이다.

이상옥(국사학자)

매천 황현

1855년	12월 11일, 전남 광양군 서석촌에서 태어남
1883년	보거과(保擧科)에 응시, 장원으로 뽑혔으나 몰락한 가문의 시골선비여서 낙방함
1888년	생원회시에서 장원을 하나 시국의 혼란을 개탄하고 시골에 은거함
1890년	서재 구안실(苟安室)을 세워 학문을 닦으며 세월을 보냄
1905년	을사조약 때 중국으로 망명을 시도하나 실패함
1910년	9월 10일, 한일합병에 맞서 식음을 전폐, 다량의 아편을 먹고 자결함

2007년 1월 문화재청은 1909년에 촬영한 〈매천 황현 초상〉(1850~1941년)과 1911년에 그린 〈매천 황현 초상화〉와 서화가 김규진(1866~1933년)이 1909년에 촬영한 〈매천 황현 초상사진〉을 보물 1494호로 일괄 지정했다. 1880년대 카메라가 한국에 도입된 지 처음으로 사진이 문화재가 된 첫 사례다. 〈매천 초상사진〉이 보물로 지정된 이유는 바로 〈매천 초상화〉의 원형이기 때문이다. 채용신이 그린 〈매천 초상화〉는 매천이 1909년 김규진의 천연당 사진관에서 찍은 사진을 보고 그린 것이다. 따라서 이 초상사진은 20세기 초 한국 인물화의 걸작인 채용신의 〈매천 초상화〉를 이해하는 데 중요한 자료로 평가받고 있다.

매천의 장남 암현 씨를 이은 인주, 의강, 승현(67·방송통신대 졸) 씨가 현재 전남 순천에서 부인 김춘자(59) 씨와 함께 살고 있다. 서울 송파구 가락동에서 살던 손자 용수 씨는 2011년에 88세로 작고했다.

21
강석 한규설

을사조약의 체결을 정면으로 반대하던 구한말의 참정대신 강석(江石) 한규설(韓圭卨)은 1856년 2월 27일 서울 조동(대추나무골)에서 한승렬(韓承烈)의 차남으로 태어났다.

서울 청계천 2가 네거리에서 을지로 쪽 오른편 모퉁이에 자리 잡은 상업은행 수표지점 옆 골목으로 20m쯤 접어들면 커다란 한옥(450평)과 마주치는데, 이곳이 바로 그의 생가이다. 현재의 번지수로는 서울특별시 중구 장교동 63의 1. 강석이 태어나서 생애를 마치기까지 항일의 역사를 아로새긴 이 현장은 얼마 전까지만 해도 곰탕 전문집으로 둔갑해 있었다. 곰탕, 불고기, 냉면, 통닭, 안주 일체 등의 가격을 표시한 간판이 점심 손님들을 맞고 있었다. 빌딩들이 빼곡히 숲을 이룬 도심의 한복판에 이렇듯 널따란 한옥이 아직껏 고스란히 남아 있는 것이 신기하게 느껴질 정도이다.

"그분이 생존했을 때의 건물 구조는 그동안 많이 달라졌으나 당시 항일 대신들이 모여 을사조약을 반대하기 위한 심야회의를 했다는 사랑채는 고스란히 남아 있지요. 바로 정면에서 마주 바라다보이는 저 건물입니다."

당시 곰탕집 지배인의 술회다. 나이 지긋한 손님들이 찾아와서는 "과거에 그분이 사시던 저택이냐?"고 묻기도 하고, 또 강석과 연고된다는 분이 찾아와 정원을 가리키면서 "어려서 이곳에서 뛰놀곤 했다"면서 추억에 사로잡히기도 했다는 것이다.

당시의 곰탕집 주인은 음식점이긴 하지만 써 붙인 메뉴도 족자 비슷하고, 방 안에 갓·도포 등을 놓아 양반집의 운치를 그대로 살렸었다.

강석은 1876년에 무과에 급제, 무위내관천장이란 벼슬을 했고, 5년 후 25세로 여천군수를 지내면서 선정을 베풀어 포상을 받기도 했다. 그는 무관으로 출발했으나 말의 조리가 분명하여 고종의 신임을 받아 출세가도를 달리게 된다.

강석은 1882년 6월 임오군란에 대한 책임을 느껴 관계에서 떠나려 했으나 고종이 만류했고, 이듬해 정3품 당상관이 되어 선전관을 맡는다. 1884년 여름 경상우도병마절도 특명봉판여(奉板輿)로 취임, 그곳에 들끓던 도적들을 토벌하고 저장했던 쌀을 풀어 백성을 구해주어 그 뜻을 기리는 생사당(生祠堂)을 세우기도 했다. 그해 10월 갑신정변 때는 강석의 형 한규직(어영대장을 지냄)이 우정국 낙성식에 참석했다가 독립당이 배치한 자객 이규완에게 참변을 당해 고종은 그에게 충숙공이란 시호를 내리고 강석으로 하여금 갑신정변에 대한 원인을 조사시키기도 한다.

강석의 가계는 외아들 양호를 거쳐 두 손자에 이어졌다. 장손 학수(68) 씨는 문영학원 이사장, 그 외아들 상국 씨가 서울여상 교장이며, 둘째 손자 택수 씨는 6·25전쟁 때 납북되었다. 서울 효창동 숙명여대에서 북쪽 언덕길을 따라 100m쯤 올라가면 아담한 양옥(100여 평)이 나타나는데 바로 이곳에 학수 씨 부자가 살고 있다.

"조부님은 특별한 재능형이라기보다는 직언으로 의협심을 터뜨리는 그런 무사 기질이었나 봐요. 갑신정변 후 내정에 간섭하려고 서울에 와서 청국공관에 머물던 원세개를 민영익, 김윤식 등과 찾아간 적이 있었지요. 그때 원세개가 노골적으로 한국의 정치개혁을 위해 간여하겠다고 말하자 그분은 대국의 실력자에 맞서, 청국의 내정간섭은 곧 사대사상에 지나지 않으니 절대 옳지 않다고 하시며 대드셨지요. 그때 원세개로부터 선물로 받은 회중시계가 가보로 전해오지요."

학수 씨 부자는 전란을 거치면서 몇 점 안 남은 가보 상자를 펼치며 강석의 모습을 떠올렸다. 원세개에게서 받았다는 회중시계는 당대 실력자의 선물답게 정교하고 아담한 구조에, 근 1세기 동안 시간을 알려오면서도 아직껏 고장이 나지 않았다. 강석이 사용하던 큼직한 동판관인과 담배물부리, 그리고 고종이 자신의 생일 기념으로 내린 메달 등이 전해오는 유물의 전부였다.

강석은 1888년 미국공사 겸 총영사인 딘스모어와 미국인 정부고문인 데니가 한국 내에 철도 부설을 할 것을 권유해 오자, 이 사실을 고종에게 품신하여 허락을 받았으나 조정에서 의견이 갈라져 철도 부설의 꿈은 깨지고 만다. 그는 또 성냥, 증기기관, 전기 등 개화의 이기를 고종에게 소개하여 유신의 시책을 도모하도록 촉구한다.

강석은 1896년 법무대신으로 임명되나 당시의 법령이 제대로 지켜지지 않음을 지적하고 일단 사양하다가, 고종의 간곡한 권유로 취임한다. 그 후 그는 당시 세도가와 벌족들의 횡포에 법질서가 짓눌리고 있는 현실을 개탄하여 법무대신을 사임했다가 만민공동회 사건으로 개화 인물 이상재 등 17명이 체포되자 다시 고종의 권유를 받아 법무대신 겸 고등재판소장직을 맡는다.

을사조약 체결 당시 항일심야회의를 거듭하던 한규설의 생가.

"그때 조부님의 책임은 참 무거우셨지요. 취임하시러 가는 도중 독립
협회원과 낭인들이 그분을 에워싸고 개화 인물들의 석방을 요청했다는
데, 조부님은 법질서를 지킬 것을 호소하면서 민중을 해산하고 곧 재판
소로 가셔서 그들의 죄상을 조사하신 것이지요. 그런데 당시 부패한 정
부를 비판한 것은, 이들 구속된 분들만의 주장이 아니고 백성 모두의
불평이었거든요. 그분은 곧 그 정당성을 들어 왕에게 상주하여 당일로
17명을 모두 석방시켰지요. 모두가 애국자니 죽여서는 안 된다고 간언하
신 것이지요. 그 가운데에는 이승만 박사도 끼어 있었고요. 또 그 이후
이상재 선생과 교분도 더욱 두터워져 일제강점기 때에도 장교동 집으로
놀러 오시곤 했지요."

독립협회에 의해 지탄받던 당시 정부 각료로서 강석의 '용기 있는 처
세'를 학수 씨가 증언했다.

1904년 나라가 기울어갈 때 강석은 미국으로 망명하는 이승만에게

여비와 공작금을 주어 도와주는 한편, 미국공사 던스모어에게도 나라의 위태로운 형편을 알리는 서신을 전하게 한다.

더욱 특기할 점은 강석이 당시에 이미 중립국안을 내세우고 있다는 사실이다. 즉 1905년 봄 미국공사 알렌이 갈려서 귀국할 때, 그는 당시 한반도를 에워싸고 벌어진 러일전쟁이 끝나는 대로 미국 정부에서 한국의 독립을 주선해주도록 부탁한 서신을 보낸 것이다. 뒤이어 민영환, 민영소 등과 이재윤 집에 모여 장차의 중립화안에 대해 구체적으로 논의했으며, 다시 이해 6월 미국공사 몰렌이 강석의 집을 찾았을 때 미국이 과거에 특약했던 중립화안을 적극 밀어줄 것을 요청한다. 7월에 접어들어 고종은 이러한 강석의 뜻을 알아차리고, 정부의 총리인 참정대신에 임명한다.

"해방 후 이승만 박사가 환국했을 때 송진우, 백관수, 원세훈 등과 함께 조선호텔로 찾아갔지요. 처음 그분을 뵙고 인사를 드리고 악수를 하고 돌아왔는데, 누군가 옆에 섰다가 바로 한규설 선생의 손자라고 소개하자 다시 반기면서 쫓아 나오시더군요. 내가 바로 조부님 덕택으로 미국에 갔다 왔다면서 자주 만나자고 하시더군요."

강석의 은덕을 잊지 않은 이 박사는 그 후 손자인 학수 씨 집에 들르기도 하고, 경기도 고양군 원당면 원흥리에 자리 잡은 강석의 묘소에 들러 참배하기도 했다. 강석 생애의 하이라이트는 1905년 10월 28일 정오 의정부 청사 참정대신 관방 안에 비친다. 강석은 숙연한 표정으로 모든 대신을 살펴보면서 위기에 선 국사에의 소신을 펼친다.

러일전쟁의 강화조약대로 일본 정부가 대한제국 정부에 대해 지도, 보호, 감리의 권한을 실천에 옮긴다면 우리들은 그들의 노예가 될 것이 뻔한 일이

오. 일본 사람들은 자기들 뜻에 우리들을 굴복시킬 것이며 모든 재산을 약탈하고, 우리들을 그들의 말발굽 아래에 엎드리게 한 후 의기충천해서 거드럭거릴 것이니, 어찌 두 눈을 뜨고 그들의 경박하고도 오만한 짓을 보겠소.

(『한규설 선생 소전』, 황호근)

이때 내각회의에 참석한 대신은 내부대신 이지용, 법부대신 이하영, 학부대신 이완용, 외부대신 박제순, 상공부대신 권중현, 탁지부대신 민영기, 궁내부대신 이재극, 군부대신 이근택 등이다. 그는 이해 11월 17일 을사조약을 체결할 때 일본전권대사 이토 히로부미와 전면대결을 하다 덕수궁 수옥헌 서쪽 휴게소에 유폐되고, 이토 히로부미와 이완용 등의 책동으로 참정대신직을 물러난다.

"당시 덕수궁 어전회의 석상에서 조부님이 을사조약을 반대하시자 이토 히로부미는 일본 헌병들을 시켜 조부님을 묶어서 수옥헌에 가두고, 빨리 '가(可)'라고 말하라고 협박을 했다는 거예요. 그러자 조부님은 '이미 나는 총칼 앞에 죽기로 한 몸이니' 하시며 끝까지 '부(否)'라고 버티시며 을사조약을 정면으로 반대하신 것이지요. 그 후 집에 돌아온 조부님은 부친을 사랑채로 부르셔 충신의 도리를 조용히 타이르셨지요. 이 자리에서 부친은 조부님 아호의 뜻을 새깁니다. 즉 강의 돌처럼 단단하고 굳세라는 뜻으로 강석이라 했고…… 그러면서 조부님은 부친의 호를 소석(小石)이라고 지어주셨고, 저와 제 아들의 호도 각각 우석(又石), 석포(石浦)라고 미리 지어주셨지요. 아들 역시 돌처럼 단단하게 살라는 것이고, 그 후로는 바다의 뜻을 펼 수 있는 포구의 돌이 되라는 것이지요."

학수 씨는 집안에 이어 내려오는 아호의 뜻을 풀이하여 조부님의 뜻을 되새겼다.

강석은 을사조약이 체결되자 3년 유형을 가게 되었으나 즉일(卽日)로 해제되었고, 이듬해 중추원장에 임명되나 곧 사퇴하며, 1910년 일본 정부로부터 남작의 작위가 수여되나 끝내 거절한다.

"한일합병 후로는 독립운동을 지원하셨지요. 망국대부라고 해서 3·1운동 때도 스스로 표면에는 나서지 않으셨습니다. 망명하는 독립운동가들에게 여비를 주시고 옥고를 겪는 독립투사에게 사식을 넣어주기도 하시고, 3·1운동 이듬해 집에 자주 놀러 오던 이상재, 유진태 등과 조선교육회를 설립하게 하여 민립대학 설립운동도 벌이셨지요. 그러다가 1930년 9월 18일 장교동 집에서 75세로 돌아가셨는데, 독립을 보지 못하고 죽는 것이 한스럽다는 가냘픈 목소리로 유언을 남기셨지요."

학수 씨는 그 후 강석의 유산으로 문영학원을 설립하여 교육사업에 전념한다. 또 종로에 화신백화점, 한청빌딩 등을 지어 한국인의 상업, 문화사업의 보금자리를 마련하기도 한다.

"거액의 유산을 남기셨습니다만 그분의 뜻을 받들어 모두 독립운동이나 사회사업, 교육사업에 쓰이는 것이지요. 지금도 집의 아이들이 밥그릇의 밥알을 남기지 않습니다. 그분의 검약하신 생활이 가풍으로 이어지는 것이지요. 그분께서 돌아가시자 계동 146번지로 이사했는데, 해방이 되자 우리 집은 '광복정치의 산실'이 되었지요. 송진우, 조병옥 씨 등이 모여 한민당을 창당했지요. 해방 후 정계 인사라면 대부분이 우리 집을 거쳐 갔으니까요. 매일 솥밥에 소요되는 쌀이 2~3가마니나 되었으니까요. 하지 중장이 지프에서 내려 초콜릿을 손에 쥐어주던 것도 기억납니다."

강석의 증손 상국 씨는 해방 직후의 집안 모습을 떠올렸다.

"재동초등학교 5학년 때 검정고시를 보아 경기중학에 입학했는데 대원군의 증손 이청 군도 역시 교동초등학교(5학년)에서 검정고시로 합격하여 동급생이 됐어요. 선생님들이 양반 자제는 머리도 좋은 모양이라고 칭찬해주시더군요. 하지만 선조님께 비하면 저의 생활은 부끄럽지요. 한자 공부도 좀 더 해야겠는데……. 미국 하노버대학에 유학 갔을 때 그곳에서 국제학생회라는 외국인 유학생 단체를 만들어 우리의 의식주 생활과 민속을 소개하기도 했지요."

상국 씨는 집안 얘기를 꺼내는 것이 너무 자랑하는 것 같아 민망스럽다면서, 자라나는 세대에 어두운 역사만이 아니라 떳떳하고 꿋꿋하게 버티는 밝은 역사를 가르쳤으면 한다는 견해를 폈다.

"매일 아침 학과가 시작되기 전에 노산 이은상 선생의 애국시를 암송시키지요. 여성이 수리에 밝아야 알뜰한 살림살이를 하여 나라 경제도 바로잡게 된다는 뜻에서 여자 상업학교를 설립하신 것이지요."

이 집안의 결혼은 상국 씨까지 모두 중매로 맺어졌고, 건실성과 두뇌를 중시한다. 부인 최영숙(36) 씨는 고 최인규(전 내무부장관) 씨의 장녀다.

"우리 집 가훈은 따로 없습니다. 그저 선조의 뜻대로 산다는 것 자체가 벅찬 일이니……. 집안의 사업으로 「만성보」라고 하여 한국민 전체의 성씨 자손을 모두 수집했던 자료가 6·25전쟁 때 없어진 것이 참 아쉽군요."

학수, 상국 씨 부자의 선조를 기리는 뜻은 1972년 2월 한규설기념사업회(회장 최석채)가 발족되어 더욱 널리 펼 수 있게 됐다.

내가 본 강석 한규설

을사조약이 체결될 당시의 참정대신 강석 한규설 선생은 비록 자결하지는 않았으나, 정부 수반으로 정부를 대표하고 각료들의 방패가 되어 이토 히로부미의 공갈 협박에 끄떡도 아니하고, 그의 면전에서 여러 차례에 걸쳐 조약안을 단호히 거절했다. 그 후 고종에 시립(侍立)해서도 거절할 것을 직소하여 제지했음은 물론, 군신이 다 함께 목숨을 바쳐 민족을 보호할 것을 고종에게 강청했다. 회의장에서 조인을 완력으로 저지하다가 어전에서 일개 미천한 무명 죄인처럼 일병에게 멱살을 잡히고 팔을 끌리어 덕수궁 수옥헌 서행랑에 감금되는 오욕까지 당한 것은 널리 알려진 바이다.

자결만이 애국의 길은 아니었기에 《황성신문》에서 강석을 비난했던 장지연도 뒷날 이를 시정한 바 있지만, 을사망국조약의 실력 저지에까지 실패한 강석은 세상과 인연을 끊고 두문불출로 울분을 삼키면서 생애를 마쳤다. 그런 중에서도 교육협회를 설립하게 하여 민족혼 함양에 유의하셨고, 사재를 털어 애국운동을 지원하는 등 이루지 못한 초지관철에 힘을 쏟아부었다.

선생과 같은 선열의 민족정신은 민족혼의 발현과 후진들의 민족정신 고무는 물론, 민족 중흥과 전진의 큰 맥이 된 셈이다. 강석은 구한말의 직업관료로서 망국조약을 반대했을 뿐 아니라, 한일합병 후의 작위를 거절하여 끝까지 항일의 기개를 보여준 인물이다.

김성균(전 국사편찬위원장)

강석 한규설

1856년	2월 27일, 서울 조동(대추나무골)에서 태어남
1876년	무과에 급제, 무아내관천장이란 벼슬을 지냄
1881년	희천(熙川)군수가 됨
1884년	경남우도병마절도 특명봉판여로 취임

1888년	철도 부설을 시도, 고종에게 성냥 · 증기기관 · 전기 등 유신(維新)의 시책을 건의함
1896년	법무대신에 임명됨
1905년	을사조약 체결을 반대하여 참정대신직을 사퇴
1930년	9월 18일, 서울 장교동에서 75세를 일기로 별세

1928년 12월 21일 《조선일보》 석간 2면에 '말하는 벙어리 된 지 이미 20년'이란 제목 아래 한규설 인터뷰를 실었다. "을사조약으로 시국이 바뀌자 분연히 창정대신의 요직을 헌신짝같이 버리고 사저에 은둔했다"고 한규설을 소개한 후, 조선인의 교육진흥에 노력하는 존경할 만한 독지가라고 썼다. 한규설은 "세상을 등진 지 이미 수십 년이라 지나간 이야기는 전혀 하지 않기로 작정했다"면서도 '문강무약(문을 우대하고 무를 천시하는 풍조)'의 병폐척결과 절약을 통해 백성들을 구제하자는 소견을 밝히고 있다. 서슬 푸른 일제 압제 하에서 이처럼 우회적인 민족지향의 길을 제시한 셈이다.

1930년 강석이 별세한 후에도 《조선일보》는 그의 후손을 탐방하는 기사(1933년 5월 7일자 석간)에서 "다른 각료들은 자리에 연연하고 세력에 위압됐으나 오직 홀로 기탄없이 의견을 펴서 서명을 거절한 꿋꿋한 재상이 있었으니 한규설 씨가 그였다"고 되새겼다.

22
구당 유길준

구당(矩堂) 유길준(俞吉濬)은 한국 최초의 미국 유학생으로 『서유견문』등 저서를 남긴 개화 선각자이다. 그는 1856년 10월 24일 서울 계동에서 가선대부(嘉善大夫)직을 지낸 유진수(俞鎭壽)의 차남으로 태어났다.

"조부님의 생가는 계동 언덕 막바지 꼭대기에 자리 잡고 있었지요. 40여 년 전 어린 시절에 아버지를 따라가 보았지요. 그때 이미 집은 다 없어져 버렸더군요."

구당의 장손 병덕(54·제일화섬 회장) 씨의 말이다.

구당은 만겸, 억겸, 조겸, 경겸 등 4형제를 두었으나 조겸, 경겸 형제는 모두 대가 끊기고, 현재 만겸 씨의 부인 윤숙경(81·이화학당 졸업) 씨가 장남 집(서울 성동구 하왕십리동 961의 89)에 살고 있다. 만겸 씨는 5남매를 두었으나 장남 병덕 씨와 장녀 병임 씨만 생존해 있다. 병덕 씨는 경기고, 서울대 문리대 정치학과를 거쳐 감사원 심의실장을 역임했다. 그는 홍승희(49·전 대한변협 회장 홍승만 씨의 동생) 씨와 사이에 석재(28·동국대 물리학과 졸), 석희(25·외대 영어학과 졸) 씨 등 5남매를 두었다.

구당의 차남 억겸 씨는 일본 교토(京都)3고와 도쿄제대를 졸업하고 연희전문 교수를 지내다 일제 말 수양동지회 사건에 연루되어 조병옥, 신흥우 등과 수개월간 옥고를 치르고 교수직에서도 추방된다. 해방 후 연희대 초대 총장, 미군정 문교부장 등을 역임하다 작고했다.

사육신의 한 사람인 유응부의 원손인 구당 집안은 그리 넉넉하지는 못했으나 양반 가계에 속하여 학문을 숭상하는 가풍을 견지했는데, 구당은 어릴 때 집에서 부친에게 학문을 배운다. 그는 16~17세 소년 시절에 당시 중국에 사신으로 다녀온 개화사상가 박규수의 집에 드나들면서 서양의 새 문물과 지식을 접한다.

1881년 구당은 선진문물을 배우고자 정부에서 파견하는 도일 신사유람단의 일원이 되는데, 조사(朝士) 어윤중을 수행하여 윤치호 등과 함께 재정제도를 조사하는 임무를 맡는다. 그는 3개월 코스의 시찰을 마친 후 일본에 계속 남아 공부할 것을 자원하며, 어윤중 등 조사들의 허락을 받아 후쿠자와 유기치(福澤諭吉)가 경영하는 경응의숙에 입학한다.

구당은 당시 일본의 개화 선각자로 많은 저술과 교육사업에 힘써온 후쿠자와의 집에 기거하면서 개화 분위기에 흠뻑 젖게 된다. 일본에 체류한 지 1년을 지나 본국에서는 개화정책에 대한 반발로 임오군란이 일어나, 그 수습 사절로 김옥균·서광범·민영익 등이 파견되는데 이들은 귀국할 때 구당에게 같이 돌아가 개화사업을 도와달라고 요청한다. 그리하여 구당은 후쿠자와가 추천한 일본인 신문 편집 기술자 몇 사람을 데리고 귀국한다.

"국민에게 개화사상을 널리 보급하기 위해서는 신문을 간행해야겠다는 다짐이 생겼던 것 같습니다. 《한성순보》에도 손수 집필하신 논설이 많이 실려 있지요. 또 한일합병 직전 홍사단, 한성부인회를 통해 국민 계몽운동을 벌일 때 '한일합방이 어디 한국인 심장으로 할 것이냐'고 친일배들을 성토하셨는데, 이처럼 표현이 절절하여 손병희 선생 등에게 절찬을 받으셨다는 것이지요."

병덕 씨가 구당과 초창기 우리 신문사의 관련을 이렇게 풀이했다.

귀국한 구당은 통리교섭통상사무아문의 주사로 임명되어 외교 사무를 담당하는데, 당시 한성부윤으로 취임한 박영효는 한성부 안에 신문국을 두어 신문을 발간할 생각으로 유길준에게 준비 작업을 맡긴다. 그러나 이 작업은 3개월 뒤 보수파의 반발로 박영효가 물러나 일단 중단된다.

그 후 그는 몇 달 동안 집에서 은거하다 1881년 5월 한미수호통상조약이 체결됨에 따라 친선 사절로 도미하는 민영익 전권대사를 수행하는 행운을 얻는다. 일행은 백악관에 들러 대통령에게 국서를 제정하고, 40여 일간 미국 각지를 시찰한 후 귀국길에 오른다. 구당은 이때 민영익의 알선으로 국비 장학생으로 남아, 한국의 첫 일본 유학생의 이력에다 첫 미국 유학생이라는 영예를 더하게 된다.

그동안 구당은 피바디대학 박물관장을 맡고 있던 당시 미국의 저명한 모스 박사 밑에서 영어와 과학에 관한 개인 교수를 받는다. 그리고 모스의 소개를 받아 명문 사립고교인 나마학원에 입학하려다 고국에서 갑신정변이 일어났다는 소식을 듣고 1년 3개월 만에 귀국한다. 이처럼 예정을 앞당기면서도 구미 문물에의 견문 의욕은 그로 하여금 유럽 각국을 거쳐 귀국하도록 하는데, 그가 돌아올 때 가지고 온 커다란 나무 궤짝 두 개가 아직도 그의 손자 병덕 씨 집에 남아 있다.

"미국 유학 시절에 사 보시던 각종 영문 서적들이 가득 들어 있었지

최초의 국한문혼용체 저술인 『서유견문』. 고려대학교 박물관 소장.

요. 1880년대의 브리태니커 백과사전도 있더군요. 저는 전문가가 아니라 잘 모르지만 여하튼 개화 연구하는 사람들이 찾아와서 좋은 자료라고 하면서 기뻐하더군요. 작년에는 하버드 대학원에서 조부님 연구로 박사 학위 논문을 쓴다는 중국인 원위민(袁韋民) 씨가 찾아와서 인터뷰를 했는데요. 일본 국회도서관, 규장각, 한국연구원 등에서 조부님에 대한 저서 자료들을 샅샅이 뒤진 분이라 저도 미처 몰랐던 것을 많이 알게 되었지요."

1885년 12월 귀국하자 구당은 보수정권에 의해 체포되고, 그 이후 무죄임이 밝혀지나 다시 지금의 서울 삼청공원 못 미쳐 백록동 취운정에 연금되는데, 그는 이곳에서 2년간에 걸친 미국과 유럽에서의 견문 자료를 모아 『서유견문』이란 명저를 남긴다.

구당의 친필들이 또박또박 살아 움직이듯 눈에 익은 600여 장의 이 책의 원본은 병덕 씨 집에 고스란히 보존되어 있었다. 모두 20편으로 엮어진 이 책은 지구와 세계 및 각국의 인종, 물산, 도시와 민주정치 제도, 교육, 사회, 경제 등 당대 구미의 실상들이 고루 담겨 있어 근대사 연구에 더없는 사료로서 각광을 받고 있다. 선진 구미에서 그가 무엇을 보고 듣고, 어떻게 느꼈는지 그 하이라이트를 옮겨보자.

외국에 처음 가본 사람은 일차로 허명 개화에 빠지게 되나 세월이 흘러 경험이 쌓이면 실상 개화에 들어가게 된다. 그런 까닭에 타인의 좋은 것을 취하는 자는 결코 외국의 기계를 구매하거나 기술자를 고용하지 말고, 먼저 자기 국민으로 그 기술을 배우게 하여 그 사람으로 하여금 그 일을 행하게 함이 좋다.

대개 사람의 재주는 끝이 없지마는 재물은 유한한 것이라, 만약 자기 나라 국민이 그 기술을 연마하면 당장에 이로울 뿐 아니라 나라 안에 전파되어 그 효과가 후세에까지 미치게 되겠지만, 외국의 기계를 구입하는 경우에는 기술자가 가버리면 그만이라, 다시 또 무슨 기계, 무슨 기술자로 그 일을 할 수 있겠는가. 할 수 없이 그 기계를 다시 구입하고, 그 기술자를 다시 고용하게 되는데, 그렇게 되면 우리나라에서 허비되는 것은 재물뿐인 것이다. 이렇게 허비하는 재물이 어디에서 나올 것인가. 필경은 국민에게 그 해가 돌아갈 따름이다. 슬픈 일이다. 개화라는 것은 타인의 좋은 점을 취할 뿐 아니라 자기의 선미(善美)한 것을 보호하고 지키는 것이니, 대체로 타인의 좋은 점을 취하는 의향도 자기의 선미한 것을 북돋우기 위함인 까닭에 타인의 재주를 취하여도, 그것이 실상 있게 쓰이게 되면 바로 자기의 재주가 된다.

외국 것이면 다 좋다고 하여 자기 나라의 것은 어떠한 사물이든지 좋지 않다고 하며 심지어는 외국의 모양을 칭송하여 자기 나라를 멸시하고 모욕하는 폐단도 있으니……. (『서유견문』, 제14장 개화의 등급)

90년 전 구당은 이처럼 오늘에 걸맞은 선구적인 안목으로 개화론을 활짝 펼치고 있다. 그는 1892년에 7년 만의 연금 생활에서 풀려나고, 2년 후 김홍집의 갑오경장 내각에 내부협판으로 들어가 이듬해 미국에서 돌아온 서재필이 《독립신문》을 간행하려 하자 5000원의 국고 보조금을 내도록 하는 등 개화정치에 몰두한다.

그러다가 아관파천을 맞아 일본에서 11년간 망명 생활을 하는데, 이 동안 그는 일본 육군사관학교를 졸업하고, 귀국하는 청년 장교 16명과 접촉하여 본국의 보수정권을 무너뜨리고 혁신정권을 세우려고 시도한다. 그러나 이 계획이 탄로 나 도쿄 경시청에 소환되어 심문을 받고, 외딴섬인 오가사와라로 귀양살이를 간다.

1907년 8월 망명 생활에서 귀국하자 구당은 국민경제회를 발족하고 호남철도회사를 세우는 등 민족자주경제를 이룩하는 데 관심을 보이며, 한성부민회와 흥사단을 조직하여 국민 계몽에도 힘쓴다. 또 망명 생활 중에 집필한 『대한문전』을 간행하고, 10여 종의 각종 저서를 내놓는다.

1910년 한일합병을 앞두고서는 친일단체인 일진회 성토 등에 앞장서며, 보부상 단체가 일진회의 한일합병론에 찬성했다는 소식을 듣고 격분한 나머지 그 사무소에 달려가 간부를 구타하기도 하며, 합병 후에는 일제가 주는 남작의 작위를 거부한다.

"선친께서는 일본 오카야마6고교와 도쿄제대를 거쳐 관리생활을 하시면서 도지사(충남)까지 지내십니다. 개화운동에 항일운동을 하시던 조부님의 피를 받은 선친의 심경은 참말 착잡하신 것 같았어요. 어려서 조부님이 유학과 망명 생활을 하실 때 선친은 그 때문에 조모님이 고생하시는 모습을 뼈저리게 지켜보셨다는 것이지요. 땔나무가 떨어져 손수 뒷산(지금 삼청공원)에 올라가 갈퀴로 나무를 하다 손이 터져 피가 나기도

하고……. 하지만 관리 생활을 하면서도 민족정신은 그대로 남아 있더군요. 일제 말 고급 관리이면서도 집에 오시면 꼭 한복을 입으시고 우리말을 쓰셨어요. 그러다가 창씨개명 때 성을 갈 수 없다고 끝까지 버티셔서 결국 관직에서 쫓겨나셨는데, 당시 《경성일보》 톱기사로 이 사건이 다뤄졌지요. 취재 기자와의 인터뷰에서 '나는 유(兪)라고 창씨개명한다'고 대답하여 화제가 되었지요. 가훈은 근면하라는 것과 친구를 사귀는 데 차별하지 말라는 것이었지요. 학교 다닐 때도 퍽 유복한 집안이었지만 무명옷만 입혔지요. 그러다가 중학 입학 때인가 손목시계를 하나 사주셨는데, 기죽지 말라는 뜻이었던 것 같아요."

병덕 씨의 말이다.

구당은 만년에 기독교에 귀의하여 한강 건너 노량진에 은거하다 1914년 9월 30일 59세를 일기로 생애를 마치고 경기도 광주군 동부면 덕동리 선영에 안장된다.

내가 본 구당 유길준

나는 구당 선생을 직접 뵌 적은 없으나 그분의 종제 되는 유성준(보성전문 교장 역임) 선생은 여러 차례 만났다. 따라서 구당 선생을 알게 된 것은 국어학으로 전공을 잡으면서부터 그분의 저서 『대한문전』을 접하면서 사숙하고 존경하게 되었다. 이 책은 일본 망명 시절 집필한 것인데 서문을 보면 여덟 번이나 원고를 고쳐 썼다고 밝히고 있으니, 얼마나 고심한 역저이며 성실한 학문적 자세를 지녔는지 짐작할 수 있다.

그 후 그분의 저서들을 닥치는 대로 읽기도 하고 1971년 『구당전집』

(6권, 일조각)을 정리하기도 했는데, 특히 『서유견문』은 당시 세계의 조류와 문물 등을 한눈에 꿰뚫어 본 명저로서 우리나라 문체사상 국한문을 혼용한 최초의 저서로 손꼽히기도 한다. 이처럼 구당 선생은 학자로서, 지성 정치인으로 우리나라의 개화에 힘쓰신 탁월한 선각자임을 날이 갈수록 더욱 절감하게 된다.

이희승(단국대 동양학연구소장)

구당 유길준

1856년	10월 24일, 서울 계동에서 태어남
1881년	신사유람단의 수행원으로 도일, 경응의숙에 입학
1882년	임오군란으로 귀국, 통리교섭통상사무아문의 주사로 임명됨
1883년	한미조약이 체결되어 보빙사의 수행원으로 도미함
1885년	귀국했다가 체포되어 7년간 유폐 생활을 함
1894년	내부협판에 임명됨
1895년	『서유견문』을 탈고, 내부대신으로 승진
1896년	아관파천 때 일본으로 망명, 도일 중 일본 육사 졸업
1902년	도쿄 경시청에 소환된 후 오가사와라 섬으로 강제 압송됨
1907년	귀국 후 국민경제회를 발족, 호남철도회사 사장이 됨
1914년	9월 30일, 59세를 일기로 서울에서 별세

2003년 4월 19일 미국 마사추세츠 주 가버너 더머 아카데미에서는 구당 유길준 명예졸업장 수여식이 118년 만에 열려 감회를 새롭게 했다. 존 마티 도거트 교장은 이날 구당의 증손자 석재 씨와 증손녀 항희 씨와 그 아들 김기현 씨에게 구당의 명예졸업장을 수여하고, 한인 이민 100주년 기념사업회 측이 마련한 유길준 기념비 제막식을 가졌다. '한국 최초의 국비 유학생으로 사회개혁가, 교육자, 작가인 유길준을 기리며'라고 적힌 기념비는 학교 도서관 앞에 영구히 보존된다. 마을 입구 왼쪽의 벽돌 건

물 정면에는 '1763년 지어진 미국 최초의 보딩스쿨(기숙사를 갖춘 학교)'이라는 간판이 붙어 있다. 당시 학생 수는 7명이었다고 한다.

이해 9월 8일에는 미국 동부의 유서 깊은 피바디 에섹스 박물관에 '유길준 전시실'이 개관됐다. 한국국제교류재단은 구한말 조선의 초대 외교사절단으로 방미했던 유길준과 그의 미국 생활을 도왔던 이 박물관 초대 관장 에드워드 모스의 특별한 관계를 기념하기 위해 명칭을 '유길준 전시실'로 정했다고 발표했다. 전시실은 약 78평 규모로 건물 1층에 설치됐으며, 설립 비용은 한국과 미국이 각각 절반씩 분담했다. 조선일보사와 국립중앙박물관이 1994년 서울서 개최한 '유길준과 개화의 꿈' 전시회 수익금 30만 달러를 기증함으로써 세워지게 됐다. 전시실은 두 공간으로 나뉘어 한쪽에는 종교 및 궁중 의식과 관련된 유물인 흰옷 · 관복 · 병풍 등이 전시됐고, 다른 쪽에는 18세기 나전함, 19세기 화각분함(畵角粉盒) 등의 생활용품이 배치됐다. 구당이 모스 관장에게 보낸 서한 및 기증품 등을 보여주는 한국문화정보센터도 설치됐다.

23

여옥 이범윤

여옥(汝玉) 이범윤(李範允)은 구한말 간도관리사로 우리 국경을 지키고, 간도와 노령을 중심으로 의병 항일운동을 펼친 애국지사이다. 그는 1856년 12월 29일 경기도 고양군 숭인면(현재의 서울 신설동)에서 이병하(李柄夏)의 맏아들로 태어났다. 흔히 그가 대원군의 깊은 신임을 받던 훈련대장 이경하의 아들이라든지 또는 친러내각 때 법무대신과 경무사를 지낸 이범진의 아우라고 전해지고 있는 것은 모두 낭설이다. 또 그의 출생 연대를 1863년으로 보고 있는 것도 사실과 다르다. 이처럼 여옥이 한국독립운동사의 거성으로 큰 몫을 차지하면서도 사실과 달리 전해지고 있는 것은, 아마도 젊어서 간도관리사로 북만에 파견된 이래 줄곧 해외의 시야에서 의병활동을 벌이면서 그 편법으로 생애 후반에 상당 기간 표면에 나서지 않고 은신했기 때문이었을 것이다.

일제 말 1937년 번뜩이는 일제의 감시망을 뚫고, 만년의 변장한 여옥을 맞았던 그의 외아들 억종(71) 씨는 그로부터 3년 후 여옥의 임종을 비밀리에 맞았다. 억종 씨는 1961년에 작고했으며, 부인 최복동(71) 씨는 전남 광주(현 광주광역시)에서 차남과 함께 살고 있다. 억종 씨는 아들 형제를 남겼는데, 장남 규성(50·구제한성상업 졸, 양봉업, 전 광복회 이사) 씨는 권춘사(49) 씨와 결혼했다. 차남 규대(32·공사 졸, 공군 대위 파일럿) 씨는 김정숙(29·이화여대 수학과 졸) 씨와 결혼하여 전남 광주시 공군비행장 사택에 살고 있다.

"해방 당시 부친께서 약주를 드시고 통곡하시면서 '이날을 보기 위해 우리 식구가 오늘날까지 고생해왔다'고 말씀하시더군요. 그래서 비로소 조부님이 독립운동의 거물이라는 사실을 알았지요. 신분이 노출될까 꺼려 변성명하고 일제하를 숨어서 지내신 것이니 그 고생이야 오죽했겠어요? 조부님이 해외에서 독립운동을 하시는 동안 부친은 국내에 남으셔서 일체의 신분을 숨기고 '오직 살아남아야 한다'고 생계에만 몰두하신 것이지요. 그러니까 누구 자식이라고 밝힐 수도 없고 따라서 공부하기도 힘들고……. 철공장 직공, 철도국의 노무자로부터 쌀장사, 장작장사 등 닥치는 대로 일하셨지요."

장손 규성 씨의 말이다.

여옥은 1902년 6월 간도관리사로 파견된다. 한·청 간에 간도 귀속 문제가 발단한 이래 청 측이 간도의 영유권을 주장, 간도의 한민족을 몹시 박대하므로 교포들이 청의 박해에서 보호해주도록 요청하여, 정부에서는 이에 응하여 여옥을 간도로 파견한 것이다. 김송원의 『관북대관』에 의하면 당시 우리 동포의 이주자는 13만 중 10만을 차지하는 압도적 다수이다.

이때 우리 동포들은 황무지를 개간하여 옥토로 만들어도 소수의 청인 지주들이 이를 독점하여, 우리 동포는 그들의 풍속을 강요당하여 청복을 입고 청식의 두발을 하지 않을 수 없었으며, 여기에 불응할 때에는 그 땅을 몰수 당하는 등 가혹한 처사가 비일비재했다. 이범윤은 간도로 가 그곳 동포를 순무하고 호구 조사를 했다. 이때 그는 이주민들의 비참한 현실을 목격하고 의분을 참을 수가 없어, 정부의 허락을 받지 않고 포수들을 모아 사포대(私 砲隊)를 조직하여 청인들의 비인도적인 박해와 대결하면서 이민 보호에 진 력했다. 이에 따라 청공사는 이범윤의 퇴거를 한국 정부에 요청했으나, 러 일전쟁(1904~1905년) 때 이범윤은 러시아 측에 가담하여 활약하다가 항일 독립운동에 크게 활약했다. (『독립운동사』 제5권, 원호처 독립운동사편찬위 원회)

사포대를 편성한 여옥은 모아산, 마안산에 2개의 병영과 두도구(頭道 溝)에 한 곳의 병영을 설치하여 서울에서 연발총을 들여와 보병을 훈련 시킨다. 이들은 이주민의 장정과 일제에 의해 해체당한 국경 지대의 구 한국군과 의병까지도 흡수한 것이다.

그는 우리의 행정권이 미치지 못했던 이곳 간도에 관청을 세워 자율적 인 행정을 하고, 10호를 1통으로, 10통을 1촌으로 하여 통장과 촌장을 임명한다. 또 청에 대한 조세를 거부하게 하는 한편, 그 조세를 우리 정 부에 내도록 하여 군사 자금에 충당하는가 하면 한국민을 괴롭히던 청 국향약을 파기시킨다.

러일전쟁 때 러군 측에 가담하여 한국을 침략하던 일본군을 공격한 여옥은 러시아가 패전함에 따라 간도에 대한 일본군의 간섭이 잦아지고 1907년에 통감부 임시 간도 파출소가 생겨, 이곳에서의 무장 독립투쟁 이 어려워지자 그는 노령 연해주로 망명한다.

그러나 이때 연해주에서도 일본 정부는 외교면을 통하여 한국 독립운동을 견제하고 있었을 뿐 아니라, 제정 러시아도 점차 높아가는 국내 사회주의 혁명세력을 탄압하기 위해 한국인의 무장활동을 견제했다. 이러한 여건 아래 무기를 구입하고 군사를 훈련하여 국내 침공작전을 감행하는 것은 여간 어려운 일이 아니었으나, 이를 수행한 사람이 여옥이었다. 1908년 이후 국내 의병의 항쟁이 점차 북상하여 함남북 일대로 확대되자 사포대로 유명한 노장 여옥은 그의 창의회(彰義會)를 중심으로 광범한 모금, 모병 운동을 벌였다. 많은 애국 동포와 청년들이 여기에 호응하여 30만 원에 달하는 성금이 들어오고, 4000명 정도의 애국 청년들이 연추로 모여들었다. 이들은 이곳 한인 부락에 유숙하면서 군사훈련을 받았고, 이들을 이끌어 간 참모진은 러시아 당국에 교섭하여 러일전쟁 때 쓰던 러시아군의 폐총 불하를 교섭하는 한편, 간도 훈춘의 청군에도 무기 공급을 교섭했다. 그러나 양국은 일본 당국의 강력한 항의에 따라 이를 거절했다. 의병 진영에서는 여기에 굴하지 않고, 있는 재력을 쏟아 무기상을 통하여 총기를 구입하는 한편 교포들이 소지하고 있는 총기를 거두어 무장했다. (『독립운동사』 제5권)

여옥이 본격적인 국내 진공작전을 벌인 것은 1908년 7월 이후이다. 작전 방법은 100명 내외의 소단위 부대로 나눠 일군 수비대가 허술한 지점을 택하여 산발적으로 도강, 상륙하고 갑산, 혜산진, 무산 등을 거점으로 비밀리에 국내 의병과 연락, 합류하여 장기적이며 항구적인 국내 항쟁을 벌이는 것이었다.

이해 7월 5일 여옥이 지휘하는 부대들은 연추를 출발하여 두만강 하류를 거쳐 8~9일경 국내로 속속 진입한다. 경흥 남방 증산(甑山)으로 침입한 전제덕 부대 100여 명은 좌군영장 엄인섭, 우군영장 안응칠(안중근)

서울 동작동 국립묘지에 있는 여옥 이범윤의 묘소.

이 지휘한다. 여옥은 정보망을 통해 함북 일대 일군의 배치 상황을 파악한 후 회령, 경성 간의 강변 철도를 파괴하고, 또 전선도 절단하고 부대를 침투시켜 일본군은 강을 건너온 의병 부대의 행방을 10일간이나 찾지 못한다.

7, 8, 9, 10월에 걸쳐 국내에 의병을 속속 진입시켜 후방 지대를 교란하는 작전을 펴 9월 23일 이범윤 부대의 경흥 일대 출몰을 보도한 《대한매일신보》는 10월 17일 길주 동남방 화대리에서 의병 50명이 성진의 일군 수비대와 교전한 것을 보도한다.

여옥은 이듬해에도 노령 각지에서 군자금을 모집하고 국내 진공을 계속 시도하나, 당시 연해주 항일 독립 지도자들 간의 분열과 러·일 양국 측의 간섭과 탄압을 받아 더 이상 큰 성과를 올리지 못한다.

1910년 8월 17일 한일합병의 소식이 들려오자 여옥은 블라디보스토크에서 유인석, 김학만 등 5인과 더불어 성명회(聲明會)를 결성하여 한일합병의 부당성을 세계에 호소한다. 다음은 성명 취지서이다.

오호라! 해외 체류의 아(我) 동포들아! 한번 머리를 들어 조국인 한반도를 돌아보라! …… 간악무도한 왜적은 만근(輓近) 수십 년 이래로 일시적으로 강력을 믿고 우리 황실을 핍박하며 우리 정부를 위협하여, 첫째로 우리의 외교권을 박탈하고, 둘째로 우리의 내정을 간섭하여 우리들의 독립권을 침해하고…… 대개 일에는 차질(次秩)이 있으며 때에는 전후가 있나니 20세기 국민의 행동은 세계 열국의 여론에 준거하나니, 고로 먼저 열국 중 우리나라와 수교조약을 체결한 각국에 대하여 해적의 불법 무도한 사실과 아울러, 합병 반대의 의견을 피력하여 그 오신(誤信)을 해명하여 왜적의 죄악을 성토함은 이가 우리들의 행할 제일 의무라 할지니, 이같이 하여 뜻을 같이하고 분을 같이하는 동포는 궐기하여 7월 13일 다수의 동포가 해삼위 한인 거류지에 화합하여 성명회를 조직하고, 러·청 각지에 재류하는 동포에게 공포한다.

노령에서의 항일투사에 대한 일제의 단속이 엄중해지자 여옥도 북간도로 옮겨 국권 회복의 기틀을 다진다. 1919년 3·1운동은 국외의 독립 투사들도 크게 분기시키니, 이해 4월 여옥은 북간도의 의병들이 조직한 군사혁명단체인 의군부(義軍府)의 총재로 추대되며, 이해 7월 서일이 이끄는 북로군정서(北路軍政署)와 동맹을 맺고, 간도에 주재하는 일제의 모든 기관에 총탄을 퍼붓는다.

그는 또한 이듬해 대한광복단의 단장으로 추대되어 무력 항일운동을 지휘한다. 이즈음 시베리아 망명길에서 우연히 여옥을 만났던 김홍일 장군의 회고담이다.

"아마도 1921년 겨울 이민촌 부근에서였을 거예요. 당시 이범윤 선생님의 차림새는 구한국 황실에 그대로 충성하시는 분이라, 머리의 상투는 그대로 틀고 간도관리사 시절의 구한국 관복을 그대로 입고 있었지요. 얼핏 보면 고루하신 분 같으나 러일전쟁 당시 이미 러시아 황제 니콜라이 2세의 초대를 받아, 당시 러시아의 수도인 페테스브르크에까지 가서 훈장을 받아 오신 분 아닙니까? 퍽 친근감이 가는 분이었지요. 당시 23세의 저를 보시고는 이런 젊은이가 독립군에 나왔으니 참 장하다고 흐뭇한 표정을 지으시고는, 새로운 장교로서 앞날이 촉망된다고 말씀하시더군요. 신식 군대라야 호랑이 담배 피우던 시절 아닙니까? 그분께서 처음 독립군 2개 군단을 만드실 때만 해도 부하들이 경례를 하면 담배를 피워 문 채 두 손을 들어 답례를 하셨다니까요.

이처럼 정식 군사훈련을 받지 못했으나 국가에 대한 충성스런 마음은 위아래가 한결같아 자연스럽게 기강이 잡혔지요. 그때 나는 그분이 우리나라 국경에 관한 주요 문서를 가지고 있다는 얘기를 들어왔으므로 그 문서를 제가 간직하겠다고 제의하니까, 그분은 젊은이를 못 믿어서 그러는 것이 아니라 그 문서의 중요성이 원체 큰 것이므로 세상살이 경험이 더 많은 자신이 꼭 보관한다고 하셨는데 지금 그 행방을 알 길이 없군요."

여옥의 장손 규성 씨에 의하면 여옥은 만년에 변장하고 귀국할 때, 일제에 들켜 그 문서를 빼앗길까 우려하여 자신이 살던 북만주의 어느 집 땅 밑에 묻어두었다고 한다.

1930년대 중반으로 접어들면서 간도의 독립군도 일제의 간도 출병으로 인해 각 독립운동 단체는 소·만 국경의 밀산으로 이동하여 대한독립단을 조직하는데, 여옥이 이끄는 의군부 광복단도 이에 참여한다. 이후 그는 서일에 이어 혁명군의 원로로서 그 총재로 추대된다. 그는 또 김좌진, 김혁 등이 조직한 민족항일 통합단체인 신민부(新民府)의 참의원 의장으로 추대되기도 한다. 만주가 일제에 강점되고 더 이상 무력투쟁을 벌일 발판을 잃은 만년의 여옥은 1937년 6월 그 아들(억종 씨)의 안내로 거지 차림으로 변장하고 귀국한다.

"그 전해에 아버지는 태고사(지금의 조계사 자리)의 승려에게 소식을 듣고 북만의 조부님 거처로 찾아가셨습니다. 처음에는 식구들을 데리고 조부님 계신 곳으로 모두 이민 가겠다고 떼를 썼으나, 더 이상 만주에서의 무력투쟁이 불가능하다고 정세 판단을 하신 부친께서는 이를 말리시고 당신께서 귀국하시겠노라고 말씀하셨대요. 그래 아버지는 일단 귀국하셨다가 이듬해 다시 그곳에 가서 조부님을 모시고 오신 것이지요. 그때 소학교에 다니던 저는 조부님께서 부친의 부축을 받아 집에 들어오시는 것을 목격하고서 거지가 들어온다고, 깜짝 놀라 도망쳤지요. 해가질 무렵이었는데 아버지는 '문 닫아걸라'고 하시고는 급히 건넌방으로 조부님을 모시더군요. 조부님이 가져오신 재산으로는 이불로 쓰시던 검은 곰가죽과 구리로 만든 주전자, 컵 등 바로 이것뿐이었어요. 그것만으로 만주에서의 의식주 생활이 가능하셨다니……. 제게는 참 귀중한 유산인데 1·4후퇴 때 그만 모두 없어졌습니다."

장손 규성 씨의 말이다.

3년간 외아들에 의탁하던 여옥은 1940년 10월 20일 서울 마포구 공덕동 396에서 85세를 일기로 별세하며, 해방 후 국립묘지에 안장된다. 바로 이 국립묘지의 순국선열 묘소는 여옥의 장손 규성 씨가 광복회 상임이사 시절 설계 및 공사를 지휘하여 다듬어놓은 성역이다.

"별세하실 때 동네 노인들은 이미 조부님의 정체를 아셨는데도 해방 전까지 감쪽같이 숨겨주셨지요. 기골이 장대하시고 수염을 기르신 건장한 모습이어서 어린 마음에는 뵙기에 무서운 편이었지요. 해방 후 이승만 박사가 비서를 통해 아버지를 부르셔서 다녀오시더니, 비서 놈들 꼴보기 싫어 다시는 안 가겠다고 하시더군요. 이처럼 불의부정한 아니꼬운 꼴을 보시고는 참지 못하는 기질이 아마 곧 우리 가훈이기도 할 것입니다. 조부님 스스로도 아예 어디 나서시는 일은 꺼려하셔서 사진 한 장 남긴 것이 없습니다. 좀 아쉽기는 하지요. 그저 기일에 제사만 지내고, 그분의 뜻에 따라 형식적인 추도의식은 일절 피하고 있습니다."

장손 규성 씨의 말이다.

내가 본 여옥 이범윤

시베리아에 가서 젊은 시절 여옥 선생을 뵈었을 때, 중키의 그분은 퍽 인자스런 양반이었다. 원체 나이 차가 많고 외모로는 너무 수구적이고 고루한 선배인 듯이 보였지만, 만나 뵙고 직접 얘기해보니 오히려 충효에 대한 자기 인생관이 확고한 자기 철학을 지니신 분이었다. 구한말의 관리를 지내셨다고 해도 화려한 관직이 아니라, 타국의 이역으로 밀려와 개간하는 서민을 지원하기 위한, 그야말로 민복의 임무를 간도에까지 와서 수행하셨고, 힘없는 나라 대신 스스로 그곳에 남아 사포대를 조직하여 항일투쟁에 앞장서셨다. 그는 나라가 망하고서도 북만에 체류하셔 계속 의병활동을 벌여 나라의 체통을 지켰으니, 그처럼 국가에 충성하는 마음은 고루한 것이 아니라 오히려 후세의 누구든지 본받아야 할 것이다.

간도협정 대표로 일한 지 20년이 지나서 내가 그분을 뵈었을 때까지도 그 문서 부본(副本)을 한결같이 주머니에 넣고 다녔으니, 그분의 충성 애국심이 얼마만큼 철저했는지 알 수 있다. 그분은 만주 노령에 계실 때도 간도관리사의 직인으로 동네의 한인 노인들에게 지방관 임명장을 만들어주어 인기를 얻기도 했는데, 망국 후에도 이역에서나마 그분이 충성하던 국가의 행정권을 이어 행사하신 것이다. 충효인애의 도덕관념을 일상생활에 뿌리박아 인생 자체로 애국을 몸소 실천하신 사표로서 나는 여옥 선생을 손꼽고자 한다.

김홍일(한국광복군 참모장 역임)

여옥 이범윤

1856년	12월 29일, 경기도 고양군 숭인면(지금의 신설동)에서 태어남
1902년	간도관리사로 파견됨
1904년	러일전쟁 때 러시아군에 가담하여 항일 독립운동을 벌임
1907년	통감부 임시 간도파출소가 생겨 무장 독립투쟁이 어려워지자 연해주로 망명
1908년	갑산, 혜산진, 무산 등 국경지대를 거점으로 국내 진공작전을 벌임
1910년	블라디보스토크에서 성명회를 결성, 한일합병의 부당성을 세계에 호소함
1919년	북간도의 의병들이 조직한 군사혁명단체인 의군부 총재로 추대됨
1920년	대한광복단의 단장으로 추대되어 무력 항일운동을 지휘함
1940년	10월 20일, 서울 마포구 공덕동 자택에서 별세함

24
석주 이상용

　석주(石洲) 이상용(李相龍)은 구한말 대한협회를 통한 항일운동을 벌이다가 망국 후에는 서간도를 개척하여 독립운동의 기지로 삼으면서, 한때 대한민국 임시정부의 영수로 선출된 독립투사이다. 석주는 1858년 11월 24일 경북 안동시 법흥동 20번지에서 선비 이승목(李承穆)의 맏아들로 태어났다.

　그가 태어난 생가 임청각(臨淸閣)은 1515년 중종 10년에 지어진, 개인 가옥으로는 우리나라에서 가장 오래된 건축물로서 고려 말–조선 초기의 특수 양식을 갖추고 있어 한때 국보 303호, 지금은 보물 182호로 지정되어 있다. 바로 집 앞으로는 낙동강이 흘러 앞이 탁 트인 명당에 자리 잡고 있는 이 집은 석주가 젊어서 거처하면서 한학을 익힌 사랑채 정자만 해도 140간이 넘는 거창한 규모였으나, 지금은 관리 소홀로 60간쯤 남아 있다.

　조선조의 명문 후예로서 개국공신 이원(李原)은 석주의 19대조가 되고, 460여 년 전 바로 지금 남아 있는 본가를 세운 형조좌랑 이낙(李洛)

은 그의 17대조가 된다. 석주는 어려서 퇴계 이황의 학통을 이은 서산 김흥낙에게 유학을 배우고, 이후 20년 동안 집안에 이어오는 수많은 전적을 탐구하여 석학의 칭예를 받았고, 특히 정치와 법률 그리고 실용지학에 주력했으며, 그 밖에 천문·지리·수학에까지도 박학했다고 한다.

이처럼 그의 생애는 유학자로 출발했으나 1894년의 청일전쟁과 뒤이은 을미사변 이후에는 구국 항일운동에 헌신한다. 그의 두 아우 상동(相東), 계동(啓東)도 이에 가담한다.

석주의 직계 혈통은 준형−대용의 2대 독자로 이어져 7남매의 증손자에 닿고 있다. 석주의 외아들 준형은 부친을 따라 만주에 망명하여 함께 독립운동을 벌이다가, 석주가 별세한 후 1934년에 밀입국한다. 안동에 귀향한 그는 일제의 눈을 피해 본가에서 40리 떨어진 안동군 율곡면 조곡동에 초가를 짓고 살다가, 태평양전쟁이 난 지 1년 후 일제의 성세(盛勢)에 따른 조국 독립이 어려울 것으로 비관하여 자결했다. 준형의 외아들 대용은 조부가 세운 만주의 신흥무관학교 출신으로, 황해도 겸이포형무소에 복역한 적도 있는 독립투사로 1952년 충남 아산에서 병사했다.

석주의 증손으로 이어진 대용의 장남 도증 씨는 만주에서 태어나 하얼빈중학을 마치고 귀국하여 1949년에 작고했다. 차남 세증 씨는 6·25전쟁 때 행방불명되었고, 3남 석증 씨는 1967년에 작고했다. 4남 철증(39) 씨는 안동 고향 땅에서 농사를 짓고 있으며, 5남 항증(37) 씨는 조흥은행 소공동지점 행원이다. 7남매 중 6녀인 혜정(35) 씨는 경북 월성군에 살고 있으며, 7남 범증(33·고려대 사학과 졸) 씨는 중앙고 교사이다.

학문에 몰두하던 석주는 구한말 밀려드는 일제에 맞서기 위해 당시 국내에서는 처음으로 근대 병학을 연구하여 의병 항쟁을 시도한다. 그는 연노(連弩) 등의 재래 무기를 만들어 시험도 하고, 뜻 맞는 벗들을 찾아 방왜결맹(防倭結盟)도 해본다. 또 1895년의 을미사변 이후부터는 안동에서 일어난 권세연 의병진을 돕기도 하고, 동지 박경종과 1만 5000금을 투자하여 경남 합천의 가야산 험지에 군사기지를 축조할 계획을 추진하기도 한다. 안동에서 보수를 고집하는 유림 등의 반대를 무릅쓰고 유인식, 김동삼, 김형식 등과 2000명의 애국회원을 모집하여 회장에 당선되는데, 매월 2회씩 시국강연회를 열어 민중의 각성과 단결을 촉구하고 청년들의 신교육을 주장하여, 각 서원의 재산을 모아 자금을 마련하여 협동학교 등 초·중등학교를 국내 각지에 설립한다.

그동안 그는 일경에 잡혀 옥고도 치르며 일제에 말려드는 대한협회 본부를 여러 차례 규탄하는가 하면, 일진회의 매국행위에 맞서 투쟁한다. 1910년 한일합병 후 그는 만주 지도를 펼쳐 들고 조국 광복책을 구상하던 중 이해 11월 서울에서 온 신민회의 사자 주진수, 황도영 등을 만나 그가 생각하는 광복의 방안과 신민회의 사업이 동일함을 알고 이에 찬동, 만주로 망명하는데 다음의 신민회 사건 판결문에서 그 사업 내용을 간파할 수 있다.

서간도에 단체적 이주를 기도하고 조선 본토에서 상당 재력 있는 다수의 인민을 동시에 이주시켜 토지를 구매하고 촌락을 만들어 신영토를 삼고, 새로운 다수의 교육 있는 청년들을 모집하여 동지를 보내어 민단(民團)을 일으키고 학교 및 교회를 설치하고, 나아가 무관학교를 설립하고, 교육을 실시하여 기회를 타서 독립전쟁을 일으켜서 구한국의 국권을 회복하고자 한다.

53세의 석주는 가족뿐 아니라 친척과 영남의 유지들을 모아 이시영·

이회영·이동녕·주진수·김창환 등과 서간도에 솔선 이주하여 회인현 영춘원에 첫 정착지를 정하고, 통화·유하·해룡·영석·허란 등 서간도 지역을 전거(轉居)하면서 한민족의 자치와 광복운동에 전념한다. 그는 서간도 이주 직후인 1911년 4월에 이시영·이회영과 같이 이 운동의 중추기관으로 유하현 삼원포에 경학사(耕學社)를 설치하고 그 사장에 취임한다.

"증조부님의 망명 당시 생활은 말로 표현하기 어려웠다고 해요. 200여호 1년 추수한 것이 겨우 좁쌀 몇 섬이어서 이것으로 어떻게 1년 동안 먹고 살 수 있겠느냐고 모두 한숨을 쉬었다는 거예요. 그러나 석주 그분께서 우리는 호의호식하러 이곳에 온 게 아니라 우리 힘을 축적해서 조국 수복하는 것이 소망이니, 이 좁쌀로 충분히 살아갈 수 있다고 일행을 격려했다는 것이지요."

증손자 범증 씨의 말이다.

석주의 서간도 개척사는 이렇게 이어진다.

석주는 남북 만주의 넓은 황야 어느 곳에든지 개간의 손길을 뻗치는데, 처음 대사탄이란 곳에 광업사(廣業社)를 설치하여 중국인으로부터 쓸모없는 황량한 저습지를 세내어 한족들로 하여금 잡초를 베어내고 그곳에 논을 만들어 벼농사를 짓도록 가르친다. 처음에는 실패도 하나 1914년부터는 크게 성공하여 산전취식(山田取食)의 한인이 모두 하산하여 도처에서 평지를 개간하니, 수전 농법이 비로소 만주땅에 정착하게 된다.

그 결과 1920년대 말까지는 남북 만주의 농업 중 수전농이 으뜸을 차지하여, 한 통계에 의하면 한인이 개척한 농토가 102만 무이고, 그중 90만 무가 논이며 그 생산량이 연 1300만 석에 달한다,

석주 이상용이 거주하면서 학문을 닦던 임청각 군자정(君子亭, 개인 가옥 중 우리나라에서 가장 오래된 것으로 보물로 지정된 문화재이다).

그는 이처럼 서간도에서 길러진 이주 한족의 역량을 모아 보다 적극적인 광복운동의 거점으로 삼는데, 그가 이끌어온 경학사는 1914년 부민단(扶民團)으로 개편되며 1919년 3·1운동 전후에는 한족회로 발전을 거듭한다. 그는 1919년 4월 유하현 고산자에서 한족회를 바탕으로 서간도 한족 대표를 모아 항일 군정부를 조직하여 총재에 추대된다. 이어 여준을 부총재로, 이석을 정무청장으로, 김동삼을 참모부장으로, 지청천을 독립군 사령관으로 선임하는데, 이 군정부는 건립 직후인 그해 5월 신흥학교를 신흥무관학교로 확장하여 독립군 간부를 양성하고 독립군을 편성 훈련하는 요람이 된다.

통화현 합니하의 본교 외에도 동현 칠도구쾌대모자와 고산자하동이라는 두 곳에 분교까지 두어 1920년 8월까지만 해도 이곳에서 군사교육을 받은 독립군이 2000명을 헤아렸다고 하며, 당시 군정부에서 지배하던 지역이 남북으로 1500리 동서로 700~800리에 달했다.

1923년 6월의 국민대표가 대회에 군정부의 후신인 서로군정서(西路軍政署)의 대표로 이진상, 김동삼, 배천택을 파견하여 상하이 임정과의 분규를 조정하기에 힘썼다. 임시 대통령 박은식의 후임으로 1925년 9월 24일 의정원 의장 최창식의 사회로 임정의 국무령(임시 대통령제가 국무령제로 바뀜)에 석주가 취임한다. 그러나 민족진영 대 공산진영의 암투로 조각에 실패하여, 이를 조정 통합하기 위해 약 반년 동안 전심전력하나 결국 성공하지 못하므로 1926년 2월 18일 국무령을 사임하고 지린성 서란으로 귀환하여 만주에서 계속 활동한다.

그 후 1931년 일제의 만주 진출 점거로 국내외 사정이 급박함을 통분하여 석주는 병을 얻어 서란소성자에서 요양 중 5월 12일에 별세한다. 그는 달려와 임종한 이진상에게 "외세 때문에 자조(自阻)하지 말고, 더욱더 면려하여 목적을 달성하라"고 당부하며, 아들 준형에게는 "국토를 다시 찾기 전에는 내 해골을 고국에 싣고 가지 말라"고 유언한다.

"만주와 상하이 임정 등 중국 일대의 독립단들이 분열됐을 때, 증조부님은 자신도 모르는 사이 국무령으로 추대되어 상하이로 배를 타고 가시게 되었는데, 주변의 김동삼 선생 등은 이용만 당한다고 말렸다고 해요. 그분은 한 민족에 여러 개의 정권이 있을 수 없으니까 가서 수습해야 한다면서 떠나셨는데, 수백 명의 교포와 신흥무관학생, 군인이 부둣가에 모여 성대한 환송식을 했다고 해요. 그때 만주에서만 부르던「애국가」가 있다고 해서 제가 대학 다닐 때 알아내려고 돌아다녔지만 아직 찾아내지 못하고 있습니다.

또 증조부님의 유해를 티엔창이란 곳으로 이장하려고 200여 명의 독립지사가 운구하던 중 50여 명의 마적 떼를 만났는데, 총부리를 대고 관을 둘러싸고 돈을 내라고 위협하더래요. 그래 조부님께서 나서 돈은 있는 대로 다 주겠으나 저 관에는 상하이 임시정부 대통령을 지내신 분이 들어 있으니 건드리지 말라고 하니, 두목이 나서서 그것이 사실이라면 일행 중에 이진상, 김동삼도 있느냐며 중국 일대에 알려진 독립투사들의 이름을 대더래요. 일행 속에 이, 김 선생님이 나서 바로 우리가 그 사람이라 하니 마적들은 감격해서 뺏은 돈 중 일부만 가지고 돌려주면서 10리 밖까지 호송을 해주었대요."

손부 허근 씨와 증손 이범증 씨의 말이다.

석주의 손부 허근(72) 씨는 의병활동을 벌인 저명한 독립투사 허위의 외손녀로 현재 막내아들과 함께 수원시 팔달로3동 110번지에 살고 있다. 석주 집안은 만주에서 독립운동을 벌인 유림(柳林)과도 사돈 관계를 맺고 있다.

석주의 첫 아우 상동은 일찍이 보수 풍토인 안동 땅에서 기독교에 입교하여 장로까지 되어 '양반 집 아들이 기독교인이 됐다'고 물의를 일으키기도 하는데, 3·1운동 때는 안동에서 기독교인을 이끌고 최초로 독립만세를 부르기도 했다. 그의 장남 형국은 백부인 석주를 따라 만주까지 가서 국경을 넘나들며 군자금을 마련하는 등 독립운동을 벌이다가 신의주에서 붙잡혀 10년간 옥고를 치렀다. 그의 차남 운형은 기독교 목사로서 영남 지방에 7개의 교회를 세워 기독교 활동에 헌신하다 1970년 미국에서 작고했다. 석주의 둘째 아우는 형을 따라 만주에서 함께 독립운동을 벌였다.

"정부 수립 후 부통령을 지낸 이시영 선생님은 20여 년간 조부님과 만주에서 같이 지내신 분이어서, 우리 아버지는 편지 쓸 때 꼭 숙부님이라고 하더군요. 4·19 후 7·29선거 때 안동에서 국회의원에 출마한 유림 선생님이 집에 찾아오셨는데, 어머님이 한없이 눈물을 쏟으시더군요. 만주에서 망명 생활할 때 헤어져서 20여 년 만에 만나신 것이지요. 또 1962년 고3 때 집 대청에서 공부하는데, 고대 사학과 답사반이 와서 안내를 해줬는데, 대학에 입학해서는 그때 뵈었던 김준엽·이홍직 선생님이 은사가 되었지요."

사학이 어쩐지 좋아 적성에 맞는 것 같다는 범증 씨는 "선후배 사학도가 석주에 대한 관심이 크지만 혈통에 얽혀 편입한 연구 태도에 얽매이고 싶지 않다"고 말했다. 그는 3년 전 고려대에서 발견한 『석주문집』의 목록 작성, 자료 정리를 맡기도 했다.

"가끔 사회적 비리에 부딪히면 울컥 분노가 치솟곤 해요. 군복무 중에도 작전훈련 때면 배가 고파 때로는 과일 밭을 습격하게도 되는데 '세상이 다 그래도 나만은 그럴 수 없다'는 생각이 먼저 들어요. 그만큼 행동반경을 좁히는 결과를 가져오는 셈이지만 할 수 있나요?"

안동의 본가는 반일분자의 집이라고 하여 일제강점기에 징발되어 철도원들이 숙소로 써서 침목을 마구 땔감으로 쓰는 바람에 시커멓게 그을렸고, 해방 후에도 엉망으로 보존되다가 뒤늦게야 보물로 지정되었다. 현재까지 3000여 만 원의 보수비가 문공부에서 지급되어 완전히 개축된 데 대해 후예들은 기뻐했다.

내가 본 석주 이상용

이상용 선생님은 동향 분이고 그분 모친과 우리 어머니가 숙질간인데다 조부님과도 친하게 지내서서 젊어서부터 그분을 우러러 받들어왔다. 그분의 원 생애는 출중한 영남의 유학자이나 국운이 기울어가니 의병의 격문을 맡아 쓰게 됐고, 주자학으로 나라를 건질 수 없다는 판단으로 유학하던 동지들에게 "공·맹자는 잠시 선반 위에 얹어놓고 나라를 찾은 후 다시 공부하자"면서 스스로 외국 문학 서적에 심취했던 보수 풍토 속의 진보파 선각자이기도 하다.

대한협회 안동지부를 결성하여 경찰서에 여러 번 붙잡혀 갔으나, 어린이들까지 농성하여 일제도 할 수 없이 석방하곤 했으니 안동에서의 그분의 영향력을 알 만하다. 만주에 망명 갈 때도 몇백 섬의 살림을 모두 정리하여 가난한 일족과 소작인에게 나눠 주고 노비문서도 불살랐다. 망명 시절에 쓴 글에 어느 한 구절도 나라 망한 원한, 애국사상을 비치지 않은 것이 없어 옷깃을 여미게 한다. 해외 독립운동가들이 파벌을 초월하여 그분을 따르고 숭앙한 것은 생애를 민족에 바친다는, 사사로움이 거의 없는 그분의 순수한 생활태도에 감복한 때문일 것이다.

김규성(전 국사편찬위원회 조사실장)

석주 이상용

1858년	11월 24일, 경북 안동시 법흥동에서 태어남	
1898년	2000명의 애국회원을 모집하여 대한협회 안동지회를 조직, 회장이 됨	
1910년	한일합병이 되자 가족, 친지와 함께 만주로 망명	
1911년	경학사를 설치하고 그 사장이 됨	
1919년	한족회를 바탕으로 서간도 교포 대표들을 모아 군정부를 조직, 총재가 됨	
1923년	군정부의 후신인 서로군정서 대표들을 파견하여 임시정부의 분규를 조정	
1925년	임시정부의 국무령에 취임	
1926년	국무령을 사임하고 지린성으로 돌아와 계속 독립운동을 벌임	
1931년	5월 12일, 서란소성자에서 요양 중 병으로 별세	

석주의 집안에서는 3대에 걸쳐 10명의 독립유공자가 배출되어 주목을 받고 있다. 동생 상동, 아들 준형, 손자 병화에다 조카 3인이 독립운동에 투신했고, 외숙 권세연도 의병장이었으며 처가 역시 독립운동가 집안이었다. 석주의 손자며느리 허은도 의병활동을 지휘한 왕산 허위의 손녀이며, 만주에서 독립운동을 벌인 유림과도 사돈 관계를 맺고 있다.

그러나 석주가 독립운동에 가산을 모두 바쳐 광복 후 후예들의 살림은 어려웠다. 허은 씨에 따르면 장남과 외동딸은 소학교 졸업 후 보육원에서 중학교를 다녀야 했고, 막내아들은 납부금을 못 내 중학을 중퇴하고 농사를 지었다고 한다. (《조선일보》, 2010년 4월 17일)

"이런 생각을 할수록 억울한 생각이 들기도 하지만, 남 앞에 비굴함 없이 당당하게 살아가는 아이들을 보며 그래도 선대의 긍지가 그들 핏속에 자존심으로 살아 있구나 싶다." (『아직도 내 귀엔 서간도 바람소리가』, 허은)

25

최재형

최재형(崔在亨)은 함경도의 빈한한 농가에 태어나 시베리아 연해주로 이주하여 독립투사로 입지했다. 그는 젊어서부터 축재하는 성실성으로 이 지역의 러시아인들에게까지 감명을 주어 니콜라이 황제를 알현하고 최고 훈장까지 받은 인물이다. 그의 인물됨은 이처럼 스스로 애써 모은 막대한 재산을 통틀어 독립군 양성과 항일 언론 및 교육 사업 등에 아낌없이 바치고, 그 스스로 독립군을 지휘하다 일제에 잡혀 총살당한 순국 과정에서 더욱 빛나고 있다.

최재형은 1858년 12월 20일 함북 경원군 안풍면 이동 52에서 가난한 농군의 아들로 태어났다. 그의 족보가 모두 북한에 남아 있으며, 손자 규흠 씨가 어려서부터 연해주 일대에 머물다가 6·25전쟁 때 북한군으로 끌려나와 그 후 반공포로로 석방되었다. 하지만 그조차 최재형 윗대의 가계에 대해서는 더 이상 알지 못한다고 한다.

최재형은 두 아들을 두었으나 장남 기욱(82) 씨가 6·25전쟁 당시까지 북한 고향 땅에 남은 채 소식이 끊겼고, 차남 빠브 최(러시아 이름, 한국명은 전해지지 않고 있음)는 부친의 복수를 하고자 만주의 일군 사령부 및 일 헌병대의 수뇌와 일영사를 암살하기 위해 추풍(秋豊)에서 4~5명의 동 지와 함께 단원을 모집하고 활동한 바 있으나, 뜻을 이루지 못하고 행방 불명되었다.

기욱 씨 역시 두 아들을 두었으나 장남 규흠 씨만 서울 영등포구 개봉 동 광복아파트 11동 505호에 살고 있고, 차남 경추 씨는 6·25전쟁 당시 미군 부대 카투사로 복무하다 작고했다. 단신으로 월남한 그는 이기옥 (45) 씨와 재혼했다.

"부친께서는 제정 러시아가 소비에트(공산 정권)로 되는 바람에 조부님 께서 기반을 잡으신 연해주에서 피신하셨지요. 해방을 맞고서도 순간의 기쁨이었지, 북한 땅에 공산 정권이 수립되자 오히려 피해 다니셨어요. 소련말을 우리말보다 더 잘하서 해방 당시에는 만주에서 중국인들과 함 께 해방군으로 입성하는 소련군을 환영했으나, 노인들이었으니까 괜찮 았지 그때만 해도 소련군은 젊은이들의 손만 반반하면 모두 일본인이라 고 죽여 청년들은 모두 피신했지요. 아버지는 중국어도 잘하서 중국인 들도 한국인임을 구분해내지 못했습니다. 숙부님은 일찍이 레닌그라드 에 유학 가셨고 부인도 소련 여자를 맞으셔서 우리말을 잘 모르셨지만, 조부님이 일제에 총살당하자 그 원수를 갚는 일에 생애를 바치신 것이지 요. 조부님은 불교 신자였고 '호랑이는 죽어서 가죽을 남기고 사람은 죽 어서 이름을 남겨야 한다'고 부친에게 가르치셨어요. '일제 저자들이 아 무리 날뛰어도 결국은 무릎을 꿇어버릴 것이니 끝내 그들에게 넘어가지 말라'고 타이르셨다고 해요."

장손 규흠 씨의 말이다.

최재형은 가세가 빈곤하여 9세 때 부모를 따라 연해주로 이주한다. 연추(노우키에프스크)에 자리 잡은 그는 러시아 국적을 획득하고 생업에 종사한다. 특히 러시아 군대에 쇠고기 납품으로 성공하여 10여 만 원의 거금을 모은다. 이처럼 낯선 이국땅에서 갖은 역경을 무릅쓰고 굴지의 부호가 된 그는 성실한 인품과 신용으로 명성을 얻어 연추의 도헌(都憲: 지방 관청의 장, 지금의 시장급)으로 근무하면서 두 차례에 걸쳐 당시 러시아의 수도인 페테스브르크에 가서 황제를 알현하고 5개의 훈장을 받았다.

이즈음 그의 인망은 국내에까지 크게 알려져 고종황제가 러시아 공관에 파천했을 때 최재형을 부르나, 그는 사양하고 나가지 않고 노령의 연추에서 교포들에게 항일사상을 고취하면서 2세 교육에 힘쓴다.

수십만의 시베리아 이주 한족을 위해 우선 민족교육에 뜻을 둔 그는 학교를 설립하며, 도헌직에서 얻는 3000루블의 연봉을 모두 은행에 예치하여 매년 교포 학생 1명을 페테스브르크에 유학시킨다.

"해방 후에 귀국하여 고향에 돌아와 보니 조부님이 태어나신 집은 없어져 버렸다더군요. 소농에 허덕이시던 증조부님이 더 이상 생계가 어려우니까 강 건너 강동(두만강 동쪽, 노령)이 돈벌이가 좋다고 하여 이민 가신 것이지요. 갈대를 헤치고 개간하시는 등 참 고생이 많았다고 해요. 조부님은 어려서도 공부하지 못하고 애써 일해 돈을 모으시면서, 당신께서 못하신 공부를 젊은 사람들에게 시키겠다고 하시며 이를 실천하신 것이지요. 우리야 뭐 거부의 후손이란 것을 실감할 수 있습니까? 이리저리 피해 다니다가 공부도 못 했고, 그분 뜻에 맞춰 나라를 구한다고 모은 재산을 모두 바치신 것이니, 우리야 이렇게 못살아도 오히려 떳떳합니다만 자식들이 걱정입니다. 제가 몸이 약해 일도 제대로 못 해 아이들 학교를 제대로 못 보냈으니 부끄러울 뿐이지요."

장손 규흠 씨의 말이다.

한국의 시베리아 개척사를 엮어온 주인공 최재형의 입지는 비록 재물로는 이어지지 않고 있으나, 구차한 살림 속에서나마 오늘을 살고 있는 손자의 증언에서 간간이 되살아나고 있었다. 찌든 생활에서나마 조부님의 외로움을 또박또박 진술하고 있는 것이다. 최재형의 본격적인 항일 활동은 1904년 러일전쟁 때 구체화된다.

러일전쟁이 일어나자 김인수와 같이 이미 러시아에 귀화한 선생은 해군 소위에 임명되어 경무관 부속 통역관으로 활약하는 한편, 남부소집회(南部所集會) 감독으로 러시아에 귀화한 교포(일제의 조사 통계에 의하면 이때 연해주 일대에 20만 명의 교포가 살고 있었으며 3000명이 러시아에 귀화해 있다고 지적하고 있음)들을 규합하여 항일전에 참전케 하는 일을 맡으며, 러시아 부대에 교섭하여 무기·군량·자금을 제공받고, 간도관리사를 지낸 이범윤으로 하여금 감리군을 조직하여 항일전을 전개하는 등 한러연합전에 큰 공을 세우고, 러시아 황제로부터 훈장·기찰·상장을 받았다. 이 감리사의 장비는 뒷날 의병전 때에 사용되어 항일독립전에 크게 도움이 되었다. (『대한민국 독립운동공훈사』)

1907년 8월 국내에서 대한제국군이 해산되자 많은 군인이 노령 연추로 이주하자 최재형은 이들에게 군량미와 군자금을 제공하면서 이범윤으로 하여금 의병을 모집하도록 한다. 이때 일병 1인을 사살하면 15원을 준다는 등 현상금까지 걸고 활발한 항일투쟁을 벌인다.

헤이그 밀사였던 이위종이 군자금 1만 루블을 가지고 연해주로 온 뒤를 이어, 최재형은 블라디보스토크에서 이범윤과 같이 의병 600명으로 의병진을 정비하여 1909년 7월 직접 대장으로 취임하고 정예 200여 명을 이끌고 두만강을 건너 함북 경원의 신아산에서 일군 수비대를 전멸시키며, 회령의 영산에서도 일대 격전을 벌인 후 연추로 돌아온다.

그는 러시아 정부에 진정하여 20만 교포를 보호하게 하며, 러시아군 제6연대에 쇠고기 기름 등을 납품하는 군납업과 제유공장을 경영한다. 교포 100여 명을 인부로 채용하여 언제라도 의병이 될 수 있는 만반의 태세를 갖추는데, 손자 규흠 씨의 증언에 의하면 당시 최재형은 평소 300여 명의 의병에게 자택에서 숙식을 제공할 만큼 재력이 풍부했다. 동시에 그는 국내에서 망명 오는 많은 애국지사를 맞아 이범윤 등과 상의한 후 국권회복운동의 중추기관으로 동의회(同義會)를 조직하여 그 회장이 되고, 교포들의 단결과 애국심을 고취한다. 동의회는 이전에 이범윤이 조직하여 러일전쟁 당시 일군에 대항하던 무장단체로, 임시 해산되었던 것을 재건한 것이다.

일군의 증강과 압력으로 일본과의 무력 충돌을 원치 않는 러시아 당국의 단속 강화로 더 이상 의병활동이 어려워진 최재형은 한일합병 직전인 1910년에 접어들어 블라디보스토크에서 발간되던 《대동공보》가 경영난에 빠져 폐간되자 이를 인수하여 복간한다.

그는 이 신문을 통해 교포의 계몽과 항일 사상을 고취하고, 일제 침략 만행을 통박하는 등 일제의 한일합병이 다가올수록 더욱 과격한 논조를 펼친다. 1910년 8월 20일자 《대동공보》는 "무력하게 일제에 병합해가는 조국의 운명을 직시하면서 우리가 해야 할 유일한 방법은 피를 흘리는 방법"이라고 절규한다.

최재형이 매월 100루블을 자담하여 발행한 이 신문은 당시 시베리아, 상하이, 미국, 멕시코 등지에 약 3만 부를 발송하여 국내외에 여론을 환기시키는 등 맹렬한 활동을 벌인다. 그는 연추 교민회장으로도 크게 활

러시아 연해주 우스리스크에 있는 최재형의 생가.

동하여 당시 연해주에 거주하는 교포로서 그의 도움을 받지 않은 자가
없을 정도였다. 의병대장 유인석을 따라 연해주까지 가서 항일활동을 벌
였던 그의 아들 유해동 씨의 증언이다.

"우리 부자가 연해주에 건너가서는 최재형 선생 댁과 바로 앞뒷집에
살았지요. 아무것도 없이 맨주먹으로 독립투쟁을 한다고 망명한 것이
니, 사실상 우리의 생계를 모두 그분께서 맡았지요. 좋은 음식이 있으면
꼭 나눠 주셨고요. 독립군 300여 명을 그분 댁에서 양성하리만큼 엄청
난 거부였고, 한때 상하이 임시정부의 재정도 상당한 몫을 담당하여 임
정을 블라디보스토크로 옮기자는 말이 나왔을 정도지요. 당시 그곳이
사실상 독립운동의 중심지였으니까요."

1918년 최재형은 파리강화회의의 시베리아 귀화 한인 대표로 선출되
나 이 계획은 좌절된다. 이후 노령 한인 지도자들이 재차 무장 항일운
동을 벌이기로 합의하자 그는 러시아에 귀화하는 한인군을 규합하는
책임을 맡는다.

1919년 4월 상하이에서 신규식, 김규식, 신채호, 여운형, 신익희 등이 모여 대한민국 임시정부를 수립할 때 그는 초대 재무총장으로 선출된다. 당시 초대 내각 진용은 국무총리 이승만, 내무총장 안창호, 외무총장 김규식, 재무총장 최재형, 교통총장 신석우, 군무총장 이동휘, 법무총장 이시영, 국무원 비서장 조소앙 등이다.

대한민국 임시정부가 상하이에서 조직되자 최재형, 문창범 등 노령의 한인 지도자 21명은 블라디보스토크 신한촌의 한민학교에서 임정 승인 문제에 관하여 회합한 토의 결과, 임정을 가승인하고 후에 정부가 노령에 이전하면 정식으로 이에 가담하기로 결정한다. 최재형은 재무총장에 발령은 되나 취임하지는 않는다.

1919년 11월 최재형은 블라디보스토크 신한촌에서 독립단을 조직하고 그 단장으로 취임하여, 각지의 무기를 수집하고 계속 무력 항일투쟁을 벌이다가 이듬해 4월 7일 신한촌을 습격한 일제 헌병대에 체포, 총살되어 순국한다. 현재 유해 없는 묘소가 서울 동작동 국립묘지에 마련되어 있다.

그의 별세를 슬퍼한 상하이 임시정부 지도자들은 그해 5월 22일 상하이에서 순국 추도회를 열었다. 300여 명이 참석하여 애도했으며, 40여 년이 지난 1962년 조국 대한민국은 그에게 건국공로훈장을 수여했다.

최재형이 별세한 후 그의 장남 기욱 씨는 부친의 항일투쟁 노선을 이어 블라디보스토크를 떠나 간도성 왕청현 춘화사 봉오동으로 이거한다. 이어 독립군 대장 최명록과 간도국민회 대한독립군 사령부를 설치하고 홍범도, 김좌진 밑에서 무력 항일투쟁을 벌인다. 왕청현 삼도구 청산리 부근에서 일군 대부대와 교전하여 600여 명의 전사자를 내는 대승을 거두기도 한다. 1926년 1월 기욱 씨는 최명록 등과 일 헌병에 체포되어 함북 청진감옥에서 2년 6개월 복역하기도 한다. 출옥 후에도 그는 만주의 훈춘현 흥인촌 청구자로 이주하여 자치회를 조직하고, 배후에서 계속 독립군 활동을 돕다가 그곳에서 해방을 맞는다.

"1950년 8월 5일 저는 북괴군에 강제 입대해 당시 33세의 나이로 전선에서 도주하여 안성에 입성한 미군 부대에 귀순했지요. 그 후 부산, 거제도, 논산 등 포로수용소를 전전하다 1953년 6월 18일 반공포로로 석방되었지요. 이듬해 국군에 입대하여 복무하다 신병으로 1년도 못 되어 제대는 했으나 병약하니 생계가 참 곤란했지요. 생활에 허덕이던 중 1962년 3·1절에 원호처에서 연락이 와 조부님의 건국공로훈장을 받았지요. 그래도 그분의 공로를 잊지는 않았구나 하고 새삼 감격했던 순간이었지요."

장손 규흠 씨의 말이다.

내가 본 최재형

최재형 선생은 구한말 국외에서 독립운동을 이끄신 선각자 중의 한 분이다. 일찍이 빈한한 가족을 따라 연해주로 이주하여 각고의 노력으로 모은 재산을 교민사업과 독립투쟁에 모두 쏟아부은 것은 요즘 돈 버는 사람들이 본받아야 할 점이라고 생각한다. 그분의 근면하고 성실한 생활태도는 러시아 정부에까지 감명을 주어 니콜라이 황제의 초청을 받아 훈장까지 받으며, 이러한 지도자로서의 큰 사람됨이 그 후 연해주를 초기 독립운동의 기점이 되도록 한 밑거름 역할을 한 셈이다.

그분은 돈을 대어 교민들의 생계를 돕고 독립자금을 대었을 뿐 아니라 자신이 직접 독립군으로 나서 국내 함경도 일대의 일군을 습격했는 가 하면, 재정난에 빠진 블라디보스토크의 《대동공보》를 구해 항일 언론활동을 벌이는 등 다양하게 독립투쟁을 펼쳤다. 그러면서 러시아인의 신임을 얻어 그곳 자치기구의 시장까지 지내면서, 사실상 연해주 일대 한국 교포들의 총대표로서 망국의 동포들을 이끌어온 영도자이시다.

말년에 그분은 노구를 이끌고 계속 독립군 대열에 나왔다가 기습해 온 일제 헌병에게 붙잡혀 끝내 떳떳한 순국을 보여준 것이다.

권영찬(독립운동사편찬위원회 사무국장)

최재형

1858년	12월 20일, 함북 경원군 안풍면 이동 52에서 태어남
1904년	러일전쟁이 일어나자 러시아 내의 교포를 규합하여 항일전에 참여시킴
1907년	대한제국군이 해산되자 이주해 오는 군인들을 규합하여 항일투쟁을 지휘함
1910년	블라디보스토크에서 발간되던 《대동공보》가 재정난으로 폐간되자 인수하여 복간함
1918년	파리강화회의의 시베리아 귀화 한인 대표로 선출됨
1919년	상하이 임시정부 초대 재무총장이 됨
1920년	4월 7일, 신한촌을 습격한 일군 헌병대에 체포되어 총살로 순국함

26
운강 이강연

　운강(雲岡) 이강연(李康秊)은 구한말 13도 의병총대장으로 일제와 대결하다 붙잡혀 교수형으로 순교한 유림(儒林) 의병장이다. 그는 1858년 12월 30일 경북 문경군 가은면 도태리(현 상괴리)에서 효령대군의 17대손인 시골유생 이기태(李起台)의 아들로 태어났다. 그의 생가는 한국이 국권을 빼앗긴 후 일제가 불살라 남아 있지 않으며, 그가 일군을 물리쳤던 이곳의 곳곳에 전공비가 서 있어 운강의 뜻을 전하고 있다.

　운강의 외아들 승재 씨도 부친을 도와 의병활동을 벌이며, 부친이 별세한 후 만주로 망명하려다 일제의 간계에 빠져 음독사했다. 또한 승재 씨가 남긴 외아들 정수(75) 씨는 부인 서덕기(75) 씨와 함께 현재 미국 로스앤젤레스의 3남 집에 살고 있다.

　정수 씨는 7남매를 두었으나 5남매가 현재 국내외에 생존하고 있다. 장남인 인규(50) 씨가 서울 성동구 수서동 514에 살고 있고, 차남 용규(40·한양대 건축과 졸) 씨는 미국 샌프란시스코에서 사업 중이며, 3남 종규(38· 고려대 법학과 졸) 씨는 로스앤젤레스에 유학 중이다. 정수 씨의 맏딸 옥순(33) 씨도 로스앤젤레스에 살고 있고, 차녀 순희(30·서울대 문리대졸) 씨는 서울에 살고 있다.

"저도 증조부님께서 태어나신 바로 이웃 동네에서 태어났습니다. 생가는 남아 있지 않지만 문경새재에서 남쪽으로 20리쯤 내려간 곳에 고향 유지들이 그분의 승전비를 해 세워 매년 유림에서 제사를 지내고 있습니다. 갈평전투라고 그분께서 왜병 800명을 사살하신 승전을 기리는 뜻으로 이곳에 비가 섰지요. 또 고향으로 들어가는 바로 진입로인 왕명리 기차역 앞에 10여 년 전 이동녕 의원이 비를 세웠지요. 이곳 마성전투에서 8척 2촌 거구의 그분은 밤낮 3일 동안 왜장과 맞붙어 육박전을 벌였다고 해요. 왜장이 정면으로 칼을 들이대는 것을 이 어른이 받았는데, 칼이 부러지면서 눈과 볼이 찢기고 면상이 갈라져 한쪽 눈을 보지 못하는 틈에 왜장은 어둠을 틈타 도망쳤다고 하더군요. 웃어른들에게 들은 얘기인데 그분은 어머니 태몽에 해가 입으로 들어와 아명을 양출(陽出)이라 불렀대요. 3살 때 양친이 모두 별세하여 당시 장군이던 백부 손에서 자라났다고 해요. 어린 시절에도 너무 거구여서 가마 타고 가던 사람들이 멈추어 다시 보고 갔다고 합니다."

증손자 인규 씨의 말이다.

운강은 장성함에 따라 총명하고 용맹한 데다 늠름한 풍채여서 장재(將材)라는 말을 들으며, 유학과 병서에 조예가 깊어 뒤에 무과에 올라 용려아부사과(龍驪衙副司果)를 지낸다.

그는 민비시해사건에 통분하여 1896년 1월 11일 고향에서 가산을 털어 의병을 일으키고 정면으로 일제에 대항한다. 당시 일제의 밀사인 안동관찰사 김석중과 순검 이호원, 김인담 등 3명을 생포하여 용암시장에 운집한 군중 앞에서 이들의 매국행위를 규탄하고 목을 베니, 이에 감동한 주민들이 다투어 의병 대열에 지원한다.

그 후 운강은 마성면 마고성에서 적을 만나 종일 대결하나 약세로 전세가 불리하여 패하자 안동 의병장 권세연에게 가서 함께 군사를 의논하며, 이해 1월 29일 제천에 가서 의암 유인석을 배알하고 사제의 의를 맺는다.

2월 1일 의암의 지시를 받아 유격장이 되어 장병을 거느리고 수안보의 왜군을 무찌르며, 서상열과 합세하여 조령의 왜적을 토멸하는 등 각지에서 전공을 세우나 적의 세력이 날로 늘어나는 반면 워낙 장비와 보급이 없는 고군(孤軍)이어서 잇따라 패하는 비분을 삼키게 된다. 이에 대비하기 위해 그는 의암과 상의하여 만주에 가서 군비를 다진 후 다시 왜적 섬멸전에 나서기로 약속하고, 의암이 먼저 만주에 간 후 각지에서 전투를 벌이다가 이해 7월 힘이 모자라 일단 의병을 해산한다.

이듬해(1897년) 4월 그는 단신으로 만주로 가 각지에서 의병을 일으키는데 이때 의암은 통화와 집안현에서, 운강은 장백·무송·임강 등 3현에서 왜적을 무찔러 많은 전과를 올린다. 그러나 운강은 항상 국내에 창궐하는 왜적을 물리쳐 민생을 도탄에서 건져내는 것이 가장 급선무라고 생각하여 귀국하며, 다시 단양 산중에 들어가 항일 대결의 계획을 도모한다.

"그분이 의병활동을 벌인 것은 모두 13년이 되지요. 초반의 마성·갈평 전투 후 독불장군으로 혼자의 힘으로는 일제와 대결할 수 없다고 판단하여 외로움을 느끼셨는지 미리 떠나간 동지를 따라 만주로 가서서는, 그곳에서 동지들을 만나 항일투쟁의 방법을 토론하셨다고 해요. 그분의 뜻은 집(국내)에 강도(왜적)가 들어왔는데 우리가 남의 집(만주)에 와서 태연히 앉아 있어서는 안 되겠다고 하시며, 다시 귀국하셔 국내에서 직접 왜적과 맞서게 된 것이지요. 이때 일부 인사들은 강도와 격투를 벌이더라도 힘이 있어야 승산이 있으니 우선 양병을 해야 한다고 주장했으나, 이분은 이에 맞서 집에 든 강도를 어떤 희생을 치르더라도 도저히 보고만 있을 수는 없다고 하시며 귀국하신 것이지요."

증손자 인규 씨의 말이다.

1905년 을사조약이 강제로 맺어지자 당시 단양산 중에서 재기의 날을 기다려온 운강은 다시 각지의 의병을 모아 거느리고, 단양·제천·원주 등 3도 14읍을 누비면서 가는 곳마다 왜적을 토멸한다. 특히 이듬해 7월 5일에는 제천전투에서 400여 왜적을 일시에 도륙하여 군민의 사기를 드높인다.

또 이에 앞서 친위대 제1대대장 박승환이 군대해산에 반대하여 자결하는가 하면 각지의 군대가 다투어 의병에 참여하며, 원주친위대장 민긍호는 부하 장병들과 무기 일체를 영솔하고 운강의 군문에서 토왜의 기치를 높이 든다.

이즈음 판서 심상훈이 원주 배양산 진중으로 운강을 찾아 위로하고 그 혁혁한 전공에 크게 감동하여 조정에 돌아가 비밀히 고종황제에게 아뢰니, 황제도 이에 감격하여 운강을 도체찰사(전시 군직의 하나, 의정(議政)이 겸임함)로 하여 종사(宗社)와 국토를 보존할 것을 간곡히 당부하는 밀칙을 1907년 7월 11일 심판서로 하여금 전하게 한다. 그는 이에 감격하여 원주 태생 민긍호 등 40여 진에 모인 제천 진중에서 칙서를 읽어준다. 이에 장중이 모두 일사보국을 굳게 맹세하며 운강을 전국도창의대장(창의: 국난을 당하여 의병을 일으킴)으로 추대하고, 그 휘하에 뭉치니 그의 탁월한 영도 하에 군기가 확립된다.

다음은 고종황제가 운강에게 보낸 칙서이다.

운강 이강연이 사후의 일을 아들에게 부탁한 옥중서한.

슬프다, 나의 죄가 크고 허물이 많은지라 하늘의 도움을 받지 못하여 강악한 이웃 나라가 넘보게 되고, 역신이 국권을 농단하여 마침내 4천 년 종사와 3천 리 강토가 하루아침에 오랑캐의 땅이 되려 하니, 나의 이 실낱같은 목숨이야 아까울 것 없지만 오직 종사와 인민을 걱정하여 마음 깊이 애통하는 바이다. 여기에 이강연으로 하여금 도체찰사에 임하고 7로(路)에 권송(勸送)하는 바이니 양가(良家)의 재자(才者)로서 각기 의병을 일으키게 하고, 소모관(召募官)에 임하여 스스로 인부를 새기어 종사토록 할지어다. 만약 명령에 복종치 않는 자가 있으면 관찰 수령을 먼저 목을 베어, 용출(龍出)하고 처분하여 강토를 보존하고 사직을 수호함에 목숨을 다하여라. 이글을 비밀히 보내니 나의 뜻을 다 알아서 행사하라.

광무 11년 7월 11일

운강은 일차로 이해(1907년) 7월 20일 청풍 황강전투에서 600여 왜적을 죽이고 무수한 군기를 노획하니 제전(諸戰)의 승리에서 사기가 충천하며, 8월 3일에는 문경 갈평전투에서 무수한 적을 도륙하여 산과 들에 가득 채운다. 9월 16일에는 제천에서 적의 대군이 내습함을 탐지하고 기선을 제(制)하여 아군을 좌우 산꼭대기에 매복시켰다가 적을 협곡 깊숙이 유인한 후 일거에 맹공을 가하여 전멸시킨다.

더욱이 이달 27일에는 죽령에서 적 60여 명, 10월 1일에 600여 명, 10월 5일에 80여 명, 23일에는 영춘에서 100여 명을 죽이니 운강군의 사기는 절정에 이르게 된다.

이에 힘을 얻은 운강은 서울에 집결한 왜적을 격파하고자 대군을 거느리고 기아를 무릅쓰며, 이해 12월 5일 경기도 가평군 광악산에 진주하여 의군 70여 진에 12만의 병력을 집결시켜 이토 히로부미에게 격문을 보내는 한편, 앓고 있던 장자 승재에게 서신을 보낸 후 왜적과 항전 분투한다.

이토 히로부미에게 보낸 격문

너희들이 비록 오랑캐라 하더라도 군신이 있고 백성과 나라가 있고 또 만국 조약이 있으니, 하늘 아래에 나라가 없으면 모르되 나라가 있으면 군신이 있고 군신이 있으면 의로써 힘을 다하여 죽는 것인즉 너는 이것을 모르느냐. 아국이 너의 나라와 강역이 가장 가깝고 또 교린이 없지 않으므로 통상만 하여도 족하거늘, 어찌 군병을 이끌어 들어와서 원군취당(援群聚黨)하여 남의 국모를 시해하고 남의 군부(君父)를 욕보이고 남의 재산을 빼앗으며 남의 풍속을 변개하고 남의 구장(舊章)을 어지럽게 하며 남의 강토를 침합하려 하며 남의 생명을 살해하고, 그래도 부족하여 읍촌을 불 지르고 도둑을 일삼으니 이런 일이 마관(馬關)조약에 조문이 있는 것이냐, 또는 너의 군장(君長)이 시키더냐. 너의 나라 군장이 시켰다면 어찌 대군을 보내어 결전하지 않느냐. 이렇게 보면 이러한 너의 죄는 너의 나라에 있어서는 기군(欺君)의 죄요, 만국에 있어서는 배약의 죄요, 아국에 있어서는 불공대천의 원수가 될 것이다. 너는 말하리라. 내 혼자 하는 것이 아니요, 이완용·송병준 등 57적이 하는 것이라고! 그러나 그도 그렇지 않다.

남의 나라 신하를 빼앗는 죄책이 또한 큰 것인데, 하물며 너는 남의 신하를 꾀어 남의 조정을 어지럽게 하여 남의 나라를 망하게 하느냐. 우리는 군신의 대의와 적개의 소사(所使)로 안연(晏然)히 좌시할 수 없어 한 번 소리 높이 외치니 8도가 병응했으며, 또 백전백승의 비책이 있도다. 환해연산(環海連山)에 총검을 겨누어 상응하면 너의 군사들의 피로 개천을 이룰 것이요, 만약 시일이 더 지난다면 너의 군사들은 한 놈도 살아서 돌아가지 못할 것이니 너는 깊이 생각하여 다음 날에 후회됨이 없도록 하라.

결전을 앞두고 장자 승재에게 보낸 서신

당곡(문경군 가은면 죽문리의 당재)에서 너를 보내고 서울 가까운 곳에 도착하여 광악(경기도 가평군)에서 겨울을 지나다 들으니, 너는 병이 들어 헛소리를 하고 실성한 것 같다고 하니 비록 걱정되고 근심되는 바이나, 공과 사는 구별되어야 하고 의와 리는 함께 행할 수 없느니라. 운이 국가에 달렸는데 무슨 말이 있겠느냐. 노부의 위험은 걱정하지 말고 안심하고 치료하여, 갑손(장손 정수를 말함. 당시 5세)이나 잘 길러서 향화(香火)나 받들도록 하여라. 이것이 나의 소망이다. 그의 세소(細瑣)한 것은 말할 필요조차 없다. 깊이 생각하여라.

무신 3월 27일 병부(病父) 운강 씀

서울을 함락시키고자 육박하나 왜적이 오랫동안 성문을 굳게 닫고 응전하지 않자, 운강은 대군을 협곡에 오래 머물게 하는 것이 전략상 불리하다 생각하고 회군하여 귀로의 적 600여 명을 무찌른다. 이듬해(1908년) 3월에는 강원도 간성에서 수백 명의 적을 섬멸한다.

하지만 남하하던 운강은 충청도 청풍전투에서 대패하여 요새를 정비하러 전라도 무주로 가던 중 왜적에게 잡힌다. 서울로 압송되고 4개월간 옥중 단식으로 버티나 이해 9월 19일 교수형으로 순국하여 경북 상주군 화북면에 안장된다.

"서울전투에서 인근 산을 의지하여 한 해 겨울을 지나니 이미 군세는 악화되어 그분은 할 수 없이 군비를 다듬기 위해 무주 구천동으로 내려가다 왜군에게 붙잡혔지요. 가마로 모시는 상경 도중에도 그분의 선봉장들이 숨진 것을 보시고는 호령하여 가마를 멈추게 하시고, 마을 구장을 불러 그 시체를 거두어 자손에게 인계하도록 타이르시고서야 다시 떠나셨다고 합니다. 재판 때 재판장이 일인을 얼마나 죽였느냐고 물으니 너무 많이 죽여 헤아릴 수 없다고 답변하셨지요.

그 후 할아버지(운강의 외아들 승재)와 허위 선생, 이인영 선생 등 의병 대장의 아들 셋이서 결의형제를 맺고 만주로 떠나려 약속했으나, 할아버지만이 일진회 비밀 회원의 간계에 빠져 주막에서 청주를 마시고 별세하셨지요. 부친(운강의 손자)이 일인과는 아예 대면을 안 하시니 저도 그저 한문을 수학했을 뿐 일제하 교육은 통 받지를 못했지요. 그분이 돌아가신 후에도 의병에 참여했던 부하들이 밤에 몰래 산을 타고 집에 찾아와 제사를 지내곤 했지요. 어머니가 쭉 생계를 꾸려오셨는데, 헐벗고 굶주린 조부님 부하들이 찾아오면 그 어려움 속에서도 한껏 뒷바라지를 하셨지요. 해방 후 그분을 직접 모신 어른들이 저희 집에 찾아와 당시 항일활동에 대해 많이 일깨워주셨지요."

증손 인규 씨의 말이다.

내가 본 운강 이강연

운강은 자타가 공인하는 항일 의병활동의 제일인자이며, 이러한 사실은 의병항쟁사 자료집을 엮는 과정에서도 뚜렷하게 재확인되었다. 당시 의병지도자로는 유인석, 허위 등 유학자들이 있었지만, 실제 의병대장으로 왜놈들을 많이 죽이고 신출귀몰한 작전으로 공훈을 남긴 분이 운강이다.

또한 명성황후가 시해되고 상투를 자르는 데 반대해서 펼친 그의 의병활동은 가장 긴 기간이라, 전후 13년간 30여 전투에 참전하고 있다. 전반의 의병활동을 끝내고 잠시 동지들을 찾아 만주에 가서 병사를 논의하기도 했으나, 그 후 다시 귀국하여 후기 의병활동을 벌이다가 순국한다. 고종 양위를 계기로 그 전위대장 민긍호 역시 원주에서 의병을 일으키나 운강의 인격을 흠모하여 많은 신식 무기와 병력을 이끌고 운강의 진영에 합병해 오니, 이때부터 운강의 군세는 더욱 떨치게 된다.

운강이 끝까지 일제와 싸우다 체포되어 재판을 받고 교수형에 처해지기까지 아들에게 보낸 유언 서신의 내용이 너무나도 의연했던 데다 끝까지 추상같은 호령으로 일제에 맞서, 그를 지키던 간수마저 운강의 사형 집행을 거절할 정도였다. 잘 알려지지 않았던 그의 빛나는 의병활동이 반세기 넘어서나마 밝혀진 것은 후학으로서 송구스러운 한편 다행스럽게 생각한다.

이강훈(독립운동사편찬위원회 연구실장)

운강 이강연

1858년	12월 30일, 경북 문경군 가은면 도태리에서 태어남
1896년	민비시해사건에 통분하여 가산을 털어 의병을 일으킴
1897년	단신으로 만주로 가 각지에서 의병을 일으킴
1905년	을사조약이 체결되자 다시 각지의 의병을 모아 항일투쟁을 벌임
1907년	그의 항일투쟁에 감격하여 고종이 도체찰사에 임명함, 13도 의병총대장에 취임하여 일군과 대치함
1908년	청풍전투에서 대패, 무주로 가던 중 왜적에 붙잡혀 9월 10일 교수형으로 순국함

27
일성 이준

일성(一醒) 이준(李儁)은 구한말 독립협회평의장, 공진회장(共進會長) 등을 역임하면서 항일투쟁에 매진하다가 1907년 헤이그밀사사건에서 분사한 애국지사이다. 그는 1859년 1월 21일 함남 북청군 속후면 중산리에서 이병서(李秉瑞)의 아들로 태어났다.

"제가 11살 때 돌아가셨는데…… 일제하에서는 죽 할복자살로 알려져 우리 가족들도 그렇게 알았지요. 더구나 선친의 성격이 괄괄하셔서 그럴 가능성도 충분히 있었거든요. 저는 서울에서 태어나 그 후 서울에서 죽 자라났기 때문에 선친의 고향에 가본 적은 없었습니다만 줄곧 관심은 가져왔지요. 이원계(李元桂: 태조 이성계의 실형) 님의 19대손이라서 선조들이 오히려 벼슬할 기회가 많지 않을까 생각했었는데, 왕위에 오른 이성계는 자기보다 똑똑한 인물이 태어날까 보아 그 후 함경도 사람을 철저히 경계했다고 하더군요."

이처럼 집안 얘기를 들려주는 일성의 생존한 유일한 핏줄 종숙(81) 씨는 서울 종로구 사직동 262의 36에서 외딸 유성천(49) 씨와 함께 살고 있다. 유 씨는 이화여대 음대, 미국 미시건대학을 졸업한 피아니스트이고, 유 씨의 남편은 국무총리 비서실장인 이규현(54) 씨다. 그는 와세다대학 영문과, 미주리대학에서 신문학을 전공, 《코리아 타임스》 편집국장과 《중앙일보》 편집국장을 역임한 언론인 출신이다.

일성은 3살 때 부모를 모두 잃어 조부와 숙부에게 의탁하게 되는데, 7살 때 마을 서당에 입학한다. 12세 때 어린 나이로 북청읍 향시에 응시하여 낙방하자 분개하여 문루에 올라 자신의 시제를 큰 소리로 낭독하여 시선을 끌었다는 에피소드도 전해지고 있다.

17세 때 상경하여 대원군(당시 은퇴 생활 중), 최익현, 김병시 등을 찾아 시국을 논하는데, 김병시의 귀염을 받아 그 집에서 침식을 하며 비서처럼 일한다. 이즈음 불평등조약인 병자수호조약이 체결된 후 일성은 개항에 반대하는 입장을 분명히 하여 1979년 원산 개항의 당사자인 강수관 홍우길을 찾아가는데, 고고학자이자 사학자이기도 한 맏사위 유자후(종숙 씨의 남편, 납북됨) 씨는 당시의 상황을 이렇게 옮기고 있다.

원산이고 부산이고 허하지 마십시오. 후세에서 매국행위라는 말을 듣지 않으시려거든! 저는 아무것도 모르는 청년입니다마는 절대로 반대하고 싶습니다. 우리나라에 치욕이 없는 외교를 원합니다. 젊은 외방 청년으로 이와 같이 육박에 가까운 말씀을 올리게 된 것은 어찌할 수 없는 모욕적인 느낌이 불타오르듯 하여 영겁(永劫)할 도리가 없어 외람히 제성(提醒)을 올리게 된 것입니다. (『이준선생전』, 유자효)

그 후 일성은 29세 때 북청에서 초시에 합격하며, 이듬해 북청에 노봉서원을 창설하여 향리의 인재 양성을 하다 다시 상경한다. 12세 때 결혼한 첫 부인 주(朱)씨를 잃고, 35세 때 김병시의 중매로 이일정(李一貞)과 재혼하며, 이듬해 함흥 순능참봉(純陵參奉)에 임명된다.

1895년 그는 신설된 법관양성소에 입학하여 6개월의 교육을 마치고 이듬해 한성재판소 검사보에 임명되는데, 소신에 따라 조신(朝臣)의 불법과 비행을 파헤치다 한 달 만에 해임된다.

관직에서 물러난 일성은 당시 서재필, 이승만, 이상재 등이 조직한 독립협회에 가담하여 협회의 평의장으로 구국 혁신운동에 몰두한다. 하지만 정부의 압력으로 국내에서 행동의 자유가 어렵게 되며, 아관파천을 계기로 들어선 친러파 내각의 압박을 받게 된 일성은 일본에 망명하여, 이때 함께 와 있던 박영효 등의 권유로 와세다대학 법과에 입학한다.

1년 남짓 공부에 몰두하던 일성은 귀국하여 다시 독립협회에 가담하며, 1898년 10월 종로 네거리에서 역사적인 만민공동회 집회를 주재한다.

회장에는 윤치호, 부회장에는 이상재, 총무장에는 이준 선생으로서 회장에는 부지수(不知數)의 시민과 청년과 학생이 운집하여 곧 천하를 좌우할 만한 기세를 이루게 되었다. …… 그리고 또 뒤를 이어 이준 선생의 비정(秕政) 공격, 시국 지탄의 매도 연설이 있었다.

소위 정부 대관이 임석한 면전에서 말하기를 "왈 대황제라 존칭하고 대한제국이라 환칭하여 천하만국에 향하여 자주독립을 호창하는 오늘 관중(官中)이 그 어떠하며 부중(府中)이 과연 그 어떠한가. 인순(因循)과 고식(姑息)이 꼬리를 맞물고 있지 아니한가. 철도는 어디로, 광산은 어디로, 산림은 어디로 갔나. 뇌물이 성횡하니 이것도 충량한 관료라 할 수 있을까. 국세와 민정은 누란(累卵)에 있어도 자기 자신만 잘살 궁리만 하면 잘살아질 것이냐" 하는 비정의 탄핵과 비행의 통매(痛罵)를 여지가 없이 표절(剽切)하여 겁박(劫迫)하니 개혁의 목탁의 임무로서는 더할 수 없었다. (『이준선생전』)

이처럼 과격한 개혁 요구에 대해 불안을 느낀 정부는 독립협회를 해산하고 간부 17명을 잡아 가두는데, 일성도 이때 붙잡혀서 수개월간 옥고를 치른다. 1902년 일성은 민영환과 연결하여 이상설, 이용익, 이상재, 이동휘 등 동지들과 함께 비밀결사 개혁당을 조직하여 집권을 시도하나 이상재가 체포되어 이 거사는 실패한다.

1904년 러일전쟁이 발발하여 일제의 침탈이 본격화하자 잇달아 조직되는 친일단체 일진회 등에 맞서, 일성은 대한보안회의 도총무(都總務)가 되어 성토대회를 벌인다. 그 후 보안회가 조신들의 탈퇴로 해체되자 다시 대한협동회를 조직하여 당시 일제가 탈취했던 황무지 개간권을 되찾는 등 활약을 벌이다가 일제 헌병대에 체포되나 민영환의 주선으로 풀려나온다.

"민충정공과 우리 선친은 가깝게 지내셨다고 해요. 그 때문인지 민충정공 손자(민병기 전 주 프랑스 대사)와 우리 사위하고도 친하게 지내지요. 어젯밤에도 전화가 걸려 왔어요."

종숙 씨의 말이다.

1904년 12월 일성은 반일 보부상의 새 단체인 공진회 회장에 추대되어 종로 네거리에서 친일 5대신의 성토를 벌이다 체포되어 황해도 황주(黃州) 철도(鐵島)로 유배 갔다가 6개월 만에 풀려나온다. 을사조약을 전후하여 일성의 항일운동은 더욱 본격화한다.

동년(1904년) 8월 을사조약을 사전에 막으려고 일본으로 건너가서 애국 망
명객들과 연락하고, 귀국 후 동년 9월 미국 대통령 루스벨트의 영애 아리스
양이 내한함을 계기로 한미공수 동맹을 제안했으며, 동 조약이 체결되고 민
영환 공이 울분하여 절사 순국했다는 비보를 듣고, 선생은 앙천 통곡하며
귀국했다. (『대한민국 독립운동공훈사』)

1906년 일성은 장지연, 윤효정 등과 대한자강회를 조직하여 교육 및
산업 진흥을 도모하며, 국민교육회 회장에 취임하여 이를 모체로 서울
돈화문 앞 운니동에 야학인 보광학교를 세워 후진 양성에도 힘쓴다.
이때에 그는 평리원검사에 임명되어 매국대신들과 알력을 벌인다.
1907년 1월 24일 황태자의 가례를 기하여 특사의 칙령을 내릴 때 을사조
약을 반대하고 매국노를 규탄하다 투옥된 인사들을 석방하지 않으므
로 일성은 법부대신 이하영, 평리원 재판장 이윤용, 형사국장 김낙헌 등
직속상관을 황명(皇命)을 거역한 죄로 고발한다. 그러나 오히려 이윤용
의 반소로 이해 2월 27일 체포되어 재판을 받게 된다.
"제가 불과 10살 때 일이지만 그때 공판받으시던 모습은 기억에 선명
합니다. 법을 올바로 집행한다고 하여 법정에서 맞섰으니 일반의 관심도
대단했지요. 서대문, 종로, 남대문의 모든 상가가 아예 철시하고, 지금
신세계백화점 자리인 평리원에서 열린 공판 광경을 1000여 명 방청객이
지켜보았지요. 하여간 부하가 상관을 거역한다고 하여 재판에는 졌지만
이때 고종도 선친의 기개를 알아보고 자신의 밀사로 삼기로 작정했다고
해요. 우리 선친의 모습은 키가 작으시고 살빛은 희고 잘생긴 얼굴이었
지요. 어머님이 좋은 옷을 해드려도 입지 않고 검소한 회색 옷을 즐겨 입
으셨지요. 어린 저에게, 우리가 일제에게 진 것도 지식에 뒤진 탓이라면

네덜란드 헤이그에 있는 이준 열사 기념관(Yi Jun Peace Museum). 1995년 8월에 개관했다.

서 신학문을 공부해야 한다고 타이르시곤 하셨지요."

종숙 씨의 말이다.

일성은 이즈음 《대한매일신보》의 양기탁이 주동하여 전국적으로 벌인 국채보상연합회 의장직에 추대되어 헤이그로 떠나기 전까지 활약하기도 한다.

1907년 4월 20일 일성은 헤이그평화회의에 밀사로 참석하라는 고종 황제의 밀령을 받고 서울을 출발, 여준의 안내로 간도 용정촌으로 간다. 이해 6월 러시아 황제 니콜라이 2세의 발의로 네덜란드의 수도 헤이그에서 제2회 만국평화회의가 열리게 되어 각국에 초청장을 보내는데, 러시아 황제는 한국 황제에게도 극비리에 초청장을 보내온 것이다. 고종황제는 이 일을 전 군부대신 이용익과 상의하여 전 참사 이상설, 전 평리원 검사 이준, 전 러시아 공사관 참사관 이위종 등을 파견하기로 한 것이다.

블라디보스토크에 도착한 일성은 이용익을 만나 황제의 위임장과 친서를 받고 이상설과 함께 시베리아 철도를 이용하여 페테스브르크에 도착하여 이위종을 만난다. 3인의 밀사는 러시아 황제에게 고종황제의 친서를 전달하고 이해 6월 24일 헤이그에 도착, 평화회의 의장인 러시아 위원 네리토프 백작을 방문하고, 한국 위원이 회의에 참석할 것을 요청한다. 그러나 네리토프는 회의 참석 여부는 주최국인 네덜란드 정부의 권한이므로 자기로서는 어찌할 수 없다는 이유로 거절한다. 이들의 동정은 7월 1일 《대한매일신보》에도 게재되어 국내외에 큰 충격을 안겨준다.

한편 이준은 『한국사정』이란 책자를 발간하며, 7월 5일 만국평화회의에 다음과 같은 호소문을 제출한다.

오등(吾等)은 1884년 아(我) 한국이 자주독립을 선포함에 각국이 이를 승인했고 또 나아가 수교했나이다. 그러나 1905년 11월 17일에 일본이 병권으로 우리 한국을 핍박하고 외국과 교섭하는 권리를 탈하온바 이에 일본이 한국에 대하여 일체 법률과 정권을 파괴하는 등 사(事)를 3조(條)로 작하여 근정하옵니다.

① 일체의 정사(政事)에 한국 황제의 승낙을 불대(不待)하고 자의로 시행하며
② 일인이 육·해군 세력을 사(使)하여 한국을 압박하며
③ 일인이 한국의 일체 법률과 풍속을 파괴함이외다.

귀 총통은 공리에 의거하여 일인이 공법을 위배함을 아실 것입니다. 한국이 이미 자주하는 위(位)에 처했거늘, 어찌 일인으로 하여금 아국의 국제 교섭을 간여케 하며, 한국의 황명(皇命)을 받은 전권사절로서 이 회의에 참석지

못하게 한단 말입니까. 바라건대 귀 총통은 약자를 제(濟)하고 위자(危者)를 부(扶)하는 협조의 힘을 특시(特施)하여 본사(本使) 등으로 만국평화회의에 참석게 하여 일체의 호소를 득신(得伸)케 하시면 행심(幸甚)이겠나이다.

이러한 애절한 회의 참석의 호소가 끝내 거부되자 일성은 분통을 참지 못해 단식으로 저항하다 1907년 7월 14일 이역만리에서 순국하여 헤이그 공동묘지에 잠들었다가 50여 년이 지난 1963년 10월 4일 유해로 환국하여 서울 성북구 수유리 묘소에 안장된다.

"1959년과 1961년 유럽 여행 중에 헤이그에 들러 선생님의 묘소에 찾아갔었지요. 관광협회에 들러 문의하면 곧 알아요. 그만큼 명소로 된 것이지요. 마련해 간 태극기와 꽃을 꽂고 한참 묵념했어요. 가족 단위로 묻혀 있는 공동묘지에 이역만리에서, 그것도 돌아가시고 나서도 홀로 묻혀 계시니…… 돈이 있었으면 장모님(일성의 딸 종숙 씨)도 모셔오는 것인데……. 제트비행기 여행에 외국어가 통해도 외국 여행은 불편한데, 멀리 시베리아 벌판을 가로질러 말이 통하지 않는 이역에서 얼마나 고생하셨을까…… 만감이 교차하더군요. 순수한 애국충정이 뭣인가를 실감하는 순간이었습니다.

그 후 유해를 모셔올 때는 장모님과 함께 하네다공항까지 마중 나갔습니다. 네덜란드 정부에서도 빈 묘소를 그대로 보존하여 역사의 현장을 그대로 보존하기로 했다지요. 그런데 그 후 수유리 묘소를 다시 가보니 왈칵 분노가 치솟더군요. 묘소에 부각된 동상과 금속 장식을 모조리 떼어간 데다 등산하는 사람들이 울타리를 파괴하고 마구 드나들고 있으니, 나라 위해 생명 바친 사람들을 이렇게 대접해야 하는지……. 최근에 정부에서 묘소를 다시 정비했고 또 외무부에서는 그분이 우리 외교관의 귀감이라 해서, 헤이그의 묘소를 잘 정비할 계획이라고 들었어요."

외손사위 이규현 씨의 말이다.

내가 본 일성 이준

연령차가 워낙 커서 일성 선생님을 직접 뵙지는 못했으나, 우리 선친 (李鍾用)과 그분이 결의형제를 맺은 사이이므로 가족들과 접촉이 깊었고, 나도 선생님에게 남달리 관심을 가지고 있다. 우리가 보는 일성은 한마디로 위대한 애국자, 위대한 정열가로 표현할 수밖에 없다.

당시 한성 정계에 많은 가르침을 주셨으며 또 그분의 거사는 큰 충격을 주었으니, 그때 왜놈의 총탄 밑에서 나라의 운명을 건 밀사로 뽑혀 순국으로 그 대임을 완수한 결과가 그의 사람됨을 단적으로 입증한다. 즉 그는 고종황제가 밀서를 내주고 백지 위임장을 내놓을 만큼 두터운 신임을 받아온 것이다. 이처럼 대담한 성품에다 애국애족하는 성의와 열의로 뭉쳐진 그분께서 더 살아 있었다면, 3년 후의 한일합병과 같은 민족적 수치를 면하지 않았겠는가 하는 생각을 하게 된다. 그분이 분사를 했건 어쨌건 간에 망국의 순간에 죽음을 무릅쓰고 멀리 이역 네덜란드까지 가서 열국 대표들에게 구국을 호소하다 몸을 바친 애국충정을 높이 사게 되고, 바로 그런 정신을 우리 후세들이 이어받아 되찾은 나라를 굳건히 지켜나가야 할 것이다.

이인(초대 법무부장관)

일성 이준

1859년	1월 21일, 함남 북청군 속후면 중산리에서 태어남
1875년	상경하여 대원군, 최익현, 김병시 등을 만나 시국을 논함
1887년	북청에서 초시에 합격
1888년	노봉서원을 창건하여 향리의 인재 양성에 힘씀
1895년	법관양성소에 입학, 이듬해 한성재판소의 검사보에 임명됨
1898년	만민공동회 집회의 총무장으로 비정을 공격하다 수개월간 옥고를 치름
1902년	민영환과 연결하여 이상설, 이상재, 이동휘 등과 비밀결사 개혁당을 조직함
1904년	대한보안회의 도총무에 취임하여 항일 성토대회를 벌임
1906년	장지연, 윤효정 등과 대한자강회를 조직함
1907년	7월 14일, 헤이그만국평화회의에 참석했다가 분사함

◦◦◦◦◦◦◦◦◦◦◦◦◦◦◦◦◦◦◦◦◦◦◦◦◦◦

2007년 7월 14일 헤이그 특사 파견 100주년 기념식과 이준 열사 순국 100주년을 기리는 추념식이 이날 네덜란드와 서울에서 각각 열렸다. 네덜란드 헤이그 기념식에는 정부 대표인 김정복 국가보훈처장을 비롯하여 이홍구 전 총리, 이준 열사의 외손녀 유성천(80) 씨 등 유족 대표와 교민 및 유학생 등 700여 명이 참석했다. 기념식 후 세 특사의 후손과 한국에서 온 예술가, 교민 등이 기차역부터 일행이 거사 당시 묵었던 드 용 호텔(현재의 이준 열사 기념관)까지 700m 구간을 걸으며 세 열사의 도착 장면을 재연했다. 헤이그 시는 이날을 '이준 평화의 날'로 정해 한국인들의 행사에 축제 분위기를 북돋아주었다.

서울에서는 같은 날 오전 서울 강북구 수유리 이준 열사 묘 앞에서 '일성이준열사기념사업회'(회장 전재혁) 주관으로 추념식을 열었으며, 오후에는 시청 앞 광장에서 문화 예술제 행사도 개최했다.

2012년 4월 25일에는 서울대 관악캠퍼스 서암법학관 앞에서 이준 열사 동상 제막식이 열렸다. 서울대 법대 동창회 측은 "이준 열사는 서울대 법대의 전신인 '법관양성소 1기 졸업생'이라며 열사의 뜻을 기리기 위해 4월 25일 '법의 날'을 맞아 동상 제막식을 열게 되었다"고 밝혔다. 이준 열사는 1895년 세워진 법관양성소 최초 졸업생 47명 중 한 사람이다. 서울대 법대 총동창회장인 김경한 전 법무부장관이 "동상을 만드는 데 써달라"며 1억 원을 쾌척했고, 최인수 서울대 미대 학장이 제작을 맡았다. 김 장관은 인사말에서 "서울대 법대 최고(最古) 선배이자 애국지사인 동시에 별칭 '호법 신'(법을 지키는 신)으로 불릴 정도로 훌륭한 법률가셨다"고 기렸다.

일성은 1남 2녀를 두었으며, 아들 이용(1888~1954년) 씨는 일제강점기 무장 투쟁을 벌인 독립운동가로, 광복 후에는 북한 정권에서 도시경영상과 사법상을 역임한 것으로 알려졌다. 용 씨의 장남인 활 씨 역시 북한에 거주하고 있었다. 그러나 활 씨의 장남인 돈수 씨는 1·4후퇴 당시 단신으로 월남했다. 일성의 맏딸은 송선(작고) 씨이며, 차녀 종숙(작고) 씨의 딸 유성천(2011년 작고) 씨가 유족 대표로 있다.

28
백암 박은식

대한민국 임시정부의 대통령까지 지낸 백암(白巖) 박은식(朴殷植)은 1859년 9월 30일 황해도 황주군 남면에서 농사짓던 박용호(朴用浩)와 노(盧)씨 사이에 5형제 중 막내아들로 태어났다. 젊어서 국내에서 불리던 그의 아호는 겸곡(謙谷), 해외 망명 중에는 백암이라 불렸고 또 그가 저술한 『한국통사』에서는 스스로를 태백광노(太白狂奴: 태백산, 즉 백두산이 있는 나라의 사람으로, 망국을 슬퍼하여 미쳐 돌아다니는 노예라는 뜻)라 하여 애국심을 고취하고 있다.

백암의 출생지에 대해서는 황해도 은율군, 평북 영변 또는 함경도라고도 하고, 그 출생 연대가 1857년이라는 설도 있으나, 그의 외아들 시창(73·예비역 육군소장, 대동공업 고문) 씨가 소지하고 있는 가계략서(家系略書)에 의하면 단기 4192년(1859년) '황해도 황주군 남면'이다.

"부친께서 일찍이 해외로 나가 망명 생활하시면서 중국 연대, 단군 연대 등 닥치는 대로 사용했던 것을 다시 베껴 쓰다가 틀리게 된 것도 같고, 또 민족사학자로서 지방끼리 파벌 대립을 일삼는 것을 꺼려 되도록 출생 신분을 밝히지 않으셨지요."

서울 영등포구 시흥동 92번지 시창 씨의 자택은 널찍한 농가 스타일 그대로 남아 있다. 200여 평의 뜰을 가운데 두고 대문 옆에 사랑이 있고, 20m쯤 떨어져 대청을 사이로 하여 안방과 건넌방이 여유롭게 놓여 있어 농가 분위기를 물씬 풍기고 있었다.

고향을 떠난 지 하도 오래된 데다가 또 시흥군의 일부가 그동안 서울시로 편입되는 등 변화가 심해 시창 씨가 태어난 생가가 어디쯤인지도 어림할 수 없다는 것이지만, 여하튼 그는 서울 태생이라 고향이 그리워 군에서 예편되자 곧 이곳에 자리 잡아 만년의 귀거래사를 읊조리고 있는 셈이다. 그는 이곳 영등포 15지구에서 통일주체국민회의 대의원으로 당선되기도 했으나 "앞으로 정치는 하지 않겠다"고 밝혔다.

백암의 유일한 핏줄인 시창 씨는 부인 최유신(60) 씨와의 사이에 7남매를 두었다. 장남 유철(39) 씨는 미국 MIT 대학원 화공과를 졸업하고 과학기술처에 근무 중이고, 맏며느리 양준자(34) 씨가 한국 언론의 선구자 양기탁의 손녀이다.

차남 유종(34) 씨는 연세대를 졸업하고 도미 유학하여 밴더벨트 대학원에서 재정학을 전공, 미국 철도공사에 근무하고 있으며, 김영화(30·이화여대 정외과 졸) 씨와 결혼했다. 차녀 유순(32) 씨는 미국 에모리대학 간호대학원을 졸업하고 애틀랜타 병원에 근무 중이며, 3녀 유실(29) 씨도 미국 회사에 근무하고 있다. 맏딸 유숙(38) 씨는 분가하여 서울 용산구 이촌동 한강 공무원아파트에 살고 있으며, 막내딸 유성(21) 씨는 경희대 도자기학과에 재학 중이다.

구한말 당시만 해도 대부분의 선비가 과거를 염두에 두고 학문을 했으나, 백암은 이에 초연하여 도학(道學), 정치학, 문장학 등 순수 인문학에 몰두한다. 19살 때 부친상을 당해 3년상을 치르느라 그전에 혼약했던 연안 이씨와 21살 때 결혼했고, 이듬해 경기도 광주로 가서 신효영과 정관섭으로부터 고문학을 배우고, 다산학에도 심취해 정치, 경제 등 각 분야의 실학에 열중한다.

"아버님은 어려서부터 한 번 읽은 글은 잊어버리지 않았다고 해요. 사서삼경은 물론 줄줄 외우셨고요. 그처럼 기억력이 좋으셨다고 합니다. 그런데 조학(早學)이 단명하다고 하여 10세에 이르러서야 동네 서당에 입학하셨다고 해요."

하지만 시창 씨의 증언대로 백암의 출중한 학문 실적은 책과 벗하고 씨름하는 진지한 자세에서 굳혀진다. 26세 때 백암은 박문일에게 정자학(程子學)을 배우고 귀향하여 동네 청년들을 모아 폐습을 고치고 예의 도덕을 지키도록 가르친다. 그러다가 그의 사회적 활동이 표면화된 것은 40세 때(1898년) 장지연, 남궁억, 유근 등이 《대한황성신문》을 인수하여 《황성신문》으로 간행하자 장지연과 함께 주필에 취임하면서 민중 계몽에 앞장선다. 이후 그는 곽종석과 함께 경학원(성균관의 후신)에서 강의를 하며, 황성사범학교에 들어가 국민 교육 담당자를 양성하는 등 민족교육에 몰두한다.

1905년 장지연이 집필한 논설 「시일야방성대곡(是日也放聲大哭)」으로 《황성신문》이 일제의 박해를 받게 되자, 백암은 영국인 배설이 발행하던 《대한매일신보》로 옮겨 주필이 되어 민족정신을 고취하는 논설과 유교 개혁을 강조하는 논설을 집필한다. 이듬해 서우학회(西友學會)를 조직하여 교육 진흥에 힘쓰며 동회의 회지 《서우》의 주필로도 활약한다. 2년 후 백암이 지도하던 서우학회와 이준 등이 조직한 함북흥학회가 통합되어 회장에 취임하며 《서북학회월보》의 주필로 활약한다.

당시 발표한 논문 중 「유교교신론」은 공자의 대동주의와 맹자의 민위중지설(民爲重之說)에 의거하여 민중적 유교, 세계를 대상으로 하는 적극적 유교, 양명학에 입각한 실천적 유교로의 개혁을 주장하여 주목을 끌며 한말의 유교 근대화, 한국화 운동을 주도한 명 논문이다.

1909년 그는 오성학교(五星學校)를 설립하여 교장이 되고, 이어 서북협성학교를 설립하여 교장이 된다.

"부친께서 학교를 설립하실 때가 제가 6살 때니 그 경위를 자세히 모릅니다마는 여하튼 저는 자라서 오성학교(중학 과정)를 다녔습니다. 학교 분위기나 학과 내용이 모두 민족주의 교육으로 가득 찬 그런 학교였지요. 바로 지금 낙원동 건국대학원 자리에 있었는데, 일제강점기에 탄압을 받아 그 후 없어졌습니다. 제가 그 학교에 다닐 때 아버지는 시베리아로 망명 가시고 국내에 안 계셨지요."

시창 씨가 떠올리는 백암의 인상은 늘 미소를 잃지 않는 온후한 표정에 남루하게 보일 만큼 검소한 옷차림으로, 물질에 대한 욕심이라고는 없었다는 것이다.

또 송상도의 『기려수필(騎驪隨筆)』에는 "중키에 턱뼈가 좀 튀어나왔으며 항상 미소 짓는 언동이고 온후하고 소탈한 성품이었다"고 적고 있다.

회색 중국 두루마기를 입으신 데다가 엷은 흰 수염을 날리는 단아한 노인이 나타나면서 우리말로 다정스럽게 내 근자(近者)와 성명을 물었다. 마치 친자식을 대하는 듯한 온정으로 일문일답 끝에 나를 한국인만 상대하는 밥집으로 가라고 일러주었다. 거기에 밥주인을 정한 나는 그 이튿날부터 선생의 숙소를 찾았다. 두 평이나 될까 말까 한 좁은 2층 방. 거기엔 초등학교의 어린이용 같은 조그만 책상, 그리고 조그만 침대 그것이 오직 선생의 방세간이었다.

…… 신관은 수척하시고 체질은 섬섬하게 마르셨다. 그러나 말씀만은 부드러운 중에도 강강한 품이 과연 관서의 태생다운 기질이었다. 그래서 마치 자부(慈父)에 엄부(嚴父)를 겸한 것 같은 인상을 풍기셨다. 말하자면 유중강(柔中剛)이라 할까.

소년 시절 중국에 유학해서 상하이에서 백암과 접해온 나절로(언론인) 씨는 이렇게 서술하고 있다.

박은식은 1911년 3월 부인 연안 이씨가 병사한 후 4월에 국경을 탈출하여 만주의 서간도 환인현 흥도천에서 지사 윤세복의 집에 머무르는데, 마침 이곳은 고구려의 도읍지(환도성)였는 데다 발해의 서원압록부의 고지(故地)이므로 여기서 민족고대발전사를 연구하여 『동명성왕실기』, 『발해태조건국지』, 『조선고대사고』, 『몽견 김태조』, 『연개소문』, 『대동고사론』 등을 저술한다.

그의 한국사에 대한 안목은 이러한 연구 과정을 통해 스케일이 커졌는데, 3·1절 기념사에서 민족 조상의 내력을 알지 못하면 다른 민족에게 동화된다고 강조하기도 하고, 또 중국 하·은·주 3대에는 우리 민족이 요동반도에도 진출해 살았으나, 그곳에서 우리 조상이 그 내력을 잃은 까닭으로 우리 민족은 요동평야를 잃었을 뿐 아니라 적어도 1억이 될 인구가 3000만에 머물고 있다고 주장하기도 한다.

백암은 1912년 3월 봉천을 지나 베이징, 톈진, 상하이, 난징, 홍콩 등지를 돌아 우리 망명 지사와 중국인 지사를 만나 독립운동의 방법을 숙의하는데, 베이징에서는 동지 조성환의 집에 머물다 수색을 받아 일단 경찰청에 잡혔다가 변성명을 하여 아슬아슬하게 풀려나기도 한다.

이해 7월 상하이에서 신규식, 홍명희 등과 함께 '동주공제(同舟共濟)'

1926년 박은식의 추도 기사를 실은 상하이에서 간행된 중국 신문.

한다는 뜻으로 동제사(同濟社)를 조직하고 그 총재에 취임하는데, 이 모임은 1919년 3·1운동이 일어나기 직전까지 상하이를 중심으로 중국 각지와 남북 만주 및 연해주 등의 결사로 가장 폭넓은 활동을 벌여온 항일 독립운동 단체다.

"제가 오성학교를 마친 다음 해(1918년) 17살 때 아버지를 만나러 국내를 탈출하여 연해주 이쿠얼추크에서 그분을 만났습니다. 그때 한창 민족 사학의 저술에 전념하시던 때였지요. 한민족의 얼을 심기 위해서는 역사를 공부하고 배워야 한다고 늘 말씀하시곤 하셨어요. 이듬해 아버님은 블라디보스토크에서 이발(이동휘의 부친) 씨 등과 함께 노인단을 조직하여 강우규 의사 사건, 이발 자결사건 등을 유발하지요. 그런데 그즈음은 제1차 세계대전이 끝나고 소련에서는 볼셰비키 등 공산당이 서로 한창 대립해 싸우던 때라 이곳 연해주에서도 미국, 일본, 중국, 체코 등 연합군이 공산당을 없애려고 진군해 왔거든요. 연합군의 주축을 이룬 일군은 당시 독립운동가를 많이 죽입니다. 또 공산군도 한국인을 농사꾼으로 부리려고 우크라이나로 많이 붙잡아 갔는데, 지금도 그곳에 한국인 2세들이 많이 살고 있다고 해요. 이렇듯 연해주의 정세가 우리 독립운동가에게 위험해지니 상하이로 본거지를 바꾸고 임시정부를 세우게 됩니다."

아들 시창 씨의 말이다.

임시정부가 서던 해 백암은 회갑을 맞게 되고, 그해 명저 『한국독립운동지혈사』(1894년부터 3·1운동 때까지의 독립운동사)의 집필에 착수한다.

"아버님은 임정 시절에도 그 기관지 《독립신문》 사장을 지내셨는데, 그때 주필은 춘원이었지요. 국한문 다 하셨지만 한문에도 능해 중국 신문에도 자주 글을 쓰셨지요. 중국의 개화학자인 강유위 선생이 부친의 저서 『한국통사』의 서문을 써주셨고, 그 발문은 경해구(景海九) 선생이 써주셨으며, 『독립운동지혈사』의 서문은 왕정위 선생이 써주셨지요. 양계초 당소의 제씨와도 자주 내왕을 하셨으며, 한때 청나라 제독 오장경의 손녀 오아란 씨 집에 거주한 적도 있지요. 지금 대만에 살고 있다는데 여든 살이 넘었을 것입니다."

아들 시창 씨의 말이다.

그는 임정을 통해 안창호, 이동휘, 이시영 등과 그리고 안중근의 부친 안태훈과는 어려서부터 깊게 교유해왔다. 이러한 이역에서의 망명 생활이 나절로의 글(《나라사랑》 제8집)에 잘 나타나 있다.

그분이 오직 즐기시는 것이 있다면 사필과 술. 몇 줄 쓰시다간 한 잔 또 한 잔…… 망국의 한을 한 모금 술로 푸셨다. 항상 측근의 말벗이 있다면 선생의 유일한 아드님인 시창 군과 나. 그러나 선생의 굽이굽이 쌓이신 조국 광복의 웅도를 어린 사람들이 알 까닭이 있나. 선생은 그때 한 달에 3원 30전인가 하는 중국 빠오판(包飯)을 날라다 자셨다. 그것은 상밥인데, 아침엔 쌀죽, 점심과 저녁엔 쌀밥이었다. 반찬도 너덧 가지, 값에 비해선 먹을 만했다. 양복 한 벌에 5~6원 했으니 적은 돈은 아니었다. 선생은 술을 자시되 언제나 고량주였다. 사이다병 하나에 1각(角) 5분(分), 맥주병 하나엔 3각, 이것을 하루에 수십차 사다 자셨다. 술 심부름은 시창군이 주로 했지만 때로는 나도 한몫 거들었다. 가끔 돈이 떨어지면 내 주머닛돈으로 사다 드리기도 했다. 이렇게 청빈하게 지내시는 백암 선생의 책상머리엔 붓과 종이가 언제나 놓여 있었다. 선생은 『한국독립운동지혈사』를 집필하실 때마다 눈물이 두 눈에 방울방울 맺혔고, 또 한 잔 술을 자시지 않고는 쓰시질 못했다. 배갈에 땅콩 안주로 입가심을 하셨다. 많이도 안 자셨다. 한 잔 또 한 잔, 말하자면 자시고 싶어서 자시는 술이 아니라, 망국의 원한과 비분을 잠시라도 씻자는 소민주(消悶酒)였다.

어느 파에도 치우치지 않는 백암의 온후한 인품과 뜨거운 광복열은 모든 독립운동가에 어필해 그는 1925~26년에 임정 국무총리, 대통령 대리, 대통령직을 역임한다. 그는 이해 11월 1일 상하이 제너럴 병원에서 68세를 일기로 기관지염으로 별세하며, 임정 첫 국장으로 상하이 정안길로 공동묘지 600번지에 안장된다.

임종 전에 남긴 유촉 3장은, 첫째는 독립운동을 하려면 무엇보다 거족적으로 단결 통합이 되어야 하며, 둘째는 독립운동을 최고 목표로 하되 수단과 방법을 가리지 말 것이며, 셋째는 독립운동은 우리 겨레의 최상의 과업이므로 동지 간에 사랑과 미움이 있을 수 없고, 또 친하고 친하지 않은 차별도 있어서는 안 된다고 끝맺었다.

"훌륭한 군인이 되어 광복운동에 헌신하라는 아버님의 뜻을 받들어 저는 중국에서 22년, 한국에서 13년, 35년 동안 군인으로 지내왔습니다. 중국육군대 특6기 동기생이 김홍일 씨, 한 해 선배가 최용덕(전 육군참모총장) 씨, 황포군관학교(5기) 동기로는 주일 중국대사 등이 있지요. 그분의 이름은 잊었군요. 해방 후 육사 동기(3기)로는 최덕신 씨가 있고……. 결혼식도 군에서 군대식으로 했어요. 부인과의 인연은 장인이 평양감옥을 탈출해 온 최중호 씨였어요. 같이 독립운동을 하는 집안이라 중국에서 만나 맺어진 것이지요."

1962년 부자가 대한민국 건국공로훈장을 받았을 때의 감격을 시창 씨는 이렇게 술회했다(백암은 복장을, 시창 씨는 단장을 받았다).

"다른 어른들은 해외에서 고생하다 고국에 돌아와 동포의 환영도 받고 했는데, 우리 부친은 독립운동가 중에도 연로하신 분 아닙니까? 고국도 구경 못 하시고 돌아가신 것이 가슴 아팠습니다. 제가 늘 부축하고 다니곤 했는데 그때 제 나이가 어렸으니 제대로 봉양도 못 했고…… 미안한 마음뿐이지요."

내가 본 백암 박은식

대한민국 임시정부의 대통령으로서, 근대사학자로서 박은식은 민족의 독립과 민족의식을 고취시키는 데 한평생을 보냈다. 그의 행적으로 보아 그의 생애를 대략 세 시기로 크게 구분해서 말할 수 있을 것 같다.

첫 번째는 학문수학기로서 어려서부터 40세 되는 1898년, 그의 사회적 활동이 표면화되기 전까지의 시기다. 문호개방으로 새로운 근대 문명의 물결이 굽이쳐 들어오고, 외세의 각축으로 급변하는 국내외 정세 속에서 그는 조용히 이를 응시하며, 타고난 비상한 재주로 사서삼경과 제자서(諸子書)를 섭렵하고 주자학을 중심으로 문장학, 고문학 등 다방면의 학문 연마에 열중하여 자신의 학문적 역량과 사회적 활동 능력만을 키우고 있었던 것이다.

두 번째는 국내활동기로서《황성신문》주필에 취임하면서부터 53세 되던 1911년 만주로 망명하기 전까지의 시기다. 그는 언론계에 첫발을 내디딘 후《대한매일신보》주필,《서북학회월보》주필,《황성신문》사장 등을 역임하면서 민중의 계몽과 민족정신 고취에 필봉을 휘둘렀고, 틈틈이 교육계에도 헌신하여 민족교육을 위해 교육 진흥에 힘쓰면서 활약했다.

세 번째는 망명활동기로서 망명 이후의 시기다. 그는 서간도로 망명한 후 만주, 노령 연해주, 베이징, 상하이, 홍콩 등지를 편력하면서 교민들의 애국사상을 고취하는 한편『동명왕실기』,『대동고대사론』,『발해태조건국지』,『한국통사』,『한국독립운동지혈사』 등 많은 사서를 써서 저술활동을 했다. 그는 3·1운동 이후 임정에 참여하여 기관지인《독립신문》사장으로 임명되고, 그 후 임시정부 국무총리와 제2대 대통령을 역임하면서 독립운동을 지도했다.

신지현(국사편찬위원회 편사연구관)

백암 박은식

1859년	9월 30일, 황해도 황주군 남면에서 태어남
1898년	《황성신문》주필에 취임
1905년	《대한매일신보》주필에 취임하여 항일 논설을 집필
1906년	서우학회를 조직하여 교육 진흥에 힘쓰며, 동 회지《서우》의 주필로도 활약함
1909년	오성학교, 서북협성학교 등을 설립, 교장이 됨

1911년	만주로 망명, 민족고대발전사를 연구. 『동명성왕실기』, 『발해태조건국지』, 『조선고대사고』 등을 저술
1912년	일시 일경에 체포되었다가 석방. 신규식, 홍명희 등과 동제사를 조직하고 그 총재에 취임함
1920년	『한국독립운동지혈사』를 탈고
1925-1926년	임정 국무총리, 대통령 대리, 대통령직을 역임함
1926년	11월 1일, 상하이 제너럴 병원에서 기관지염으로 별세. 임정의 첫 국장으로 상하이 정안길로 공동묘지에 안장됨

◇◇◇◇◇◇◇◇◇◇◇◇◇◇◇◇◇◇◇◇◇◇◇◇◇

백암은 2012년 4월 서재필 기념회와 한국언론진흥원이 공동으로 제정한 '올해의 민족언론인'으로 우남 이승만과 함께 추대되어 프레스센터에 헌창되었다. 안병훈 기념회장은 "박은식 선생은 상하이 임시정부의 제2대 대통령으로, 사학자·언론인·독립운동가로 《황성신문》과 《대한매일신보》의 주필을 맡아 항일 구국운동에 전념했다"고 선정 이유를 밝혔다.

백암의 외아들 시창 씨가 광복회장을 지낸 데 이어 시창 씨의 장남 유철 씨도 보훈처장을 역임했다. 유철 씨는 1977년 건설교통부 과장으로 관계에 진출, 건설교통부 공무원교육원장, 감사관을 거쳐 1995년부터 2001년까지 4~5대 독립기념관장을 지냈다. 2002년부터 백범기념관건립위원회 위원장을 역임했다.

29

의암 손병희

3·1운동 33인 민족대표의 리더이며, 천도교 제3대 교조로 우리 기억에 익숙한 의암(義菴) 손병희(孫秉熙)는 1861년 4월 8일 충북 청원군 북이면 금암리 대주동에서 손두흥(孫斗興)의 서자로 태어났다. 동학의 중진 손천민도 그와는 이복적형(異腹嫡兄)의 아들인 '동학가족'이다. 그의 집안은 청주군아에 대대로 속해 있는 아전 출신으로 가난하여 어려서는 일정한 교육을 받지 못했다.

그는 어려서부터 의협심이 강하고 성격이 강직하고 의연하며 당당한 풍모를 지녔으나, 22세 때 동학에 입교하기까지는 일정한 직업이 없어 시정을 배회하면서 숱한 에피소드를 남긴다.

"주색에 빠지고 투전판에 젖어들던 부랑 생활을 하다가, 인간은 평등하며 인간이 곧 하나님(人乃天)이라는 동학 이야기를 듣고서는 그것 참할 만한 일이라고 무릎을 쳤다는 것이지요. 그 후 10년 수도한 후에야 그분은 충청도 옥천에서 동학 2대 교조 해월 선생님을 뵙게 되지요. 어떻게 도통할 수 있겠느냐고 물으니 해월도 의암의 사람됨을 한눈에 알아

보고 매일 짚신 두 켤레를 일과로 삼으라고 명했다는 것이지요. 그 말을 좇아 3년간 이 일을 계속했다는 것인데, 의암은 얼마 안 가 캄캄한 밤중에도 짚신을 삼을 수 있게 되었지요."

천도교 중앙 총무 박응삼(71) 교사편찬위원의 고증이다.

1893년 교조 신원운동에 적극 참여하여 이듬해 전라도 고부의 동학혁명에도 가담한다.

"동학군은 처음에는 승세였지요. 전주성도 함락해서 일시 점령까지 했지요. 그때 남접은 전봉준이고, 북접은 손병희가 맡아 동학군을 지휘했는데, 의견 대립으로 사이가 좋지 않은 두 분은 누가 먼저 공주성을 점령하느냐 경쟁을 벌였다고 해요. 그런데 결국 의암이 먼저 점령하자 뒤늦게 도착한 전봉준은 약속대로 목을 베어달라고 무릎을 꿇었고, 의암은 왜 이러냐고 전봉준의 손을 끌어올려 용서를 했다는 것이지요."

《한국일보》유광열(79) 논설위원이 당시의 상황을 이렇게 고증했다.

해월이 체포 교살되기 전해인 1897년 의암, 송암(손천민), 구암(김연국) 등 이른바 동학3암 중 의암을 후계자로 삼으니, 그의 나이 37세 때 동학의 대통을 이어받은 것이다.

"국사범으로 관의 눈을 피해 쫓겨 다니던 그분은 1901년 해외 망명길에 오르지요. 처음에는 선진 제국의 문물을 익히신다고 미국행을 준비했으나, 선편이 제대로 닿지 않아 잠시 상하이에 머무르시는데, 그동안 정부에서는 편지를 내지요. 당신 같은 큰 인물이 왜 외국으로 나가느냐고요. 그 후 그분은 일단 일본에서 이상헌(李祥憲)으로 변성명하여 망명 생활을 하면서 권동진, 오세창, 박영효 등과 친교를 맺어 이분들이 훗날 3·1운동의 발판이 되지요."

천도교 기관지《신인간》김용천(37) 주간의 고증이다.

망명 기간 중 의암은 국내 교도들의 송금으로 고국으로부터 수많은 청년을 초빙하여 일본의 각급 학교에 유학시키도록 주선하고 장학금을 지급한다.

"그때 일본에 자동차가 처음 들어왔는데, 의암은 빨리 달리는 것이 재미있다고 자동차를 거금으로 사 가지고 상투 틀고 망건을 쓴 채 몰고 다녔다는 거예요. 그러다가 어느 날 차가 비탈에서 미끄러져 떨어졌는데, 제자들보고 그것을 그대로 버려두라고 했대요. 한 번 내버린 것을 다시 사용하는 것은 큰 사람의 할 일이 아니라고 타이르셨다는 것이지요."

유광열 씨의 증언이다.

또 1904년에는 한국 의정대신, 법무대신 앞으로 비정 개혁에 관한 5000자에 달하는 서한을 보내기도 했는데, 그 내용은 세계 대세를 논하고 위정자의 무능·무경륜을 통박하며 보국의 길은 백성을 쓰다듬고 백성을 교화하는 도덕에 있다는 것이다.

그는 또 러일전쟁의 틈바구니에서 국내 정치세력을 규합하고, 이를 주도할 목적으로 국내의 이용구에게 동학교도를 규합하여 이사회를 소집하도록 하명한다.

"이용구는 러일전쟁 때 통역을 맡아보던 위인인데, 진보회를 친일파인 송병준과 합작하여 일진회라는 친일단체를 만들지요. 또 이듬해에는 을사조약에 찬성하지요. 다음 해(1906년) 의암이 귀국하자 경과보고를 하는데, 왜 을사조약에 찬성했느냐고 꾸짖으니 이용구는 '선생님, 그게 바로 독립보호조약이올시다'라고 변명합니다. 그러니까 의암은 담배를 피우던 장죽으로 이용구의 머리통을 때리면서 '에이 못난 놈, 우리가 바로 독립운동을 하는데 보호조약을 찬성하면 어쩌느냐. 독립이란 남의 보호를 받지 않는 것'이라고 호통치셨다는 것이지요. 이처럼 어린아이 타이르듯 하여 꼼짝 못했다는 것입니다. 바로 옆자리에 있던 오세창 씨에게 전해 들은 얘기지요."

유광열 씨의 증언이다.

1906년 귀국 후 그는 연성수심(鍊性修心)에 전념하는 한편 귀국할 때 도입한 인쇄 시설로 보문사를 설립하고 출판에 손을 대며, 각급 학교에 보조금을 지급하여 교육사업에도 간접적으로 간여한다.

"1905년《황성신문》에 동학을 천도교로 바꾼다는 광고를 내게 하고…… 당시 의암의 뜻은 새로운 교육을 통해 엘리트를 양성하자는 것이었지요. 이듬해 1월 말 의암이 귀국하자 일본에서 친교가 있던 권동진과 오세창 등이 찾아왔는데, 바로 의암보고 '옛날의 유명한 손병희 씨는 어디 있느냐'고 묻지요. 바로 본인 앞에서. 일본 망명 생활 때의 이상헌이란 변성명의 장본인인 줄은 이들도 까맣게 몰랐던 것입니다. 뒤늦게 이 사실을 알아낸 그들은 의암의 제자가 됩니다. 의암은 이해 2월 중순경 《황성신문》에 교육 문제에 대한 글도 내고, 출판에 관심을 보여 단행본도 많이 내는데 이때 근대 지식을 담은 책들은 서지학적으로도 귀중한 자료이지요. 또 보성학원을 경영하던 이용익이 블라디보스토크로 망명하자 이를 인수합니다. 그리하여 1909년부터 동덕여고에 대한 찬조금 지원과 그 후의 직접 경영, 이듬해 12월 보성학교의 소·중·전문학교를 인수하여 경영하지요. 그 밖에 경향 각지의 군소 학교에 대한 보조금을 주는 등 본격적인 교육사업을 벌이지요."

유광열, 박응삼 씨의 고증이다.

1910년 한일합병을 맞으면서 의암은 철저한 위장술로 9년 후 3·1독립운동에의 포석을 친다. 합병을 반대하던 스스로가 종교인이라 핑계 대고 난봉꾼 차림으로 일제를 속인다.

서울 강북구 우이동에 천도교 청년 수도장으로 세운 봉황각. 서울특별시 유형문화재 제2호.

"이용구, 송병준이 일제에 협력한다고 내쫓으니 이들이 모두 천도교의 돈을 가지고 나가 한때 진지 잡수실 돈도 떨어지고⋯⋯ 이때 진고개 사는 어느 일본 사람이 위대한 인물을 돕지 않을 수 없다고 쌀을 가져오기도 합니다.

합병 전 어느 날 의암은 제자들이 금붙이를 팔아 모은 돈으로 이용구, 송병준 등 친일파를 요정으로 불러내 호통을 치십니다. '이놈들아, 한일합병이 되면 너희 놈들 관직을 그대로 둘 줄 아느냐'고 하자 송병준이 '한·일은 한 나라이니 합쳐서 문명한 나라를 만듭시다'라고 대꾸합니다. 그러자 의암은 '이놈들, 듣기 싫다. 정신 차려!' 하며 담뱃대로 송의 턱을 밀어 송이 난간 밑으로 떨어진 적도 있지요.

한일합병이 진행되는 동안 천도교도를 반대 집회에 동원하는 한편 유길준의 흥사단, 대한협회, 한성 부인회, 기독교 청년회 등 단체들과 일진회 성토 대강연회 등을 열지요. 결국 합병이 되자 의암은 아예 난봉꾼으로 위장합니다. 5일마다 주학선, 백운선, 주산월 등 기생을 끼고 연회를 벌여 일제도 의암이 주색잡기에 아주 빠져버린 듯 깜빡 속고, 우리 백성들도 의암이 타락해버리지 않나 우려했었지요. 그러나 의암은 1912년 우이동에 봉황각을 세워 젊은 천도교도들을 수양시킨다고 하고 애국심을 불어넣어 3·1운동에 대비합니다. 또 천도교가 보유한 100만 원의 거액을 종로 거상들에게 싼 이자로 빌려주어 민족경제도 돕지요."

유광열 씨의 증언이다.

이처럼 3·1운동에 대비하여 독립 거사에 100만 천도교도가 일시에 일어나도록 했던 '독립운동 수련장' 봉황각은 지금도 서울 성북구 우이동 154에 남아 있어 천도교 청년 수도원으로 사용되고 있으며, 그 일각에는 미망인 주옥경 여사가 살고 있다. 진남포 출신의 평양 기생 주산월이 19살 때 머리를 얹고 의암의 셋째 부인으로 들어간 것이다.

"그분은 한 가지에서 열 가지 모두 좋은 분이었지요. 위엄이 있으면서도 인자스런 풍채가 곧 거물급 인사임을 알아차릴 수 있었지요. 늘 어린애에게도 친절하셨고 누구에게나 통 언짢은 얘기는 들어보지 못했으니까요. 사위들도 데릴사위처럼 함께 살면서 항상 화목했으니까요."

의암과의 동거 생활 7~8년 후 과부로 곱게 늙은 주 여사는 이렇게 말했다.

의암은 첫 부인과 둘째 부인 소생 5자매의 딸을 두었으나 지금은 3녀 손용엽(76·소파 방정환 부인) 씨만이 서울 마포에 살고 있다.

"3·1운동 거사 준비는 그 전해 여름부터 이미 구체화됩니다. 생일 때면 왕(철종)의 사위인 박영효 씨를 늘 청해 귀족 계층도 포섭하려 했고……. 그런데 처음에는 무릎을 꿇고 귀족 예우를 해주다가도 일단 취하게 되면 '이놈아, 너나 나나 망국노면 마찬가지지 귀족이 다 뭐냐'고 호통을 쳐 울분을 달래기도 했지요. 이런 식으로 독립운동 거사에 대한 각계 대표들과 은밀히 교섭을 벌여왔지요. 처음에는 매국노까지 포섭해야 2000만 동포가 모두 참여하는 것이라고 하여 이완용까지 포섭하러 의암이 직접 옥인동 이완용 집으로 찾아가니 그는 감복하여 정중히 맞지요.

의암이 독립 거사에 가담할 것을 종용하자 이완용은 한참 망설이다 침착한 태도로 '나는 이미 매국노이니 성스런 독립운동에 나설 수 없소. 당신 중심으로 조국을 독립시켜 당신 손에 맞아 죽는 것이 원이라'고 대답하지요. 송진우에게도 교섭하나 그는 차라리 해외 망명을 해야겠다고 답변했고…… 한규설 집에는 한기악과 제가 교섭을 벌이러 갔더니 그분도 한참 망설이다가 '나는 망국대부니 두문불출하겠노라'고 하더군요. 또 김윤식 댁에는 최남선이 갔었는데 '먼저 유림대회를 열어 그 여세를 몰아 독립 거사를 벌이자'는 반응을 보입니다."

유광열 씨의 증언이다.

3·1운동이 임박하면서 독립 거사를 지휘하던 의암의 재동 사랑채에는 오세창, 권동진 등 민족대표자들의 발길이 잦아진다.

"부부간에 아무것도 숨기지 않는 그분이 이때만은 저더러도 나가 있으라고 하더군요. 저도 눈치는 챘어요. 이처럼 천도교 조직이 치밀하여 3·1운동 거사까지 각 지방망을 통해 전달된 밀지가 조금도 새어나가지 않았지요. 바로 거사 전 보문사에서 독립선언서 인쇄가 막 끝났는데, 나중에 보니 한 장이 없어졌어요. 종로경찰서의 한국인 형사 모 씨가 입수해 간 것이 알려져 깜짝 놀란 우리는 일단 의암에게 보고했더니, 그분은 눈 하나 깜짝하지 않고 '그놈인들 일본놈이 좋아 형사질 하겠느냐. 입에 풀칠하기 위해서지' 하시면서 3000원(당시 거액)만 쥐어주라고 돈을 내주어 그렇게 해서 비밀이 보장됐지요."

주옥경 씨와 유광열 씨의 증언이다.

운명의 날인 3월 1일. 별로 춥지 않은 맑은 날씨였다.

"그분은 조반을 마치고 11시쯤 집을 나서시면서 비로소 독립 거사하러 간다고 알리고, 당신이 투옥되어도 망동하지 말 것이며, 하느님께 기도드리라는 말씀을 남기셨지요. 12시가 좀 지나니까 재동 우리 집에도 장안에서 외치는 만세 소리가 들려오더군요. 저녁 무렵 형사들이 들이닥쳐 가택수색을 하고…… 이날 저녁부터 옥바라지를 맡게 되었는데 평소 위장병이 계셔 사식을 넣어왔는데, 노후의 몸이라 이해 12월 뇌일혈로 옥중 발병하여 이듬해 6월 병보석으로 풀려나와 치료를 받으시다 이듬해 돌아가시지요."

주옥경 씨의 말이다.

의암은 서울 동대문 밖 상춘원에서 1922년 5월 19일 별세하며, 서울 우이동 봉황각 한 모퉁이에 안장된다.

내가 본 의암 손병희

의암을 처음 뵌 때는 내 나이 19세 때 그분의 셋째 사위 방정환 씨를 통해서인데 방 형은 나와 친히 지내던 사이였다. 그분 집에 놀러 가보면 의암은 세수하실 때도 여러 놋대야를 놓고 손, 발, 얼굴 등 차례로 대야를 바꿔가며 씻곤 했다. 천자가 되신 분이라 용이 물을 좋아하니 그렇게 하는 것이라고 했는데, 어린 마음에 그저 어리둥절했다. 대님도 잘 안 치시고 늘 검소한 차림이면서도 돈 씀씀이가 퍽 너그러워 3·1운동 때 기독교 대표 이승훈 씨가 2000원의 거사 자금을 요청하자 3000원을 지원하기도 했다.

동대문 밖 상춘원에서 임종 때는 《동아일보》 기자 자격으로 뵈었는데, 바로 돌아가시기 이틀 전에도 꽉 버티고 앉으셔서 '너희들은 꼭 독립을 볼 것이니 용기 있게 살아가라'고 타이르셨다. 숨은 가빠 보였지만 병든 노인이 어쩌면 저다지도 의연할까……. 역시 거인은 거인이라고 재확인한 순간이었다.

일본이 망한다는 이유는 스케일이 큰 한국인을 편협한 일본인이 결코 다스릴 수 없다는 주장인데, 20년 후 그 예언은 맞아떨어졌다. 오세창 씨가 김옥균도 김홍집도 모두 뛰어나나 의암은 그 도량이 얼마나 넓고 깊은지 알 수 없다는 말을 했는데, 역시 적절한 의암 평이라고 생각한다.

유광렬(《한국일보》논설위원)

의암 손병희

1861년	4월 8일, 충북 청원군 북이면 금암리에서 태어남
1882년	동학에 입교
1894년	동학혁명 당시 통령으로 북접의 동학군을 지휘함
1897년	최시형의 후계자로 동학의 대통을 이음
1904년	의정대신, 법무대신 앞으로 비정 개혁에 관한 5000자에 달하는 서한을 보냄
1906년	동학을 천도교로 고치고 3세 교주에 취임
1919년	천도교세를 이끌고 33인 민족대표로 3·1운동을 주도, 투옥되어 3년간 복역함
1922년	5월 19일, 서울 동대문 밖 상춘원에서 별세함

30
박영효

우리나라 국기인 태극기를 처음 만들어 사용한 개화당 박영효(朴泳孝)는 1861년 6월 12일 판서 박원양(朴元陽)의 3남으로 경기도 수원에서 태어났다. 그의 자손으로는 맏손녀 박찬주(63) 씨가 대원군의 직계 종손 이우(李鍝) 공의 부인이 되어 현재 운현궁을 지키고 있으며, 네 손자 중 찬범(59) 씨와 찬익(56·모란공원 대표) 씨는 생존해 있다. 찬범 씨는 일본 학술원대학을 졸업하고 귀국하여 사업 중이며, 그의 외아들 형우(35) 씨도 현재 사업 중이다. 찬익 씨는 경기중학, 일본 입교 대학 정경학부를 졸업하고 해방 후 외무부 서기관으로 오사카에서 근무하기도 했으며, 미우(23·이화여대 법정대 졸), 일우(21·인하대 건축과 2년) 씨 등 3남매가 있다. 셋째 손자 찬웅 씨는 육군사관학교 재학 중 6·25전쟁 때 문산전투에서 전사했다.

"태극기를 볼 때마다 할아버지 생각을 합니다. 임오군란 후 제물포조약의 사후 처리를 위해 일본에 수신사로 다녀오신 적이 있지 않아요? 그때 우리나라를 상징하는 국기를 마련해야 했지요. 일본 기선 메이지환의 영국인 제임스 선장과 영국 총영사 아스톤과 상의하여 태극팔괘의 도안을 국기로 결정하셨다더군요. 그래 배 안에서 도포 자락을 잘라 처음 태극기를 만드신 것이지요."

할아버지가 기념으로 남겼다는 태극기를 펼쳐 들고 띄엄띄엄 설명해 가는 찬익 씨의 표정은 어느덧 불그레 상기되어 있었다. 처음 사용했다는 태극기는 지금의 모양과 좀 달랐다. 붉고 푸른 태극 음양의 무늬가 위아래로가 아니고 좌우로 나뉘어 있었고, 네 귀퉁이 8괘의 도안도 지금과는 달리 건(乾)이 둘이고, 곤(坤)은 없었다.

1882년 8월 14일 일본 고베에 상륙한 이후부터 태극기를 게양해 사용했다. 국기를 본국에 보내면서 우방 각국에도 그 사실을 알리고 고베 숙소에 게양했으며, 도쿄에 도착해서도 10월 3일의 왕비 탄생 축하 연회장에도 게양하여 자주독립의 애국심을 고취했다. 본국 정부에서도 이듬해 1월 27일 태극기를 정식으로 국기로 채택하여 반포했다.

"일제하에서도 조부님은 모친이 수놓아 만든 태극기를 어루만지면서 혼자 감격에 젖곤 하셨지요. 그러면서 그 유래를 되풀이 설명해주시곤 하셨어요. 그 얘기를 듣곤 했던 제가 이제는 벌써 50줄에 접어들어 거꾸로 아이들에게 들은 얘기를 전해주게 됐으니…… 확실히 아이들이 국사에 흥미를 가져요. 맏딸 애도 어릴 때 학교 친구들에게 갑신정변이며 개화기의 사건들을 설명해주곤 했으니까요."

찬범 씨의 증언은 옛날이야기처럼 구수하게 들렸다.

박영효가 12살 때 철종의 딸 영혜옹주 부마(왕의 사위)로 결정되었으며, 이듬해 4월 금릉위(錦陵尉)로 봉해져 정1품으로 승임되었다. 이처럼 당당한 가문과 문벌을 갖춘 양반 신분에도 불구하고, 그가 일찍이 새로운 개화사상에 눈을 뜨게 된 것은 오경석 등이 베이징, 톈진을 왕래하면

박영효가 처음 만들어 사용했던 태극기. 현재의 국기에 비해 태극 모양이 상대적으로 크고 소용돌이가 심하다.

서 수입한 새로운 서적과 문물에 유대치 등 친지들을 통해 접할 수 있었기 때문이다. 박영효는 8자 콧수염에 금테 안경을 낀 외모부터가 깔끔한 멋쟁이 귀족 신사이지만, 성품이 소탈하고 청년다운 패기를 지녀 일찍부터 개화운동에 투신한다. 그는 김옥균보다 10년쯤 아래이면서도 문벌이나 지위가 좋으므로 늘 개화당 대표격으로 추대되어 앞장서곤 한다.

"출신 성분이며 정원을 가꾸곤 하시던 습성 등 그분에게서 풍기는 체취가 어딘가 귀족풍이었던 것은 사실이지만 그분의 사생활은 매우 검소했지요. 베옷이나 무명옷을 즐겨 입었지 비단옷은 멀리하셨습니다. 약봉지 하나하나를 버리지 않고 모았다가 그것을 뒤집어서 메모지로 사용하기도 했고 전등불이 나가면 손수 촛대를 찾아내시는, 그런 정리하는 습성이 늘 몸에 배어 있으리만큼 깔끔하셨지요. 식사 시간도 늘 일정하여 조금만 식탁에 늦게 와 앉아도 꾸지람이 심하시니까 아예 미리 와서 대기하곤 했지요."

20대 청년기까지 조부의 행적을 지켜볼 수 있었던 찬범 씨가 까다로운 가정 규칙을 지키면서 엄하게 자라오던 어린 시절을 이렇게 회상했다. 화투, 장기 등 어려서부터 일절 손도 대지 못하게 하여 지금도 잡기는 아예 알지도 못한다는 것이다.

"시어머님께 들은 이야기인데요. 일제강점기에 조부님이 베잠방이 차림으로 일등 찻간에 탔더니 승무원이 내리라고 하더래요. 차표를 샀다고 해도 자꾸 내리라고 해서 할 수 없이 증명을 보여주고서야 통과됐다고 해요. 그처럼 몸차림이 늘 검소하셨다는 것이지요."

찬범 씨의 부인 김정희(51) 씨가 집안에서 들어온 말을 이렇게 옮겼다.

박영효가 국제무대에 처음 진출하여 개화사상을 직접 실현하게 된 것은 제물포조약의 사후 처리를 위한 수신사로 임명되어 일본에 갔을 때이다. 일본에 머무르는 동안 일본의 유력한 인사들과 접촉했으며, 미국·영국·독일·프랑스 등 구미의 외교 사절들과 사귀면서 국제 정세에 대한 새로운 지식을 많이 섭취하고, 또 개화 독립에의 자극도 크게 받는다.

1882년 11월 하순 그는 귀국하여 한성부윤에 임명되어 종로, 동대문 사이의 도로 정비를 위한 가건물 철거 명령을 내렸으나 척신의 반대를 받은 데다가 복제 개량과 색의(色衣) 장려 등 개화 작업도 모두 수포로 돌아가고, 이듬해 3월 광주유수란 한직으로 밀려난다.

그동안 임오군란을 계기로 청에 기댄 수구파와 일본 세력을 이용하려는 개화파 사이에 날카로운 대립을 벌여왔다. 그러다가 1894년 12월 4일 신관제에 의해 신설된 우정국 개국 축하 연회가 열리는 것을 계기로 개화당은 갑신정변을 일으킨다. 정변은 성공하여 박영효는 신내각의 전후 양영사 겸 좌포장이란 중책을 맡고, 그의 형인 영교는 도승지가 되었다. 그러나 개화당 내각은 삼일천하로 끝나고 만다. 박영효 등은 고종과 작별하고 다케조에 공사를 따라 일본으로 망명하고, 형인 영교는 홍영식과 함께 국왕을 따르다가 사대당에게 참살되고 말았다.

"당시 전통적인 양반 계급에 속해 있으면서도 반상 타파를 부르짖고 널리 인재 등용을 해야 한다는 등 개화 작업에 앞장선 데 대해서는 저도 호기심이 많아요. 특히 갑신정변은 좀 더 계획을 치밀하게 세워 성공시켰다면, 한국의 개화는 훨씬 앞당겨졌을 텐데…… 생각할수록 아쉽지요. 홍영식 씨 자제분도 8·15해방 전까지 사귀어왔고, 또 해방 후 귀국한 서재필 박사를 조선호텔로 찾아가 뵌 적도 있습니다. 이야기를 종합해보면 할아버지나 김옥균 씨 등 개화당은 민씨 일파의 사대정책에 반대하고 일본의 메이지유신을 본받아 개혁을 단행하려 했다는 것이지요. 그런데 요즈음 일부 사가들은 조부를 갑신정변의 주체적 리더에서 제쳐놓으려는 경향도 있는데, 그럴 수 있습니까? 바로 조부님 집에서 꾸민 것 아닙니까?"

조부에 대한 역사의 현장이 잘못 전해져 있는 사실을 설명하는 찬익 씨의 목소리는 약간 흥분되어 떨려 나왔다.

박영효가 망명한 지 10년이 되어 청일전쟁이 일어났다. 당시 국내 정세는 왕실과 대원군 간의 알력이 심각했으며, 이듬해 귀국한 박영효는 내무대신으로 임명된다. 뒤이어 제2차 김홍집 내각에서는 김홍집·박영효 연립내각을 조직하며, 그를 중심으로 한 개화독립당은 한때 당당한 정치 세력권을 형성한다.

박영효는 당시 대원군이 그의 아들 이준용을 왕으로 옹립하려는 사건에서 대원군을 공격하고 나서, 그 반대 입장에 섰던 김홍집이 물러나자 총리대신 서리로 임명된다. 그러다가 박영효는 왕비 시해 음모죄로 다시 일본에 망명하여 10년이 지난 1907년 6월에 귀국한다. 고종의 하야라는 정치적인 소용돌이 속에서 궁내대신이 되었으나, 대신 암살음모사건에 말려들어 1년간 제주도로 귀양 간다.

한일합병 후 1910년 10월 7일 일제의 한국 회유정책으로 주어진 후작을 받고 중추원 고문을 지냈으며, 1918년에는 조선식산은행 이사로 취임한다.

"젊어서는 팔팔했던 기개가 일찍이 세상 풍파를 겪은 탓인지 만년에 들어서는 좀 마음이 약해가는 듯하셨습니다. 어렸을 때 기억을 더듬어보아도 그분의 일제에 대한 감정은 좋지 않으셨습니다. 일제가 귀족원을 맡아달라고 할 때 몸이 아프다고 일주일을 두고 승강이를 벌이기도 했고, 3·1운동에 가담하지 못한 것이 늘 마음에 걸린다고 하셨어요. 옥고를 치르시는 독립투사들을 은밀히 뒷바라지하면서도 양심의 가책을 받은 탓인지 통 말이 없으셨어요. 중학교 다닐 때 저를 불러놓고 한국 영토는 한반도만이 아니라 고구려 때의 땅이 모두 우리 영토라면서, 독립되면 찾아야 한다고 하시는 거예요. 그분은 만리장성과 요하가 담긴 만주지도를 따로 가지고 계셨어요."

평상시에는 그저 묵묵히 말이 없다가도 일단 국사 이야기가 나오면 소지하고 있는 자료들을 펼쳐 들고 소상히 설명을 해주곤 했다고 찬익 씨는 조부를 회상했다.

만년에 정원이나 가꾸고 오산의 과수원을 경영하던 박영효는 1939년 9월 79세를 일기로 서울 동대문 밖 숭인동 81 자택에서 별세했다. 동대문에서 500m쯤 가다 오른쪽 길가에 있는 3300평의 이 저택은 해방 전에 조선귀족회에서 사들였으나 해방 후 월남 피난민들이 점거하여 살고 있다.

박영효의 묘소는 부산 다대포에 자리 잡았다가 4년 전 경기도 양주군

화도면 마석리 가족묘지로 이장되었다.

"그분은 고래의 생활 풍습대로 고루하게만 살아서는 안 된다고 말씀하시곤 했지요. 간장, 고추장, 김치 등 음식들도 일일이 번거롭게 집에서 담글 것이 아니라 기업화해 공장에서 만들어야 한다고 하셨어요. 그때는 말 같지도 않게 들었는데, 지금은 벌써 그렇게 되어가고 있지 않아요?"

일상생활에서부터 개화를 주장해온 집안의 선조를 회상하는 찬익 씨 일가는 현재 서울 중구 충무로 3가 24번지 아세아빌딩 7층에서 현대식 아파트 살림을 하고 있다.

내가 본 박영효

박영효는 판서의 아들에 부마로서의 영화를 누릴 수 있었으나 개화당의 길을 택해 목숨을 걸고 망명 생활을 감수하는 용기를 지녔었다. 1882년 수신사로 도일한 후 귀국한 박영효는 한성부윤으로 임명되고서는 종로, 동대문 간의 도로 정비를 위해 가가(假家) 철거 명령을 내렸다가 척신의 반대와 모략 때문에 이듬해 광주유수라는 한직으로 밀려났으니, 요즘 말로 도시계획을 시도했다가 좌절된 셈이다. 당시 또 복제 개량, 색의 장려도 했었으니 신생활 운동에 앞장섰던 선각자이다.

이어 김옥균 등과 갑신정변을 일으켜 개화정치를 꾀했던 그는 이 계획이 삼일천하로 끝나자 일본에 망명, 10년간이나 객지의 울적한 생활을 감수해야 했다. 그 후 박영효는 김홍집 내각에서 내무대신을 지냈으며, 김홍집 내각이 무너진 뒤에는 잠시 총리대신 서리직도 지냈다.

박영효는 현재 국기로 쓰고 있는 태극기(지금 것과 똑같지는 않음)를 처음 사용한 인물이다. 일본 수신사로 갈 때 일본 기선 메이지환에서 영국 총영사 아스톤과 선장 제임스(영국인)와 상의하여 태극8괘도안을 국기로 결정, 일본 고베에 상륙한 이후부터 게양하고 본국 정부에 보고한 것이다. 그는 국기를 보내면서 우방 각국에도 알리는 동시에 고베의 숙소에 게양하고, 도쿄에 도착해서도 이해(1883년) 10월 3일 왕비 탄생 축하 연장에도 게양하여 자주독립의 애국심을 발휘했다.

이현종(국사편찬위원회 편사실장)

박영효

1861년	6월 12일, 경기도 수원에서 태어남
1872년	영혜옹주의 부마로 결정됨
1882년	수신사로 도일, 고베에 상륙한 이후부터 태극기를 게양, 사용함
1884년	갑신정변의 주역으로 개화당 내각의 전후양영사 겸 좌포장이란 중책을 맡음
1894년	김홍집 내각의 내무대신이 됨
1897년	일본에서 귀국하여 궁내대신이 되었으나, 대신암살사건에 말려 제주도로 귀양 감
1910년	일제의 한국인 회유책으로 주어진 후작을 받고 중추원 고문을 지냄
1918년	조선식산은행 이사에 취임
1939년	9월, 서울 동대문 밖 숭인동 자택에서 별세

31

계정 민영환

　계정(桂庭) 민영환(閔泳煥)은 을사조약에 대해 자결로 맞서, 바로 그 자리에 혈죽의 분신을 낳았다는 '항일의 신화'를 펼친 애국지사이다.

　그는 1861년 7월 25일 호조판서 겸 선혜청 당상인 민겸호(閔謙鎬)의 아들로 태어났으나, 뒤에 민태호(閔台鎬)에 입양한다. 계정은 5남매를 두었다. 장남 범식 씨는 일제강점기에 독일 유학을 했으며, 세 아들을 두었다. 범식 씨의 장남 병철(51) 씨는 병사했고, 차남 병기(51) 씨는 고려대 교수(국제정치)로 있다가 정계로 진출하여 국회의원에 당선됐으며, 3남 병성(47) 씨는 사업 중이다.

　계정의 차남 장식 씨는 병덕(51·광복회 이사) 씨와 병진(39·청와대 경제 3비서실 근무) 씨의 2남을 두었고, 3남 광식(57) 씨는 병섭(36), 병근(29) 씨 두 아들을 두었다. 계정 씨의 맏딸 용식 씨는 조원구(작고) 씨와 결혼했고, 차녀 계식 씨는 이해선(사진예술가협회 회장) 씨와 결혼했으며, 그의 장남 이철주(55) 씨는 연세대 교양학부장으로 있다.

　구한말 집권자의 문중에서 자란 계정은 고종과는 내외종간이며,

1895년 을미사변 때 시해된 명성황후의 조카가 된다.

"우리 문중의 사정은 일반에게 알려지고 있는 이야기와는 다릅니다. 명성황후가 조부 되는 분의 고모이고 또 대원군 쪽에 대해서는 처가가 되지요. 그렇듯 냉랭하게 살벌한 혈육상잔을 벌일 수가 있겠어요? 서로 철천지원이기나 한 듯이 생각하지만 실제 가정 내부에서는 예의, 도덕 다 지키고 살아왔지요. 저도 매년 연초면 운현궁에 계시는 흥친왕비(93·대원군의 아들 이재면 공의 부인)께 세배를 가지요. TV에 비치는 민씨 일가의 모습과는 상당히 다릅니다."

계정의 손자 병기 씨는 세상에 알려져 있는 민씨 집안의 싸늘한 이미지가 사실과는 상당히 다르다고 강조했다.

계정은 1877년 동몽교관(童蒙敎官)에 임명되고, 이듬해 과거에 급제하여 1881년에는 당상관에 승진하여 동부승지로, 이듬해에는 성균관 대사성이라는 최고의 명예직을 맡는다.

"집안의 배경으로 보아서는 얼마든지 출세가도를 달릴 수 있었지만 조부님은 젊어서부터 수찬(修撰), 검열(檢閱), 검상(檢詳) 등 주로 청관을 역임하셨지요. 임오군란 때 선혜청 당상으로 있던 그분의 생부 민겸호 증조부가 군인들의 습격을 받아 피살되자 그분은 3년 동안 거상하면서 자택에서 대죄하지요. 그러는 동안에 이조참의에도 임명되나 조부님은 세 번이나 상소를 올려 사양하셨지요."

병자수호조약, 임오군란, 갑신정변, 청일전쟁 등 구한말의 소용돌이 시국 속에서 친일, 친청 등으로 소장 계층의 개화파와 민씨 일파의 수구파가 첨예하게 대립하나, 계정은 손자 병기 씨의 말처럼 어느 쪽에도 치우치지 않는 중립적 입장을 취한다.

1895년 8월 주미 전권공사에 임명되나 을미사변으로 민비가 일제에 시해되기 때문에 계정은 부임하지 않고 모든 벼슬자리를 내놓고 낙향하여 두문불출한다. 그러다가 그는 1896년 특명전권대사로 임명되어 러시아 황제 니콜라이 2세의 대관식에 참석한다. 수행한 사람은 학부협판 윤치호, 이등참사관 김득련, 삼등참사관 김도일 등이었다. 니콜라이 2세의 대관식은 이해 5월 26일 모스크바 크레믈린 궁전에서 열렸으며, 초청된 나라는 20여 개국인데 주한 러시아 공사 웨베르의 주선으로 우리나라 대표가 초청받게 된 것이다.

계정 일행은 그해 4월 1일 러시아 함대편으로 인천을 출항하여 상하이를 경유, 나가사키를 거쳐 도쿄에 도착하여 며칠 체류하다가 4월 28일 캐나다 벤쿠버에 도착한다. 이곳에서 기차편으로 북미 대륙을 횡단하여 5월 28일 뉴욕에 도착한다. 뉴욕에서 3일간 머물다가 16일 런던에 도착하며, 17일 네덜란드, 독일, 폴란드 등 각국을 거쳐 19일 러시아에 들어서서 일단 여장을 푸는데, 이 여행의 총 거리는 1만 7000km가 넘는다. 5월 26일 휘황찬란하고 엄숙한 니콜라이 2세의 대관식에 참석하고, 그 후 약 2개월에 걸쳐 러시아 각지를 순방하다가 8월 20일 귀국길에 오른다. 귀국할 때는 육로로 시베리아를 경유하여 서울에 도착했으니, 계정 일행은 한국인으로는 최초의 세계 일주를 했다고 할 수 있다.

그는 귀국하자 의정부 찬정(贊政)과 군부대신을 역임했으며, 1897년 1월에는 영국, 독일, 프랑스, 러시아, 이탈리아, 오스트리아 등 구주 6개국 특명전권공사로 겸임 발령을 받아 3월 24일 다시 제2차 외유의 길에 오르게 된다. 이때 외유는 영국 빅토리아 여왕 즉위 60년 축하식에 초청되어 참석하는 것이었다. 계정과 그 수행원인 삼등서기관 이기, 서기 김상현, 김병옥, 손병균 등은 상하이를 경유하여 나가사키를 거쳐 마카오, 싱가포르를 경유, 인도를 거쳐 수에즈운하, 지중해를 지나 5월 14일 러시아의 데사 항에 상륙한다. 여기에서 기차를 타고 페트로그라드에 도착, 10일간 머물면서 국서와 왕의 친서를 니콜라이 황제에게 봉정하고 6월 1일 출발, 5일 런던에 도착하여 22일에는 빅토리아 여왕 즉위 60년 축하식에 참석한다. 여기에서 1개월간 체류하면서 선진 문물을 견학하다가 7월 17일 출발하여 귀국한다.

구미 제국을 순방하면서 선진 문명에 감명되어 돌아온 계정은 귀국하자 유럽 제도를 모방하여 정치제도를 개혁하고 민권을 신장할 것을 상주했으며, 이 중에도 특히 군제 개편의 주장은 크게 어필해 원수부를 두고 육군을 통솔하게 된다. 그 뒤 서재필 등이 조직한 독립협회를 지원한다고 수구파 대신들의 무고를 받아 파직된 일도 있다.

"그분의 태도가 본래 정치적으로 수구파에 치우치지 않는 데다가 두 차례에 걸친 구미 선진 제국에의 외유를 통해 많은 자극을 받았을 것입니다. 세계 여행에 대해 직접 집안에서 들은 적은 없지만, 당시 개화의 주체였던 독립협회원들도 '지금 정부에서 믿을 사람은 한규설과 민영환 두 사람뿐'이라고 했다니까요. 개화사상을 펴기 위해 개화파와 보수파 가운데서 고민을 많이 한 모양입니다. 헐버트의 책을 보니까 조부님과 개인적으로 가깝게 지냈다고 썼더군요. 사진도 같이 찍었고요. 하여튼 보수세력의 자제이면서도 개화운동에 앞장섰던 이승만 박사의 구명운동에 적극 나서기도 했으니까요."

자신이 국제정치학자인 병기 씨는 보수의 집안을 거슬러 일찍이 개화 정책을 펴는 데 힘썼던 조부의 생애가 신기로운 듯 방 마루에 걸린 계정의 군복 차림의 사진을 바라보았다.

계정은 독립협회와 친분을 가진 후 참정대신, 탁지부대신, 원수부회계국총장, 장례원경, 헌병사령관 등을 역임하고 훈1등과 태극장을 받기도 한다.

국운이 기울어가는 1904년 이후 내부·학부 대신을 역임하고, 계정은 일제의 침투를 맹렬히 반대하다가 시종무관장이란 한직으로 좌천되기도 하나, 일제 침투에의 경계와 친일 각료들을 설득하는 위국충정의 활동에 몰두한다. 마침내 한반도의 지배권을 에워싼 러일전쟁이 발발하자 이 위국을 벗어나기 위한 비어10책(備禦十策)을 주장하는데, 그 내용은 다음과 같다.

① 매관매직을 금하고 백관의 봉급을 후히 지급할 것
② 탐관오리의 숙청과 기강 확립
③ 육·해군 창설 군대 쇄신
④ 산업 장려 및 구빈 제도 등 사회보장제도의 실시 요구
⑤ 신식 무기 구입 및 제조
⑥ 군비 확장 및 개편
⑦ 재판의 공정, 일부일처제, 의료기관의 확충
⑧ 세법 정리, 지폐 발행
⑨ 학교를 통한 인재 양성
⑩ 문호를 개방하고 일, 러를 경계할 것

이러한 위국에의 대안에도 불구하고 대한제국의 운명은 이미 황혼녘에 기울고 있었다. 1904년 2월 러일전쟁의 발발과 함께 중립을 선언한 한국 정부에 대해 일제는 협력을 종용하는 한일의정서를 체결하게 하고, 이해 8월 제1차 한일협약을 체결하여 재무 외교에 대한 고문정치

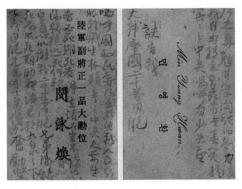

명함에 깨알같이 쓴 충정공 민영환의 유서(혈죽과 함께 고려대학
교 박물관에 보관되어 있다).

가 시작되었으며, 이듬해 일본이 승리하자 포츠머스 회담에서 미국의
주선으로 일제는 한반도에서의 정치, 경제, 군사상의 우월권을 인정받
아 1905년 11월 17일 외교권을 박탈하는 을사조약을 체결했다. 계정은
비분강개하여 통곡했으며, 원임의정대신 조병세와 같이 역적을 생포
하고 파약할 것을 주장했으나 별 성과를 거두지 못했다. 쓰러진 나라
를 되돌이키지 못한 데 대한 죄책감에 사로잡힌 그는 그해 11월 30일
오전 6시쯤 독립에의 뜻을 2000만 동포에게 고하는 유서를 남기고 자
결한다.

 "조부님이 자결하신 곳은 지금의 종로 뒷골목에 자리 잡은 기독교 태
화관 근처라고 해요. 아버님이 9살 때 돌아가셨는데 군복을 입으신 채
로 자결하셨다고 해요. 장례가 끝날 때까지 방문을 봉해두었고, 그 이
듬해 그 자리에서 두꺼운 마루 장판을 뚫고 혈죽이 돋아났다고 해요. 유
서, 혈죽 난리가 나자 일본 경찰은 그것을 찾느라고 허겁지겁했지만, 그
행방에 대해서는 해방되기까지 집안에서도 전혀 모르고 있었지요. 할머

니께서 거두어 감춰두고 민족적 각성을 자극하기 위해 몰래 꺼내어 아버지와 삼촌께만 보여주셨다는 거예요. 그때의 혈죽과 유서는 6·25전쟁 피난 때에도 어머니가 가져가셨다가 제게 물려주신 것을, 유실이 우려되어 6년 전 고대 박물관에 기증했지요."

병기 씨의 말을 좇아 고대 박물관을 둘러보니 아래층 제1진열실 한쪽 모퉁이에 계정이 즐겨 입던 군복과 군모, 조복(朝服)과 사용하던 인장, 혈죽과 명함 앞뒤에 깨알같이 흘려 쓴 유서가 고스란히 남아 있었다.

계정은 당시 주한 외교 사절단에게도 유서를 보내 동포의 앞날을 부탁하고, 일제의 침략적 만행을 규탄해달라고 호소하는 치밀성을 보인다. 그의 죽음이 세상에 알려지자 사람들은 놀라움을 금치 못했으며, 그의 인력거꾼도 순사(殉死)하는가 하면 뒤이어 조병세, 김봉학, 홍만식, 이상철 등이 의로운 그의 죽음을 뒤따랐다.

"조부님의 후손으로 일제강점기에 겪은 고초는 이루 다 말하기 어려워요. 용인군 구성면 묘지에 가보면 거기까지 형사가 와 있을 정도였으니까요. 그러고는 산소에 오는 사람을 일일이 체크하여 조부와는 어떤 관계냐, 여비와 비용은 얼마를 썼느냐는 등 꼬치꼬치 캐묻곤 했지요. 삼촌들, 형님들이 모두 요시찰인이어서 취직은 아예 엄두도 내지 못했습니다. 해방 후 이승만 박사가 귀국하자 제일 먼저 찾아온 것도 바로 우리 집 서울 종로구 계동 33번지였지요. 그때까지 할머님이 살아 계셨는데 임정 요인들도 귀국하여 인사를 하고 갔지요. 1949년 제가 미국으로 유학 갈 때 인촌 선생님의 문중에서 여비를 보태주셨지요.

모두가 다 조상 덕이라고 생각합니다. 그래 가훈이란 것도 뭐 따로 없다고 생각합니다. (벽에 걸린 사진을 가리키며) 저분이 유서를 써놓은 대로 교육에 힘쓰고 국권 회복에 힘쓰라는 말을 현대식으로 새겨 실천해가면 되겠지요. 아이들도 별 말썽을 안 부리고, 학교에서 조부님 이야기를 배우고는 집에 돌아와 모두 보고하지요."

미국 시카고대학, 컬럼비아대학 등에서 국제정치학을 전공한 병기 씨는 얘기가 결혼 문제에 미치자 "몸 건강하고 신의 있는 집안이면 됐지요. 바로 미국 유학 가기 전에 약혼을 했어요"라고 밝혔다. 병기 씨의 부인 이 인숙(48) 씨는 이관구(77·세종대왕기념사업회장) 씨의 질녀이며, 그 사이에 홍기(19) 군 등 1남 2녀를 두었다.

"제가 자녀에게 바라는 것은 그런 조상을 가졌다고 자랑할 것이 아니라 그분의 명예를 존중하고, 더욱 빛낼 수 있는 그런 인간으로 살아갔으면 하는 것이지요. 1970년 11월 랑뒤 주한 프랑스 대사가 만나자고 해서 갔더니, 대사관 안에 조부님의 비석을 세우겠다고 하여 같이 다니면서 자리를 고르고 낙관도 새기고 했지요. 바로 서소문 고가도로 오른편 현 프랑스 대사관 자리는 조부님의 여름 별장이었거든요. 그런 인연으로 그분을 기리겠다는 것이지요. 1972년 9월 제막식을 가졌습니다."

계정이 생전에 살았던 전동의 자택은 바로 서울 안국동 네거리에서 종로 쪽으로 50m쯤 올라가다 오른쪽 체신기념관(갑신정변 당시 우정국) 뒤쪽과 그 맞은편 조계사 뒤쪽 1100평인데, 지금은 30여 채의 한옥이 들어앉아 여관, 실비 한정식집 등으로 바뀌어 있었다.

이곳에서 44년 살아온다는 김수길(74·서울 견지동 37) 노인은 이렇게 말했다.

"왜정 때에는 그분의 자택 자리가 견지동 44번지인데 죽을 '사'자가 둘이라 하여 번지수도 바뀌었지요. 견지동 37번지로 되어 여러 집이 들어서 많은 호수로 쪼개지게 된 것이지요."

내가 본 계정 민영환

계정 민영환은 위국충정의 귀감으로서 자강독립의 염원과 보국(報國)의 뜻을 품은 채 항일 순국으로 민족의 사표가 되어 애국심을 불러일으켰다. 그는 망국의 설움을 안고 자결로써 국은(國恩)에 보답하는 길을 찾은 절의의 인물로서 일제 침략에 항의했다. 나라 잃은 백성으로서, 더욱이 시종무관장으로서 국왕에 대한 보필의 잘못을 뼈저리게 느끼고 짧은 생애를 의연하게 충효로써 마쳤다.

참정대신이라는 최고 관직이며 내부·외부·학부·탁지부 대신, 또 군부의 최고 책임자로서 내각의 주요 부서를 섭렵하면서 내정에 깊이 간여했을 뿐 아니라, 외교 면에서도 특명전권대사로서 구미 각국을 순방하면서 주어진 임무를 충실하게 수행했다. 그는 국제무대에서 조국 한국과 한국인을 알리는 데 크나큰 공헌을 했다. 구미 제국을 순방하면서 넓힌 견문은 귀국 후 민족의 중흥을 꾀하여 시폐4조(時弊四條), 비어십조(備禦十條)도 올려보았으나 러일전쟁으로 실효를 거두지 못했지만, 그가 품은 의지는 가시지 않았다.

그는 자결에 앞서 2통의 유서를 남겨 동포들에게는 독립 혼을 일깨웠고, 외국 사절들에게는 일제의 독아(毒牙)로부터 이 민족을 구출하는 데 힘써줄 것을 간곡히 부탁하는 등 애국의 길로만 일관한 것이다.

이봉래(국사편찬위원회 편사연구관)

계정 민영환

1861년	7월 25일, 호조판서 겸 선혜청 당상인 민겸호의 아들로 태어남
1877년	동몽교관에 임명됨
1882년	성균관 대사성에 임명됨

1887년	예조판서에 임명됨
1888년	병조판서에 임명됨
1896년	특명전권대사로 러시아 황제 니콜라이 2세의 대관식에 참석, 귀국 후 의정부 찬성과 군부대신을 역임
1897년	영국, 독일, 프랑스, 러시아, 이탈리아, 오스트리아 등 6개국 특명공사로 겸임 발령되어 빅토리아 영국 여왕의 즉위 60주년 축하식에 참석
1898년	독립협회를 지원하다가 원로대신의 무고로 파직됨
1904년	내부·학부 대신을 역임하다가 일제의 침략을 비난, 시종무관장으로 좌천됨
1905년	11월 30일, 을미조약의 체결에 반대하여 자결함

32
윤조 민종식

윤조(允朝) 민종식(閔宗植)은 구한말 명문 관료 중심으로 의병활동을 벌여 창의대장으로 입신한 인물이다. 그는 이처럼 혁혁한 항일투쟁의 공로로 1962년 별세한 애국지사 중 제1호의 대한민국 건국공로훈장 복장을 추서받기도 했다.

윤조는 1861년 경기도 여주군 금내면에서 판서 민영상(閔泳商)의 맏아들로 태어났다. 그의 외아들 병욱(일본 주오대학 상과 졸) 씨는 충남대 도서관장을 역임, 서예가로도 알려졌는데 1973년 1월에 작고했고, 부인 이해숙(79) 씨는 경기도 포천군 선단리에서 장남, 3남과 함께 살고 있다.

병욱 씨는 5남 4녀를 두었다. 장남 성기(61) 씨는 이영희(61) 씨와 결혼하여 경기도 포천에서 농사를 짓고 있고, 차남 정기(56) 씨는 부산에서 공장을 경영하고 있다. 3남 준기(47) 씨는 유순호(41) 씨와 결혼하여 경기도 포천에서 뽕나무를 재배하고 있으며, 4남 완기(42·외국어대 영어과 졸, 한월교역상사 대표) 씨는 이영자(37·숙명여대 경제과 졸) 씨와 결혼했으며, 5남 중기(53·홍익대 서양학과 졸, 서울 행당여중 교사) 씨는 이명옥(28·홍익대 미술교육과 졸) 씨와 결혼했다.

병욱 씨의 맏딸 효기(52) 씨는 서울 서대문구 남가좌동에 살고 있고, 차녀 봉숙(45) 씨는 이천호(47·상업) 씨와 결혼하여 서울 서대문구 아현동에 살고 있다. 3녀 현숙(41) 씨는 윤인택(43·부산대 공대 졸, 한국전력 과장) 씨와 결혼하여 서울 서대문구 북가좌동에 살고 있고, 4녀 계숙((39) 씨는 송의웅(41·고려대 법대 졸, 사업) 씨와 결혼하여 서울 서대문구 북가좌동에 살고 있다.

"잘 아시다시피 원래 여흥 민씨의 행세하던 가문이었으나 조부님께서 의병활동을 벌인 후 아버지 대(병(丙) 자 돌림 항렬)에서는 일제하의 교육을 받지 못했고, 해방 후 우리 대(기(基) 자 돌림)에 와서야 겨우 대학 교육을 받게 된 것이지요. 재산이 모두 동난 데다 9남매나 되는 대식구를 끌어가려니 자연히 외가에 의존하게 되고, 외삼촌(이해승 씨)이 우리를 맡아 키우다시피 하셨지요. 그래서 일제강점기의 형님들은 그나마 민씨가 경영하는 휘문학교에 다니신 것이지요."

손자 중기 씨의 말이다.

윤조는 20세에 문과에 급제하여 벼슬이 이조참판에 이르나 35세 때 을미사변을 맞아 국모 시해라는 참변을 당하자 관직을 버리고, 어려서부터 이주해 살던 충청도 정산(지금의 청양)에 돌아와 의병활동의 기반을 굳힌다.

"6·25전쟁 때 피난 가다 보니 정승 지내신 증조부(민영상)님의 비석이 곳곳에 있더군요. 평안감사만 빼고 전국의 감사를 다 지내셨다고 해요. 충청도 정산 고향 땅에서는 아침 거지에게는 밥 한 그릇과 옷 한 벌을 주고, 저녁 거지에게는 죽 한 그릇과 옷 한 벌씩을 3년 내내 주어 재산을 많이 축냈다고 해요. 이렇게 하다 보니 자연 인망이 높아져 벼슬을 옮겨 상경하려 해도 그곳 주민들이 두루마기를 길에 펴놓고 올라오지 못하게 막아 8년간이나 충청도에 유임했다고 해요. 그래서 상경하실 때는 개가죽 쌈지 하나만 재산으로 들고 오셨으니까요. 지금도 충남 홍성군에는 조부님 비각이 서 있고, 매년 3·1절이면 추도식을 가져 할머니께서 내려가셔 연설도 하시곤 했지요. 그분은 제가 고교 3학년 때 돌아가셨는데 사실상 조선왕조의 마지막 정경부인이셨지요."

손자 중기 씨의 말이다.

1905년 을사조약이 체결되자 윤조는 상경하여 조약폐기운동을 벌이나 민영휘 등 민씨 집안의 소극적 태도로 실패하고 만다. 이어 그는 더욱 적극적인 항일투쟁 방법으로 의병활동을 벌이기로 다짐한다. 이듬해 3월 이세영, 채광묵 등과 의거하기로 결의하고 정산군 잉면 천장리를 근거지로 하여 격문 및 각국 공사에게 보내는 청원서를 작성하여 자기 소유의 전답을 팔아 군자금을 대기도 한다.

구한말의 세도 집안 여흥 민씨 종중의 영수급 인물로서 윤조는 당시 명망이 높아 그가 의병을 일으키자 많은 사람이 모여든 것으로 보인다. 다음은 그가 의병을 일으킨 지 2개월 후의 전황 및 군세이다.

군세가 크게 떨친 의군은 군비를 정제하고 19일(5월) 오후 5시에 홍성군을 공략했는바 이때의 의진은 총기를 휴대한 의병이 600여 명이요, 창을 소지한 의병이 200여 명, 맨주먹으로 종군한 유생이 300여 명으로, 총병력이 1100여 명의 대부대였으며 선생은 창의군 대자에 추대되고…… 창의군은 화포 6문을 앞세우고 맹렬한 사격전을 전개하여 일대 공격전을 전개하니, 승전한 창의군은 입성하여 성내의 병기, 군량, 탄약 등을 전부 징발하고 전군을 동서남북의 사진군(四陣軍)과 호위대로 편성하여 수비에 만전을 기했다.

일제는 홍주성의 탈환을 꾀하여 5월 20일에는 공주경무고문지부의 경부이하 6명의 경찰대가 파견되었으나 여지없이 패하고, 다음 날에는 수원 헌병 분대의 헌병 조장 이하 6명의 헌병대가 내습했다가 또 패전하고 예산으로 퇴진했으며, 22일에는 서울경무고문부의 도원(桃原)경부 및 한국 경무관의 부하 20여 명이 증원되었고, 24일에는 공주진위대의 한국병 57명이 또 증원되어 정오부터 교전했으나 격전 4시간 만에 퇴각했고, 28일에는 서울 헌병대의 일제 헌병 대위 이하 26명이 증파되고 정찰 목적으로 파견되었다가 서문 밖 월계동 동쪽에서 의군에게 포위되어 주력 경부 이하 2명이 행방불명되는 등 패전만을 거듭하자 화가 치민 통감 이토 히로부미는 주차 군 사령관에 대하여 출병할 것을 명령했다.

일본군 사령관 하세가와는 재경성남부(在京城南部) 수비대 사령관 도조 소장에게 "필요한 병력을 홍주 방면에 파견하여 헌병 및 경찰관과 협력하게 하라"고 호령하고 헌병대장 소산(小山) 대좌에게는 홍주에 있는 헌병으로 하여금 증원 부대와 협력하게 하고, 그 증원 부대장의 명을 받도록 하게 하니 일제는 실로 한국에 주둔한 헌병대를 총동원한 셈이다. (『대한민국 독립운동공훈사』)

하지만 전세는 돌변하여 아군 측에 불리해지니 주경(駐京)성남부 수비대 사령관은 곧 보병 제60연대장에게 대대장 다나카(田中新助) 소좌를 지휘관으로 하여 보병 2중대로 1개 지대를 편성, 기관총 2문에다 전주 수비대의 보병 1소대를 합세시켜 최강 부대를 편성하고, 27일(1906년 5월) 천안역에 도착, 다음 날 밤에 기병은 신예원에, 주력부대는 신창에 각각 숙영시켰다가 30일 오전 1시를 기해 포위선을 형성한다.

이에 앞서 윤조의 창의군은 밤낮을 가리지 않고 항전한다. 이날 오전

충남 홍성군 홍성읍 대교리에 있는 홍주의사총. 의병장 민종식과 그를 따르던 수백의 의병들이 합장되어 있다.

11시 40분 서쪽으로부터 달려오는 일군에게 기관총을 난사하여 전투를 벌이나 장비가 불충분하여 북문을 깨뜨리는 일군에게 밀리게 된다.

일군은 서문 밖 민가에 방화하고 맹렬한 사격을 가하는 동시에 뒤이어 성으로 돌입, 이에 대해 반격을 가해 일대 시가전을 벌인다.

이 전투에서 의병은 일본군 10여 명을 사살하고 4명을 생포하여 총살하는 등 전과를 올리나 군비가 불충분한데도 밤중에 기습을 받는 악전고투를 치러 피해는 한층 심각해진다. 의병이나 주민 가운데 총을 맞아 죽거나 성을 넘다가 떨어져 죽은 사람이 있는가 하면 혼란 통에 서로 부딪치고 밟혀서 다리나 허리가 부러져 죽은 자가 많았다고 한다.

"조부님께서는 고향 땅의 칠갑산을 정부에서 주는 것도 안 받으시고 그때 돈 2만 냥을 주시는 것을 국고금으로 반납하고 의병을 일으켰지요. 충청도 정산을 처음 본거지로 잡은 것은 증조부 때부터 그곳에 터를 잡으셔 기반이 컸기 때문이지요. 초등학교 때부터 5학년 교과서에 조부님 이름이 나오니까 자연 관심을 가지게 되었지요. 6·25전쟁 전만 해도 집에 사모관대를 한 조부님의 사진이 있었으나 중공군이 포천 집을 뒤져 대감의 사진이라면서 전해오던 자료를 몽땅 가져간 것이지요. 수복 후 돌아와서 제기만 겨우 건졌지요. 그나마 남은 문헌은 5·16군사정변 후 국사편찬위원회에 모두 기증했고, 그때 사학자들이 우리 집을 찾아와 아버지의 얘기를 듣고 바로 그 자료들을 토대로 기술한 것이 지금 전해지는 조부님의 항일투쟁 사실로 굳혀진 것이지요. 국내 최초, 최대의 의병 투쟁을 벌여 실제로 지역(홍성)을 확보하는 등 가장 규모가 큰 실전을 벌였다는 것이 조부님의 공헌이라고 말씀하시더군요."

손자 중기 씨의 말이다.

치열한 한성전투를 치르면서 윤조의 의병 측은 군사(軍師) 김상덕 등 83명이 순국하며 254명이 생포된다. 하지만 윤금봉, 이상두, 이재균 등 일본 헌병대에 수감된 의병들은 끝내 기개를 굽히지 않고 단식 투쟁을 벌인다.

이처럼 중과부적으로 홍주성에서 패하고 물러난 윤조는 몸을 피해 다시 의병을 일으키려다 이해(1906년) 11월 일본 헌병대에 체포되어 그의 부하 김덕진, 박윤식, 곽한일 등과 함께 서울 일본군 사령부에 압송된다.

윤조는 1907년 7월 3일 평리원에서 형법대전 제195조 '정사(政事)를 변경하기 위하여 난을 작(作)한 자'라는 율(律)에 따라 교수형의 선고를 받으나 이토 히로부미의 종용에 의한 당시 법무대신 이하영의 주청으로 각의를 거쳐 특감 1등 되어 진도에 종신 유배되며, 이어 한 달 만에 다시 특사를 받아 집에 돌아온다.

그는 옥중에서 혹형을 당한 여독으로 신음하다가 1908년 6월 26일

48세를 일기로 별세하여 경기도 여주군 강전면 가야리에 안장된다.

"현직 이조참판의 자리를 내놓고 의병활동을 벌이면서 막후에서 고종황제의 칙명까지 받게 되니, 그 때문에 나중에 붙잡혀서도 감 1등 되셨지요. 큰집이 바로 명성황후 댁 아닙니까? 사유 재산을 몽땅 털어 5천 군사를 키우는 군량과 군비에 모두 쓰셨으니 무엇이 남았겠습니까? 그래 안국동 민씨치고 저희 집안이 제일 가난하지요. 저희 사촌만 해도 재벌급 재산을 이어왔지요. 부친께서는 생전에 늘 말씀하셨지요. '우리는 자랑스런 가난뱅이'라고. 조부님은 왜놈들이 몸을 못 쓰실 정도로 고문하여 유배에서 풀려 오시자 별세하셨고, 일제가 장례를 치르지 못하게 하여 3개월간이나 방 안에 안치했다가 겨우 안장했지요."

손자 중기 씨의 말이다.

윤조의 줄기를 이은 외아들 병욱 씨는 암기력이 뛰어나고 서예에 능해 학자들 간에 교우가 깊었지만, 일제하에서는 아예 취직도 하지 않고 외가에서 마작으로 소일했다고 한다.

그는 해방 후 문교부에 나와 일해달라는 여러 차례의 교섭도 물리치고 지내다가 6·25전쟁 후 충남대학이 발족될 당시 초대 총장 민태식 씨의 권유로 충남대 도서관장직을 역임했다.

궁실의 가풍을 이은 이 집안에 이승만 대통령이 들러 점심 식사를 들던 때도 이 무렵의 일이다. 궁중요리 솜씨가 뛰어난 윤조의 며느리 이해숙 씨가 그 음식을 직접 마련했다.

"저는 민종식 선생님 손자부가 된 것이 더없이 자랑스럽습니다. 재산은 없어도 그런 훌륭한 가통을 이어간다는 것에 큰 긍지를 느낍니다. 지금 대까지는 비록 별로 두각을 나타내지 못하고 있지만 후대들은 훌륭하게 키워야지요. 우리 대에는 자식들이 많다 보니 키우시는 데 애를 많이 먹은 듯해요. 제대로 키우기 위해서는 적게 낳아 성심껏 키워야 된다고 생각합니다. 다음 대에서 가문이 중흥하도록 밑거름이 되어야겠어요. 인간사는 돌고 도는 것이니까 우리 후대에는 다시 일어나야겠지요."

손부 이명옥 씨와 손자 중기 씨의 말이다.

서울 약수동 로터리 길가 3층 건물의 꼭대기 방에 차린 화실 겸 거실에서 자신이 이곳저곳 문헌을 찾아 엮은 할아버지의 기록을 뒤적이면서 윤조의 손자 중기 씨는 이처럼 오늘을 살고 있는 소감을 펼쳤다. 그의 아들은 법과 계통으로 공부시켜 앞으로 윤조의 경우처럼 국사에 참여하는 정치인으로 키우는 것이 꿈이라고 밝혔다.

내가 본 윤조 민종식

윤조 민종식 선생은 개인적으로는 구한말 가장 손꼽히는 명문가에 태어나 모든 영달이 보장되었음에도 불구하고 가장 먼저 의병활동에 나선 용기 있는 지사이다. 바로 그의 인척이 구한말의 세도가 민영호 등이었으며 윤조 스스로 민씨 가문의 종손으로 주변의 선망과 존경을 한 몸에 받아왔으나, 그는 주어진 영달에의 길을 과감히 뿌리치고 구국 항일 전쟁의 가시밭길을 택했다.

을사조약으로 인해 국권을 잃게 되자 윤조는 홍주(지금의 충남 홍성)에서 의병을 일으켰는데, 일제 헌병이나 경찰 또 우리 관군이 모두 진압하기가 불가능하여 당시 한국 주둔 일제 병력이 총동원하는, 우리 의병사상 획기적인 전투를 벌인 것이다. 이 전투에서 윤조의 의병은 중과부적으로 비록 패했으나 끈덕지게 독전 분투하여 피아간에 손상도 컸다. 이

전투에 패하고도 그는 또다시 모병을 시도하여 끝까지 항쟁했으며, 당시 그의 관직이 의병으로는 최고 직위(참판)였던 데다 그의 가문 배경 또한 화려해서 최익현, 임병찬 등 다른 지역의 의병장들과도 내통하여 상호 영향을 주기도 했다.

그의 가정적 배경은 이처럼 의병활동에 도움이 되기도 했으나 개인적으로는 영달을 바라는 가문의 질시와 소외를 당하면서 외로움을 달래야 했으니, 그가 서울로 압송되었을 당시 그의 부인이 구명운동을 벌이려 상경하여 민씨 집안을 두루 찾았으나 아무리 문을 두드려도 열어주지 않는 구박을 받아야 했다. 이처럼 일신상의 희생을 무릅쓰고 그는 모든 가산을 의병활동에 바쳐 대포까지 지닌 가장 규모가 큰 의병활동을 조직적으로 벌여 일제에 끝까지 맞섰다.

원유한(수도여자사범대 조교수)

윤조 민종식

1861년	경기도 여주군 금내면에서 태어남
1880년	별시 문과에 병과로 급제
1895년	을미조약이 체결되자 이의 폐기운동을 벌이나 실패함
1906년	이세영, 채광묵 등과 의병을 일으킴
1907년	일군에 체포되어 평리원에서 교수형을 언도받았으나 감형되어 진도로 유배했다가 석방됨
1908년	6월 26일, 옥중에서 혹형을 당한 여독으로 신음하다가 별세함

33

한서 남궁억

선생의 일생은 1863년에서 1939년까지 근대 사회로 전진, 발전할 수 있었던 시기였다. 쇠망과 전락(轉落)의 흐름의 역사 속에서 선생은 70년여의 한평생을 나라와 민족의 독립을 위한 항쟁 속에서 보내시게 되었다. 관직에서 청백을 지키며 국가에 힘을 기울이다 사회로 돌아오신 뒤로는 교육을 통한 민중계몽에, 《황성신문》 사장으로 신문이 사회와 국가, 민족, 대중에게 해야 할 일을 다해보려고 끝내 절개를 굽히지 않았다. (홍이섭, 《나라사랑》 제11집)

한서(翰西) 남궁억(南宮檍)은 1863년 12월 27일 서울 정동 왜송골에서 중추도사(종5품 벼슬)를 지낸 남궁영(南宮泳)과 덕수 이씨(이순신 장군의 11대손) 사이에 태어났다. 그가 태어난 곳은 지금의 배재중·고등학교가 터 잡은 곳으로 임진왜란 때 왜장이 말을 매어두었던 소나무가 있어 왜송골이라 불렀다고 한다.

한서는 15세 때에 양혜덕(梁惠德)과 결혼하여 3남매를 두었다. 아들 염(炎) 씨는 17세 때 미국에 망명했으며, 해방 후 이승만 정권 때 샌프란시스코 총영사를 지내다 작고했다. 한서의 서울 생활에서 만년(홍천에서 임종)에 이르기까지 줄곧 뒷바라지를 해온 맏딸 숙경 씨도 작고했고, 차녀 자경 씨가 윤치호의 차남 광선(6·25전쟁 때 납북) 씨와 결혼하여 서울 성북구 동성동 3가 215의 1에서 아들 정구 씨와 함께 살다가 1975년에 작고했다.

한서의 외아들 염씨는 3남매를 두었는데, 장남 준(53) 씨는 미국에 살고 있고, 차남 진(49·노스캐롤라이나대학 교수) 씨는 세계적으로 저명한 임학자로 알려져 있으며, 염 씨의 외딸 혜완(51) 씨는 민병휘(52·아시아개발은행 근무) 씨와 결혼하여 마닐라에 살고 있다.

한서의 맏딸 숙경 씨는 외딸 장재옥(65) 씨를 두었는데, 그녀는 105인 사건(데라우치 총독 암살미수사건) 연루자의 1인인 김지환(작고) 씨와 결혼하여 서울 관악구 상도동 134의 807에 살고 있다.

한서의 차녀 자경 씨는 6남매를 두었는데, 그중 3남매는 개성에서 월남하지 못했고, 월남한 정구(50) 씨는 고려원양 전무이고, 정희(53) 씨는 채동규(59·서울대 약대 교수) 씨와, 성희(50) 씨는 원석연(50·화가) 씨와 결혼했다.

한서는 6세 때부터 한문 글방에서 수학하여 사서삼경을 다 익히고, 당시 선비로서 빠지지 않을 만큼 문필에 능하게 되나 일찍 부친을 여의고 가난과 싸우면서 자란다.

21세 때 국내외 정세에 눈을 뜬 그는 서울 재동에 창설된 관립영어학교에 입학하여 이듬해 최우등생으로 졸업하고 구한국 정부 독일인 고문 묄렌도르프의 추천으로 경성총해관에 견습생으로 들어간다.

1886년 내부주사에 임명되어 고종황제의 통역으로 관계에 첫발을 내딛고 이듬해 유럽 순회대사로 임명된 조민희의 서기관으로 수행하여 홍콩까지 가나, 청 정부의 내정간섭에 대한 조민희와 민영익의 의견 대립으로 2년간 머물다가 소환되어 귀국한다.

귀국 후 어명으로 궁내부 별군직에 임명되어 4년간 고종을 시봉하며, 한서를 총애한 고종은 팔판동의 주택 한 채를 하사한다.

한서는 1893년 경상도 칠곡부사로 임명되어 탐관오리가 창궐하던 지방 행정을 바로잡으며, 1895년 내부의 토목국장으로 임명되어 서울의 건설에 힘을 쏟는데 지금의 종로와 정동 일대, 광화문 앞에서 남대문에 이르는 널찍한 도로나 탑골공원의 창건 등이 그의 업적이다.

이듬해 구국운동을 위해 일시 관직에서 물러난 한서는 서재필, 윤치호 등과 독립협회를 조직하여 협회의 수석 총무와 사법위원이 되며, 협회 발행의 《독립신문》 영문판 편집을 하는가 하면 이해 12월에 창간된 협회 격월간지 《대조선독립협회보》 간행에도 참여한다.

1897년 9월 한서는 《황성신문》을 창간하여 사장 겸 주필이 되는데, 이 신문은 당시 순수한 한국인의 손으로 만들어진 유일한 일간지다. 이해 우리나라의 독립과 발전을 위한 여러 가지 개혁과 민권 투쟁에 앞장선 독립협회는 정부의 미움을 받아 한서를 포함한 간부들이 체포되어 옥고를 치른다.

"고종황제가 하사하신 지금의 삼청공원 아래 팔판동 집에서 바로 제가 태어나 자랐는데 당시 황성신문사는 지금 수도육군병원 부근에 있어서 청지기가 아버지 점심을 가져가면 저도 따라가서 놀곤 하던 기억이 눈에 선합니다. 부친께서 탑골공원을 지으실 때도 청지기를 따라가서 놀곤 했지요."

차녀 자경 씨의 말이다.

《황성신문》 사장으로서 한서는 나라를 지키기 위한 배일 논조를 펼치다가 여러 차례 투옥되며 1905년 다시 관직을 맡아 성주목사로 부임한다. 당시 경상관찰사 이근택이 성주의 물력(物力)이 도저히 감당할 수 없는 다량의 인삼과 금을 상납하라고 하자 한서는 대구로 가서 이근택에게 항의했으나, 그는 오히려 상관의 명령에 복종하지 않는다고 책하므로 한서는 즉시 사의를 표명한다.

이듬해 1월 을사조약이 체결되었음을 통분한 한서는 건강이 극히 쇠약해져 휴양도 할 겸 강원도 양양군수로 간다. 한서의 제자 조용구(70·배명고교 교장) 씨는 이처럼 당시의 상황을 말했다.

"성주목사를 사임하고 서울로 돌아오신 선생님은 일진회 민족 반역자들의 노골적인 매국행위에 충격을 받고, 길 위에서 졸도하여 장지연 선생이 팔판동으로 부축해 갔다고 해요. 심정이 울적하시고 세상을 비관하시게 되어 술로 나날을 지새우신 것인데, 그 뒤 오세창·양기탁·윤치호 선생 등 친한 분들이 시골로 가라고 권유해서 강원도로 내려가셨다고 해요. 그래서 시골 생활에서도 맏따님 숙경이 막걸리를 담가 식사 때 한 잔씩을 드시곤 했지요."

양양군수로서 한서는 황무지를 일궈 적극적인 조림 녹화운동을 벌이며, 또 기부금과 문중의 재산 4000원을 기금 삼아 양양의 동헌 뒷산에 현산학교를 세운다. 관직을 떠난 한서는 1907년 11월 일제의 통감정치에 반대하여 대한협회 회장에 취임하나 일인들의 간섭과 정부의 압력으로 이듬해 사임한다.

"양양군수 시절에 혼자만 내려가 계셨는데 학교를 설립하시고는 교과서용 종이와 벼루, 먹 등을 서울 집 마당에 사들여 쌓아놓으시고는 부친께서 손수 그 먼 시골 길을 달구지로 실어 가곤 하셨지요. 이처럼 관리 생활보다는 교육사업에 더 흥미를 지니셨지요."

차녀 자경 씨의 말이다.

이때 그는 《교육월보》를 발행하는데 역사, 지리, 산수, 물리, 보건, 가정 등 과목을 한글로 꾸민 통신강의록에 의한 대중 교육을 이미 실시했다. 다음은 한서가 기술한 《교육월보》 취지서의 일부이다.

나라가 흥하고 망하는 근인이 어디에 있느냐 하면 그 나라 안에 사는 인민이 지식이 있고 없는 데 있으며, 인민의 지식이 있고 없는 것은 어디 있느냐 하면 교육이 발달되고 못 되는 데 있나니…… 나라 인민이 이같이 무식하고 어찌 남의 노예 되기를 면하리오. 매양 유리한 자의 탄식하는 바이려니 근래 본인 등이 각자 자본을 구취하여 한 회사를 조직하고 이 책을 발간하여 무식한 동포들이 알아보기 쉽도록 각색, 긴요한 학문만 뽑아서 다달이 한 권씩을 출판하되 이름은 《교육월보》라 하니…… 배우지 못한 우리 2000만 동포로 하여금 매삭(每朔)에 한 권씩 사서 아침저녁 노는 겨를과 일하다가 쉬는 때와 심지어 화륜차, 화륜선을 타고 다닐 때라도 놀고 잠자지 말고 열람하면 전국 동포가 모두 큰 학자가 될 것은 정한 일이니 그렇게 되면 거의 무너진 우리 대한 큰 집을 바로잡아 남의 압제를 면하고 자주독립을 회복하여 세계에 동등 대접을 받기가 어렵지 아니한 줄로 믿고 믿노니 동포들은 힘쓸지어다.

1910년 한일합병을 맞은 한서는 종교와 교육을 통한 구국운동을 벌일 것을 결의하고, 친구 윤치호의 권유로 남감리교 종교(宗橋) 예배당에 입교하여 배재학당 교사로 초빙되는 한편 이듬해 상동의 청년학교 원장도 겸해 청년들에게 야간 수업을 한다.

"아버지를 따라 주일이면 교회에 나가 윤치호 선생님께 인사를 드리곤 했지요. 두 분이 젊어서부터 아주 가까워서 '네 딸 내 며느리 하자' '네 아들은 내 사위 하자' …… 이렇게 혼약을 하게 된 것이지요. 똑같이 개화운동, 독립운동에 앞장서고 서로 의논해왔지만, 우리 아버지는 좀 더 성격이 굳고 강하신 편이고, 시아버지는 보다 온건하시달까…… 아버님이 옥고를 치르시면 시아버지가 그 뒷바라지에 힘을 쓰셨지요. 일제 말 어느 날 개성에 살 때 시아버지께서 저를 당신 방으로 조용히 부르셔서는 고뇌 어린 표정으로 '일제가 내게 억지로 자작의 작위를 내렸는데 어쩌면 좋으냐'고 물으시는 거예요. 저는 그저 '아버지 뜻대로 하세요' 하고 눈물을 흘렸지요. 뒤에 아버지 말씀이 '좌옹(윤치호)은 젊은 마누라(후취)와 어린아이들 때문에 뜻대로 못 살아' 하시면서 한숨을 쉬시더군요."

차녀 자경 씨의 말이다.

8년간의 배화 교사 시절 한서는 수단 방법을 가리지 않고 민족교육에 힘쓴다. 다음은 배화고녀 4회 졸업생인 차녀 자경 씨의 말이다.

"지금도 80 늙은이들이 매달 모임을 갖는데 1회부터 10회 사이에 10명은 모입니다. 그때 아버지는 영어를 가르치시면서도 꼭 한두 마디 우리 역사를 말씀해주셨지요. 아버지께서 무궁화 동산 수놓기를 도안하셔 시작만 하시고 일제 감시가 심해 그 후 내놓고 실시하지는 못했지만 전국 방방곡곡 부녀자들에게 무궁화 도안 수놓기가 유행하여 지금도 남아 있는 것이 많지요."

일찍이 윤치호와 의논하여 무궁화를 국화로 삼은 한서는 1918년 선향인 강원도 홍천 서면 모곡리로 내려가 학교와 교회를 세운 후 일제의 감시를 무릅쓰고 무궁화 묘포를 만들어 전국에 무궁화 나무를 보급한다.

그러면서 100여 편에 이르는 숱한 시가로써 민중 생활 속에 조국애를 심어준 한서의 혼은 그가 땅 위에서 떠난 오늘에까지 우리 심금을 울리고 있다. 특히 3·1운동 후 병상에서 영감을 받아 1922년 어느 날 지었다는 「일하러 가세」는 1928년 합동 찬송가 개정위원회에서 정식 찬송가로 채택했는데, 너무나도 직설적인 애국을 담은 이 노래는 온 국민에 크게 애창되어 일제는 1937년 이 노래를 강압으로 금지하기도 했다.

삼천리 반도 금수강산
하나님 주신 동산
이 강산에 할 일 많아
사방에 일꾼을 부르네
곧 금일에 일 가려고
누구가 대답을 할까

〈후렴〉
일하러 가세 일하러 가
삼천리 강산 위해
하나님 명령 받았으니
반도 강산에 일하러 가세
(「일하러 가세」 1절)

한서가 홍천에 세운 모곡학교는 지금은 한서중학으로 바뀌어 그 얼을 전파하고 있으며, 그가 설립한 모곡교회도 6년 전 차녀 자경 씨와 외손녀 윤정희 씨 등 후예들이 60만 원을 들여 개축했다.

"지금 지프를 타고 가도 그렇게 험한 모곡인데, 그때는 아주 산골이었지요. 초겨울에 눈이 오기 시작하면 고개 넘어 모퉁이에 동아줄의 한쪽

한서 남궁억 기념관. 강원도 홍천군 서면 모곡리에 있다.

끝을 매고 다른 한쪽 끝은 동네 입구에 매두었다가 겨울이 지나면 온 동
네 사람들이 그 줄을 휘둘러서 눈 터널의 길을 내곤 했지요. 그분께서
세우신 조그만 학교가 어엿한 초등학교, 중학교로 바뀌어 학생들이 힘
차게 뛰놀고 있고, 그분께서 아껴 키우시던 동산에는 그곳 로터리 클럽
에서 잣나무 등을 심어 공원으로 가꾸고 있지요."

차녀 자경 씨와 외손녀 정희 씨의 말이다.

한서는 1933년 11월 국사교육 사업과 비밀결사인 십자당사건으로 구
금되어 서울 서대문감옥에서 옥고를 치르다 이듬해 7월 병보석으로 풀
려나오나 출옥 후 병고에 시달리다가 1939년 4월 5일 77세를 일기로 별
세하며, 그가 구국의 기도를 드리던 남궁씨의 종중산(강원도 홍천군 서면
모곡리)에 안장된다.

"형무소에 면회를 가면 '나 이렇게 좋은 데서 편안히 지내는데 뭐 하
러 왔느냐'고 하시고는 잡수실 것을 차입하려 하면 '이런 형편에 잘 먹고

잘사는데 무슨 호의호식을 하겠느냐'고 오히려 꾸짖곤 하셨어요. 치질이 심하셔서 입으시던 옷은 피투성이였지요. 재판장에 호령호령하신다고 고문이 더욱 심했던 모양인데…… 출옥 후에도 동네 아이들을 모아놓고 옛날 얘기를 들려주실 만큼 태연자약하셨습니다. '내가 죽거든 무덤을 만들지 말고 과목 밑에다 묻어서 거름이 되게 하라. 나는 독립을 보지 못하지만 너희는 독립을 볼 것이다.' 이렇게 유언하셨지요."

차녀 자경 씨의 말이다.

내가 본 한서 남궁억

한서 선생은 내가 모곡학교 다닐 때의 스승으로, 그분의 사진을 내 방에 걸어놓고 늘 그분의 가르침을 본받으려고 한다. 그분은 왜놈이 만든 중절모를 절대로 쓰지 않고 사철 한국인이 만든 밀짚모자를 쓰셨고, 일인이 운전하는 차를 타지 않았다. 홍천에서 서울의 연희전문 졸업식에 모시고 오던 도중 67세의 노인을 계속 걷게 해드릴 수 없어 도중에 청평에서 자동차를 타시라고 해도 이런 이유로 300리 길을 끝내 걸어서 상경하셨다.

동네 청년들을 사랑에 모아놓고는 같이 그물을 뜨고 가마니를 치시면서 역사 이야기를 가르치시기도 했다. 새벽이면 일찍 일어나 동네를 돌면서 동네 사람들을 일찍 깨워 일하게 하고, 미신을 타파하고 또 『가정교육』이란 책을 쓰셔서 가사의 개혁에 힘쓰셨다. 그분의 인상은 늘 온화하셔서 화내시는 일이 없고 늘 껄껄 웃으셨는데, 꼭 한 번 어느 때 어느 학생이 일본말을 가르쳐달라니까 5일간 말씀도 안 하시고 진지도 안 드시는 심각한 순간을 목격한 적이 있다. 이처럼 한서 선생은 궁행하는 불굴의 애국자로 생애를 마친 분이다.

조용구(배명고교 교장)

한서 남궁억

1863년	12월 27일, 서울 정동 왜송골에서 태어남
1883년	서울 재동의 관립영어학교에 입학
1886년	내부주사에 임명되어 고종의 통역을 맡음
1887년	유럽 순회대사로 임명된 조민희의 서기관으로 수행, 홍콩에 감
1893년	경상도 칠곡부사로 임명됨
1895년	내부의 토목국장으로 서울의 건설에 힘씀
1896년	독립협회를 조직하여 수석 총무가 됨
1897년	《황성신문》을 창간하여 사장 겸 주필이 됨
1907년	일제의 통감정치에 반대하여 대한협회 회장에 취임
1918년	일제의 감시를 무릅쓰고 무궁화 보급운동을 벌임
1933년	국사교육 사업과 비밀결사인 십자당사건으로 구금되어 옥고를 치름
1939년	4월 5일, 병보석으로 풀려나 병고에 시달리다 77세를 일기로 별세함

34

남강 이승훈

남강(南崗) 이승훈(李昇薰)은 3·1운동 33인 민족대표로, '민족 학교' 오산학교의 교주로, 《동아일보》 사장, 조선교육협회 간부 등을 역임하면서 일제하의 민족자립운동을 주도한 애국지사이다. 그는 1864년 3월 25일 평북 정주 성내에서 이석주(李碩柱)와 홍주(洪州) 김씨 사이에 2남으로 태어났다.

남강은 명군현주(名君賢主)도 아니고, 영의정도 아니고, 학자도 아니고, 군지휘관도 아니었다. 그는 어떤 작품이나 학설이나 무공을 남긴 것이 아니었다. 그는 가난한 가정에 태어나 글도 변변히 읽지 못했고, 갖은 간난과 신고를 맛보면서 자기를 성공한 자리에 끌어올렸다. 그러나 남강의 일생을 지배한 것은 겸허하고 맑은 서민 정신이었다. 이 서민 정신이 그를 이 땅과 이 백성에 대한 사랑에 이끌었고, 이 사랑이 그를 헌신에 이끌었고, 그것이 다시 신민회, 오산학교, 제주도 유배, 105인 사건, 신교 신앙, 독립선언으로 이끌어 불멸의 상(像)을 역사 위에 아로새겼다.

오산학교 출신으로 직접 남강의 가르침을 받은 김기석(전 서울대 사대학장) 씨는 그의 저서 『남강 이승훈』 서문에서 이처럼 스승의 생애를 기리고 있다.

남강은 모두 4남매를 두었는데 숙은·택노·택호 씨는 월남 후 모두 작고했고, 막내딸 숙경(78) 씨만이 생존하여 서울 강남구 천호동에 살고 있다. 숙경 씨의 남편 주기용 씨는 일제 말기 신사참배에 반대하다 순교한 평양 산정현 교회의 민족주의 목사 주기철의 동생으로, 해방 후 월남하여 오산학교 재건에 몰두하다 오산의 교장, 이사장을 역임하고 작고했다.

장남 택노 씨는 창우·창준·창욱·창련 등 모두 4형제를 두었으나 다 작고했고, 차남 택호 씨는 창혁·창학 형제를 두었는데 창혁(59) 씨만이 생존하여 서울 동대문구 망우동에 살고 있다. 창우 씨의 후손은 끊겼고, 창준 씨는 찬선(25·숙명여대 졸) 씨 등 5남매를 두었다. 창욱 씨의 외아들 찬구(46) 씨는 서울대 미대를 나와 화상(畫商)을 경영하고 있다. 창련 씨는 남매를 두었는데, 맏딸 찬옥 씨는 서울 종로구 인사동에 살고 있고, 아들 찬중(49) 씨는 서울 용산구 한강로 1가 59번지에 살고 있으며, 서울 성북구 종암동 로터리에 위치한 협심치과의원 의사로 일하고 있다.

1869년 남강이 6살 되던 때 그의 집은 정주읍 동쪽 납청정이란 산골로 이사하며, 그는 이곳 서당에서 한문을 배운다. 10살 때 할머니와 아버지가 함께 별세하여 남강은 유기공장을 경영하는 관서 굴지의 부호 임일권의 방사환(使喚)이 되는데, 이곳에서 후에 호상(豪商)으로 대성할 기량을 키운다. 임 씨 집에 4년 넘게 있다가 15살 때 남강은 그 지방 이도재의 딸과 결혼하여 유기 행상을 벌여 자활을 꾀한다.

남강은 걸음이 빨랐고 걷는 자세가 곧았다. 남강이 뒤에 오산학교를 세우고 역에서 내려 집에 들르지 않고 바로 학교까지 쏜살같이 걸어오곤 했는데, 이것은 행상 시절에 걷던 걸음새였다. 이 걸음에 대해서도 나중에 남강은 독특한 생각을 가지고 있었다. 그가 학생들을 가르치는데 계속적인 전진이라는 뜻으로, 자기 동상 모양을 서 있는 자세로 만들지 말고 걸어가는 자세로 만들라고 한 것이 모두 그의 걸음의 교훈에서 나온 것이었다. (『남강 이승훈』)

24세 되던 해 남강은 정주 납청정에 들어와 철산 오삭주의 자본을 빌려 유기점과 공장을 차린다. 그는 우선 공장 구조를 햇볕이 잘 들도록 고치고, 먼지가 나지 않도록 깨끗이 치우며, 인부들이 일할 때 작업복과 일한 뒤의 옷을 따로 입게 하고, 일정한 쉬는 시간을 주며 노임을 높여주고 또 그들을 모아놓고 이야기 시간을 갖는 등 근대적 후생 관념을 불어넣는다. 1894년 청일전쟁이 일어나자 남강은 인근 덕천산 두메로 피난 가며, 이듬해 5월 납청정에 돌아와 보니 그의 공장과 점포는 전화로 깡그리 날아가 버렸다.

전란으로 10년 적공(積功)이 하루아침에 무너진 것을 눈앞에 보면서 그는 지나온 일이 한 마당의 꿈인 양 허무하기만 했다. 납청정엔 남의 자본으로 사업하던 사람들이 많았는데, 전란으로 모두 허물어져 피난 갔다 와서 그것을 보상할 길이 없어 그만 어디론가 슬슬 빠져버리고 말았다. 그러나 남강은 생각했다. 남의 신세를 졌으면 갚아야 한다. 빌려온 자본에 대한 손해액과 이자를 계산하여 자기의 총부채액이 얼마라는 명세서를 만들어 가지고 철산 오씨 댁을 찾아갔다. 오씨는 남강을 반갑게 맞아주었다.

"내 돈 가져다가 장사하는 사람이 수십 명이 넘는데 이렇게 난리 후 모두 숨어버리고 그림자도 얼씬 않는 거야. 자네는 찾아주는 것도 고마운데 이처럼 장기까지 소상히 닦아 왔으니, 장사하는 사람은 이래야 쓰는 법이야. 장사하는 사람일수록 신의를 지키고 마음을 바로 먹어야 하거든."

하인에게 음식을 차려 오라고 하면서 이제 다시 상점과 공장을 경영하려면 자본이 얼마나 들겠느냐고 묻는 것이었다. (『남강 이승훈』)

이같이 남강은 오삭주의 자본을 다시 빌려 공장을 재건하는 한편 서울, 인천 등지를 내왕하며 석유, 양약, 지물, 건축자재, 일용 잡화 등의 총판에 손대어 일약 대실업가로 성장한다. 몇 해 후 그의 자본금이 70만 냥이 넘는(지금 돈 100억 원 상당) 국내 굴지의 갑부로 대성한 남강은 개화주의에 호응하여 관서자개론(關西資開論)을 펼치기로 한다. 각 지역별로 자본가들이 결합하여 대자본을 형성, 외국의 경제 침식에 대항해야 한다는 민족자본 주체이론인 것이다.

남강은 1907년 7월 평양에서 안창호의 '교육진흥론' 강연을 듣고 민족운동에 뜻을 굳히며, 단연과 금주에 머리를 깎고 수일 후에는 안창호, 이갑 등과 만나 신민회의 조직을 의논한다. 도산을 만난 후 용동 향제에 돌아와 강명의숙(講明義塾)을 세우고 신민회 발기에 나서며, 관서 최초의 중학인 오산학교를 개교한다. 이후 남강은 생애를 바쳐 오산학교를 민족운동의 요람으로 키워간다.

"오산의 교육은 한마디로 민족교육이었지요. 재학생이나 졸업생, 교사들도 일본말을 할 줄 몰랐으니까요. 저도 일제강점기에 교육을 받았지만 일본말을 할 줄 모릅니다. 해방되기 4년 전 일본 형사들이 학교로 몰려와 증조부님의 비문을 다 쪼아버렸는데, 거기에는 항일투쟁 이력이

오산학교(정주)의 전경.

나오거든요. 그런데 그 몰골이 흉악하니까 아예 치워버리더군요. 해방되고 고당 선생님이 그 상처투성이 비석을 찾으려고 이웃 병기창 등을 뒤졌습니다마는 끝내 찾아내지 못하고 말았지요. 또 오산학교는 따로 기숙사가 없고 온 동네가 바로 학교였습니다. 전국 방방곡곡에서 모여든 학생 중 합격자가 결정되면 교사들이 정거장에 나가 '너는 어느 집, 너는 어느 집' 하고 동네 하숙집을 배정해주지요. 그러면 동네가 온통 기숙사가 되는 것이지요. 아침 6시면 학교 앞산에서 기상나팔을 불고, 동네 집집마다 이 시간에 맞춰 밥을 짓습니다. 7시쯤 식사나팔을 불고 조회를 하고 12시 점심, 저녁 8시 자습나팔, 10시에 취침나팔을 불게 되고, 하숙비도 꼭 돈으로 내지 않고 쌀이나 다른 곡식으로 내도 됐지요. 그분이 학교 설립자라고 특혜를 받은 일은 없고, 입학 때 집에서 '너는 사람 구실을 해라. 할아버지를 좀 닮아라' 이렇게 타이르더군요. 학교 선생님들도 장난하다 매를 맞을 때면 '이놈! 너는 공부 잘해야지'라고 꾸짖기도 했지요."

남강의 증손 찬중 씨는 오산 시절을 이렇게 회상하면서 공부를 열심히 하지 않았던 당시를 후회했다.

또 오산학교 동창회 이사 정광헌(47·《조선일보》 공무국장) 씨도 남강 정신이 깃든 오산의 학풍을 이렇게 말했다.

"남강 선생님은 늘 '우리는 왜 남에게 잡혀 사나?' 이렇게 설파하셨다는 것인데, 평안도 사투리로는 '남'을 '놈'으로 발음하거든요. 그러니까 공공연히 '왜놈에게 잡혀 산다'는 사실을 젊은이들에게 일깨워주신 것이지요. 왜놈 관헌들이 지적해야 별수 있나요? '그런 뜻 아니라'고 돌려대면 그뿐이지요. 일제 말 교련사열이 전국에서 제일 나쁜 학교라고 주목을 받았는데 이른바 '불령선인(不逞鮮人)'의 집단이라고 무서워했지요."

오산학교를 설립한 남강은 1910년 기독교에 귀의하여 교회를 짓고 교육 주지(主旨)를 기독교 정신으로 바꾸고, 이듬해 무관학교 사건으로 피검되어 제주도에 유배되며, 105인 사건으로 다시 서울에 이송되어 법원에서 윤치호, 양기탁, 유동열 등과 10년 징역형을 받고(1912년 10월), 이후 3년간 옥고를 치른다. 1915년 가출옥 후 그는 세례를 받고 평양신학교에 입학하며, 이듬해 장로로 장립된다.

1919년 2월 9일 남강은 선천에서 처음 3·1운동에 대한 구체적인 교섭을 받게 된다. 손병희, 최남선, 현상윤 등이 독립시위운동을 계획하고 관서 지방의 기독교 세력을 규합하러 최남선을 통해 김도태를 남강에게 보낸 것이다.

남강은 2월 11일 서울에 도착하여 계동 김성수 별장에서 송진우와 만나 기독교의 참가를 합의하고, 이튿날 정주로 돌아와 양전백·유여대·김병조 목사, 이명룡 장로의 동의를 얻는다. 그는 이들에게 독립선언서에 날인할 인장을 위임받고, 13일 밤 평양으로 가서 길선주·신홍식 목사의 찬동을 얻는다. 10일 후 기독교는 남강과 함태영이, 천도교는 최린이 대표될 것에 합의한다. 선언서 등의 문체 작성 및 인쇄는 천도교가, 이를 국내외에 보냄은 기독교가 맡게 된다.

1919년 3월 1일 남강은 안악사건, 105인 사건에 이어 세 번째로 투옥된다. 1922년 7월 21일 석방될 때까지 3년간 복역 중에 구약을 10독, 신약을 40독, 기타 기독교 서적 7만여 페이지를 독파하며 마음을 안정시킨다.

당시 남강 어록에는 그의 의연한 인간상이 펼쳐진다.

"순서가 무슨 순서야? 이거 죽는 순서야! 죽는 순서야! 아무를 먼저 쓰면 어때. 손병희를 먼저 써!"

"이거 무엇들이냐. 죽을 줄 알고 한 게 아니냐. 목숨을 따로 두고 독립운동을 하기로 한 것이냐?"

"감옥이란 이상한 덴걸. 강철같이 강해서 나오는 사람도 있고, 썩은 거름대같이 약해서 나오는 사람도 있거든. 감옥이란 이상한 덴걸."

1924년 5월 남강은 《동아일보》 사장에 취임하여 국민협회 등 친일단체의 도전과 사회주의자들의 불매 동맹 등 《동아》의 위기를 고고한 지조와 민중의 신망으로 극복해낸다. 이즈음 그는 물산장려운동, 민립대학 설립운동 등에 조만식 등과 앞장선다. 1930년 5월 9일 67세를 일기로 별세하기 전 그는 유언으로 유해를 땅에 묻지 말고 학생들이 연구할 수 있는 생물학 표본으로 만들어 오산학교에 걸어두라고 당부하나 총독부의 반대로 실현되지 못했다.

그가 설립한 오산학교는 현재 서울 용산구 보광동 168 오산중·고등학교로 재건되어 '사랑, 정성, 존경'의 오산 학풍을 그대로 전파하고 있다.

내가 본 남강 이승훈

  내가 남강 선생을 처음 뵌 것은 3·1운동 이후 오산학교에 편입한 뒤다. 1923년 출옥 후에 잠깐 뵙고 도쿄 유학을 마치고 1928년 교사로 모교에 돌아와 타계하실 때까지 잠깐 모셨는데, 그분에게 배워야겠다는 생각이 들자마자 훌쩍 가버리셨다. 남강이 1907년 평양 모란봉에서 도산의 연설을 듣고 감명받아 눈물을 흘리시자 사람들은 '이승훈이 사업에 실패하여 눈물을 흘리는 것'이라고 생각했다.

  하지만 이 눈물은 바로 교육을 해야겠다는 눈물이었다. 본래는 장사꾼 바탕이지만 이처럼 민족에 대한 끓는 정성이 곧 남강 정신이다. 1919년 3·1운동 후 일제는 오산학교를 독립운동의 요람이라 하여 깡그리 불태웠는데, 그 후 부활한 오산은 초가를 이어 만든 초라한 것이었지만 교사와 학생이 함께 동거하는 참된 교육의 산실이었다. 그 후 남강은 끝까지 가르쳐야 한다는 집념으로 관청을 드나들며 오산대학 승격 운동도 벌였는데, 당시 평북 이쿠다 지사가 남강에게 "무슨 주의로 가르치겠느냐?"고 물으니 "난 조선 사람을 만들어내면 된다"고 맞서 감명을 주기도 했다. 망명가는 독립투사들이 오산학교에 들러 인사할 때마다 "잘 가시오" 하고 짤막하게 격려했다. 남강만은 우리 땅을 지키겠다는 결의로……

함석헌(종교철학자)

남강 이승훈

1864년	3월 25일, 평북 정주 성내에서 태어남
1894년	석유, 양약, 지물, 건축 자재 등의 총판에 손을 대 대실업가가 됨
1907년	용동 향제에 강명의숙을 세움. 신민회 발기에 참여. 오산학교를 세움

1910년	기독교에 입교
1911년	무관학교 사건으로 피검되어 유배. 105인 사건으로 다시 10년 징역형을 받음
1915년	가출옥 후 세례를 받고, 평양신학교에 입학. 이듬해 장로로 장립됨
1919년	33인 민족대표로 3·1운동을 주도, 이후 3년간 옥고
1924년	《동아일보》 사장에 취임
1930년	5월 9일, 별세하기 전 자기 유해를 학생들이 연구할 수 있는 생물학 표본으로 만들어 오산학교에 걸어두라고 당부하나 총독부의 반대로 실현 안 됨

2007년 4월 15일 서울 용산구 보광동 한강변 언덕에 자리 잡은 오산중·고교가 창립 100주년을 맞아 다양한 행사를 했다. 서울 종로구 세종문화회관에서는 '오산미술 100년전'을 열어 오산중·고교와 관련된 신문기사, 국내외 잡지, 교지 장려, 상장, 메달, 트로피 등과 화가 이중섭 등 동문의 작품이 전시되었다. 남강이 평북 정주에 세운 오산학교는 6·25전쟁 당시 부산 동대신동 산4에 재건되었다가 환도하자 서울 용산구 원효로2가를 거쳐 1956년 지금의 자리에 세워졌다.

고당 조만식, 춘원 이광수, 단재 신채호, 횡보 염상섭, 다석 유영모 등이 이 학교에서 교편을 잡았으며 동문으로 시인 김억·김소월·백석, 종교인 주기철·한경직, 의사 백인제, 언론인 홍종인, 군인 김홍일, 민권운동가 함석헌, 화가 이중섭, 교육자 김기석·주기용 등이 있다.

남강의 고손인 기대(57) 씨가 소득의 10%를 국가에 헌납해 화제가 되기도 했다. (2009년 2월 28일자 《조선일보》)

서울 서교동에서 12개 테이블이 놓인 20평짜리 작은 식당을 운영하는 기대 씨는 "솔직히 '고조할아버지는 왜 독립운동을 해서 후손에게 이득은 없이 부담만 지우나' 원망도 했다"고 말했다. '교과서에 실린 애국지사의 후손'이라는 부담감 때문에 10대 시절 내내 친구들에게 남강의 후손이라는 것을 숨겼다.

그의 원망이 풀린 것은 1984년 남강의 뜻을 기리기 위해 설립된 남강문화재단에 유족 대표로 참석하면서부터다. 오산학교 출신 민권운동가인 함석헌 선생이 "민족을 살리겠다는 남강의 뜻에 따라 한평생 남강을 스승으로 생각하며 살아왔다"며 기대 씨의 손을 꼭 잡았다. 그는 "고조부가 '가족의 굴레'가 아니라 '자랑'이라는 것을 그때 비로소 깨달았다"고 했다.

기대 씨는 이후 식당에서 월 150~200만 원을 벌어 빠듯하게 살면서도 '민족대표 33인 유족회' 부회장을 맡는 등 남강의 뜻을 기리는 행사와 사업에 꾸준히 참여해왔다. 그 후 독립지사 후손들로 구성된 광복회 회원들이 1년간 연금의 10%를 청년실업 해소에 사용하도록 국가에 헌납하기로 결정하자 기대 씨도 "나는 4대손이라 연금을 탄 적이 없지만, 한 달 수입의 10%를 내놓겠다"는 뜻을 밝혔다.

위암 장지연

　서울 중구 태평로 신문회관 강당에는 한국 언론인의 표본으로 위암 (韋菴) 장지연(張志淵)의 초상화가 걸려 있다. 1965년 한국신문편집인협 회는 《황성신문》의 위암과 《독립신문》의 서재필, 《대한매일신보》의 양 기탁, 특파원으로 순직한 《동아일보》의 장덕준, 《한국일보》의 최병우 등을 유공 언론인으로 선정하여 기념하고 있다. 「시일야방성대곡(是日也 放聲大哭: 이날에 목놓아 통곡하노라)」 등 필화사건으로 이처럼 너무나도 우 리에게 익히 알려진 위암 장지연은 1864년 11월 30일 경북 상주군 내동 면 동곽리에서 유학자 장용상(張龍相)의 아들로 태어났다.

　위암은 6세 때 동네 서당에 입학하여 한학을 익히는데, 머리가 총명 하여 채 배우지 않고 천자문을 줄줄 외어 어른들을 놀라게 한다. 15세 에 이미 경전자사(經傳子史)를 독파하여 모두 이해하며, 19세 때 이준 목(李準穆)의 딸 벽진(碧珍) 이씨와 결혼한다. 그리하여 위암은 재식·재 철·재륜 3형제를 두었는데, 이들 역시 모두 작고했다. 위암의 장남 재식 은 한성고보(현 경기고교) 1회 출신으로 외아들 호익을 두었는데, 그는

6·25전쟁 때 납북되고 현재 그 부인과 4남매가 남아 있다. 호익 씨의 부인 강채순(66) 씨는 아들 재수(28) 씨와 막내딸 계희(30) 씨와 함께 서울 영등포구 개봉동 광복아파트 11동 410호에 살고 있다.

맏딸 남수(45) 씨는 서예가 박병규(52) 씨와 결혼하여 서울 성북구 정릉동 10의 129에 살고 있으며, 차녀 경수(40·청구대 졸) 씨는 부산 대신초등학교 교사로 근무하고 있다. 위암의 차남 재철 씨는 젊어서 작고했다. 그 대를 이어 입양한 소호(58) 씨가 대구시 수성동에서 운수업을 하고 있으며, 장남 원수(31) 씨는 서울대 농대를 졸업하고 삼양타이어에 근무 중이며, 그 밑으로 형수(29·영남대 졸), 옥수(25·서울은행 대구지점 근무) 씨 등 5남매가 있다.

위암의 3남 재철 씨는 3자매를 두었는데, 맏딸 덕순(63) 씨는 서울 서대문구 역촌동에 살고 있고, 차녀 덕해(57) 씨는 대구 산격동에 살고 있으며, 삼녀 덕명(45) 씨는 서울 서대문구 역촌동에 살고 있다.

위암은 21세 때 선산군 용전리로 이사하며, 그 후부터 향시를 보기 시작하여 10년 후에야 진사 병과에 급제한다. 이즈음 동학혁명이 일어나고 전국 각지에서 의병이 일어났는데, 위암은 직접 참가하지는 않았으나 의병 격문을 지어 이를 후원하며, 당시의 거유인 곽종석, 최익현 등을 만나 가르침을 받기도 한다.

위암은 1897년에 상경하여 때마침 아관파천을 맞아 이해 1월 전국 유생들이 고종의 환궁을 청하는 만인소(萬人疏)를 올리게 되어 그 소문(疏文)을 작성하는 소임을 맡으며, 그해 7월 사례소(史禮所)의 직원(直員)에 임명되고, 이어 내부의 주사를 겸한다. 1년 남짓 관료 생활을 하는 동안 그는 사례소 동료인 김택영, 윤희구 등 이름난 문사를 사귀어 이들과 공저한 『대한예전』을 남긴다.

1899년 1월 위암은 격일간 《시사총보》의 주필로 초빙되어 처음으로 언론계에 투신한다. 당시 그가 집필한 《시사총보》 발간 취지서에는 오늘날에도 걸맞은 그의 언론관이 생생하게 드러나 있다.

옛적에 패관(稗官)과 야사가 있어서 사기(史記) 짓는 사람이 성취하더니 지금은 변하여 신문이 되었으니, 그 법이 대개 유럽과 미국서 창설하여 근래에는 각국에 성행하니, 이도 또한 사기의 류(類)라, 그 체(體)가 두 가지가 있으니 일왈 논설이요, 이왈 잡보니 논설이란 자는 사가의 평론하는 체요, 잡보란 자는 사가의 기사하는 체라.

…… 그 공효는 국가 정치에 유익하고 도움이 다섯이 있으니, 하나는 가로되 신문은 간관(諫官)의 직책이 있다 하며, 둘째는 가로되 면경(勉警)이니 신문은 비록 비밀한 일을 누설하여 전파하지 못하나 당시의 일을 대강 실록하여 천하 공변된 눈에 공람(公覽)을 금치 못하는 고로 혹 덕정에 점루(玷累)되는 일을 면경하는 바요, 셋째는 가로되 보습(補拾)이니 혹 당국자에 미처 생각과 요량 못할 일을 보습하여 채용케 하기도 하며, 넷째는 가로되 성찰이니 지금 신문에 기대한 잡보 중 거리의 상담과 여항(閭巷)의 풍설과 비리한 소문과 쇄사(瑣詞)를 엽엽이 구경한즉 민간의 풍속을 가히 성찰하는 바요, 다섯째는 가로되 감계(鑑戒)니, 남의 나라 형세와 정사 다스리는 이해를 이 지면으로 통달히 비춘즉 또한 내 나라의 거울을 지을지라. 또한 국가뿐 아니라 인민에게 유익하고 보조함도 다섯이 있으니 하나는 가로되 돈려(敦勵)니, 인민들도 각각 그 옳지 못한 행실과 측량 없는 심술을 신문사에 전파할까 돌아보고 꺼려서 풍속이 자연히 돈려하는 바요, 둘째는 가로되 권징이니, 충효를 포양(褒揚)하며 흉역(兇逆)을 폄주(貶誅)하고 재능 있는 자의 명예를 장성(獎成)하며 용렬한 자의 지식을 인도하여 권장하는 도

를 행하는 바요, 셋째는 가로되 발달이니, 신문의 가장 유조함은 세상의 물정을 통달하고 세고(世故)를 단련하여 각자 그 신령한 마음에 지식을 발달케 하는 바요, 넷째는 가로되 자제(資濟)니, 학사술업(學士術業)과 농민의 경작하는 방편과, 상업 매매의 이해와, 백공기예(百工技藝)와 물가고저와, 도로의 험탄과, 기타 일용 제구를 이로 말미암아 성심히 다 알게 한즉, 다섯째는 가로되 유람이니, 이제 신문지에 외보(外報)를 보면 수천만 리 세계 만국에 어떠한 형편과 어떠한 사적(事蹟)을 한 베개 위에 밝은 등잔 아래서 눈 가운데 소연히 보는 듯하니 어찌 통쾌치 아니하리오.

위암은 1899년 9월에《황성신문》주필로 옮겨가며, 10월 시사총보사가 해산되자 그 후신으로 광업사라는 출판사로 개편하여 정다산의 『목민심서』, 『흠흠신서』 등 실학 서적들을 간행하며, 뒤이어 다산의 『강역고』에 더하여 『증보대한강역고』를 저술한다.

격동기의 언론을 이끌어온 위암에게는 수난의 돌풍이 닥쳐 러일전쟁 전해에는 일본이 군대를 보내어 대궐의 호위를 맡게 되리라는 보도를 했다가 일본공사의 항의로 잠시 구속되기도 하며, 뒤이어 을사조약을 맞아 그 유명한 필화사건을 맞는다. 1905년 일본 사절단에 끼여 모처럼의 해외여행에서 돌아온 뒤 그는 이 비보를 접하자 종로 보신각 서편에 자리 잡은《황성신문》사옥에서 철야 통음하면서 「시일야방성대곡」이란 문제의 사설을 집필, 사전 검열제를 무시하고 이해 11월 20일자 신문에 보도하여 세상을 깜짝 놀라게 한다.

이 조약은 비단 한제국(韓帝國)을 망하게 할 뿐 아니라 실상 동양 삼국의 분열을 빚어낸 조짐이라 하겠다.

…… 아! 저 개 돼지만도 같지 못한 이른바 정부 대신이라는 자는 자기네의 영달과 이익을 바라고, 위협에 겁을 먹어 머뭇거리고 벌벌 떨면서 나라를 팔아먹는 도적이 되어 4000년을 이어온 강토와 500년의 사직을 남에게 바치고, 2000만 생명을 모두 남의 노예 노릇하게 했다. 저 개 돼지만도 못한 외대(外大) 박제순과 각 대신들은 특히 깊게 나무랄 것도 못되나, 명색이 참정대신이라는 자는 정부의 수석임에도 불구하고 다만 부(否)자로서 책망을 면하여 이름거리나 장만하려 했다는 말인가. 아! 원통하고 분하다. 우리 2000만 동포여! 살았느냐 죽었느냐. 단군 기자 이래 4000년의 국민 정신이 하룻밤 사이에 망하고 말 것인가. 원통하고 원통하다. 동포여, 동포여!

이처럼 나라 사랑하는 충정을 공표한 대가로 위암은 64일간의 옥고를 치르며, 《황성신문》 역시 일제에 의해 압수, 정간 처분을 받는다. 당시의 상황에 대해 위암의 증손녀 장남수 씨는 이렇게 적고 있다.

「시일야방성대곡」 후 홀로 책임을 지시기 위해 사동 하나만을 남기고 빈 사내에서 홀로 약주에 취하셨다가 날이 새자 일본 순사에게 체포되실 때 인력거를 부르시니, 못 타게 하는 순사에게 "내 돈 주고 내가 타고 가는데 웬 잔말이냐? 너는 뒤에 따라오라"고 호통을 치시는 바람에 순사는 묵묵히 따라갈 수밖에 없었다고 한다. 통감부 현관 안에 들어가서야 내리셨다는 그 자존. 이토와의 필문답지(筆問答紙)를 획획 집어던지시던 그 기개에 이토가 "아직도 국운이 남았다"고 하더라는 말이 전해지고 있다. 우리는 선생께서 붓을 꺾고 감옥으로 가신 사실을 옛이야기로 추어올릴 일이 아니라 다시는 이 땅의 신문이 「시일야방성대곡」을 외치지 않게 되기를 빌며 또한 명심해야 하겠다. 《나라사랑》 1971년 제5집)

《황성신문》에서 물러난 위암은 1906년 대한자강회를 발기하며 월 2회 발간하는 《조양보(朝陽報)》의 편집인, 전국 순회강연 등으로 민중운동에 앞장선다. 이동안 휘문의숙장, 평양일신학교장도 겸하면서 교육사업도 벌인다.

"흔히 구국운동을 하면 가정을 제대로 돌보지 못하는 분으로 알고 있지만 그분은 엄격하시면서도 자상하고 인자하신 가장이셔서 며느리나 손자며느리를 친히 불러서는 신학문을 가르치시기도 하여 자부인 우리 할머니는 시아버님을 우러러보다 못해 꼭 신처럼 모셨다는 것입니다. 이처럼 인자하시면서도 다부진 성격은 9살 때 어머님을 잃고 12살 때 조모마저 잃은 불운한 어린 시절에서 싹튼 것 같아요. 고아 신세가 된 그분은 방랑 생활을 하다 상주의 어느 집에 의탁하게 되었는데, 장티푸스까지 앓아 쫓겨나게 되었다고 해요. 훗날에도 자손들에게 이 이야기를 하실 때는 눈물을 흘리셨다고 할머님이 말씀하시더군요. 늘 사생활이 깔끔하시어 매월 청소날을 잡아 손수 찬장과 부엌 구석까지 쓸고 닦아 마나님에게 사랑 양반이 점잖지 못하다고 핀잔도 들었다고 해요. 그러면서도 집안의 화평에 유의하며, 아드님들과 며느님들을 번갈아 윷놀이를 하게 하시고는 윷말을 속여 며느리 편을 들기도 하신 멋쟁이 가장이셨지요."

10개쯤 되는 라면 상자에 차곡차곡 위암의 손때가 묻은 유고며 커피잔, 담뱃대 등 각종 수집품을 고이 간직하고 있는 손자부 강채순 씨와 증손녀 장남수 씨는 이처럼 위암을 회상하며 "지금도 위암의 초상을 대하기 어려워 종이로 가려서 벽 위에 걸어놓고 있다"고 말했다.

일제의 압력이 더욱 커져 자강회마저 해산하자 위암은 1908년 블라디보스토크로 망명하여 그곳의 교포 신문 《해조신보》 주필로 활약하면서 일제의 폭정을 폭로, 규탄한다.

"망명하시기 전 천하에 알려두어야 할 일들을 수개월 두문불출하시고 일일이 정리 기록하신 지편(紙片)을 옷 속에 꿰어 숨겨 나가신 자료를 토대로 쓰신 것이지요. 몇 달 못 가 이 신문마저 운영난으로 폐간하자 둘째 아드님(재철)이 유학 중인 상하이로 떠나셨다가 이듬해 귀국하셨지요. 당시 영남 유림들의 출자로 창간한 최초의 국문 지방지 《경남일보》의 주필로 초빙되어 활약하시다가 이듬해 한일합병 당시 순국한 황현의 유시(遺詩)를 실었다 하여 또 정간을 당하고, 이 신문사도 4년 후 문을 닫았습니다.

집에서 증조부님을 이어 독립운동에 앞장서신 분은 호전적인 셋째 조부님(재륜)으로 3·1운동 때 울산 감옥에서 3년 옥고를 치르시고 나와 병사하셨지요. 출옥한 아드님을 보시고 위암은 '때는 이미 늦었지만 대한 남아라면 한번 그래보아야지' 하고 흐뭇해하셨대요. 또 우리 아버님은 광주학생운동 때 대구고보 주모자로 무기정학을 당하셨고, 도쿄 학생

사건에 관련되어 옥고도 치르셨지요. 우리 조부님(재식)이 비교적 온건히 지내셔 겨우 가세를 유지하신 셈인데, 해방 후 이승만 박사, 김창숙 선생님 등이 부르셔서 부끄럽다고 낙향해버리셨지요."

증손녀 장남수 씨의 말이다.

위암은 1920년 10월 2일 57세를 일기로 별세하며, 경남 창원군 구사면 현동리 독마산에 안장된다.

내가 본 위암 장지연

3·1운동이 일어난 이듬해 나는 위암 선생님의 막내아들 재륜 군의 안내로 선생님께 인사를 드린 적이 있다. 그때 나는 연희전문에 재학 중이었다.

선생님의 첫인상은 몸이 여위어 찬바람을 끼얹는 듯 냉철하게 보였으며, 말소리조차 차갑게 느껴져 과연 추상 같은 인물이구나 하는 생각이 들었다. 하지만 이처럼 차가운 느낌은 불길같이 타오르는 애국심을 덮쳐 누르느라 참아내는 극기의 표현인 것을 알 수 있게 되었다. 이처럼 나는 한국 최고의 언론인으로 위암 선생님을 서슴없이 꼽는다. 드물게 보는 천재이고 폭넓은 학문을 가진 박학자(博學者)인 데다 정다산의 저서를 증보해내리만큼 실학에 깊은 관심을 쏟은 국학의 부흥자이다. 더구나 만인소의 상소문을 초하고 대한자강회를 조직하여 국민을 계몽한 사회활동가로, 또 「시일야방성대곡」 같은 용기 있는 글을 집필한 이렇듯 폭넓은 언론인을 나는 아직 보지 못했다.

선생님은 과연 한국의 얼을 지녔던 한국 언론인의 좌표였고, 또 한국의 언론 전통을 떳떳이 세워놓은 인물로 우리 머릿속에 길이 살아남을 것이다.

이은상(민족문화연구소장)

위암 장지연

1864년	11월 30일, 경북 상주군 내동면 동곽리에서 태어남
1897년	만인소를 작성하는 임무를 맡으며, 그해 7월 사례소의 직원(直員)에 임명되고 이어 내부의 주사를 겸함
1899년	《시사총보》의 주필로 초빙되어 처음으로 언론계에 진출
1905년	을사조약이 체결된 후 《황성신문》 사옥에서 철야 통음하면서 「시일야방성대곡」이란 명 사설을 집필함
1906년	대한자강회를 발기함
1908년	블라디보스토크로 망명, 그곳의 교포신문 《해조신보》 주필로 일제의 폭정을 폭로, 규탄함
1920년	10월 2일, 57세를 일기로 별세, 경남 창원군 구산면 독마산에 안장됨

위암의 증손녀 남수(77) 씨는 2008년 3월 위암이 친필로 쓴 시 등 유물 145점을 성균관대 박물관에 기증했다. 위암의 시는 1916년 7월 16일 당시 벼슬을 그만둔 뒤 은거해 있던 농은 김병인에게 보낸 것으로, 속세에 빌붙어 수전노로 전락해가는 아들을 질타하는 내용을 담고 있다. 남수 씨의 기증품 중에는 남편인 서예가 고 효남 박병규 씨의 유작 40여 점도 포함되어 있다.

36
좌옹 윤치호

　구한말의 선각자 좌옹(佐翁) 윤치호(尹致昊)는 「애국가」의 가사를 지은 인물로 알려져 있다. 지금 부르고 있는 「애국가」와는 몇 군데 맞춤법이 다르고, 부분적으로 자구가 틀린 곳이 있으나 좌옹의 친필로 된 이 노래의 원본은 그의 손자 정구(48·고려원양 전무) 씨의 집 서울 성북구 동선동 3가 215의 1에 가보로 전해온다.

　"누가 뭐라 해도 「애국가」의 가사는 바로 아버지의 작품입니다. 1904년 외부협판으로 계실 때 고종황제의 하명을 받아 지어, 아일랜드 민요 「올드 랭 사인」에 붙여 부르게 된 것이지요. 그때 인천항에 정박 중인 영국 함대에서 의식을 가졌는데 우리 국가가 없었거든요. 부랴부랴 하명을 받은 것이지요. 그분께서 창설하신 개성의 한미서원 학생이던 최규남(전 서울대 총장) 씨도 학생 때 이 노래를 불렀다고 해요. 교장직을 맡고 있던 아버지는 젊은이들의 애국심을 고취하기 위해 「찬미가」라는 노래집을 나눠 주고 부르도록 했는데, 그 속에도 이 「애국가」 가사를 집어넣었지요."

부친으로부터 물려받은 고색창연하게 바랜 빛깔의 「찬미가」를 매만지던 좌옹의 장남 영선(80·전 농림부장관) 씨는 서울 견지동 46 자택 사랑방에서 자리를 털고 일어나 3km나 떨어진 조카 정구 씨 집으로 안내하여 좌옹이 친필로 남긴 「애국가」 가사를 물증으로 제시했다.

좌옹은 1865년 11월 20일(음력) 충남 아산군 둔포면 신항리에서 윤웅렬(尹雄烈)의 장남으로 태어났다. 그의 부친은 선비의 아들로 대원군에 의해 발탁되어 출세한 인물이며, 또 좌옹의 9대조 윤두수는 명종 때 영의정을 지낸 명문 집안이다.

좌옹의 가계는 크게 번성하여 모두 12남매를 두었다. 장남 영선 씨는 3대 농림부장관을 지냈으며 지금은 은퇴하여 서울 견지동 46 조계사 입구에 살고 있고, 차남 광선 씨는 어장을 경영하다 6·25전쟁 때 납북되었으며, 3남 장선(55) 씨는 샌프란시스코 총영사관 참사관을 지내다 현재 사업 중이다. 4남 기선(54) 씨는 피아니스트로 서울예고에 재직 중이며, 5녀 관희(53) 씨는 이화여대 음대 교수이고, 그의 남편 현영학 씨는 이화여대 문리대 학장이다. 이 밖에 4남매는 미국에 이민 가 있다. 막내아들 정선(47) 씨는 미국의 고교 수학 교사이며, 3녀 문희(66) 씨는 남편 정광현(전 서울법대 교수) 씨를 따라 1971년에 이민 갔고, 차녀 용희(72) 씨와 막내딸 영희(49) 씨도 미국에 살고 있다.

종가를 잇고 있는 영선 씨는 두 아들을 두었는데, 장남 영구(52) 씨는 국회 전문위원을 역임했고, 차남 승구(51) 씨는 상업에 종사하고 있다.

영구 씨는 순명(30·미 남가주 대학원 도서관학과), 재명(28·서울대 음대 졸, 서울대부속병원 산부인과 의사 신희철 씨와 결혼), 서명(20·이화여대 가정과 2년) 씨 등 4자매가 있다.

또 전 대통령 윤보선(78) 씨가 좌옹의 당질이며, 전 국회부의장 윤치영(77) 씨가 사촌동생이 된다.

"조부모님들 제삿날마다 번갈아 모여서 기도회를 가지지요. 연 15~16차례 모이곤 하는데 서로 정치적 입장이 달라 정치 얘기는 일절 하지 않습니다. 그저 집안 얘기를 오순도순 나누지요."

장남 영선 씨는 "집안이 번족해서 서로 내왕하는 일이 무척 즐겁다"고 했다.

좌옹은 15세 때 서울 정동에 사는 강(姜)씨와 결혼하여 한학을 공부하다 부친의 배려로 1881년 신사유람단의 일원인 어윤중을 수행하여 일본으로 유학 간다.

그는 나카무라(中村正直)가 설립하여 경영하는 동인사(同人社)에 입학하여 신식 학문을 배우며 자습으로, 때로는 일본에 있는 서구인들을 일일이 찾아다니면서 영어 공부에도 힘쓴다. 도일한 지 2년 만에 그는 주조선 미국 특명전권공사 후트의 통역관으로 발탁되어 1883년 4월에 귀국하며, 한미수호조약의 비준문 교환과 후트 공사의 신임장 봉정식의 통역을 맡는다.

"아버지는 주일 네덜란드 서기관에게 처음 영어를 배웠다고 하셨어요. 서투른 영어였지만 그때는 초창기라 당당히 외교관의 통역으로 발탁된 셈이지요. 더구나 19세의 어린 나이에 아버지는 어릴 때 정부 고관들에게도 무척 귀여움을 받았다고 해요. 신사유람단을 따라 일본 유학을 갈 때 일본 선장의 캡을 뺏어 쓰고 놀 만큼 귀여움을 받았다는 것이고, 또 어렸을 때 고종황제와 마주 앉아 그 앞에서 졸기도 하고, 웃음을 터뜨리기도 하여 황제께서 친히 '면소아문총리대신(眠笑衙門總理大臣)'이라고 낙서를 써 주셨다는데, 그 친필이 집안에 전해오지요."

영선 씨 집에 보존 중인 고종황제의 낙서장에는 '금일 면소아문총리

윤치호는 「애국가」 가사를 지어 자필로 남겼다.

대신 윤치호 제수(今日 眠笑衙門總理大臣 尹致昊 除授)', 윤치호의 부친 형제인 '윤응렬(尹應烈), 윤영렬(尹英烈)', 9대조 형제인 '윤두수(尹斗壽), 윤근수(尹根壽)' 등 이름들이 끄적여져 있었다.

이처럼 왕의 총애를 받던 그도 1884년 12월 갑신정변에 실패하자 입장이 난처하게 된다. 그 스스로 후트 공사에게 개화파에의 지원을 요청하는 등 개화당과 밀접한 관련을 맺고 있을 뿐 아니라, 그의 부친이 개화당 내각에 형조판서로 입각하기도 했기 때문이다.

그는 이듬해 1월 상하이로 망명 겸 유학의 길에 오르는데, 나가사키에 들러 생후 처음 머리를 깎고 양복을 입는다.

좌옹은 후트 공사의 소개와 주 상하이 미국 총영사 스탈의 주선으로 미국 남감리교회 선교부에서 운영하는 중서학원에 입학하여 보넬 교수 지도 하에 중등 과정을 공부하며, 1887년 보넬 교수에게 세례를 받아 한국인으로서는 최초의 남감리교인이 된다.

그는 1886년 10월 중서학원의 주선으로 미국에 유학하여 2년간 밴더빌트 신학대와 에모리대학에서 수학하고, 5년 후 상하이로 돌아와 모교인 중서학원에서 영문법을 강의한다.

그의 첫 부인 강씨는 1886년에 작고했으며, 좌옹은 1894년 4월 알렌 교장의 소개로 미국 맥티어 여학교를 졸업한 중국 여인 마노라와 국제결혼을 한다.

그는 해외에서 10년간 망명 생활을 한 후 고국의 정세가 많이 달라져 1895년 초에 귀국한다. 그는 약현(지금의 서울 봉래동)에 양옥을 지어 부인 마노라와 새 보금자리를 꾸미는 한편 의정부 참의, 외부협판 등을 지낸다.

"바로 그 봉래동의 양옥집에서 제가 태어났지요. 그러고는 곧 어렸을 때 아버지의 벼슬길을 따라 여기저기 지방으로 떠돌아다녀 그 뒤 그곳이 어찌 되었는지 눈여겨볼 수가 없었습니다. 여하튼 아버님께서 아마도 신식 결혼을 한 최초의 한국인일 것입니다. 또 아버님은 저희에게 결코 매를 대신 적이 없었습니다. 늘 인자하고 온후하게 조용히 타이르시곤 했지요. 항상 '겸손하라'고 깨우쳐주셨지요."

장남 영선 씨가 띄엄띄엄 풀이하는 가훈은 '내가 다른 사람만 못하다고 원망하지 말라. 나만 못한 사람도 많이 있다. 내가 다른 사람보다 낫다고 으쓱대지 말라. 나보다 나은 사람이 많이 있다'는 평범한 겸허를 가르치는 내용이었다.

좌옹은 1896년 4월 특명전권공사 민영환의 수행원으로 임명되어 유럽을 돌아 모스크바에 도착하여 니콜라이 2세의 대관식에 참석한다. 그해 8월 하순 홀로 프랑스에 머무르면서 프랑스어를 공부하고 1897년 초에 귀국하니, 그는 일본어·중국어·영어·프랑스어 등 4개국어를 할 수 있게 된다.

그 후 좌옹은 독립협회의 리더로서 구국운동에 정열을 쏟는다. 1898년 2월 독립협회 부회장으로 추대되며, 회장 이완용이 전북관찰사로 임명됨에 따라 8월에 회장으로 추대된다. 또《독립신문》을 맡고 있던 서재필이 정치적 압력에 못 이겨 출국하게 되자 5월부터《독립신문》사장을 겸한다.

이해 10월에는 독립협회 주재로 종로 광장에서 정부 대신 이하 장안 시민들이 운집한 가운데 만민공동회(관민공동회)가 열려 정부는 협회의 격렬한 개혁운동에 위협을 느끼고 탄압하기로 결정하여 좌옹에 대한 암살 밀령이 내리는가 하면, 이상재·남궁억·방한덕 등 17명의 간부가 체포된다. 이때 좌옹은 정동에서 구세병원을 경영하는 커틀러의 집에 피신하여 위기를 모면한다.

한편 정부는 협회에 대한 회유책을 써서 고종이 유신에 매진할 것을 서약하는가 하면 좌옹을 한성부판윤에 임명하기로 하나, 다시 그해 12월 정부는 협회를 해산시켜 버려 좌옹도 한성부판윤에 부임할 수가 없었다.

그 후 그는 약 5년간 덕원감리, 삼화감리, 함흥부민요탄핵사(咸興府民擾按覈使), 천안군수, 무안감리 등 외직으로 밀려나게 되나 스스로는 오히려 그의 개화 이상을 펼칠 수 있는 기회가 된다.

"아버님이 덕원감리로 가셨을 때 원산 등지에 한국 최초로 개량종 사과의 과수원을 가꾸도록 했지요. 당시 지방 원님이 서양 사람 볼기를 때렸다고 말썽을 빚는가 하면 이에 따라 그들도 세금을 안 내는 등 지방 행정이 엉망이었다고 해요. 그런데 아버님께서 지방에 부임하시면서부터는 외국인을 잘 다스렸다고 해서 송덕비를 세우기도 했지요. 역시 덕원감리 때 이야기인데, 중앙에서 암행어사를 보내 아무리 죄목을 찾으려

해도 찾을 수 없으니까 '애민봉과(愛民奉過), 손실정체(損失政體): 백성을 너무 사랑해서 정부 체면을 손상했다'라는 방을 붙이고, 억지로 죄목을 따지려다가 그것이 무슨 죄냐고 주민들이 들고 일어나 암행어사는 오히려 줄행랑을 쳤지요. 아버님께서는 일단 방이 붙은 이상 그 자리에 있을 필요가 없다고 물러나셨으나 정부에서는 다시 삼화(평남)감리로 임명해요. 어음, 외상으로 쌀을 가져가는 일인 무역상을 다스리라고요. 어디든지 말썽 있는 곳에 가서 모두 평정해놓으니까 외방으로만 다니시게 했지요. 어렸을 때지만 전근 때마다 죽 따라다녀 기억에 선합니다."

농림부장관까지 지낸 영선 씨는 "치세의 어려움을 새삼 깨달았다"면서 부친의 공적을 더욱 기렸다.

1904년 2월 좌옹은 다시 외무협판으로 기용되었으나 국운은 이미 황혼 녘에 기운 때였다. 이해 8월 한일협정서를 비준할 때 외무대신 이하영이 병중이어서 그는 대신 체결하지 않을 수 없었고, 이듬해 11월 을사협약이 체결되자 그는 만 10년간의 관직 생활을 청산하고, YMCA 총무와 대한자강회 회장 등 종교활동과 교육·사회 사업에 힘쓴다.

"미국에서 공부하면서 번 돈 200달러를 남감리교부 캔들러 감독에게 맡겨 선교사업에 써달라고 부탁했지요. 그리하여 1906년 캔들러 감독과 협의하여 개성에 한미서원을 세우고 스스로 원장이 되어 육영사업을 벌이셨지요. 1906년에 창설한 대한자강회도 우리는 배워야 한다는 뜻을 실현하기 위한 것이지요. 남의 나라 얘기는 그만하고 자기 집 살림부터 뜯어고치자, 농토를 사랑하자, 이런 계몽사업을 벌인 것인데 아버님 권유로 저는 1914년에 도미하여 8년간 오하이오대학에서 농학을 전공하고 귀국 후 아버님 후원으로 개성에서 약 5정보 규모의 낙농을 했습니다. 1920년에 YMCA 시절에도 기술교육에 주력하셨고, 개성송도고보

(한영서원 후신)에도 공업부를 설치했는데, 바로 이곳에서 짠 직물은 송고직(松(高織)이라고 하여 잘 변하지 않고 값싸고 질긴 직물로 유명했지요. 1926년에는 미국 남감리교회를 통해 미국에까지 수출되어 성가(聲價)를 올리기도 했지요."

하루의 절반을 공부하고 절반을 일했던 반공생(半工生)제도를 창안해 낸 송도고보는 현재 피난학교로 인천으로 옮겨와 송도고등학교로 문을 열고 있으며, 장남인 영선 씨가 이사장직을 맡고 있다.

좌옹은 1911년 105인 사건의 주모자로 체포되어 옥고를 치른 뒤부터는 3·1운동에도 불참하는 등 친일적 경향을 보여 해방 후 친일파라는 주위의 비난에 쇼크를 받아 1945년 12월 6일 아무런 유언도 남기지 않은 채 뇌일혈로 별세했다.

"뭐 특별히 변명은 하지 않으시더군요. 창씨개명도 하고 싶어서 한 것도 아니고 본의 아니게 부득이한 것이니 너무 억울하지 않느냐는 것이지요. 항일투사인 이승만 박사가 아버님을 이해한 것도 그 본의를 알고 있었기 때문이겠지요. 여하간 제가 농림부장관(1951년)을 지낸 것도 솔직히 그분의 핏줄이란 것을 이 박사가 아껴주셨기 때문이지요. 이 박사는 '그 어른이 살아 계셨더라면 정치에 많이 도움이 되었을 것'이라고 아쉬워했지요."

충남 아산군 둔포면 신항리 좌옹의 생가는 해방 이듬해 2층 벽돌 양옥으로 개조하여 좌옹 기념 예배당이 되었고, 그의 묘소는 이웃 석곡리에 자리 잡고 있다.

내가 본 좌옹 윤치호

내가 9세 때 한미서원에 들어간 이래 그분이 별세하기까지 죽 모셔 왔다. 그분은 일찍부터 안창호, 이동휘 씨 등과 함께 개화의 선구자로 손꼽혀 왔다. 최초의 미국 유학생으로 밴더빌트대학에 유학했을 때는 '신사 학생'으로 칭송되었고, 당시 여러 차례 한국 소개 강연을 가지면서 한국 기독교 학교를 설립하자고 모금한 200달러를 기탁하여 이를 밑거름 삼아 개성 한영서원을 창립하게 되었다.

그분은 이처럼 한국 개화교육의 선구자로 안창호 선생이 출국한 동안 평양의 대성학교 교장직을 겸임하여 교육을 통한 국권 회복의 신념을 펴나가 한때 전국에 수십 개의 한미지서원을 두기도 했다. 생활과 직결되는 실학주의적 교육사상을 펼쳐 학교 목장과 농장에서 실습시켰다. 남의 것보다 내 것을 먼저 배우고 알라고 역설했으며, 중국의 유비, 조조를 들추기 전에 금강산이나 을지문덕, 이순신 장군을 먼저 알고 배우자고 가르쳤다. 매년 교내 한국 지도 그리기 대회를 열어 내 강산 내 땅 찾기 운동에 힘쓴 것은 특히 감명 깊다. 하학 후에는 상급생들을 모두 모아 독립협회, 만민공동회, 조선조 말 국정의 혼란상 등을 가르쳐주시기도 했다.

여러 차례 감리교회 평신도 총회 대표, 세계 YMCA 대표 등 국제무대에서 능숙한 어학과 명석한 판단력, 우아한 품격으로 각국 대표들을 매료시켜 한국의 국위를 선양했다. 1911년 105인 사건으로 영어의 몸이 되자 한국에 주재하던 선교사들이 그분의 구명운동에 총력을 기울였다. 허황된 생활을 배격하고 '신사답게 살자'는 것이 그분의 생활 모토였다.

최규남(전 서울대 총장)

좌옹 윤치호

1865년	11월 20일, 충남 아산군 둔포면 신항리에서 태어남
1881년	신사유람단의 수행원으로 방일, 이듬해 일본 유학
1883년	초대 주 조선 미국 전권특명공사 후트에게 통역관으로 발탁되어 귀국함
1887년	상하이 망명 중 한국인 최초의 남감리교인이 됨
1888년	밴더빌트 신학대학 및 에모리대학에서 수학함
1895년	학부협판, 외무협판 등을 역임
1898년	독립협회 회장에 취임함
1906년	개성에 한미서원(지금의 송도고보)을 설립, 장지연 · 윤효정 등이 조직한 대한자강회 회장에 취임
1911년	105인 사건 주모자로 체포됨
1945년	12월 6일, 뇌일혈로 별세함

37

송재 서재필

송재(松齋) 서재필(徐載弼)은 《독립신문》 등을 만들어 독립개화운동을 주도한 한국 최초의 개화기 박사 학위 소지자이다. 그는 1866년 10월 28일 전남 보성군 문덕면 가천리에서 보성군수 서광언(徐光彦)의 차남으로 태어났다. 그의 고향은 충남 논산이나 이처럼 부친의 관직 생활을 따라 이곳에서 태어난 것이다. 8·15해방을 맞아 2년 후 귀국한 송재를 만나 그의 자서전을 집필한 사학자 김도태 씨는 그 후기에 다음과 같이 쓰고 있다.

그가 처음 미국에 갔을 때 우리나라 사람이라고는 자기 혼자뿐, 말도 모르고 풍속이 다른 남의 나라에서 자기의 진로를 개척하려던 그 고독, 그 참담한 생활은 우리가 상상해보아도 뼈가 저릴 만하다. 그는 남에게 의뢰하는 것, 즉 남의 힘을 빌리는 것을 여간 미워하지 않으신다. 그가 미국에 계시는 동안에 우리 동포들이 여러 가지로 노동이며 상업 혹은 공업 등 실업에 종사하는 것을 많이 보았거니와 그중에는 독립운동이니 무슨 사업이니 한다면서 자기는 자기 힘으로 아무것도 생활의 길을 힘쓰지 않고 순연히 남이 벌어놓은 것을 빼앗아 먹고 지내가는 것을 보고는 아무리 국가나 민족을 위한다고 떠드나 그 실은 비양심적 인물에 지나지 않는다고 하셨다. 과연 박사는 자신의 노력으로 학문도 배웠고 병원도 경영했고 문방구점도 열어놓았고 독립운동에는 자기 손으로 벌어놓았던 전 재산을 바치고 나중에는 다시 병원을 설치하여 80여 세의 고령이시면서도 자기 손으로 환자를 치료해주시다가 이번 귀국하실 때에 잠그고 오셨지마는, 만일 다시 미국으로 가시게 된다면 그 병원을 또다시 자기 손으로 경영하실 방침이시라니 그 얼마나 진실하신가.

청에 의뢰하는 사대당을 몰아내고 청의 간섭을 받지 않는 자주독립 국가의 상징으로 중국 사신을 맞던 서울 서대문구 무악재 안의 영은문을 허물고 세운 독립문은 파리에 있는 서구식의 개선문을 본떠 만든 것이다. 이 독립의 관문은 지금까지 고스란히 남아 있어 민족 통일의 염원을 손짓하는 듯 남과 북을 왕래하는 적십자 대표들이 꼭 거쳐야 하는 통로에 위치하고 있다.

송재는 7세 때 상경하여 판사의 지위에 있는 당시의 세도가 김성근의 집에서 공부한다. 그는 김성근과 친척 간이면서 자주 집에 놀러 오는 개화파의 거두 김옥균을 만나며, 또 그의 아저씨뻘 되는 서광범도 김옥균과 매우 친한 사이여서 이들과의 빈번한 접촉으로 개화사상에 젖게 된다.

13세 때 그는 그처럼 어린 나이로 당당히 장원급제하여 왕을 비롯한 주위의 칭찬을 듬뿍 받으며 특히 그를 아껴준 김옥균이 더욱 귀여워한다. 그러면서 그는 김옥균을 따라 봉원사라는 절을 찾아가 그곳에서 이

설립 직후의 독립문.

동인이라는 스님을 만나 세계 사정을 듣고 유럽이나 일본의 개화 소식에
접한다.

어느 해인지는 기억이 안 나나 아마 봄철이지. 하루는 김옥균이가 여러 사
람을 데리고 와서, "새절이라고 지금도 있나?"
"네, 지금도 있는데, 봉원사라고 합니다. 독립문에서 서쪽 산을 넘어가면 게
가 새절입니다."
"옳아 그 절이야. 그래 그 절에 갔더니 중 한 사람이 있는데 사람이 매우 공
손하고, 말도 잘하고 또 공부도 많이 한 모양이고. 헌데 이 중이 처음에는
사진을 보여주는데, 세계 여러 나라 도회처며 군인의 모양 같은 걸 많이 가
지고 있단 말이야. 그걸 글라스(요지경)로 보는데, 모두 처음 보는 것이라 재
미있단 말이야. 그리고 책은 『만국사기(萬國史記)』한 권을 가졌는데, 그것
을 보고 여러 나라 이름이며 내력을 대강 알 수가 있었는데, 모두 돌려보고

매우 재미있어들 했단 말이야. 자기는 부산 사람인데, 일본말도 좀 알고 일본도 몇 번 다녀왔는데 그 나라 사람들은 지금 서양 사람과 사귀어 가지고 여러 가지 제도를 배워다가 문명을 일으킨다고 한단 말이야."

그래 김옥균이가 돈을 주면서, 가서 책이며 여러 가지 물건을 사 오라고 부탁했더니, 두어 달 후 그 중은 과연 약속대로 책이며 사전이며 성냥 같은 것을 많이 사 가지고 왔어. 그때 성냥을 처음 보았는데 갑에다가 불이 저절로 일어나는 것을 보고 그 사람들은 귀신의 재주를 가졌나 보다고 다들 놀랐으니 지금 생각하면 우스운 일이지. (『서재필 박사 자서전』)

개화사상에 불타게 된 김옥균은 민비에게 동해의 고래잡이를 건의하여 스스로 포경사(捕鯨使)가 되며, 이를 기회로 송재 등 젊은 청년 61명을 일본으로 유학시킨다. 송재는 도쿄 육군 도야마 학교에 들어가 신식 군사교육을 받으며, 임오군란도 일본에서 맞는다. 1년간의 수업을 마치고 그는 1884년 5월에 귀국하는데, 고종은 송재 일행을 맞아 크게 기뻐한다.

송재는 서울에도 장교를 양성할 사관학교를 세울 것을 고종에게 건의하여 왕의 승낙을 받으나, 당시 남별궁(지금의 조선호텔 자리)에 머물던 원세개와 그에 아부하는 대신들의 반대로 이 계획은 좌절되고 만다. 이리하여 김옥균·박영효·서재필 등 개화파는 일본의 힘을 빌려 수구파를 제거할 공작을 꾸미는데, 1884년 12월 4일 벌인 갑신정변에 최연소자로 뛰어든 송재는 병조판서 겸 정령관(正領官)의 직책을 맡으며, 당시 그 활동상은 그의 자서전에 잘 나와 있다.

경우궁(현재 휘문중학교) 운동장에 임금을 옮겨 모시고…… 임금께서는 겁에 질려 빨리 이곳에서 친히 일어나 침전문 밖을 나섰다. 왕비도 따라나섰다. 김옥균은 급속히 나를 불러 임금 옆에 경호를 부탁했다. 그때는 6일 오후 1시, 위안스카이(원세개), 장광지엔의 군사 약 800명은 고함을 치며 선언문으로 들어오는데, 그 우익 일대는 관물헌 정면의 송림으로 들어오고, 좌익의 일부대는 낙선재의 남쪽을 돌아서 좌우로 관물헌의 본진을 협격하려는 태세였다. 이때 나는 아무리 짧은 동안이나마 자기에게 지휘권이 있는 이상 그대로 부하를 해칠 수는 없어 최후의 일전으로 운명을 결정하려고 했다. 그러나 이쪽의 병수는 전영병까지 합하여 약 50명. 일본 병사가 15인 가량인 소수의 병력을 가지고 1500명이나 되는 청병과 항거한다는 것은 숫자상으로 이미 승부가 판정된 일이다. 그런 데다가 한 사람 두 사람씩 도망하여 도리어 청병에 가담해버리는 자가 있어 우리 파의 기세가 시시각각으로 불리하게 되었다. 날은 이미 황혼인데 아직도 사방에서 들려오는 총소리는 끊일 줄을 모른다. 나는 부하들과 같이 총에 칼을 꽂아 가지고 최후로 몇 놈씩 죽이고 죽으려 했더니 김옥균이 그것은 쓸데없는 죽음이다, 우리가 다시 일어날 기회를 기다리자 하여 그것을 중지했다.

갑신정변에 실패한 김옥균, 서재필 등은 인천으로 피신하여 일본 기선 천세환을 타고 일본으로 망명한다. 그 후 역적으로 몰린 송재 집안은 사실상 몰락하게 되는데, 부친과 모친, 형 재춘은 음독자살하며, 동생 재창은 종로에서 형졸의 칼에 맞아 죽고, 부인 김씨는 시부모를 따라 자결하며, 두 살 먹은 어린 아들까지도 돌보는 이가 없어 굶어 죽게 된다. 송재는 일본을 거쳐 미국으로 건너가 낯선 지역에서 처음에 무척 고생도 했다.

영어를 모르기 때문에 직업을 구하기 퍽이나 곤란했다. 나는 매일같이 이 집 저 집, 이 가게 저 가게로 직업을 구하러 돌아다녀 보았다. 말도 모르고 배우지 못한 이국 사람인 나를 맞아줄 사람을 쉽게 만날 수가 없었다. 그러나 천행으로 어떤 가구 영업하는 상점 주인을 만나게 되었다. 그는 나를 아래위로 훑어보더니 "그러면 자네 이거나 돌려보게" 하며 광고지 몇 장을 내어 보인다. 밥상이며 의자, 침대, 거울 등을 그린 염가 방매한다는 광고지였다. (『서재필 박사 자서전』)

송재는 샌프란시스코에 정착하여 메이슨가 어느 장로교 교회에서 영어 공부를 하며, 이곳에서 사귄 실업가 홀린백의 소개로 웨스트 바런의 중학교에 입학한다. 그는 3년 후 라파에르대학에 입학하나 돈이 없어 2년 만에 학업을 일단 중단하고 육군 군의통감부의 번역자로 취직하여 다시 조지워싱턴대학에 입학한다. 4년 후 대학을 졸업하고 가필드 병원에 근무하는 한편, 모교 워싱턴대학에서 교편을 잡으며 당시 유명한 학자 월터 리드 박사와 함께 세균학도 연구한다.

생활 기반이 잡힌 송재는 1895년 미국 철도 우편제도의 창시자인 명문 조지 암스트롱 대령의 차녀와 재혼하며, 이때부터 미국에 귀화하여 이름도 필립 제이슨이라고 짓는다. 여기에서 두 딸을 얻는데 만딸 스테파니는 일찍 출가하여 작고했고, 환갑이 넘은 차녀 무리엘 양이 필라델피아 교외 메디아에 살고 있다. 따라서 현재 국내에는 송재의 직계 후예가 없으며 송재의 동생 재창에 양자로 든 조카 찬석(84) 씨가 서울 서대문구 천연동 120의 10에 살고 있으며, 그 아들인 종손 영원(58·신흥우 박사의 둘째 사위) 씨, 희원(54·이화여대 법정대 교수) 씨 형제와 재종손 서명원(56·서울대 부총장) 씨 등이 있다.

"미국에서 낳은 두 딸 중 첫 따님은 서양인처럼 생겼고, 자유연애를 했다고 하여 서 박사에게서 일찍이 쫓겨나신 격이 되었어요. 국제결혼을 했다고 해서 무척 조심해왔는데 바로 이런 꼴로 집안 망신을 시켰다고 화를 펄펄 내시면서 10세 아래 후배인 이승만 박사에게는 아예 국제결혼일랑 생각도 말라고 타이르셨다는데, 이 박사가 결국 프란체스카 여사와 결혼하지 않았어요? 그 후 발을 뚝 끊으셨다고 해요. 적어도 일국을 다스릴 사람이라면 자국 여자와 결혼해야 한다는 지론이셨는데……. 보십시오. 이 박사가 집권하면서 양부인에게 가려 민정에 어두워져서 급기야는 하야하지 않았어요? 차녀는 키가 자그마한 것이 동양풍으로 생긴 데다 아버님을 뒷바라지하느라 시집도 가지 않아 서 박사가 무척 귀여워했지요."

송재의 먼 친척 동생으로 해방 후 그가 환국했을 때 뒷바라지를 했던 서정희(70·대한공론사 창립 멤버) 씨의 증언이다.

1896년 1월 미국에서 귀국한 송재는 독립을 위해서는 민중을 계몽하는 신문이 있어야 한다는 결심으로 이해 4월 7일 우리나라 최초의 민간지 《독립신문》 창간호를 내놓으며 독립협회를 조직하여 개화·독립 세력을 규합하여 만민공동회 등 각종 민중운동을 통해 몽매한 정부를 깨우치다 1898년 5월 한 많은 두 번째 미국 망명을 한다.

그 후 미국 교포들을 통해 독립운동을 벌이면서 펜실베이니아에서 병원을 개업하던 중 3·1운동 소식을 접하고는 병원을 뛰쳐나와 한인친구회를 조직하며, 사재 7만 6000달러를 내놓고 조국광복 운동에 동분서주한다.

1947년 7월 송재는 50년 만에 미군정청 하지 사령관의 고문으로 귀국하나, 미국 시민권을 가진 자가 정치할 수 없다면서 정부 수립의 뒷바라지에만 헌신하다 대한민국 정부가 수립되는 것을 보고, 다시 미국으로 돌아간다.

"직계는 없다고 하나 일제강점기에 그분과 편지 내왕만 있다고 해도 주목을 받았지요. 천연동 집의 조카 찬석 씨와 편지 내왕이 있었지요. 저는 정부 수립 후 도미 유학했을 때 그분을 찾아뵈었지요. 오전 중에는 꼭 한국 신문을 읽으시고 오후 2시부터 2시간 환자를 보시더군요. 그때 80 노인 아닙니까? 뭘 하러 노후에도 병원을 하시느냐니까 죽을 때까지 남의 신세를 지고 싶지 않고 또 의사로 봉사하다 가고 싶다고 하셔요.

갈 때마다 돈 50달러를 주시면서 공부 잘해 인류에 봉사하라고 타이르셔요. 처음에는 거절했더니 기대지 않는 태도 참 좋다면서 용돈으로 쓰라고 해요. 그러면서 자기가 동네 유지라면서 아무리 미국 사회라도 자기만 열심히 하면 인종차별하지 못한다고 말씀하셔요. 집 안에는 활, 창, 칼, 장롱, 재떨이, 담뱃대 등 한국 골동품들로 장식했더군요."

재종손 서명원 씨의 말이다.

가족과 자신의 생애를 조국의 개화·독립에 송두리째 바치면서 고고하게 살아온 송재는 1951년 1월 5일 미국 필라델피아 교외에서 86세를 일기로 별세하며, 그곳 메디어 교회에 안장된다.

내가 본 송재 서재필

해방 후 환국한 서재필 박사를 접했을 때 그의 풍모는 한마디로 참된 신사의 매너를 갖춘 청렴하신 분이었다. 당시 하지 장군의 최고 고문이라면 얼마든지 집권할 수 있는 기회였는데도 그는 끝내 자문에만 그쳤지 정치에는 손대지 않았다. 이권을 부탁할까 봐 걱정했던 탓인지 친척들을 너무 멀리하여 저 사람은 우리 집안사람이 아니라는 핀잔을 듣기도 했다. 후리후리한 키에 깡마른 모습이 마치 신선 같은 인상이었는데, 이처럼 그는 물욕, 권리욕을 멀리한 것이다. 그리하여 그는 한국인은 대인관계에서 단결심이 부족하다고 개탄하면서 독립 자유를 이 땅에심기 위해 민족성을 개조해야 한다고 역설했다.

이 박사와는 감정이 별로 좋지 않으면서도 송재는 공과 사를 명백히구분했으니, 미국으로 돌아가실 때 10살이나 아래인 후배 이 박사를 개인으로서가 아니라 국가원수로서 만나러 간다고 예방한 것은, 참말 민주 시민으로서 본받을 만한 태도이다. 신문인으로서도 그는 최고, 최대의 영예를 받아야 할 분인데, 근 80년 전에 집필한 《독립신문》 창간사는지금 글에도 손색이 없으리만큼 좋은 취지를 담고 있다.

김을한(언론인)

송재 서재필

1866년	10월 28일, 전남 보성군 문덕면 가천리에서 태어남
1878년	13세의 어린 나이에 장원급제함
1884년	갑신개화내각의 병조판서 겸 정령관의 직책을 맡음
1885년	미국으로 망명, 이후 라파에르대학을 거쳐 조지워싱턴대학을 졸업함
1896년	최초의 민간지 《독립신문》 창간호를 내며, 독립협회를 조직하여 만민공동회를 개최함
1898년	재차 미국에 망명함
1947년	미군정청 하지 사령관의 고문으로 귀국함
1951년	1월 5일, 미국 필라델피아 교외에서 별세함

2008년 5월 6일 미국 워싱턴DC 소재 주미 한국대사관 총영사관 앞에서 서재필 박사 동상 제막식이 열렸다. 동상 초석 정면에는 '최초 한국계 미국인-한국 독립과 민주주의를 위해 헌신한 개척자'라고 씌어 있다. 전신 청동상은 이재길 전남대 미대 교수가 조각했다. 좌측 면에는 이은상 시인이 서 박사 생애를 압축한 한글 헌사를 담았고, 우측 면에는 서 박사 전기를 저술한 이정식 펜실베이니아대학 교수의 영문 헌시가 새겨져 있다.

주미 대사관과 워싱턴DC 인근의 교포들은 미국 사회에 한국을 널리 알리고 교포들의 정체성 고양을 위해 서 박사 동상 건립을 추진해왔다. 서 박사는 1890년 한국인 최초로 미국 시민권자가 된 후 《독립신문》을 발간했으며 제2차 세계대전 당시 미군 징병검사 의무관으로 봉사한 공로로 미 의회로부터 공로훈장을 받았다.

워싱턴DC는 서 박사가 미국 시민권자이며 한미관계를 위해 공헌한 공로가 크다고 판단, 동상 건립을 허용했다.

2008년에는 건국 60주년을 맞아 증손자 서동성(재미 변호사) 씨를 포함한 대한민국을 빛낸 영웅들 및 그 후예들이 모국을 초청 방문했다.

동성 씨는 "증조할아버지인 서재필 박사께서 오늘 한국을 본다면 비약적인 산업화와 민주화에 놀랄 것입니다. 하지만 그 과정에서 치른 값진 희생도 기억하라고 할 것입니다"라고 소감을 밝혔다.

38

우당 이회영, 성재 이시영

우당(友堂) 이회영(李會榮)과 성재(省齋) 이시영(李始榮) 형제는 근 100여 명의 6형제 가솔을 모두 거느리고 만주로 망명하여 무관학교를 세우고 상하이 임시정부를 끝까지 이끌어온 독립투쟁 가족을 이룬 주역 이다.

이들 형제는 임진왜란 당시의 원훈 이항복의 9대손으로 좌찬성과 이조판서를 역임한 이유승(李裕承)의 4남과 5남으로 서울 중구 저동에서 각각 1867년 3월 17일과 1869년 12월 3일에 태어났다.

7형제 중 일찍 작고한 6남 소영(昭榮)을 제외하고 장남 건영(健榮), 차남 석영(石榮), 3남 철영(哲榮), 7남 호영(護榮)이 모두 독립운동에 생애를 바친 항일투사이다.

"유복한 양반 집안이라 재산이 넉넉했었는데, 국운이 기울자 이것을 모두 정리하여 한 집안이 몽땅 중국으로 망명을 한 것이지요. 저는 세 살 때쯤이라 아주 어렸었지요. 망명길에 마적 떼를 만났다고 해요. 워낙 많은 수의 사람들이 이동해 가니 거을리(한국, 코리아)에서 큰 부자가 왔다고 해서 새벽에 습격을 당했다는 것이지요."

이회영의 차남 규창 씨의 증언이다.

우당은 3형제를 두었는데 현재 모두 생존해 있다. 장남 규학(83) 씨는 서울 동대문구 답십리동에 살고 있으며, 종무(46·캐나다 이민), 종원(43·미국 이민, 물리학박사), 종찬(41·영국 대사관 서기관) 씨 3형제가 모두 외국에 살고 있다. 우당의 차남 규창(63·서울 성북구 정릉동 226의 33) 씨는 서울 철도우체국장을 역임, 종광(25· 고려대 물리과 졸) 씨 등 3형제를 두었다. 우당의 3남 규동(51) 씨는 안양에 살고 있으며 조흥은행 안전기획과에 근무하고 있다.

성재의 아들 형제는 작고했고, 장남 규창 씨는 자손이 없으며, 차남 규열 씨의 부인 서차희(63) 씨와 종문(36), 종건(33), 종택(29) 씨 등 3형제가 서울 성북구 수유동에 살고 있다.

"케케묵은 당시 봉건시대에 아버님은 이미 진취적인 신지식을 배워 벼슬길에 뜻을 두지 않고, 노비를 해방하고 반상에 대한 차별적 언동을 시정하고 적서의 차별 폐지를 단행하며 개가 재혼을 장려하는 등 당시 권도세가로서는 상상하기 힘들 만큼 일대 생활 혁신을 단행하신 것이지요. 이처럼 자유, 평등의 이념을 일상생활에 불어넣으신 분으로, 평소 가정에서도 자유·분방하게 자라나도록 별 간섭을 하지 않았어요."

차남 규창 씨의 말이다.

이에 비해 온유한 성격의 성재는 17세 때 동몽교관(童蒙教官)에 임명되어 그해 소과에 합격하여 생원 진사가 되며, 이듬해 남행가주서(南行假注書)로 근정전에 입시하고, 19세 때 형조좌랑을 역임하는 등 출세가도를 달린다. 23세에 문과에 급제하여 여러 요직을 거쳐 1895년 27세로 관찰사가 되어 칙명을 받들어 3개월간 요동반도와 여순, 대련항 등 각지를 시찰하고 돌아와 청·일의 군사력 상황을 고종에게 복명한다. 이즈음 우당은 족친인 이상설과 가까이 사귀며 독립운동의 뜻이 맞아 여준, 남궁억, 이상재 등과도 독립협회를 통해 접촉한다.

1898년 민중의 계몽, 신진 정치가의 결합, 내치외교의 확고한 정책 수립 등이 구국의 방도임을 여러 동지와 합의하고 자금 염출에 앞장선다.

우선 재정을 확보하고자 장유순과 의논하여 풍덕군에 삼포를 경영했던바 삼을 캘 때가 되자 일인 도적이 작당하여 채탈했다.

선생은 이것을 해결하고자 일 경찰서에 엄중 문책, 노호 질책하여 일경으로 하여금 아무 말도 못 하게 하고 내장원경(內藏院卿) 이용익을 통해 광무제에게 진언되니 "장하다 이회영이여, 가히 현상(賢相) 백사(白沙)의 후예로다"라 칭찬하고 어명으로 즉석에서 탁지부주사로 임명했으나 취임하지 않았다. (『대한민국 독립운동공훈사』)

한편 성재는 을미사변 후 그의 장인 김홍집이 내각총리대신에 취임하는 것을 만류하며, 이완용 일파의 음모에서 화를 면하고는 이상설·여조현·이범세·서만순 등 저명인사들과 서재나 산사에서 정치, 경제를 연구하는 등 재야 생활로 소일한다.

그러다가 대한제국의 외교권이 일제에 유린당하던 1905년 외부교섭국장에 임명되는데, 기울어가는 국운을 바로잡기에 안간힘을 쓴다.

동년 11월 14일에 외부대신 박제순이 일본 영사관으로부터 을미늑약이란 초안을 가지고 와서 이를 토의하던 중에 선생은 "이 조약이 우리 국가의 주권을 없애는 것이며 망국멸족의 장본이라 대화(大禍)가 닥쳐올 것이니 외부대신으로서는 마땅히 결사적으로 이를 반대하고 국시를 엄수하여야 할 것이다. 만약에 일시적 자신의 이해를 생각하여 국가 대사를 그르친다면 이는 만세죄역이 될 것이 아닌가"라고 엄숙히 말하고 이어 파란(波蘭) 망국 직전에 외무대신이 비장하던 사화를 들어서 경고하니 박제순은 이 말을 듣고 머리를 숙이고 묵묵히 아무 답변을 못 했다. (『대한민국 독립운동공훈사』)

이처럼 간곡한 권유에도 불구하고 조약이 체결되자 성재는 박제순을 질책하고 즉시 자리를 박차고 나오며, 그의 종자(從者)와 박제순의 딸과의 결혼까지도 파약하고 절교한다.

당시 우당은 을사조약 체결의 소식을 듣고 미국에서 귀국한 안창호를 비롯하여 이갑, 전덕기, 양기탁, 이동녕, 조성환, 신채호, 노백린 등과 비밀결사 신민회를 조직하며, 광복운동의 근거지를 만주에 정할 것을 협의하여 간도 용정촌에 서전의숙을 설립하고 이상설을 책임자로 내세워 동포 단합과 교육에 주력한다.

1909년 우당과 성재 형제는 안창호, 이승훈, 전덕기, 이동녕 등 신민회 동지들과 날마다 모여 비밀회의를 하는데, 국내에서는 도저히 광복운동을 할 수 없으므로 만주에 제2의 독립운동 기지를 건설하고 군관학교를 설립할 것을 의결한다. 우당은 이해 여름에 이동녕, 이진수, 장유순 등과 같이 남만 각지를 순방 답사하여 봉천성 유하현 삼원포 지방을 후보지로 선정하며, 성재는 일인의 주목을 받지 않기 위해 관계에 얼마간 종사하라는 동지들의 권유와 고종과 밀통하여 국내외 독립운동의 연락 임무를 맡기 위해 한성재판소장, 법부 민사국장, 고등법원 판사 등 사법 관직을 주로 맡는다.

이듬해 한일합병을 당해 우당과 성재 집안은 몽땅 압록강을 건너간다.

모든 준비를 암암리에 추진하던 중 8월 29일 한일합병의 망극한 변을 당하니 국내에는 하루라도 있을 수 없어 가족 50, 60명이 6, 7대로 나뉘어 떠났는데 일경의 조사를 피하면서 압록강에서는 밤에 빙판 썰매를 타고 건넜다. 환인의 유하로 가니 살을 에는 시베리아 바람과 목이 메는 썩은 좁쌀 밥을 먹으면서 찾아오는 청년과 지사를 규합하느라 갖은 고초를 겪었다.

1911년 봄에 선생(이시영)이 산책을 나섰다가 촌락 한 모퉁이에 빈 허술한 옥수수 저장 건물 하나를 발견하여, 이를 빌려 가지고 아동들을 교육하기 시작하여 장정들을 훈련시켰는데, 이것이 곧 신흥무관학교의 창설이었다. 자라나는 어린이를 가르치고 씩씩한 젊은이를 훈련시켜 국가 장래의 간성과 동량을 양성하는 것이 선생의 이념이며 항일투쟁은 지금부터요, 독립운동은 오늘부터 시작이라는 것이 선생의 정신이었다.

풍상 이역에서 무관학교의 경영에 피눈물 나는 고생을 겪었다. 결국 병진(丙辰) 봄에는 부인 박씨까지 과로에 잃고 말았다. 1915년에는 선생의 둘째 형님 석영이 가재를 전부 제공하여 통하현 합니하에 널찍한 기지를 구입하여 교실·강당·숙사를 신축하고 군사훈련을 크게 확장하니, 씩씩한 군가와 장엄한 나팔소리가 크게 메아리쳤다.

유하의 전 학교는 소학교로 사용하고 합니하 부근에는 몇 개의 분교를 만들어 대성황을 이루게 되니, 조국 광복의 운동이 점차 기초가 공고해지고 선생과 전 가족이 다년간 희생한 보람이 있게 되었다. 전후 9년간 초급 장교 800여 명을 양성하여 대일투쟁을 계속했고, 변영태·지청천·이범석도 여기에서 근로를 했다. (『대한민국 독립운동공훈사』)

이리하여 황량한 만주 벌판에 무력 항일투쟁의 요람이 마련된 것이다.

"집안에서 들어온 신흥무관학교를 설립한 내력은 이렇지요. 둘째 삼

성재 이시영이 대한민국 초대 부통령으로 기거하던 청운동 관사.

촌(석영)이 영의정을 지낸 가오실대신(이유원)의 양자로 들어가 엄청난 재산을 물려받았거든요. 당시 정국은 왜놈이 필시 한국을 먹을 테니까 이 돈으로 군관학교를 설립하기로 합의한 것이지요. 가친(이회영)과 다섯째 삼촌(이시영)은 형제 중에서도 가장 가까워서 이 문제를 미리 협의하여 석영 삼촌께 알리니 쾌락하셨다고 해요.”

우당의 차남 규창 씨의 말이다.

중국에서 우당과 성재를 모두 자주 만나던 이정규(80·전 성균관대 총장) 씨는 다음과 같이 말했다.

“신흥군관학교에 관한 한 역시 이석영 선생이 집안의 기둥 구실을 한 것이지요. 그분이 한일합병 당시 물려받은 재산이 4000석을 했다는 것이고, 여기에 동산을 합하면 실로 어마어마한 재산인데, 서간도에 갔을 때 ‘얼마 가지고 갔소?’ 하고 물으니 38만 원을 가져갔다고 해요. 이 엄청난 재산을 모두 털어 넣고, 그 일족은 다음 날부터 끼니조차 때우기 힘든 유랑민 신세로 전락한 것이니…… 그런 사람들이 쉬 있겠어요? 더구나 귀히 자란 양반 자손들이. 이런 개인의 고난을 충분히 예측하고서도 재산을 모두 털어 내놓고 의로운 일에 마음대로 써보라고 하신 석영 선생님에게 우선 공을 돌려야지요. '아우들 얘기가 모두 옳다. 전부 가자'고 한 그 용기, 우애가 얼마나 부럽습니까?"

신흥무관학교가 당시 일제에 얼마만큼 경종을 울렸는지는 다음의 기록에서도 충분히 엿볼 수 있다.

1913년 가을에 아령(俄領)에 있는 이상설의 통신이 왔는데 그 내용은 "근간 《일본대판매일신보》에 이시영은 만주의 무관왕(無冠王)이라 했고, 또 만주 일대의 살인강도 두령이라는 기사가 있어서 일본 전체가 크게 주목을 하게 되어 앞으로 무도한 참해가 닥쳐올 것이니 타처로 피신하라"는 것이었다.

일본 신문이 이렇게 독설을 토한 것은 신흥무관학교가 만주 독립군의 핵심체가 될 것으로 판단했기 때문이다. 이곳을 거쳐 간 젊은 독립군은 봉오동, 청산리에서 홍범도, 김좌진, 이범석의 지휘로 수천의 일군을 섬멸했으며, 이를 일제가 모를 리 없다.

그 후 얼마 아니 되어 강포한 일본 군대가 습래하여 학살, 방화, 약탈을 자행하니 동포의 참상은 형언할 수가 없고, 선생의 가족도 거의 흩어져 가산도 탕진했다. (『대한민국 독립운동공훈사』)

1913년 우당, 성재 일가가 세운 교민의 자치기관 경학사(耕學社)가 재정난으로 해산됨에 따라 신흥무관학교도 더 유지할 길이 없어 성재는 봉천으로 독립운동의 길을 떠나고, 우당은 자금을 조달코자 귀국하여 동분서주하다 한때 일경에 체포되기도 한다.

그러다가 1918년 미국 윌슨 대통령이 제창한 민족자결주의에 자극되어 국내외의 광복 기운이 활발해지자 우당은 오세창·이승훈·한용운·이상재 등과 밀의, 시종 이교영을 통해 광무제(고종)의 국외 망명을 상주하여 쾌락을 얻으나, 광무제의 갑작스런 붕어(왕의 죽음)로 계획은 좌절된다.

이즈음 국내에서 독립선언의 발표가 확정, 진행됨에 따라 우당은 베이징으로 가서 성재와 이동휘 등 여러 동지와 앞으로의 독립노선을 협의하나 의견 일치를 보지 못하고 상하이로 간다.

당시 상하이에서는 국내외에서 모여든 혁명지사들이 임시정부 수립에 분망할 때로, 우당은 국내 지도자와 국외 지도자의 열정의 차이를 고려하고 의견을 달리한다. 그는 정부와 혁명, 독립운동의 본부는 본질적으로 달리해야 한다는 의견을 말하나 반영이 되지 않으므로, 이해(1919년) 5월 중순 상하이를 떠나 베이징에 들어온 후 임정의 일체 조직에 불참한다.

"우리 형님(圭鶴)의 부인이 대원군의 외손녀이기도 하니 왕실과는 무척 가까운 집안이라, 아버님이 광무제의 해외망명 거사를 떠맡게 되신 것도 아마 이런 인연 때문이 아닌가 해요. 고종이 돌아가시자 아버님은 뜻을 이루지 못하고 다시 중국으로 건너가셨지요. 저도 아버님 등 가족들과 함께 1919년 가을 베이징으로 갔지요. 아버님은 안 계시고 이광(전 체신부장관) 씨 가족들과 함께 지냈지요. 우리 가족과 다섯째 삼촌(성재), 이동녕, 이광 씨 가족들은 중국에서 늘 한집에서 같이 살며 행동했지요.

상하이 임정에 참여하지 않은 이유는 분파를 일삼는 조직에의 환멸감도 짙은 듯했고, 임금을 모셔야겠다는 군신관계가 작용한 것이 아닌가 해요. 헤이그밀사사건 때도 이태왕(고종)과의 모든 접촉을 우리 가친이 도맡다시피 했고, 또 가친에게 매월 생활비를 100원씩 보태주었다고 해요. 이처럼 이태왕과의 관계가 밀접하여 임금을 만들어야겠다고 생각한 모양이에요. 그 후 가친께서 계속 임정에 참여하지 않으니까 박찬익(박영준 전 한전 사장 부친) 선생님이 와서 1년간 졸랐지만 끝까지 응하지 않으셨지요."

차남 규창 씨의 말이다.

한편 성재는 우당과 의견을 달리하여 1919년 4월 1일 오전 10시 대한민국 임시정부 수립에 가담하여 초대 법무총장에 피임된다.

당시 대통령 이승만과 내무총장 안창호는 미국에, 외무총장 김규식은 파리강화회의에서 돌아오지 않았으며, 국무총리 이동휘는 노령에 있었고, 학무총장 신규식은 병중이었으므로 성재는 사실상 유일한 국무위원이었다.

그는 관료 생활을 통한 행정, 사법 능력을 살려 정부건립전례(典禮)를 행하고, 조소앙과 함께 우리나라 최초의 민주헌법이라 할 수 있는 10개조의 대한민국헌장을 제정하는 등 임정의 골격을 갖추는 데 주력한다.

임정 참여를 거부한 우당의 독립투쟁 노선은 크게 달라진다. 그는 1923년 호남성 한수현에 한중합작 '이상 농촌 양수촌(洋壽村)' 건설에 진력하며 5년 후 동방무정부주의자연맹 대회에 「한국의 독립운동과 반공산주의의 자유 연합운동」이란 논문을 발표하여 이를 결의안으로 채택하게 한다. 1931년 9월 만주사변이 일어나자 한 달 후 상하이 불조계에서 우당은 항일구국연맹을 결성하고 그 의장에 취임한다. 이때부터 우당은 과격한 테러리스트 수법을 행동강령으로 내세우는데 ① 일 군경 기관 및 수송 기관의 조사 파괴, 일 요인 암살, 친일분자 숙청, ② 중국 각지의 항일 선전을 위한 각 문화 기관의 동원, 선전망 조직을 정하고 각지의 동지 및 행동부(뒤에 흑색공포단)를 지휘하여 하문(廈門)일영사관 폭파와 톈진 부두에서 일 수송선 파괴 및 톈진의 일 병영에 폭탄을 던지는 등 거사를 지휘한다.

이듬해 2월 우당은 유흥식(유자명)과 같이 중국 국민당의 오아휘(吳雅暉), 이석증(李石曾)을 방문, 장차 독립운동에 대한 협력을 요청하여 무기 제공과 재정 지원의 확약을 받으며, 이해 11월 주만 일군 무토(武藤) 사령관 등을 암살할 목적으로 주위의 만류를 물리치고, 상하이에서 대련으로 가는 기선을 타고 만주로 가던 중 대련에 도착하자 일경에 체포되어 심한 고문을 받고 옥중에서 순국한다. 그의 유해는 유족의 손에 화장되어 그 유골을 장자인 규학 씨가 봉안하여 11월 28일 개풍군 선영에 안장된다.

"시영 삼촌과 노선이 달라졌다고 해도 형제간의 우의는 변함없었지요. 상하이에 들르시면 늘 형제분이 만나 얘기를 나누곤 했지요. 임정과 관계를 끊으셨어도 독립운동가치고 우리 집에 오지 않은 사람은 없을 정도였어요. 아버님이 돌아가신 이듬해(1933년) 3월 25일 주중 일본 아리요시(有吉) 공사와 상하이 거류민단장 암살사건에 관련되어 저도 일경에 붙잡혀 13년 징역 언도를 받고 복역하다 8·15해방을 광주형무소에서 맞아 17일에 석방되었지요. 지금 아버님 묘소를 가보려 해도 비무장지대 안이라 갈 수가 없어요."

차남 규창 씨의 말이다.

한편 성재는 줄곧 임정에 참여하여 재무총장과 1929년에 창당한 한국독립당의 감찰위원장 등을 역임하다 해방을 맞아 1945년 11월 77세의 고령으로 귀국한다. 이듬해 대한독립촉성회의 위원장으로 선출되며 1948년 대한민국 초대 부통령에 당선된다.

6·25전쟁을 맞아 이승만 대통령의 독재가 체질화하자 그는 민주헌정을 촉구하는 성명을 내고 부통령직을 사퇴함으로써 반독재투쟁의 횃불을 올린다. 그가 주거하던 초대 부통령 관사는 서울 청운동 53의 26에 그대로 남아 있으나 지금은 고급 요정인 청운각이 자리 잡고 있다.

"작은삼촌의 성격은 온건하셔서 남이 싫어하는 행동을 안 하셨지요. 태도가 아주 자상하시고 그 생활이라는 게 늘 검소하셨는데, 망명 생활에서 몸에 밴 탓이겠지요. 사실 아무리 어렵게 지낸다 해도 망명 당시를 생각하면 늘 흡족하게 생각되지요. 제 나라를 찾았겠다, 끼니를 못 때우던 당시와는 비교할 수가 없지요. 해방 후 출옥해서 어디 갈 곳도 없고 해서 경교장에 가서 김구 선생님을 얼마간 모시고 있었는데, '얼마나 고생했느냐'고 위로하시더군요."

규창 씨의 말이다.

성재는 1953년 4월 12일 피난길의 동래 자택에서 폐염과 장벽(腸癖)으로 별세하며, 영결식을 마치고 서울 성북구 정릉동에 안장된다.

내가 본 우당 이회영, 성재 이시영

우당 선생님을 처음 뵙기는 3·1운동 후 일본 경응의숙에서 퇴학 맞고 베이징에 갔을 때인데, 30년 아래인 청년에게 친구 대하듯이 아주 부드럽게 맞이하셨다. 담배를 피우라고 권하면서 담배도 음식의 일종이니 노소가 함께 피워도 좋은 것이라고 하셨다. 저 양반 머리에는 새 바람이 잔뜩 들어 있구나 하는 인상이 물씬 풍겨 선뜻 친근감이 들었다. 이처럼 젊은이들을 존중하고 함께 의논하시기를 즐겨 젊은 사람의 비위를 맞춘다는 비난을 듣기도 했는데, "격변하는 사회를 움직일 수 있는 주체는 역시 젊은이"라고 역설하시곤 했다.

또 그는 말의 소재가 무궁무진한 반면 남의 말을 경청하여 새겨듣곤 했다. 일단 일을 계획하면 희생을 전제로 정열을 쏟는 타입이어서 임정이나 공산당이 모두 파쟁을 일삼는 데다 조직이 너무 강하면 독재에 흐른다고 하여 만년에 무정부주의로 기울기도 했는데, 이는 오히려 그의 자유주의적 이상의 표현이라고 할 수 있다. 모험적인 테러리스트의 방법을 사용하는 한편 단소나 양금을 잘 타고 난초를 잘 치는 예술적 소질도 갖추셨다.

이에 비해 성재 선생님은 너무 잘 알려진 민주주의 관료형이다. 오랜 관료 생활에 젖은 탓인지 다소 근엄하서 접근하기 힘든 면도 있었으나, 일단 일을 시작하면 무리하지 않고 차곡차곡 해냈으며 궤도에 빗나가는 일을 삼가 시시비비의 대상이 되지 않았다. 해방 후 정부 수립 때 위당 정인보 선생님과 협의하여 감찰위원회의 기능을 성과 있게 발휘시킨 것이라든지, 독재의 길을 걷는 이승만 대통령에게 제동을 건 그의 정치적 양식은 앞으로도 높게 평가될 것이다.

이정규(전 성균관대 총장)

우당 이회영

1867년	3월 17일, 서울 중구 저동에서 태어남
1905년	안창호, 이갑, 양기탁 등과 신민회를 조직함
1908년	장훈학교를 설립하고 안창호, 이동녕 등과 청년학우회를 조직함
1910년	일제 탄압을 피해 가족을 이끌고 만주 유하현으로 망명, 신흥강습소(신흥무관학교)를 설립함
1913년	독립자금을 염출하러 귀국했다가 한때 일경에 체포됨

1919년	베이징으로 망명, 상하이를 전전하며 독립운동을 벌임
1921년	신채호 등과 무정부운동을 벌이며, 임시정부의 단합을 위해 노력함
1931년	상하이 불조계에서 항일구국동맹을 결성, 의장에 취임
1932년	대련에서 일경에 체포되어 심한 고문을 받고 옥중에서 순국함

성재 이시영

1869년	12월 3일, 서울 중구 저동에서 태어남
1887년	형조좌랑을 역임함
1905년	외부교섭국장에 임명됨
1909년	한성재판소장, 법부민사국장, 고등법원 판사 등을 지냄
1910년	집안을 이끌고 만주로 망명함
1915년	가형들과 신흥군관학교를 세움
1919년	상하이 임정의 초대 법무총장에 취임
1929년	한국독립당의 감찰위원장 등을 역임함
1946년	해방 후 대한독립촉성회의 위원장으로 선출됨
1948년	초대 부통령에 당선됨
1953년	4월 12일, 피난길의 부산 동래 자택에서 별세함

2007년 12월 28일 서울 중구 명동 YWCA 정문 앞에서 '명동 우당길' 명명식이 있었다. 명동 우당길은 우당의 집터였던 명동 YWCA 주변 명동1가와 을지로2가 사이 골목길로 폭 6m, 길이 205m이다. 중구는 "우당 선생의 독립정신을 널리 알릴 수 있도록 선생 집터 앞길을 우당길로 이름 붙여달라"는 우당기념사업회의 요청을 받아들여 이날 명명식을 가졌다. 명명식에는 우당의 손자인 이종찬 전 국가정보원장과 이종걸 국회의원이 참석했다.

한편 독립운동에 헌신한 초대 부통령 후손들이 무허가 집에 거주하는 서글픈 사연이 대서특필돼 화제가 되기도 했다. 《조선일보》(2011년 8월 7일)에 의하면 성재의 묘 아래 서울 수유동 산127번지 12평 규모 집에 올해 100세인 서차희 씨가 살고 있으며, 서 씨는 한때 비닐하우스였던 여기서 시아버지 묘를 40년 넘게 돌봤다고 한다. 성재의 손자 종문(성재의 차남 규열 씨와 서차희 씨 사이의 차남) 씨는 경기중·고등학교를 나와 성균관대 법정대에 합격했지만 등록금을 마련하지 못해 결국 진학하지 못했다. 그는 한국철도 기술연구원 자문위원으로 월 190만 원을 받지만 그의 두 아들은 모두 직장이 없다. 막내동생 종택(63) 씨는 경기여고, 이화여대 영문과를 중퇴한 누나 종순(75) 씨를 따라 캐나다로 이민 갔지만 병 때문에 귀국했다. 큰딸 역시 생활고를 겪다 돌아왔다. 성재의 후손 중 대학을 졸업한 이는 한 명도 없다. 성재가 남긴 재산이 한 푼도 없었기 때문이다.

39

규암 김약연

圭巖(규암) 김약연(金躍淵)은 구한말 관북의 대표적 선비로 만주 북간도로 망명하여 명동학교를 설립하고 간도국민회를 조직하여 독립운동을 영도한 선각자이다. 그는 1868년 9월 12일 함북 회령군 동촌 옹희면 제1리 행영(현 종성군)에서 김용기(金容基)의 맏아들로 태어났다.

"그분이 바로 승의공(承議公)의 15대손으로 태어났고, 그분의 조부 대까지 무관 급제를 3대 내리 했다고 『조선왕조실록』에도 기록이 있다는데, 기골이 웅장하고 주먹이 크고 소를 여러 마리 탔다고 해요. 조부 때 다시 문관을 하셨는데, 그분도 큰 키에 아주 건장하신 모습이었지요. 할머니(규암의 누이동생, 김용)가 바로 순국 시인 윤동주를 낳으셨고, 조부님의 셋째 동생(김유연)은 만주에 양봉·양잠을 보급시킨 모범 농민으로, 만주 초등학교 교과서에까지 소개되었지요. 정우(58·김유연의 차남, 숭실학교 교사) 삼촌이 흥남 철수작전 때 조부(규암) 기록을 가지고 나오시다 몽땅 잃었지요. 참 귀중한 간도의 기록이 많았는데……."

장손 기섭 씨의 말이다.

규암은 3남 1녀를 두었다. 장남 정근 씨는 병원을 경영하다 해방된 해에 작고했고, 부인 강훈(88) 씨가 장남 집(서울 동대문구 제기3동 67의 258)에 살고 있다. 차남 정훈 씨도 베이징대학을 중퇴하고 젊어서 작고했는데, 학생 시절 중국 정부에서 장학금을 타 규암의 신망을 받았다고 한다. 3남 정필 씨도 중국 난케(南開)대학 영문과를 졸업, 결혼 1년 후 폐렴으로 작고했다. 규암의 고명딸 신복 씨는 독립군 최규학 씨와 결혼하여 해방 후 간도 용정에서 콜레라로 작고했고, 남편 최 씨는 러시아에 망명한 채 소식이 끊겼다.

규암의 장남 정근 씨는 2남 1녀를 두었다. 정근 씨의 장남 기섭(62) 씨는 규암이 간도에 세운 은진중학을 졸업했으며, 현재 무역업에 종사하고 있는데, 세브란스의전 간호학과를 졸업한 조송학(59) 씨와 결혼했다. 장인 조두용 씨는 규암의 명동학교 제자로, 김좌진 부대에 무기를 공급하고 북간도 일본 총영사관을 방화해 소각시킨 독립투사이다.

정근 씨의 차남 중섭 씨는 일본대학 경제과 졸업반 때 사할린에 학병으로 끌려간 후 행방불명이 됐다. 정근 씨의 외딸 인순(68·원산루씨여고 졸) 씨는 일본 릿코대학을 졸업한 장도원(유네스코 사무총장 역임) 씨와 결혼하여 경기도 소사 신앙촌에 살고 있다. 장 씨의 부친 장석함 씨는 규암이 회장이었던 간도국민회 재정책으로 군자금을 모아낸 독립투사이다.

규암의 차남 정훈 씨도 2남 1녀를 두었다. 장남 영섭(62) 씨는 서울 동대문구 청량리에서 사업 중이며, 차남 명섭(51) 씨는 한국신학대학을 거쳐 미국 일리노이대학 철학과를 졸업하고 메이슨시티 교회 수석목사로 봉직하고 있으며, 딸 인덕(58) 씨는 서울 종로구 연건동에 살고 있다.

규암의 종손 기섭 씨는 1남 1녀를 두었다. 장남 재협(35) 씨가 연세대 정치외교과를 거쳐 미국 인디애나 주립대 대학원에서 정치학박사 과정을 밟고 있으며, 차남 재홍(29) 씨는 연세대 경영대학원을 졸업하고 대한항공에 근무하고 있다.

규암은 1875년 8세 때부터 10여 년간 오삼열, 주봉의, 남종구의 문하에서 한학을 공부하며, 특히 『맹자』를 정독하고 뒤이어 노자의 『도덕경』을 통달한다.

그는 1889년 두만강을 건너 북간도 화룡현 지경사(智耕社) 장재촌으로 10여 호 가구를 이끌고 집단 망명하여 개간에 힘쓰며, 2년 후 규암재를 창설하여 북간도의 한민족에게 계몽의 횃불을 올린다.

"조부님은 큰 키에 피부 색깔이 불그스레한 백색이었고, 누구든지 자연히 따르도록 하는 품격과 위풍을 지니셔 종교계에서 분쟁이 일어나면 그 재판장이 되시곤 했지요. 교계의 김재준, 강원룡 목사 등이 조부님을 따랐지요. 외유내강의 성격으로 한 번 말씀을 내시면 꼭 관철하고야 마시는 언행일치의 가르침을 앞세우셔 온화한 설득력에 누구든지 감복되곤 했지요. 중국인 사이에도 싸움이 나면 조부님께 달려와 해결을 부탁하리만큼 그 인격을 크게 흠모하여 '한궈(한국) 대통령'이라고 불렀지요.

그러면서도 손수 김매기와 타작을 하는 노동으로 새벽부터 솔선수범하셨지요. 사유재산을 몽땅 바쳐 장학 기금을 삼아 당시 청인 소유 수백 정보 임야를 사들여 직경 10리의 규암재를 창설하셨지요. 참말 커다란 저택을 짓고 이곳을 학교로 삼아 학전을 일구시고 학생들 모두에게 무료로 숙식을 제공했지요. 그 뒷바라지를 하느라고 양봉·양돈·양잠·양계 등 안 하신 것이 없으시고, 이런 새로운 농법을 만주 일대에 널리 보급시켰지요. 집 뜰 2000평이 여름이면 온통 꽃밭인데 꿀벌 200통을 치셨으니까요."

바로 간도에서 태어나 그곳에서 청년 시절까지 죽 규암의 행적을 지켜

본 장손 규섭 씨는 "할아버지는 50여 년 전 근면과 성실로써 이미 '만주의 새마을운동'을 지휘한 셈"이라고 회상했다.

규암은 바로 그의 아호를 딴 이 학전(규암재)을 터전 삼아 1908년 명동서숙(이듬해 명동학교로 개칭)을 창립하며, 2년 후 명동중학과 여학교까지 병설하여 철두철미한 민족교육의 기반을 마련한다.

그는 또한 1907년에 연변교민회를 조직하고 청국 정부와 교섭하여 이주한 동료들이 매입한 토지 소유권을 확인해주는 권익 옹호에도 힘쓰고, 아울러 1909년 간도간민회를 창설하며 1912년 망명해 온 이동휘와 간도국민회를 조직하여 그 회장에 취임한다.

이해에 캐나다 기독교 선교부에 ① 의료기관의 설치, ② 중등교육 과정의 남녀 학교 설치, ③ 교회의 증설과 전도사업의 확장 등을 요청하는 청원서를 제출하는데, 그 결과 간도에는 제중병원이란 종합병원이 설치되어 동포들과 독립군 부상자들에게 큰 혜택을 주며, 은진중학교·명신여자중학교 등 교육기관이 새로 들어서고, 곳곳에 교회가 들어서서 민중 계몽의 큰 역할을 맡는다.

"명동중학의 교세가 날로 확장되어 가자 국사학자 황의돈 선생, 한글학자 장지영 선생 등 국내의 우수한 교사들을 많이 초빙해 갔지요. 교장인 조부님은 이들의 심부름꾼임을 자처하셔서, 두만강 건너 종성까지 가서 입쌀을 손수 사서 손수레에 끌고 오셔서는 교사들에게 대접하셨지요. 학과 자체가 독립사상의 고취 그것이어서 작문시간에 '애국' '독립'이란 글자가 들어가지 않으면 아예 점수를 주지 않았지요. 그리고 조부님이 자필로 써 보내신 청원서의 원본이 아직껏 캐나다 선교본부에 보물처럼 잘 보관되어 있다는 소식을 듣고 있습니다."

장손 기섭 씨와 제자 윤영춘 경희대 교수의 말이다.

규암 김약연이 설립한 초기의 명동학교 모습(이 교사는 그후 일제
가 불살랐다).

규암은 1917년 초부터 독립운동의 기관지로 《자유의 종》을 발간하며, 이듬해 명동소·중학교의 여학교 학생 및 현지 청년들을 동원하여 충렬대(결사대), 단지동맹, 애국부인회 등 독립운동을 위한 행동단체를 조직하며, 뒤이어 대한독립선언서에 서명하고 국내외에 선포함으로써 이듬해 도쿄 유학생의 2·8독립선언의 계기를 펼쳐준다.

당시 서명자는 규암을 비롯하여 이승만, 이시영, 김규식, 박은식, 김좌진, 이동휘, 이범윤, 김동삼, 이동녕 등 미주, 노령, 만주, 북간도 일대의 해외 독립 지도사 39명이다.

이듬해 1919년 2월 규암은 노령 니코리스크에서 열린 전로한인중앙총회(뒤에 대한민국의회로 개칭)에 참석하여 이처럼 호소한다.

근일 일본은 허울 좋은 독립 연방 합병이라는 구실의 명목과 흉악한 계략으로 그들의 주구들로 하여금 온갖 술책, 지령으로 각 방면에 침투시켜 반협박 반공갈적인 수법으로 연명진정운동을 전개하는 반면, 반대독립란에 기명 날인 시는 투옥 불면(不免)한다는 흉계로 강행함을 수수방관만 하고 있을 것인가? 아! 슬프도다. 이번에 열리는 파리강화회의는 세계의 영구한 평화 공존을 공고히 하려는 목적인 데 반해 일본은 이와 같은 야심을 품고 동양 일우에 화근의 씨를 심으려 하고 있다. 원컨대 귀회는 조속히 이 사실을 세계만방에 널리 보도하여 현재 우리 한국이 처해 있는 애매한 정상을 주지시켜 공정한 강화회의장에서 민족자결원칙에 장애가 없도록 만전을 기하여줄 것을 당부하는 바입니다.

이해 3월 12일, 13일에 간도 용정에서 일어난 만세사건으로 그의 제자가 많이 살해되었으며, 명동학교가 일군에 의해 모두 타버렸다는 소식과 상하이 임정에서 그를 각료로 임명했다는 소식을 듣고 간도로 돌아온다. 일제는 규암을 체포하려 하나 평소 그의 친중 노선과 그 인물에 매료된 간도 총통 도빈(陶彬)이 선수를 써서 일제의 마수가 뻗치기 전에 규암은 중국 국적을 가지고 있다는 핑계로 연길감옥에 구금, 3년간의 옥고를 치르나 사실상 연금에 지나지 않는 특혜를 받는다.

"바로 이 방에 걸린 저 휘호가 조부님 회갑 때 도빈이 써 가지고 온 것이지요. 그분은 중국인 관리로서 일제의 온갖 박해에 굴하지 않고 조부님을 끝까지 보호해주셨지요. 그 후 일제는 조부님을 다시 투옥시키려고 소환 심문했으나, 조리가 서고 기개 있는 답변에 일단 물러서고 말았습니다."

장손 기섭 씨의 말이다.

명동중학은 1924년의 흉년으로 이듬해 연 1000명에 달하는 애국 청년을 배출하고 일제의 탄압을 받아 문을 닫지만, 명동소학교는 8·15해방까지 계속된다.

1929년 규암은 평양장로교신학교의 파격적인 특전을 입어 만 1년의 연구수업을 받고 졸업하며 이듬해부터 명동교회 목사로 봉직하는데, 아울러 그는 조만식·여운형·길선주·윤치호 등 기독교인들과도 깊이 사귄다.

"간도공산당이 조부님을 포섭하려 갖은 애를 쓰고 공갈 협박을 했습니다마는 할아버지의 감화력에 모두 물러서고 말았지요. 밤중에 습격해 방 안에 들어온 이들에게 조부님은 손수 양봉하신 꿀물을 타주고 따뜻이 설득해 타이르시더군요. 바로 제가 입고 있는 이 명주 저고리도 손수 양잠하신 것으로 지어 주신 것인데, 그 품질이 요즘 것보다도 훨씬 좋아요. 가보라고 생각되어 피난 나올 때 들고 왔지요."

만년의 규암은 용정 은진중학교 이사장에 선출되어 그 뒷바라지를 해오다 1942년 북간도 용정시 자택에서 75세를 일기로 별세하며, 스스로 개간한 이역 땅에 안장된다.

"저는 당시 국내에 나와 있어 임종을 지켜보지 못했지만 '내 모든 행동이 곧 나의 유언'이라는 짤막한 말씀을 남기셨다고 가족들이 전하더군요. 조부님은 사생활에도 무척 충실하셔서 아들 손자들을 자상하게 돌봐주셨지요. 미남인 데다 천재 소리를 듣던 정필 삼촌(규암의 3남)이 세브란스 병원에서 돌아가셨을 때 친히 수천 리 길을 달려오셔 슬피 우시더군요."

바로 규암이 관계하던 은진중학을 졸업한 기섭 씨는 재학 시 학우회장으로, 선배에게서 숨겨 받은 태극기의 행방에 대해 해방 후 월남해서 동창회 석상에서야 들었다고 말했다. 1933년 졸업 당시 학교 4층 옥상 천장 밑에 기름종이로 싸서 상자에 넣어 모셔둔 태극기를 일제가 검거하는 통에 선생들이 몰래 불살라 버렸다는 후문을 후배에게서 들었다는 것이다.

"월남해서도 간도 시대의 친지들과는 자주 만나곤 했지요. 지금 캐나다에 가 계시는 문재린 목사님이 바로 조부님의 수제자이지요. 만날 때마다 독립운동의 큰 거점이었던 간도사가 제대로 발굴되고 있지 못한

데 대해 모두들 참 안타까워합니다. 반드시 개인의 공적을 기린다기보다 바로 간도는 근대 한국사의 큰 줄기를 담고 있는 것이 엄연한 사실이거든요. 하루빨리 사료들이 제대로 정리되었으면 해요. 저는 사학을 전공하지는 않았지만, 조부님에 대한 무슨 자료만 있다고 하면, 물불을 가리지 않고 수집해둡니다."

이처럼 간도의 애환에 무척 애착을 가지는 기섭 씨는 사학자들이 무색하리만큼 수십 종에 달하는 각종 규암 관계 서적 이름을 꼼꼼하게 손수 적어 엮은 복사판을 펼쳐 들며 하나하나 구체적으로 고증해준 후 규암의 명동학교 교가를 조용히 읊조렸다.

흰 뫼가 우뚝코
은택이 호대한
한배검이
그치신 이 터에
그 씨의 크신 뜻
넓히고 기르는
나의 명동.

내가 본 규암 김약연

어려서부터 줄곧 규암 선생의 지도를 받아왔고 명동소학교를 졸업했다. 그 이후 도쿄 유학을 하면서도 여름방학 때 고향(간도)에 돌아오면 그분에게서 노자의 『도덕경』을 배웠었다. 그분은 내 인생의 사상체계를 잡는 데 절대적 영향을 주셔 남을 아끼는 박애, 관용, 인내와 겸손을 가르쳐주셨다.

그분의 철학은 생활 체험에서 우러난 베이컨의 경험철학을 방불케 하는데, 당시 명동학교는 이미 광물 표본과 각종 전기 실험 도구가 고루 갖춰진 오늘의 시청각 교육을 이미 실천하여 지금의 대학에서도 나는 당시에 배운 교육 방침을 많이 적용시키고 있다. 그분께서 배출한 인물은 직접, 간접으로 매우 많아 김재준, 정대위, 박계주, 나운규, 윤봉춘, 전형국 등을 꼽을 수 있다. 원만한 포용력과 위대한 인품으로 사람들을 이끌어가 공산당까지도 그분의 인격에는 탄복했을 정도이다. 나는 일본의 전문대학, 미국의 프린스턴대학, 중국의 대학들을 두루 유학했지만, 규암 선생처럼 교육의 핵심을 잘 파악했던 대교육가는 아직 보지 못했다.

윤영춘(경희대 교수)

규암 김약연

1868년	9월 12일, 함북 회령군 동촌 옹희면 제1리 행영에서 태어남
1889년	북간도 화룡현 지신사 장림촌으로 10여 가구를 이끌고 집단 망명함
1908년	명동서숙(이듬해 명동학교로 개칭)을 창립함
1912년	이동휘와 간도국민회를 조직, 그 회장에 취임함
1917년	독립운동의 기관지로《자유의 종》을 발간함
1918년	이승만, 이시영, 김규식, 박은식 등 미주, 노령, 만주 일대의 해외 독립운동가 39명과 함께 대한독립선언서에 서명함
1942년	북간도 용정시 자택에서 별세함

규암의 증손자 재홍(60) 씨가 2009년《한겨레신문》(2009년 1월 10일)과 인터뷰했다.

재홍 씨는 110년 전 규암의 자취를 따라 4~5차례 북간도 일대를 답사한 끝에 이주 경로를 밝혀내기도 했다. "함북 종성에서 두만강 건너 명동까지 약 28km, 딱 하룻길입니다. 이동 경로상의 지명도 모두 한국식입니다." 재홍 씨는 30여 년 동안 모은 북간도 관련 자료를 6000점 이상 갖고 있다. 그가 수집한 명동학교(규암이 주도해 창설) 사진과 명동교회 종각 아래 말 탄 독립군의 모습 등 각종 사진 자료는 중요한 독립운동 자료로 평가된다.

40
홍범도

　포수단장, 대한독립군 총사령관, 중국연합선전부 간도지부 집행군무사령, 북로사령부 제1연대장, 대한독립군단 총사령, 재러(在露) 고려혁명군단 영도 등등.

　한국독립전투사에 뚜렷한 족적을 남긴 홍범도(洪範圖)의 이력을 간단히 꼽아본 것이다.

　그는 1868년 평북 자성군에서 태어나 함남 갑산으로 이사한 것으로 전해지고 있다. 한국에서 가장 험준한 산골로 알려진 이곳에서 어린 시절을 보내면서 홍범도는 수렵으로 사격술을 익히며 꿋꿋한 기상과 불의에 굴하지 않는 쾌남아의 기질을 다져간다.

　그의 태생에 대해 더 이상 알려진 것은 없다. 부모의 이름이나 형제자매에 관해서도 더 이상 전해지지 않고 있다. 추측건대 그의 부모는 가난한 평민 출신으로 사냥으로 연명했을 듯하고, 따라서 홍범도의 교육 정도는 겨우 한글을 해득하는 수준에 머물렀다. 이 때문에 자신의 기록과 저술이 일절 전해지지 않고 있으며, 그에 관한 기록은 모두 『폭도편책(暴

徒編冊)』, 『폭도토벌지(暴徒討伐誌)』 등 일제의 사료나 『한국독립운동지혈
사』(박은식), 『무장독립운동비사』(채근식), 『간도독립운동소사』(홍기표) 등
우리 측 사료에 남아 있다. 그는 기록하지 않고 행동했을 뿐이나 한국독
립운동사에 아로새겨진 그의 행적은 너무나도 또렷이 오늘에 전해지고
있다.

한학을 제대로 공부했거나 정식 교육을 받은 적이 없으면서도 그의
절묘한 사격은 가히 타인의 추종을 불허하리만큼 빼어났던 것이다.

이처럼 만주와 연해주 일대의 산야의 밀림을 누비면서 오로지 독립전
쟁에만 매진하다 시베리아의 눈보라 속에 묻혀버린 그의 생애 탓에 그
후예에 대해서는 아는 사람이 아무도 없다. 1962년 그의 빛나는 독립투
쟁 업적을 추모하여 정부에서는 그에게 건국공로훈장 복장(複章)을 수
여했으나, 그의 직계 후예는 물론 근친마저 나타나지 않아 바로 그 훈장
은 총무처에 아직껏 그대로 보관되어 있다.

1907년 9월 7일 일제가 우리 민중의 무장투쟁을 약화시키고자 '총포
및 화약류 단속법'을 공포하여 민간인의 무기, 특히 화승총을 회수해 가
자 홍범도는 이해 11월 차도선·송상봉·허근 등과 북청의 후치령에서 의
병을 일으킨다. 이 의병 부대는 삼수, 갑산, 황수원, 풍산 지방의 산포수
를 중심으로 조직한 백발백중의 정예들이었다.

이해 11월 22일 일제가 삼수, 갑산 일대 포수들의 총기를 회수하려 하
자 산간 지방에서 사냥을 주업으로 삼고 근근이 살아오던 산포수들은
생사의 갈림길에서 홍범도 부대로 똘똘 뭉쳐 일제의 회수군과 대결, 적
을 전멸시킨다.

이튿날에는 일군 북청 수비대가 호위하는 우편마차가 갑산에서 혜산
진으로 향하는 것을 습격하여, 이 소식을 접하고 다음 날(24일) 출동한

중대 병력의 일군과 후치령에서 치열한 공방전을 벌인다. 적에게 계속 많은 손실을 끼친 홍범도는 유리한 지세를 이용, 대오를 정비하여 갑산, 혜산진, 삼수, 풍산을 잇는 도로변에 출동하면서 일제의 군용 화물을 습격하는 등 크게 기세를 올린다.

12월 31일 홍범도는 중평장에서 증원된 일군과 만나 항일 응원 부대가 잠복한 삼수로 유인하여 3시간에 걸친 치열한 전투를 벌인 끝에 큰 승리를 거둔다.

이때 일군의 생존자는 불과 12명으로, 그것도 겨우 탈출에 성공했다고 한다. 갑산을 완전 점령한 홍범도 부대는 업무를 마치고 유유히 이리사 방면으로 종적을 감춰버렸다. 이 놀라운 소식을 들은 삼수 공격군의 지휘관 미키 소좌는 부하 장교로 하여금 일시 삼수 지방을 지키게 하고, 11일 급거 군대를 이끌고 갑산에 도착했다. 그런 다음 일개 중대로 하여금 신풍리 동쪽에서 압축 포위케 했다.

추격한 지 일주일이 되어도 헛되이 시간과 병력만 소요했을 뿐 의병 부대의 종적은 찾지도 못한 채 할 수 없이 19일에는 갑산으로 귀환하여 버리니, 당시 홍범도 부대와 차도선 부대의 신출귀몰한 격전에 그토록 정예를 자랑하던 일본 주둔군도 별수 없이 농락을 당하기만 한 셈이었다. (『한국의 인간상』, 박성봉)

홍범도의 기동성 있는 작전, 전술에 당황한 일제는 추격 일변도의 전략을 바꾸어 회유작전을 펴니 뒤이어 홍범도의 양익 구실을 한 두 장수가 귀순 혹은 체포되어 그는 큰 타격을 받게 된다. 숱한 전과를 올리던 차도선이 일제의 귀순 공작에 넘어가며, 이어 홍범도와 늘 뜻을 같이하

독립군이 사용한 각종 소총과 무기.

여 용전(勇戰)을 벌이던 태양욱 역시 일제의 함정에 말려 체포되나, 그는 끝까지 귀순 권유를 물리치고 일제의 처형을 달게 받아 순국한다.

이처럼 본격화하는 일제의 귀순 회유작전에 따른 시련에 맞서 홍범도는 신풍리, 이원, 단천에서 풍산, 갑산, 혜산진에 이르기까지 여러 의병부대를 규합, 대오를 재편성하여 계속 과감한 투쟁을 벌인다.

한일합병을 맞는 1910년 초 국내에서의 의병활동이 더욱 압박을 받게 되자 홍범도는 두만강을 건너 간도로 와서 항일투쟁의 기반을 다진다. 간도에서의 홍범도는 다시 청년들을 규합하여 국내로 침투할 계획을 짠다.

이즈음 많은 독립투사가 속속 만주로 망명해 옴에 따라 그는 만주 각지를 국권 회복의 기지로 작정하고 청장년의 군사훈련에 더욱 힘쓴다.

1919년 3·1운동이 있은 뒤 동만주의 연길, 화룡, 왕청, 훈춘 등지에 거주하는 동포들은 본격적으로 항일투쟁을 벌이기로 결의하고 각지의 대표들이 모여 간도대한민국회를 조직하고, 홍범도는 국민회 소속으로 대한독립군을 조직하고 총사령에 취임하여 왕청현 봉오동에 근거를 두었으며 200명으로 일개 부대를 조직한 뒤 이해 8월 두만강을 건너 갑산, 혜산 등지의 일군 병영을 습격하여 큰 성과를 거둔다.

이에 자신과 희망을 가지게 된 장군은 이해 늦은 겨울 정예 부대를 인솔하고 다시 압록강을 건너 강계, 만포진을 함락시킨 뒤 자성에서 3일 동안 일군과 교전하여 일병의 사상자 70여 명을 내고 전원 무사히 돌아왔으니, 이 사실에 대경실색한 일 조선군사령부에서는 대병을 급파하여 압록강 연안을 엄중 경계케 했으며, 우리 임시정부에서는 교통국 참사 오동진 및 김응식으로 하여금 이 사실을 확인키 위하여 40일 동안의 예정으로 현지 출장을 명하여 이 사실을 조사한 바 있었다.

이해 최진동, 이태범을 간부로 하는 도독부와 통합하여 명실공히 일대군단을 이루었으니 4개 중대의 전 병력을 한 손에 장악했는바, 군인을 국내에 파견하여 경성의 일 헌병대를 습격하여 권총 5정을 노획했으며, 온성의 일 헌병대를 습격하여 2명을 사살, 수 명을 부상시킨 뒤 권총 7정을 노획하는 등 전후 8회에 걸쳐 온성, 무산 등지의 일제 기관을 기습하여 큰 성과를 거두고 독립군의 기세를 높였으며, 일제 관헌들의 간담을 서늘케 한 바 있다.

이로 인하여 일 헌병들은 국경지대의 가족들을 철수시켰으며, 일군 소좌 안천(安川)이 인솔하는 남양수비대 전원(약 1개 연대)을 동원하여 두만강을 건너 왕청현 봉오동을 공격하게 했다. (『대한민국 독립운동공훈사』)

이어 홍범도는 만주의 독립군 전투사상 청산리전투와 더불어 2대첩으로 꼽히고 있는 봉오동전투를 지휘하여 독립군의 사기를 돋우는 계기를 마련한다.

당시 홍범도가 이끄는 대한독립군이 진주하고 있던 봉오동은 새로 지은 집들이 반 이상이나 들어선 신흥 부락으로, 다른 부락에 비해 질서가 잘 잡혀 있고 짜임새 있는 조직으로 다져진 곳이었다. 사방이 고지로 둘러싸여 있어 군사 요새로서의 안성맞춤인 지세를 형성하고 있었다.

삼둔자(三屯子) 및 고려령(高麗嶺)에서 패전한 일군은 독립군의 근거지인 봉오동을 함락하고자 1920년 6월 일개 대대 병력을 투입시켜 이곳을 포위한다. 낌새를 미리 알아챈 독립군 사령부는 일군의 내습을 탐지하고, 부락민을 모두 대피시키고 공격에 대해 치밀한 사전 준비를 한다. 독립군은 고지 사방에 매복하고 일군 부대가 목표 지역에 완전히 들어오기만 기다리고 있는 상황이었다.

홍범도는 사전에 휘하 장병에게 실탄이 곧 목숨인 줄을 자각하여 적을 완전히 쓰러뜨릴 수 있는 거리에 오기 전에는 절대로 헛되이 난사하지 말 것을 주의했던 것이다. 돌입한 일군이 학교에 들어가 수색을 마치고 교정에 나왔을 때 홍범도는 사격 신호로 일발을 발사했다. 일군이 전혀 독립군의 계략을 알지 못하고 사방에 복병이 있을 줄은 꿈에도 생각지 못한 그 허를 찔러 맹공을 가했다. 동서북방 삼면에서 쏟아지는 총탄에 일군은 혼이 빼앗겨 지리멸렬되고 말았다.

오후 1시경 정신을 차린 안천(安川)은 신곡(神谷)중대와 중서(中西)소대를 지휘하여 동쪽 고지의 강상모 중대를 반격했으나, 강상모 중대장은 일군을 맹공하여 이를 격퇴시키는 데 성공했으며, 도주하는 일군을 추격하여 100여 명을 사살하는 전과를 올렸다. 그리고는 다시 중대원을 정비하여 산 뒤에 잠복했다.

강 중대장은 양면에서 공격하여 오는 일군을 맞이하여 치열한 교전을 전개한 끝에 교묘히 눈치채지 못하게 살짝 후퇴하여 버렸다. 독립군이 오는 줄로만 알고 자기들끼리 사격전을 벌이니 일군 중에 총탄을 맞고 죽어가는 자가 늘어났다. 더욱이 인접한 503고지와 부근 고지에 있던 독립군이 맹렬한 사격을 가하니 일군의 사상자는 더욱 배가했다. 교전 4시간 동안 치열한 전투를 겪은 독립군은 잠시 일군이 패주한 사이에 북방과 서방으로 양분되어 썰물같이 일시에 자취를 감추어버렸다. 이때 홍범도는 교정에 내려와 일군이 남긴 무기와 탄약을 거둔 후 주민들에게 사과의 인사를 남기고 철수했다. (『대한민국 독립운동공훈사』)

이 전투에서 독립군은 적 사살 157명, 중상 200여 명, 경상 100여 명의 전과를 올린 반면 아군의 피해는 전사 장교 1명, 사병 3명, 중상 1명에 불과했다.

따라서 보통 우리 의병을 폭도라고 부르던 일본인도 그들의 기록에서 홍범도의 이름 위에는 언제나 '의병 수괴' '독립운동의 영도자' '배일 불령단체의 영도자'라는 동격 수식어를 잊지 않고 붙인 것으로 보아 과연 얼마만큼 거물급으로 대했던지를 미루어 알 수 있다.

심산유곡 산간벽지에서 오로지 일본군을 쳐 무찌르는 데에 온힘을 쏟은 그였지만, 그가 남긴 흔적은 오히려 적국인 일제의 기록 속에 또렷이 남아 오늘에까지 전해지고 있다.

『독립운동공훈사』의 기록을 통해 잠깐 당시 그의 모습을 떠올려보자.

공전의 승리를 거두고 개선한 독립군은 수생동 중간촌에서 당지 국민회와 교포들로부터 성대한 전승 축하회를 받았다. 봉오동전투를 지휘하여 승전으로 이끈 홍범도는 이날 내빈으로부터 성대한 환영을 받았다. 53세의 중노

(中老)로서 중키에 뚱뚱한 모습을 한 그는 계급장도 없이 일개 졸병의 차림으로 지휘도나 권총 대신 장총을 휘두르며 전투를 지휘했던 것이다.

뒤이어 홍범도는 군대를 이끌고 안동현으로 가서 밀림 속의 서로군정서 통솔자인 지청천과 만나 상의하고 두 부대를 통합하여 그는 총사령관이 되며, 이때 지청천은 부사령관이 된다.

이해 간도의 대한국민회, 대한의민회, 대한광복단, 대한민단 등이 통합하여 상하이 임정 하의 북로사령부로 조직되자 그는 제1연대장에 취임, 이해 10월 20일 왕청현 삼도구 청산리 부근에서 일본 대부대를 만나 제2연대장 김좌진, 제3연대장 최진동 등과 같이 군대를 지휘하여 교전 끝에 적 600여 명을 사살하는 전과를 올린다.

이해 겨울 군대를 이끌고 밀산으로 가서 북로군정서, 대한독립단, 대한국민회, 서로군정서, 대한신민회, 도독부, 의군부, 혈성단, 야단, 대한정의군정사 등 여러 단체를 모두 통합하여 대한 독립군단을 창설하고, 그는 총사령에 취임하여 3500여 병력을 지휘한다.

1921년 6월 22일 홍범도 부대가 재정비를 위해 노령에 들어섰을 때 예기치 못한 일이 발생하니, 소련 당국은 한국 독립군에 무장해제 통고를 함과 동시에 철통같이 포위를 한 것이다.

이에 맞서 독립군이 많은 희생자를 내면서 항쟁 끝에 소련 국경을 건너 북만으로 넘어오는 이른바 흑하사변을 겪는다. 이미 노경에 접어든 그는 이후 뚜렷한 전과는 거두지 않았으나 계속 후진 양성에 주력하다 1943년 시베리아에서 별세한 것으로 전해지고 있다.

내가 본 홍범도

의병 독립군 사상 홍범도 장군의 행적은 너무나도 뚜렷하여 두서를 잡아 말하기가 힘들 정도다. 구한말의 의병들이 대충 유림 출신임에 비해 그는 무식한 사냥꾼 출신이면서도 오히려 문약에 흐르기 쉬운 의병 대열을 이끌어 꿋꿋한 항일투쟁을 벌였다. 배우지 않았기 때문에 더욱 순수했다고 할까? 여하튼 그는 전통, 주체를 앞세우는 유림들의 의병활동과 나란히 하여 사실상의 전투에는 앞장서 왔으며, 망국을 맞아서는 곧 의병활동을 독립군 활동으로 전환시켜 무장 독립투쟁의 핵심을 이뤄온 인물이다. 무식하면서도 이처럼 투철한 영도력을 발휘할 수 있었던 저력은 그의 오염되지 않은 순수한 정신적 바탕에 있었다고 본다.

그는 일제의 우편 화물차까지도 쳐부수는 철저한 항일관에 의해 독립군을 지휘해온 것이며, 바로 이처럼 철두철미한 그의 투쟁노선이 많은 독립운동가들을 감화시켜 달게 그의 지휘를 받도록 했을 것이다.

그가 직접 지휘한 봉오동전투가 독립 전쟁사상 접하는 스케일이라든지, 또 뒤이어 청산리대첩이 있게 한 독립군 통합에 공헌한 그의 기여라든지, 독립 전쟁사상 그가 남긴 숱한 공로는 주지의 사실이므로 더 이상 언급할 필요가 없을 줄 안다.

박성봉(경희대 교수, 한국사)

홍범도

1868년	평북 자성군에서 태어남
1907년	일제가 총포 화약류 단속법을 공포하자 산포대를 조직, 북청(北靑)의 후치령을 중심으로 의병활동을 벌임
1910년	간도로 건너가 독립군 양성에 진력, 항일투쟁의 기반을 다짐

이종찬 여천홍범도장군기념사업회 이사장이 '봉오동대첩을 국군의 창설일로 잡자'
(《조선일보》 2012년 6월 6일자 기고)고 주장하여 주목을 끌었다. 1920년 6월 7일은 우
리 독립군이 '봉오동대첩'으로 무장독립투쟁사의 새로운 전기를 이룩한 날이다. 봉오
동전투가 있음으로써 독립군은 같은 해 10월 청산리전투에서 재차 일본 정규군과 격
전을 벌여 큰 성과를 거두게 되었다. 하지만 북한은 허상에 빠져 봉오동대첩 같은 위
업은 홀대하면서 김일성 우상화에만 열을 올리고 있다는 것이다. 다음은 이 이사장의
기고문 결론 부분이다.

"앞으로 진정한 무장독립투쟁사가 정리된다면 그들의 과장이나 날조는 금세 진상이
밝혀질 것이다. 그러므로 봉오동 전승의 기록을 우리 국군의 역사로 복원하는 작업이
야말로 진정한 통일시대의 민족사적 정통성을 세우는 길이다. 그리고 또한 이것이 우
리 헌법 전문에 명시된 바와 같이 '대한민국은 대한민국 임시정부의 법통을 계승한
다'는 정신을 실현하는 길이기도 하다."

홍범도와 그 후손의 행방에 관해 《조선일보》는 다음과 같이 보도했다. (2006년 3월
2일)

"홍범도는 1937년 스탈린 강제이주정책에 따라 연해주에서 중앙아시아 카자흐스탄
으로 옮겨갔다. 1943년 세상을 뜨기까지 말년에는 극장 수위로 생계를 이었다고 한
다. '의병전투에 아내와 두 아들 모두 바치고도 / 어금니로 눈물 깨물던 사람'(홍범도』,
이동순) 그러나 러시아에 있는 그의 후손은 허위의 유족처럼 어렵게 산다고 한다."

41

석오 이동녕

상하이 임시정부 주역으로 국무총리, 대통령 권한대행까지 역임한 석오(石吾) 이동녕(李東寧)은 1869년 2월 17일 충남 천원군 문의면 후곡리에서 진사를 지낸 이병옥(李炳鋈)의 장남으로 태어났다. 그의 아호 석오는 '평생 돌 같은 독립에의 의지를 간직한다'는 뜻이다.

그는 모두 4남매를 두었는데 장남 의식(77·의사) 씨는 김성진, 박건원(강원도지사 역임) 등과 경성제대 의학부 1회 동기로 6·25전쟁 때 납북돼 북한 서문병원에 있다는 풍문이 있은 뒤 소식이 끊어졌다. 의식 씨는 2남을 두었으며, 장남 철희(50) 씨는 고려대, 샌프란시스코 주립대학을 거쳐 국제정치학을 전공했으며 서울교육대 학장을 역임했다. 일본 소화여대 영문과 출신인 손보숙(44) 씨와 사이에 용선(20·캘리포니아대학 재학) 씨 등 4자매를 두었다. 의식 씨의 차남 석희(44·대우개발 사장) 씨는 서울대 법대를 졸업하고 전 보사부장관 구영숙의 4녀인 구연경 씨와 결혼했다.

석오의 차남 의백(70) 씨는 사업 중이며, 아들 3형제 윤희(45), 준희(44), 광희(35) 씨 모두 서울에서 사업을 하고 있다.

석오는 22세 때 응제(應製) 진사시에 급제하며, 1904년 8월 22일 제1차 한일협약이 체결되자 상경하여 상동교회 전덕기 목사를 중심으로 양기탁, 이시영, 이회영 등이 발기한 국민 계몽단체 상동청년회에 가입하여 활약한다. 이후 일제의 감시는 줄곧 그를 뒤쫓는데, 상동청년회 결사대가 한일협약의 파기를 관철시키기 위해 덕수궁 대한문 앞에서 연좌시위를 벌이다 투옥된 이래 그는 일제 일급 요시찰인이 된다.

"최근에도 조부님의 생가가 있던 천원군 문의면 후곡리에 다녀왔습니다마는, 지금은 모두 전답으로 변해 있더군요. 이곳 용흥초등학교 어린이들도 모두 조부님 이야기를 잘 알고 있더군요. 그곳 마을문고에 책을 좀 보내고 있습니다. 또 그분이 상경하여 항일시위를 계획하던 본거지 상동교회는 바로 한국은행 건너편에 지금도 남아 있지요."

철희 씨는 할아버지의 자취를 띄엄띄엄 옮겨갔다.

옥고를 치르자 석오는 간도 용정촌으로 건너가 이상설, 여준 등과 최초의 재만 한국인 교육기관인 서전의숙을 개교하고, 학생들에게 한국의 역사, 지리, 국제공법 등을 가르쳐 일제의 불의와 한국민의 진로를 깨우치나, 이 학교는 2년 만에 재정난으로 문을 닫는다.

석오는 1907년 일단 귀국하여 신민회 조직에 참가하여 자매단체인 청년학우회의 총무로 활약하나, 일제의 탄압이 심해지자 이듬해 다시 만주로 들어가 요녕성 유하현 삼원보에 독립운동 기지를 설립기로 합의하고, 이석영·이회영·이진수·이상용 등과 교포의 자치기관인 경학사를 설치하여 그 부속기관인 신흥강습소의 초대 소장으로 취임한다.

하지만 이역에서의 독립운동도 국내의 신민회 사건(1911년 당시 일제총독부의 날조로 데라우치 총독 암살음모 사건을 신민회에 뒤집어씌워 회원 600여 명을 전국적으로 체포한 사건) 등으로 자금줄이 막혀 핍박을 받는다.

"어찌할 수 없게 되었습니다. 식량마저 떨어졌으니 우리는 당분간 헤어지기로 합시다."

석오가 이회영, 이시영 등 동지들에게 발표한 당시의 비통한 고별사이다.

그 후 그는 블라디보스토크로 가 이상설과 군관학교 설립운동을 벌이다 러시아 관헌의 오해로 옥고를 치르기도 한다. 이듬해 감옥에서 풀려나자 대종교에 입교하며, 이상설을 도와 권업회를 조직하고 《해조신문》을 발행하여 민족혼을 일깨운다.

"이상설 선생님과 조부님은 네 것 내 것 가리지 않는 막역지우라고 전해요. 두 분 성격도 퍽 대조적이어서 젊은 교포 학생들을 교육할 때도 이상설 씨는 잘못이 있으면 추상같이 꾸짖고, 조부님은 온화하게 타일러 함께 조화를 이루었다고 합니다. 할머니(풍산 김씨)는 할아버지와 평생 20년쯤 동거하신 셈이고, 1919년 이회영 선생님이 서간도 용정으로 돌아갈 때 같이 가셨다가 관동군의 압박도 심하고 하여 혼자 돌아오셨다고 해요. 이때가 33세 때인데 할머님은 뒤이어 개성성경학교를 나오셔서 기독교 믿음으로 살아가야 한다고 말씀해오셨지요. 그 이후 우리 집안은 기독교 가정으로 내려오고 있으며, 할머님은 1954년 8월 89세로 작고하셨습니다. 외가 쪽이 바로 종교 집안이지요. 외가 증조부(이원긍)가 연동교회를 창설하신 한국 기독교계의 원로이시고, 외조부(이능화)는 한국 불교사를 체계화하는 많은 저술을 하셨습니다."

손자 철희 씨의 말이다.

1918년 석오는 만주와 노령에 와 있던 이회영, 이시영, 황공수, 문창범, 황상규, 이범윤, 김좌진, 박찬익, 윤세복, 김동삼, 여준과 조선독립선언을 한다. 이 선언은 이듬해 도쿄 2·8독립선언과 3·1독립선언의 위밍업이랄 수 있는 거사로서 당시 서명 자료는 국내와 해외 다른 곳에 있던 이승만, 박용만, 신규식, 김약연, 조용은, 박은식, 신채호, 이대위, 정재각 등이 망라되어 있다.

> 사기강박, 불법무도, 무력폭행의 극으로 국제 법규를 무시한 악마라 통박하고 인도주의 법리에 비추어 합방의 무효를 선양하고 그들의 죄악을 응징하여 우리의 권리를 회복하라.

이처럼 강경한 어조로 이 선언은 일제를 꾸짖고 있다. 이듬해 3월 대한민국 임시정부가 상하이에 서자 석오는 초대 임시의정원 의장이 되며, 국내에서 조직된 한성 임정의 내무총장, 1개월 후에는 상하이 임정의 국무총리 대리, 내무총장이 되는 등 '독립내각'의 요직을 맡는다.

2년 후 석오는 다시 국무총리 대리로 임명되는데, 당시 미국에서 일시 상하이로 온 이승만에 반발한 이동휘의 임정 탈퇴로 야기된 사태 수습을 위한 임명이다. 이처럼 임정 내분의 수습책으로 그가 자주 등장한 것은 그의 온후한 성품, 설득력 때문인 듯 보인다.

당시 상하이 임정은 각계각층을 망라한 것이므로 분파, 분당의 여지가 짙었으며, 특히 공산주의자들의 침투는 이러한 징후를 더욱 짙게 한다. 이들의 책동으로 이해(1921년) 5월 29일 결성된 국민대표회의가 3개월 이상 150회의 회의를 거듭하면서도 실패로 끝나게 된다.

또 11월 11일 태평양회의에 제출키로 한 한국 독립 문제 해결 청원서와 대표 파견 문제도 각 파의 이견으로 난산을 겪는데, 이것은 8월 13일 외교연구회가 이견 조정을 위해 조직되었으나, 26일 안창호가 파벌에 의한 무질서를 개탄, 탈퇴한 사건이 발생했기 때문이다. 이 난국의 조정역

중국 사천성 기강의 이동녕 묘.

으로 나서 홍진 등 22명의 연서를 발송시키는 데 성공한다.

"당시 조부님의 활약상을 목격하지는 못했지만 아버지는 중앙학교에 재학 중 3·1운동을 맞아 퇴학을 당하고 북간도로 가십니다. 거기서 상하이에도 따라가셨다고 하는데, 쇠고기 육회를 해드렸더니 조부님은 서너 근을 앉은자리서 거뜬히 잡숴버리셨다는 것입니다. 그처럼 식생활이 궁핍하셨다는 것이지요. 아버님은 그 후 국내에서 중학을 다니시고 일본 센다이중학을 거쳐 야마가타고교를 마치는데, 그동안 경기고녀(경기여고 전신) 사범과를 졸업한 어머니(이상순)가 초등학교 교사로 학비를 대시지요. 그 후 아버님은 경성제대 의학부를 마치고 박사 학위논문까지 냈으나 일제가 독립투사 집안이라고 하여 통과시키지 않아 해방 후에야 박사 학위를 받으셨지요. 광복 후 아버지는 서울대 이사, 임시의정원 입법의원, 반민특위위원 등을 지내셨지요."

손자 철희 씨의 말이다.

1922년 1월 석오는 다시 내무총장이 되어 임정의 마비된 기능 회복에 열을 올린다. 그는 자신을 포함한 홍진, 안창호, 여운형, 도인권, 차리석, 노백린, 김구, 이시영과 함께 시사책진회(時事策進會)를 조직하여 활동을 벌였으나 이승만계의 탈퇴 등으로 그 노력은 수포로 돌아가고, 이듬해 4월 25일 이승만 임시대통령에 대한 탄핵안이 제출되는 등 내분의 사태는 더욱 악화된다. 이듬해 4월 23일 석오는 다시 국무총리에 임명되고, 6월 2일에는 군무총장을 겸무하며, 또 궐석인 임시대통령을 대행하다 12월 박은식이 승계한다.

1926년 8월 다시 국무원에 피선, 국무령이 되었으나 곧 사임하고 이듬해 2월 25일 헌법 개정으로 국무원이 자동 해임되자 4월 11일 그는 다시 국무원에 선출된다. 그러나 불화로 곧 사임하고 한국독립유일당촉성회 집행위원으로 공산주의자와 투쟁한다. 이 기간 임정은 사실상 무정부상태로 몰입되어 큰 시련에 휘말리는데, 약헌 제22조에 의해 임시정부위원회잠행조례를 제정, 석오와 김명준, 조완을 정무위원으로 선임하여 일체를 대행시키다가 8월 19일 의정원은 석오를 주석 국무위원으로 선임한다.

"도산과 우남의 대립, 탄핵 사건 때 쌍방의 오해에 조부님은 상당히 고심하신 모양입니다. 당시 미국에 계시던 고모부(이종소 목사)와 연결되어 모금을 지원하고 하와이와 캘리포니아에 정착한 교포들이 포도를 따서 성금을 모으는 등 독립운동에의 지원이 활발했는데, 국민회 계통의 일부 성금이 닿지 않았다는 것이지요. 그리고 참 여기 《개벽》지(62권) 사본을 보면 1905년 당시 하와이의 강천명이라는 청년이 돈 5원을 독립운동 성금으로 보내왔다는 것인데, 조부님은 이 돈을 기금 삼아 서전의숙을 세우셨다는 것이지요. 이 자료는 고대 동문 한만년(일조각 사장) 씨가 부친 한기악 선생에게서 물려받은 것이라고 전해주더군요."

6·25전쟁 때 없어진 석오의 자료를 아쉬워하는 철희 씨는 이처럼 한 점, 두 점 모이는 자료들을 차곡차곡 깊숙이 간직해왔다.

1928년 3월 25일 공산계 구연흠 등의 한국독립운동가동맹에 대항하기 위해 김구, 조소앙 등과 한국독립당을 조직하고, 석오는 이사장이 되어 그들을 회유하기에 힘쓴다. 이듬해 그는 다시 의정원 의장이 되며 1932년의 이봉창, 윤봉길 의사의 의거를 치른다.

이 사건으로 일제의 탄압이 심해지자 임시정부는 절강성 항주로 옮기며, 그는 김구, 박찬익과 강소성 가흥수륜사창으로 피신한다.

1935년 석오는 이시영, 차리석, 조성환 등과 한국국민당을 조직하여 당수로 추대되고 11월 1일 김구 등과 함께 다시 국무위원에 임명되며, 이듬해 11월 국무회의 주석으로, 또는 미령(美領) 위원으로 활약한다.

"결혼은 역시 집안을 보는 것이지요. 저 사람과는 어려서 단성사 뒤 묘동교회에 함께 다니면서 친해진 것이지요. 부친께서는 집안의 화목을 도모하고 사회를 위해 일하라는 평범한 가훈을 가르치시곤 하셨지요."

철희 씨의 말을 받아 부인 보숙 씨는 결혼 당시를 이처럼 회상했다.

"그저 막연히 좋은 가문, 그때 박해를 받는 집안이라는 것은 알았지만 바로 이동녕 선생 집안이라는 것은 몰랐지요. 저희는 직접 못 보았지만 시조부님이 상하이 가서 고생하신다는 말씀은 어려서부터 많이 전해 들었습니다."

1937년 노구교 사건으로 중일전쟁이 벌어지자 임정을 주축으로 한 대일 투쟁기구 한국광복전선을 결성하는데, 난징에 머물던 석오는 국민당 간부로 이에 참가한다. 그러나 난징이 일본군에 함락되자 중국 정부가 충칭으로 옮기게 되어 우리 임정도 중국 정부를 따라 진강에서 호남성 장사로 옮겨 다니지 않을 수 없게 된다.

난징에 있던 석오도 장사로 갔다가 이듬해 흩어졌던 동지들과 사천성 기강으로 가나 이미 노경에 이른 그는 병석에서 신음하다 1940년 3월 13일 급성 폐렴으로 72세를 일기로 별세하며, 이역의 땅에 묻힌다.

"당시 조부님 부고가 미국에 계신 고모님(의순 씨)을 통해 집안에 알려졌지요. 제가 중학 2학년 때인데, 추도식을 하려고 하니까 종로서 형사들이 달려와 못하게 말리더군요. 할 수 없이 집안 식구들만 모여 추념했지요."

석오의 유해는 1948년 김구의 아들 김신 장군이 그 모친의 유골을 모셔올 때 함께 환국하여 서울 휘문중학 교정에서 사회장을 지냈으며, 효창공원에 안장되었다. 1962년 정부는 석오의 빼어난 항일독립 행적에 건국공로훈장 복장을 추서했다.

"조부님의 활동 시대를 연구해보면 역시 우리 민족이 당시 힘의 배경에 휘말렸다는 사실을 절감하곤 하지요. 테프트—카스라 협정 등 당시 미·일의 농간에 놀아날 수밖에 없었지요. 군사력, 경제력이 모두 부족했기 때문이지요. 그러한 악조건을 무릅쓰고 우리나라 유산을 지켜온 빛나는 사실들을 살아남은 우리가 힘껏 계승해나가야지요. 자라나는 학생들에게도 더욱 알렸으면 해요."

국제정치학 전공의 철희 씨가 이처럼 감회를 밝혔다. 대학 졸업 후 사업가로 자신의 입지를 다지고 있는 둘째 손자 석희 씨는 최근에 입수한 『백범일지』 원본을 펼쳐 보이며 이처럼 소감을 밝혔다.

"저는 사학자는 아니지만 우리의 근세사는 임진왜란과 한일합병에 의한 36년간의 일제 압정에 의해 얼룩져 왔으나 그때마다 우국지사들에 의해 그 고난을 극복해오지 않았어요? 비록 조부님께서는 살아서 조국의 광복을 보지 못하시고 갖은 고난에 대한 어떠한 영광도 육신으로는 누리지 못하셨으나, 그 정신은 우리 후손과 가족에게 길이 심어주셨으며 또 길이 계승될 것입니다. 우리 민족의 결점은 단체 생활에서 단결하지 못하는 것으로 생각해온 저로서는 조부님의 일생이 역경과 협박 속에서도 동지를 돕고 앞세우는 겸허로 얼룩진 사실들을 알아냈지요. 바로 이런 뜻을 가훈으로 삼아 저 스스로나 자손들의 교육에 힘쓸 생각입니다."

임정의 주역을 맡아오던 김구의 회고록『백범일지』에는 이처럼 석오관이 펼쳐져 있다.

기미년 상하이에서 또다시 (석오를) 상봉하여 20여 년을 동고초동사업(同薰草同事業)을 일심일의로 지내왔다. 선생은 재덕이 출중하나 일생을 자기만 못한 동지를 도와서 선두에 내세우고 자기는 타(他)의 부족을 보(補)하고 부족을 개도(改道)함이 선생의 일생의 미덕인데, 선생의 최후 일각까지 애호를 받은 사람은 즉 오인(吾人)이었다. 석오 선생이 서세(逝世)한 후는 봉사즉첩사(逢事則捷事)하나니 고문(顧問)이 없음이라. 어찌 나뿐이랴 우리 운동계의 대손실이다.

내가 본 석오 이동녕

석오 이동녕은 19세기 우리 국가와 민족이 외세, 특히 일본제국주의에 주권을 박탈당하고 식민지로 전락한 상태 속에서 국권 회복을 위한 민족운동가의 한 분이었다.

그의 평생은 국내외를 전전하면서 제 방면에 걸친 민족운동을 전개

한 것이었다. 국내에서는 국민 계몽단체인 상동청년회에 가입하여 애국
계몽운동을 폈고, 비밀결사인 신민회와 청년학우회를 통해 활약하기도
했으며, 만주에서는 북간도 용정에 서전의숙을 설립하여 교육운동을
벌였으며, 요녕성 유하현 삼원보에 동지들과 함께 독립운동 기지 건설에
심혈을 기울여 경학사와 신흥강습소를 설립하기도 했다. 노령 연해주
지방으로 활동무대를 옮긴 그는 여기서 권업회를 조직하고 《해조신문》
을 발간하면서 최초의 한국독립선언에 참가하기도 했다.

그의 눈부신 활동은 대한민국 임시정부가 수립되면서부터이다. 초대
임시의정원 의장, 국무원, 국무위원, 주석 국무위원, 의정원 의장, 국무
회의 주석 등을 역임하면서 임정 내의 어려운 문제가 생길 때마다 조정
내지 해결의 명수로서, 끝까지 임정의 명맥을 유지시키는 데 힘썼다. 또
한 그는 외곽 후원단체로서 시사책진회, 한국독립당, 한국국민당, 한국
광복전선 등을 결성하여 일제와 대항했다. 난맥상의 임정을 이끌어온
그의 온후하고 고결한 성품은 높이 평가되어야 할 것이다.

김호일(국사편찬위원회 편사연구관)

석오 이동녕

1869년	2월 17일, 충남 청원군 문의면 후곡리에서 태어남
1904년	제1차 한일협약이 체결되자 상경, 상동청년회에 가입함
1905년	간도 용정촌으로 건너가 이상설, 여준 등과 최초의 재만 한국인 교육기관인 서전의숙을 설립함
1907년	일단 귀국, 신민회에 참가하여 자매단체인 청년학우회의 총무로 활약함
1908년	다시 만주로 가 이회영, 이상용 등과 교포의 자치기관인 경학사를 설치, 그 부속기관인 신흥강습소의 초대 소장으로 취임함
1912년	대종교에 입교하고 이상설을 도와 권업회를 조직함
1918년	재만·재노령의 한국독립선언을 주도함

1919년	상하이 임정 초대 의정원 의장에 취임함
1921년	임정 국무총리 · 대통령 대리에 취임함
1940년	3월 13일, 중국 사천성 기강에서 급성 폐렴으로 72세를 일기로 별세함

42

영계 길선주

영계(靈溪) 길선주(吉善宙)는 한국 교회 최초의 목사, 새벽기도를 가장 먼저 시작한 사람, 부인(婦人)교회와 노동전도회 등을 처음 조직한 한국 기독교의 선구자이다. 그는 3·1운동 때 33인 민족대표의 1인으로 독립투쟁의 일선에 나서기도 했다. 영계는 1869년 3월 15일 평남 안주군 후장동에서 무과에 급제한 길봉순(吉鳳順)과 노복순(盧福順) 사이에 차남으로 태어났다. 부친은 노강첨사(老江僉使)와 가선오위장 등을 역임했다.

영계는 2남을 두었으나 장남 진형은 105인 사건에 연루되어 옥사했다. 진형 씨의 유복자 낙영(62) 씨는 은희(40·이화여대 생물학과 졸), 원보(36·성균관대 심리학과 졸, 미8군 근무), 원철(33·서울대 농대 졸, 강원산업 근무), 은선(30) 씨 등 4남매를 두었으며, 출가한 막내딸과 함께 서울 영등포구 당산동 시범아파트에 살고 있다.

진경 씨의 맏딸 희영(51·이화여대 체육과 졸) 씨는 정인엽(54·강원산업 상무) 씨와 결혼하여 경원(25·외대 행정과 졸, 세방해운 근무) 씨 등 형제를 두었다. 밑으로 장남 우영(46·《조선일보》기자) 씨, 차남 안영(44·건국대 졸, 포항제철 근무) 씨, 막내딸 화영(39·이화여대 체육과 졸) 씨가 있다.

영계는 한학을 수학하던 서재에서 12세 때 뛰쳐나와 안주부사의 통인이 되어 관가에 들어가 가난을 덜어보려 하나 3년 만에 행상길로 접어든다. 하지만 가난을 씻어보려던 행상도 마음의 안정을 얻기 어려워 이 일 역시 4년 만에 집어치우고 만다. 이 시절 젊은 날의 영계는 다음과 같은 한시로 고뇌의 흔적을 남기기도 한다.

옥같이 예쁜 손은 괴롬을 맡았으니
미인의 마음은 팔자를 원망하네.
玉手任辛苦
芳心怨八字

그의 이웃에 새로 시집온 가난과 싸우는 한 여인의 모습을 이처럼 그려낸 것이다. 삶의 뜻을 가누기에 안간힘을 쓰다 실의에 빠져 방황하는 생활로 젊은 나날을 보내던 그에게 선도(仙道)의 마력이 찾아든다.

"선도의 비법을 알고 있다는 평양의 장득한이란 분을 이때 만나셨다는 것인데, 선도를 터득하기만 하면 장사(壯士)가 될 수 있고 축지법을 쓰는 등 인생 만사가 해결될 수 있다는 것이었지요. 무장의 풍모를 갖춘 아버님에게는 몹시 호기심이 끌렸던 모양입니다."

진경 씨는 부친의 친필이 가득 담긴『영계역사』를 펼쳐 들고 영계의 젊은 날을 더듬어갔다.

이리하여 영계는 1889년 선도를 배우기 위해 평양 대성산 두타사, 순천 안국사로 들어가 수도 생활에 몰두한다. 선도에 기우는 등 5년간 구도에 정진하여 참선의 경지에 들어갈 수는 있었으나, 아직도 인생을 꿰뚫는 도를 깨닫지는 못한다. 참선 중에 졸음이 오는 타성은 그로 하여금 회의를 느끼게 했고, 이에 따른 정신적 불안감으로 그는 건강마저 잃게 된다. 설상가상으로 약을 잘못 사용하여 오히려 시력마저 흐리게 된다.

"산속에 묻혀 수도 생활을 하다 보니 영양실조에, 잠을 못 자 피로에 지치신 셈이지요. 시력이 극도로 쇠약해지신 것이지요. 이를 계기로 황해도 재령 황호리의 미국인 의사(선교사)에게 수술을 받으셨지요. 오른쪽 눈은 시력을 회복하나 왼쪽 눈은 거의 실명하게 되셨지요. 그래 세상 떠나실 때까지 두꺼운 안경을 쓰셨지요. 하지만 수술 후 성경책을 혼자 읽으실 만한 시력은 지속되어 하나님께 감사드리곤 하셨지요."

영계가 종교 생활에 접어들어 기독교에 입교하기까지의 상황을 진경 씨는 이렇게 펼쳤다.

"선도에서 실명하여 한창 실의에 헤매시던 때 아버님은 같이 선도하시던 친구 김종섭이란 분이 기독교인이 되어 그분에게 입교하시기를 권유받습니다. 하지만 당시만 해도 기독교는 이교 아닙니까? '아버님은 기독교가 도대체 뭐냐? 양교(기독교)를 하다니 네 모가지를 딴다'고 호통치셨다고 해요. 그러다가 그분에 이끌려 이길함 선교사에 인도되었지요. 6개월 후 1897년 8월 15일 세례를 받고 기독교로 개종하지요."

기독교인이 된 영계는 이듬해 선교사 마포삼열에게 발탁되어 평양성 판동교희의 영수(領袖)가 되며 3년 후에는 평양 장대현교회의 장로가 되는데, 이곳은 그 후 그의 기독교 활동의 거점이 된다.

그는 1903년 선교사공의회가 창립한 당시 한국 신학교육의 유일한 기관인 평양신학교에 입학하고, 1907년 6월 졸업과 동시에 평양 장대현교회의 전임목사로 취임하여 한국 교회 최초의 목사가 된다.

"여하튼 아버님이 한국 기독교의 토착화 과정에서 여러 가지 업적을 남기신 것은 이미 교회사의 한 부분으로 되어 있습니다. 1898년 한국에 기독교가 처음 도입될 무렵, 그러니까 아버님이 입교하신 이듬해 그분은 부인교회를 따로 만드셨지요. 평양 사창골교회라고요. '남녀칠세부동석'이던 시절 부인 전도에 관심을 쏟으셨고 또 주위의 반발을 무릅쓰고 교회를 통한 남녀평등운동을 펴셨습니다."

중국 금릉대학과 평양신학교, 미국 드뷰크 신학교를 거쳐 대구 중앙교회 등에서 스스로 목사의 대를 이어온 진경 씨는 영계와 관련된 한국 교회사의 편편(片片)을 이처럼 풀이했다.

이역 한국에 찾아든 선교사를 통해 무비판적으로 받아들이던 한국 기독교는 20세기에 접어들면서 점차 우리의 신학과 신앙의 자주성을 가미하여 자각의 눈을 뜨며, 길선주라는 거인이 그 큰 몫을 맡게 된다.

"부친의 설교에는 도경(道經)의 한 부분인 옥경(玉經)에 나오는 얘기가 많이 인용되곤 했지요. 이처럼 성경의 해석에도 우리 고전을 인용 비교하여 우리 한국인이 이해하는 데 무리가 없도록 힘쓰셨습니다. 우선 한학으로도 유명하리만큼 박학하셨으니까요. 우리 민족이 내려온 근원을 찾아야 한다는 민족 종교관을 내세워 주목되는 것이지요. 지금 부친 전기(3권)를 다 써놓고 미국 연합장로교에 보내 출판을 서두르고 있습니다. 편집은 마삼락 선교사가 맡고 있는데, 바로 부친께서 기독교에 입교할 당시의 선교사 마포삼열의 아드님이지요."

부친의 종교관을 설파하는 대목에서 진경 씨는 조금 목소리를 높인 채 제임스 S. 게일 목사가 쓴 영문 저서 『개화기의 한국(Korea In Transision)』(1909년 뉴욕 장로선교부 발행)을 펼쳐 들었는데, 영계의 포교 과정이 상당 부분을 차지하고 있었다.

평양 장대현교회(길선주가 한국 최초의 부흥회를 열었으며 3·1운동의 거점이 되었다).

　그가 1905년 장대현교회 조사(助事)로 일하던 때 시작한 새벽기도가 곧 지금도 통금시간이 풀릴 무렵 차임벨 소리와 함께 전국 모든 교회에서 시행하고 있는 한국 새벽기도의 효시가 된다.

　새벽마다 일찍 일어나서 기도로써 그날의 일과를 하나님께 아뢰고 맑은 정신으로 삶에의 용기를 주는 새벽기도는 곧 영계가 하나님과의 대화를 나누던 신비스런 통로를 일반 신도에게 활짝 열어준 셈이다.

　"묵시록 1만여 회, 구약 30여 회, 신약 100여 회를 독파하셨다는 얘기도 사실일 것입니다. 묵시록을 단 18분 만에 쉬지 않고 달달 외우시는 것을 바로 제가 목격했으니까요."

　만년에 자유주의 신학사상을 배격하고 정통주의 신학의 고수를 강력하게 주장해온 것인데, 오늘에 이르기까지 대부분의 한국 교회는 바로 이 영계 신학사상을 바탕 삼고 있다.

　영계는 강단을 지키는 조용한 목사로서보다는 전국 곳곳을 누비며 민족 얼을 깨우치고 새 시대를 밝혀주는 행동파 부흥사로서 더욱 명성을 높여간다. 평양의 모(母)교회인 장대현 예배당을 비롯하여 남만주 안동현 제일예배당과 북만주 용정 중앙예배당에 이르기까지 그의 집회 결과로 건축된 교회는 무려 100여 개를 헤아린다.

"이것은 바로 1907년 아버님의 기독교 대부흥회 때 한국에 와 있던 선교사 네 분이 미국 장로교본부에 보낸 특별 보고서입니다. 기적처럼 번져가는 당시의 전도 과정을 그대로 알린 것이지요. 또 이 염주는 김덕엽이란 승려가 기독교로 개종하는 기념으로 아버님께 바친 것이지요. 가톨릭 신부마저 회개하고 개종하면서 그 기념물을 바쳤는데, 당시 로마 교황에게는 그 진상이 어떻게 보고되었는지 한번 확인해보고 싶군요."

진경 씨의 말을 받아 손녀인 희영 씨가 할아버지의 모습을 떠올렸다.

"조부님은 잘 보시지를 못해 주일날 예배당에 가실 때나 장로님 댁에 가실 때 제가 모시고 다녔습니다. 시간관념도 상당히 엄격하셨지요. 시계가 1초를 틀려도 큰일 났고, 지방 부흥회를 떠나실 때면 1시간 전에 벌써 정거장에 나가 대기하고 계셨으니까요."

그의 신앙 설파는 각계각층을 망라한 복음 전래로 번져 일제 당국의 무서운 감시와 압력을 무릅쓰고 여전도회를 처음으로 조직하여 여신도들을 동원해 가정 속에 기독교를 침투시키는 데 성공하고, 노동전도회를 조직하여 사업 전도의 기틀을 잡는가 하면 노인전도회도 조직한다.

"빈부귀천을 가리지 않고 종교로써 자유, 평등 사상을 실현하신 것이지요. 홍치라는 아편쟁이가 회개하고 노동전도회 총무일을 맡아 복음 전파에 헌신하는 기적을 낳기도 하셨지요. 교회도 고리타분해서는 안 된다고, 8000원이란 사재를 몽땅 털어 교회 안을 성서로 장식하게 하셨고, 크리스마스 때면 성극을 상영하게 하셨고, 찬송가의 곡조도 국악으로 쓸 것을 주장하여 구찬송가 제10~14장은 국악이 차용되었지요. 1922년 마우리 선교사와 함께 찬양대, 평양오케스트라를 처음 조직하여 교회 분위기를 근대화시키는 데에도 애썼지요."

영계는 이처럼 기독교 신앙에서 정신적 안정을 얻으면서 종교 생활의 영역을 넓혀 평양의 숭덕학교, 숭현여학교를 비롯하여 남녀 성서학교와 수많은 여학교를 설립하여 교육사업에 헌신하면서 민족혼을 일깨우는 독립운동에도 힘쓴다.

"부친께서 3·1운동에 참여하시던 때 저는 그 심부름을 맡았습니다. 바로 2월 하순 함태영 목사가 우리 집에 와서 사흘간 묵고 가셨고, 이승훈 선생님도 다녀가셨지요. 함 목사님은 기독교계를 맡아 지휘하기로 했고, 이 선생님은 천도교와 기독교를 연결 중재시켜 3·1운동에 참여시키는 역할을 맡았지요. 그때 저는 안주까지 심부름 가서 김찬성 목사에게 독립군이 많은 만주 관전현에 건너가 국내에서의 3·1운동에 호응하여 계속 만세운동을 벌이도록 하는 밀지를 전했지요. 1월 초에는 상하이에서 선우혁 선생이 찾아와 미국에서의 형편을 알리고 가기도 했습니다."

3·1운동 후 33인의 1인으로 투옥됐던 영계는 소요죄 혐의로 1년 이상 옥고를 치르며, 아들 진경 씨도 《독립신문》을 만들어 뿌리다가 체포되어 1년 6개월간 옥살이를 하다 병보석으로 풀려난다.

"가훈은 우선 '정직'입니다. 제가 초등학교 6학년 때 월반했던 기념으로 사업회를 한다고 속여 부친께 50전을 타내 사탕 사 먹고 모두 써버렸다가 피가 맺히도록 종아리를 맞은 적도 있습니다. 다음 네가 할 수 있는 일은 네가 하라는 것이고, 출입에는 반드시 예의를 차려 알리라는 것이고, 또 책을 많이 읽으라고 늘 타이르셨지요."

참을 말하는 데 주저하지 않으며, 죄를 책하는 데 엄격했던 영계는 1927년 자기 손으로 창립한 장대현교회에서 일단 물러난다. 그 후 그는 전 한국 교회의 지도자로 연 30주의 집회와 하루 4~5회의 설교를 쉬지 않고 전도와 부흥에 힘써 약 2만여 회의 강연에 청강자 500만 이상을 동원하는 기록을 세운다.

1935년 11월 26일 평남 강서군 잉차면 고창교회에서 평서노회 사경회를 인도하다가 뇌일혈로 별세하며, 평양시 상수구리 33 서장대에 안장된다.

내가 본 영계 길선주

어려서부터 길선주 목사가 주재하던 장대현교회에 다녀 약 20년간 곁에서 모셔온 셈이다. 길 목사님은 특히 설교에 능하셔서 모든 신도의 마음을 사로잡곤 했다. 설교 때면 우선 자신이 열렬하고 진지한 태도를 보여 분위기를 이끌어가곤 했다. 그 설교들이 너무나 인상적이어서 얼마 전 『강의실감(講義實鑑)』이라는 길 목사의 설교집을 출판한 일도 있다.

눈이 좋지 않아 우리가 늘 모시고 다녔지만 표정은 늘 명랑했고, 얼굴이 넓고 미소 짓는 호인형이어서 젊은이들이 많이 따랐다.

한국 최초의 부흥회를 장대현교회에서 열어 당시 몰려들었던 청중들이 다투어 회개하고 기독교에 입교하여 서양 선교사들도 어리둥절할 정도였다. 나는 그 후 줄곧 그 교회에 다녀 집사, 장로까지 지냈는데, 다른 사람들이 차례로 별세한 지금 아마도 마지막 생존한 장대현교회 장로가 아닌가 한다.

길 목사님은 우리 집에도 여러 번 놀러 오셨고, 아들아이 이름까지도

지어주셨다. 전국 각 부흥회를 쫓아다니시느라 눈코 뜰 새 없이 바쁘시면서도 늘 여유로운 표정을 지으셨고, 결혼식 주례나 장례식을 많이 주재하셨다. 한창 젊은 날의 장대현 시절을 회상하면, 좌우간 길선주 목사는 한국 제일가는 목사였다고 꼽는 데 지금도 변함이 없다.

고영수(남대문교회 장로)

영계 길선주

1869년	3월 15일, 평남 안주군 후장동에서 태어남
1889년	선도를 배우려고 평양 대성산 두타사와 순천 안국사로 들어가 수도 생활에 몰두함
1897년	세례를 받고 기독교에 입교함
1901년	평양 장대현교회의 장로에 취임함
1903년	평양신학교에 입학함
1907년	평양신학교를 1회로 졸업하고, 장대현교회의 전임목사가 됨
1919년	33인 민족대표로 3·1운동을 지휘, 옥고를 치름
1927년	장대현교회로부터 은퇴, 한국 기독교의 원로로 부흥운동에 전력을 쏟음
1935년	11월 26일, 평남 강서군 잉차면 고창교회에서 뇌일혈로 별세함

43

민긍호

민긍호는 대한제국의 원주 진위대 특무정교(特務正校)로 근무하다 일
제의 군대해산 강요에 맞서 의병활동을 벌여 관동창의대장(關東倡義大
將)으로 활동하다 총살된 애국지사이다. 그는 광복 후 건국공로 대통령
장을 추서받았다.

그의 출생에 관해서는 여흥(餘興) 민씨로 서울 사람이라는 사실만 알
려져 있을 뿐 생년월일도, 어린 시절의 기록도 남아 있지 않고, 현재 후
손도 남아 있지 않다.

젊은 시절 지방 진위대에 입대하여 문경, 풍기, 간성, 고성 등지의 분
견대를 전전하기 10여 년에 이른 지위는 겨우 특무정교(준사관급)에 지나
지 않으나, 그 이후의 항일활동은 매섭고도 빼어나 후세에서 크게 기리
게 된 것이다.

민긍호는 일개 진위대 특무정교에 불과했으나 군대해산 후 그의 의병활동
은 어느 누구보다도 영웅적이었다. 그의 의병은 규율이 엄하여 민심을 얻

었으며, 조직이 잘 되어 일본군도 가장 두려워한 바가 되었었다. (『한국현대
사』, 신구문화사)

일제는 고종황제의 강제 퇴위와 더불어 1907년 8월 1일 대한제국군
해산령을 내려 서울은 8월 1일, 지방은 8월 5일 일제 해산키로 한
다. 군대해산의 소식이 전해지자 민긍호는 8월 5일 오후 일본군 감시대
가 원주에 도착하기 2~3시간 전에 진위대 전 병사를 집합시키고 해산
에 항쟁할 것을 호소하여 무기고를 열고 소총 1200정과 탄환 4만 발로
무장시키고 항일전선에 앞장선다.

지방의 진위대 중에서 제일 먼저 일어난 것이 원주의 시위대였다. 8월 1일
대대장 홍유형이 소집명령을 받고 상경하자 대대장 대리 김덕제와 특무정
교 민긍호는 비밀리에 궐기할 것을 계획했다. 이 계획에 따라 8월 5일 오후
진위대 병사들은 일제히 궐기하여 무기고를 장악하고……. 이렇게 무기를
든 병사들은 원주 시민과 합세하여 우편 취급소, 군아(郡衙), 경찰 분서를
습격하고 원주를 장악했다. 이튿날에는 원주주대(駐隊) 병사들이 달려와
합세함으로써 군세가 강화되었다.
원주를 완전히 장악한 친위대 병사와 주민들은 6일 충주 수비대장 니노미
야 소위가 지휘하는 일본군 10명의 공격을 받았으나 2시간의 접전 끝에 이
를 격파하고 기세를 올렸다. 이 급보를 받은 일본군 사령관은 보병 제47연
대 제3대대 소속의 2개 중대를 급파하여 평정을 명했다. 이들 일본군은 저
평을 거쳐 10일 원주에 도착했으나 뜻밖에 아무 저항도 받지 않고 손쉽게
원주를 점령할 수 있었다. 원주진위대 병사들은 이미 일본군의 공격을 예측
하고 원주를 철수한 뒤였기 때문이다.

그들은 2대로 갈라져 민긍호는 충주, 제천, 죽산, 여주 방면으로 진출하고, 김덕제는 평창, 강릉, 양양 방면으로 나가 광범하고 조직적인 의병 투쟁을 기도했던 것이다. (『한국현대사』)

의병을 일으킨 민긍호는 원주 진위대의 전 장교를 모아 병력을 거느리고 서울로 진격할 것을 호소하나, 그들은 밤을 타 도망해버리므로 서울 진격은 결정하지 못하고 대대장 대리 김덕제와 전략을 짠다.

8월 2일에 진위대장 홍유형 참령이 군부의 군명을 받고 진위대 해산의 지시를 받고 상경하자 장군(민긍호를 말함)은 대장 대리인 정위 김덕제를 설복하여 건의키로 한 다음…… 일부 병력을 저평으로 급파하여 상경 도중의 홍 대장을 붙들게 하고 진위대를 지휘하여 서울로 진공하자 했는바, 홍은 거짓 응낙하고 야음을 타서 여주로 도망쳤다가 서울로 내뺐으므로 뜻을 이루지 못했다. (『대한독립운동공훈사』)

민긍호 부대가 진출한 강원도 일대는 이미 많은 의병장의 활동무대여서 민긍호의 병사들은 이들의 병정들과 연결하여 합동 항일투쟁을 펴나간다. 이해 8월 7일 의병 부대가 일본군 중원분견소를 습격할 때도 진위대의 많은 병사가 섞여 활약하며, 8월 10일 민긍호 부대는 여주 의병이 한강에서 일본 선박을 나포하여 20여 명의 일본인을 죽이고 많은 물자를 노획하는 작전에도 결정적 역할을 한다.

8월 12일 민긍호 부대는 여주읍을 포위 공격하여 일본 경찰대와 3시간의 교전을 벌여 서울과 원주 간의 교통 통신을 완전히 차단하며 음죽과 장호원을 장악하여 원주 주둔 일군을 완전 고립시킨다.

민긍호가 의병활동의 근간으로 삼았던 대한제국 육
군 진위대의 모습.

또 8월 14일에는 춘천 방면으로 진출한 의병이 충주를 점령하여 일본
기관을 파괴하며, 이튿날 주선읍을 쳐서 점령하고 제천에는 150명의 병
사들이 박대성, 조동교, 신대성 등의 250여 의병들과 합세하여 일본군
을 야습 격퇴한다. 이처럼 의병활동이 활기를 더해가자 일제는 대병력
을 투입하여 춘천, 원주, 충주, 영주, 삼척, 강릉에 걸쳐 포위망을 구축하
고 청풍 등지로 진출한다.

당시 일군의 부대 편성을 좀 더 상세히 풀어보면, 기병과 보병으로 조
성된 대대 병력을 조치원·충주 지역에 펼치고, 소대 병력으로 춘천 주
둔군을 보강하여 주력은 홍천으로 나가게 했고, 중대 병력을 삼척에 보
내 정선 방면으로 진출시켰으며, 중대 병력을 안동·영주에 배치하여 동
남부를 담당케 했으니, 강원·충청·경상 3도에 걸쳐 대포위망을 걸침으
로써 의병활동의 완전 봉쇄를 꾀했다. 일제의 반격에 비례하여 의병들
의 진격도 더욱 날카로워진다.

일군이 포위망을 완료한 8월 20일의 전날인 19일에도 의병은 이천 부대에서 일본군 공병 분대를 격퇴하며 이천, 충주, 제천 등지의 의병활동은 더욱 활발해져 8월 20일 이후에는 순흥, 영천, 청산, 옥천, 괴산, 간성, 고성 등지로 그 활동범위가 확대되어 강원, 충청, 경상북도에서 황해도 해안 지대까지 번져간다.

이어 민긍호는 이강연과 합세하여 충주를 공략하기로 합의하며, 그는 우익을 담당하고 이강연은 좌익을 담당하여 진격하나 중도에서 일군의 기습을 받아 약속을 못 지키고 죽령을 넘어 풍기에 이르러 일병을 토멸하고 봉화 각화사에 진을 친다. 이때 그는 갑자기 신병으로 위독하나 다행히 소생한다.

1907년 12월 양주에 집결한 전 의병진은 서울로 진격하고자 원수부를 설치하고 부서를 정한다. 이때 이인영을 13도의병총대장으로 추대하고, 민긍호는 관동군 6000명을 이끌고 참가하여 관동창의대장에 임명되어 전군을 지휘한다.

이리하여 양주에 집결한 의병연합군 1만 명은 서울 점령을 시도하여 동대문 밖 30리까지 진격한다. 이때 민긍호가 지휘하는 의병 부대의 일부 2000여 명은 지금의 세검동 창의문 밖까지 이르게 되고, 일본군은 동대문에 기관총을 설치하여 의병 진격에 대비하기도 한다.

장군은 휘하 병력을 정돈하여 기호 및 영남 지방을 전전하며 많은 일병을 살육했다. 장군은 군기가 매우 엄정하여 민폐를 끼치지 않으므로 가는 곳마다 민심을 얻었으며, 일군도 장군의 인격을 존중했다 한다. 장군은 가는 곳마다 국민을 모아놓고 애국 연설을 했는데, 그의 비장한 연설과 분격을 못 이겨 비 오듯 흘리는 눈물에 청중들은 누구를 막론하고 울지 않은 이가 없었으며, 누구나가 자진하여 협조했다. (『대한민국 독립운동공훈사』)

이즈음 통감 이토 히로부미가 광무황제를 협박하여 선유사를 보내어 의병을 해산하도록 하나, 민긍호는 강원도 선유사 서상윤을 의진(義陣)으로 붙들어다 놓고 충의를 들어 엄하게 나무란 다음 돌려보낸다. 이어 친일파인 강원도 관찰사 황철이 "전과는 묻지 않겠으며 영달을 보장한다"라고 달래면서 귀순하기를 권유하자, 민긍호는 그가 일제의 위세에 아부하여 의병을 박해함을 크게 꾸짖어 쫓아 보낸다.

민긍호는 성격이 강직하고 기개와 절조가 굳었으며, 애국애족 정신이 투철했다. 그것이 진위대 병사의 마음을 움직여 의전을 벌일 수 있게 되었다. 또한 부근 각지의 진위대 병사들과 의병 부대에까지 영향이 미치게 되어 의병 항쟁을 더욱 활발히 했다.
…… 그가 장기 항전의 계획을 세우게 되기 직전에 강원도 관찰사 친일파 황철이 민긍호를 회유 투항시키려 하여 수삼차 서면을 보내 그를 감언으로 달래고 공갈과 협박으로 위협하는 한편 그를 위계로 잡으려 한 바 있었는데, 그는 매번 자기의 앞날을 걱정해주는 듯한 어투로 나오는 황철에 대해 예의를 깍듯이 하여 정중히 감사의 뜻을 표하면서도 엄숙하고 정연한 이론과 해박한 고사(故事)와 숙달한 문장으로 국내외의 정세와 일제의 침략 근성을 냉철히 폭로하고, 도리어 황철의 매국성을 꾸짖는 한편 "긍호의 마음은 긍호 자신이 빼앗고자 하여도 빼앗지 못할 것이어늘, 항차 다른 사람이야 빼앗을 수 있겠는가"라고 굳은 절개와 결심을 보여주기도 했다. (『한국근대인물백인선』, 김성균 평, 동아일보사)

그 후 민긍호는 원주 주민들이 지지하는 치악산 요새로 가서 군사를 조련하고 군량을 준비하여 장기전에 대비코자 강림촌에 주둔한다.

1908년 2월 29일 충주 수비대 배속 한국 순사 권경시대(權警視隊)의 기습을 받아 3시간 동안 교전을 벌이나 패전하여 일제 주구인 권경시대에 의해 체포된다. 이날 밤 민긍호의 휘하 병 60명이 강림촌을 역습하여 그를 찾고자 결사적인 진격을 감행하자 권경시대도 이에 맞서 결사대를 조직하여 항전하므로 치열한 전투가 벌어진다.

이때 의병 한 사람이 큰 소리로 "우리 민 장군은 어디에 있는지 큰 소리를 지르오" 하고 외치자 민긍호는 혼신의 힘을 다하여 탈주를 기도하나, 위급함을 느낀 권경시대는 민긍호를 사살한다. 그가 총살된 후 일본군이 민긍호의 신원을 확인하기 위해 원주로 시체를 운반하여 와 그의 묘소는 원주 교외 제천으로 가는 길목에 위치해 있다. 민긍호가 순국하자 일제가 그 인물됨을 퍽 아깝게 여겨 '조선의사 민긍호지묘'라고 쓴 묘표를 세웠다고 한다.

1907년 8월 2일에 의병을 일으켜 1908년 2월 29일 일제의 주구 권가의 손에 순국하기까지 그는 강원·충청·경상 지방에서 크고 작은 100여 회의 전투를 치러 빛나는 전공을 아로새긴 것이다.

내가 본 민긍호

민긍호는 구한말 당시 여흥 민씨 외척들이 세도를 부리던 때 족보에서도 찾아보기 힘든 시원찮은 출신으로, 군대에서의 계급도 하사관 정도의 미미한 위치였으나 기개와 포부, 영도력과 포섭력이 뛰어나 군대 해산을 맞아 의병 거사를 하여 그 이름을 크게 떨친 인물이다.

1907년 8월 1일 군대해산령이 내렸을 당시 그가 소속해 있던 원주 진위대 대장인 홍유형이 해산 지시를 받고 상경했을 때, 그는 대대장 대리 김덕제의 지위가 그보다 높은데도 불구하고 김덕제를 설득시켜 부대를 장악해서는 줄곧 의병 부대를 지휘해간다.

구한말에 의병의 거사가 많았으나 그 대부분이 민간인 학자들의 영도력에만 의존한 것이어서 사실상 뚜렷한 전과를 별로 올릴 수 없었던 데 비해 민긍호는 군인으로 대대 병력을 그대로 이끌고 의병 거사를 하여 조직적인 편제와 군략과 무장으로 제대로 전과를 쌓은 것이니, 관군으로서 직접 의병을 일으킨 것은 민긍호가 처음이다.

그는 또한 문장이 유창하고 학식도 많이 쌓아 군대 안에서나 민중들 사이에도 인망이 높았으며, 영달을 앞세우고는 일제 주구들의 회유에도 의연히 버틴 민족정신이 투철한 인물이다. 서울 입성을 시도했던 전투에서 그가 이끌던 부대는 창의문 밖까지 진격하기도 했으며, 당시 서울에 와 있는 외국 공관에 의병 부대가 국제법상의 교전 단체임을 통고하여 우리 국민과 의병들의 사기를 한층 높여주기도 했다.

김성균(전 국사편찬위원회 위원장)

민긍호

	출생 연대가 확실치 않음
1907년	원주 진위대의 정교로서 대한제국군 해산령이 내려지자 전 병사를 동원, 항일 전선에 앞장섬. 그 후 계속 곳곳에서 일본군과 충돌, 혁혁한 전과를 올리고 그 범위를 점차 확대시킴
1907년	12월 서울로 진격하고자 원수부를 설치하고 관동창의대장에 임명되어 전군을 지휘함

1908년   2월 29일, 충주 수비대 배속 한국순사 권경시대의 기습을 받아 교전, 패전
        하여 체포됐으나 탈출하다가 사살됨

<hr />

정부는 1962년 민긍호에게 건국훈장 대통령장을 추서했다. 그가 1908년 2월 일본
군에게 사로잡혀 호송됐던 치악산 자락인 원주시 강림면에는 주민들이 세운 '의병대
장 민긍호 전적비'가 있다.

1907년 그가 전사하자 부인은 어린 남매를 데리고 북만주로 가 안중근 의사의 도움
을 받았다. 하지만 안 의사가 거사와 함께 체포되자 연해주로 피신했고, 이후 스탈린
의 고려인 강제이주정책에 의해 카자흐스탄으로 갔다. 민긍호의 후손은 현재 카자흐
스탄에 50여 가구를 이루고 있다. 그들 중에 2011년 이곳에서 열린 동계 아시안게임
에서 카자흐스탄 선수로는 피겨 남자 싱글 첫 금메달리스트가 되어 '의병장 후손'으
로서의 긍지를 일깨웠다. 데니스 텐(18) 선수가 바로 그 주인공. 그의 할머니 김 알렉
산드리아(67) 씨가 민긍호의 외손녀이다. 텐은 경기 후 "한국은 제2의 고향과 같다.
한국 팬들도 내 금메달을 기뻐해줄 것이라 믿는다"고 했다. 그는 우승의 비결을 '행운
의 돌'에 돌렸다. 2010년 전주에서 열린 4대륙 대회를 마치고 원주의 민긍호 묘소에
들러 가져온 돌이다.

"힘들 때마다 이 돌을 꺼내 봐요. 그러면 마음이 편안해집니다. 저는 반은 한국인이고
반은 카자흐스탄인입니다. 한국에 올 때마다 할아버지의 조국 팬들이 보내주신 뜨거
운 성원을 늘 기억하겠습니다." 《조선일보》, 2011년 2월 6일)

44

보재 이상설

　보재(溥齋) 이상설(李相卨)은 한국 최초의 항일망명정부 대한광복군 정부(연해주)의 정통령을 지냈으며, 헤이그만국평화회의 수석 밀사를 지 낸 애국지사이다. 그는 1870년 충북 진천군 덕산면 산척리에서 시골선 비 이행우(李行雨)의 두 아들 중 장남으로 태어났다. 가계는 경주가 본이 고 고려 말의 큰 학자 익재 이제현을 명조(名祖)로 하고, 현종 때 이조판 서 이경휘의 10대손이 된다.

　그는 7세 때 서울 장동에 사는 승지 이용우(李龍雨)에게 출계하여 유 족한 환경에서 한학을 배우는데, 그 집터가 바로 명동성당 아래 지금의 가톨릭 의대 부속병원 자리다.

　보재는 18세 때 서상숙(徐相淑)과 결혼하여 3남매를 두었다. 외아들 정희 씨는 제1고보(현 경기고)를 졸업하고, 《시대일보》 영업국장을 지냈으 며, 해방 3년 후 작고했다. 그는 아들 3형제를 두었으나 막내아들 재철 씨 는 6·25전쟁 때 병사했고, 재준·재홍 형제는 6·25전쟁 때 납북되어 소식 이 끊겼다. 보재의 맏딸 갑희 씨와 차녀 가희 씨도 해방 전에 작고했다.

그러니까 현재 남한에는 보재의 직계 후손은 없고, 그의 조카(동생 상익 씨의 아들) 3형제가 대를 잇고 있는 셈이다.

맏조카 관희 씨는 일본대학 미술과를 졸업하고, 해방 후 초대 서울 중앙방송국장, 임정 총무처장 등을 역임했으며, 이상설 전기를 집필하다 1973년 6월에 작고했다. 둘째 조카 양희(74) 씨는 미국으로 이민 가 텍사스 주 댈러스에 살고 있으며, 셋째 조카 완희(68) 씨는 대보증권 감사 겸 한국증권연구소장직을 맡고 있다.

보재의 종제들 다수가 대충 미국에 유학했거나 미국에 살고 있는 것도 인상적이다. 관희 씨의 장남 재홍(피츠버그의대 졸) 씨와 차남 재풍(시카고대학 졸) 씨는 모두 일리노이 주에서 개업 중이고, 3남 재승(캘리포니아대학 공학박사) 씨는 미시건대학 원자력과 조교수, 장녀 재열(텍사스여대 화학박사) 씨는 세인트루이스대학 생화학과 책임연구원, 차녀 재경(노스웨스턴의대 졸) 씨는 미주리 주에서 개업 중이고, 3녀 재은(워싱턴 주립대학 졸) 씨는 일리노이대학 식품영양학과 전임강사이다. 양희 씨의 장남 재웅(남메소디스트대학 경제학박사) 씨는 메뉴팩처러스 하노버 회사원이고, 차남 재열 씨는 텍사스 얼링턴보건대학에 재학 중이고, 장녀 재민(이화여대 졸) 씨는 샌프란시스코에 살고 있으며, 차녀 재현 씨는 텍사스 얼링턴보건대학원에 재학 중이다. 완희 씨의 장남 재의(미시건대학 농학박사) 씨는 농촌진흥청, 차남 재종(한양대 광산과 졸) 씨는 대한중석에 근무하고 있다.

보재는 이회영, 이시영, 여준, 여규형 등과 동문수학하면서 어려서부터 재동, 천재 소리를 듣는다. 20세를 넘으면서 이미 성리학의 큰 학자로 칭송되는데, 당시 대문장가 이건창은 이상설의 나이 24세 때 보낸 편지에 율곡 이이를 조술(祖述)할 학자로 다음과 같이 촉망하고 있다.

진실로 이상설의 뒷날 대성하고 창무(暢茂)한 것을 누가 막지 않는다면 이는 곧 이율곡의 도가 행함이요, 그것은 곧 나라의 부강이 될 것이요, 백성의 복지가 될 것이요, 선비의 영화가 될 것이다. 어찌 작게 이상설 혼자만의 행복이라 하리오.

이러한 성가에 걸맞게 보재는 25세에 조선 최후의 갑오문과에 급제, 한림학사, 승지, 세자시독관 등을 거쳐 27세의 젊은 나이로 성균관 관장에 임명되며, 그 후 새로 세운 한성사범학교의 교관을 거쳐 법부와 학부협판 등을 역임하고 관계로 진출하여 12년 만에 의정부참찬에 발탁된다.

그는 관계 초년인 1895년 12월 다음과 같은 뜻의 글을 남겨 주체의식과 개화사상이 담긴 정치관을 보여준다.

지금 우리나라 정치하는 사람들의 병폐는 두 가지가 있다. 그 하나는 전통과 구습에 얽매인 사람들로 시세의 발전을 알지 못하여 개혁을 이루지 못하고 옛것에만 빠져 있는 것이요, 다른 하나는 개화에 급한 사람들로 근본을 공고히 갖지 못하고 자기 것만 옳다고 독책하는 과실이 있는 것이다. 때문에 인순고식(因循姑息)하여 마침내 한가지로 나아갈 바를 찾지 못하는 것이다.

구학문을 수학한 왕조 관료 보재는 스스로 누구보다 앞장서서 근대사상을 받아들여 영어·프랑스어·러시아어·일어를 구사하고, 구미의 정치·경제·문화에 심취하여 세계 대세를 정확히 가름한 인물인데, 그에게 직접 사사했던 안중근 의사도 여순감옥에서 이렇게 평하고 있다.

이상설은 재사로서 법률에 밝고 필산(筆算)에 달하고 영어, 프랑스어, 일어에 통한다. 사람들은 지위에 의하여 심지(心志)를 갖게 되므로 최익현, 허위 등에 비하여 용맹한 기상은 적을지 모르나 지위를 달리하므로 도리가 없다. 세계 대세에 통하고 우국의 심이 강하여 교육 발달을 기도하고 국가 백년의 대계를 세우는 자일 것이다. 또 동양평화주의를 가진 점에 있어서는 차인(此人)과 같이 친절한 심지 있는 자 희귀하다.

1905년에 체결된 을사조약으로 국권을 빼앗긴 이래 3·1운동 이전까지의 독립운동사에서 항일의 거목으로 보재는 최근 재평가되고 있다. 을사조약이 체결되기까지 보름 전 1905년 11월 2일자로 의정부참찬에 임명되자 그는 "위로는 황제가 순사직(殉社稷)의 결심으로 반대하는 것이요, 이를 이어 참정대신 이하 각 대신이 순국의 결정을 내려 어떠한 사태가 닥쳐도 일제의 요구를 거절해야 한다"고 주장하고 조약 파기에 힘쓴다.

결국 일제의 쿠데타 수법으로 조약이 체결되자 그는 고종에게 다음과 같은 내용의 상소를 올린다.

이 조약은 인준되어도 나라는 망할 것이고 인준되지 않아도 나라는 망할 것이니, 폐하께서는 사직과 같이 순사하기로 결심하고 5적을 죽이고 조약 파기를 선언하라.

뒤이어 민영환이 자결했다는 소식을 듣고 보재는 종로 네거리로 달려가 수많은 민중 앞에서 땅에 뒹굴면서 머리를 땅바닥에 부딪쳐 자결을 시도한다. 이듬해 그는 해외로 망명하여 북간도 용정 서전 들판에 사재

이상설이 간도 용정 부첫골에 설립한 서전서숙.

를 던져 서전서숙을 세우고 숙장이 되어 교원의 월급에서 학생들의 교
재에 이르기까지 일체의 운영비를 부담한다. 이 학교는 처음 갑·을 반으
로 나누어 가르쳤는데, 고등반인 갑반에서는 20세 전후의 청년 학생들
도 배웠다. 이듬해 학교 문을 닫을 무렵에는 학생 수가 70여 명으로 늘
어나며 갑·을·병 반으로 나누어진다.

보재를 비롯하여 창설 멤버들이 직접 교단에서 역사, 지리, 수학, 국
제공법, 헌법 등 근대 교육을 실시하여 북간도 신교육의 요람이 되며, 항
일 민족교육의 본거지가 된다.

1907년 6월 보재는 헤이그만국평화회의의 수뇌 밀사로 이준, 이위종
과 함께 국제 회의장에 나가 한국의 독립을 호소한다.

대한제국 최후의 외교관인 이 비밀 사절은 갖은 고초 끝에 회의장에
도착하나 국력의 뒷받침이 없고 제국주의 열강의 이해에 얽혀 별 성과
는 거두지 못한다. 하지만 그는 귀국길에 영국, 프랑스, 미국 등 제국을

순방하면서 한민족의 독립이 전제임을 역설하여 많은 호응을 얻기도 한다. 미국에서 1년간 머무르면서 국민회를 결성하는데, 이 단체는 그 뒤 북미 지방 총회, 시베리아 지방 총회, 만주, 중국 지방 총회로 확대되면서 1919년 3·1운동 무렵까지 해외의 주요 독립운동기관으로 큰 자취를 남긴다.

1909년 여름 보재는 다시 블라디보스토크로 와서 봉밀산 밑의 조흥동 등 독립운동 기지를 만드는 데 주력한다.

"돈푼이나 있는 집안에서 양반의 후예로 호의호식하고 잘살 수가 있었을 텐데 백부님은 땅, 집을 모두 팔아 독립운동 자금으로 갖다 쓰셨지요. 그 때문에 집안이 재정적으로 기울어 우리는 모두 고학으로 공부했습니다. 미국에 유학 간 조카들이 여럿 박사 학위를 받은 것도 모두 그분의 독립투쟁에서 우러난 감투 정신 탓이 아닌가 하고 생각합니다. 사실 우리 집안은 법도가 상당히 무서운 집안입니다. 저도 아이들을 상당히 엄격하게 가르치고 있습니다."

셋째 조카 완희 씨의 말이다.

노령 안 군데군데 한인독립촌을 마련한 보재는 또한 노령 안의 의병을 하나의 조직체로 통합코자 노력한 결과 1910년 5월 13도의군을 편성하며 이범윤, 이기남과 함께 도총재에 유인석을 추대한다. 보재는 고종에게 상소하여 의병의 군비 지원을 요청하는 한편, 고종으로 하여금 러시아 영토 연해주에 파천하여 망명정부를 세워 독립운동을 영도하라고 다음과 같이 권유한다.

지금 이러한 경지에 이르러서 폐하께서 한번 딴 나라에 파천하여 계신다면 밖으로 세계만방의 공론도 제창시킬 수 있을 것이며, 안으로 우리나라의 민심도 고동시킬 수 있으므로 천하의 일을 단연코 해낼 수 있을 것입니다. 엎드려 바라옵건대 저 해삼 위에 있는 러시아 영사관으로 파천하시도록 빨리 결정을 내리옵소서. 신등이 비록 민첩하지는 못하오나 폐하를 보호하고 중흥할 계획을 얼마든지 도울 수 있는 마음, 의심할 여지도 없습니다. 폐하께서 이러한 결정을 신등에게 밀지로 내려주시옵소서. 또 만일 중간에 놓칠 수 없는 기회가 있다면 신등에게 알릴 것도 없이 직접 행하셔도 좋을 것입니다.

이러한 계획도 수포로 돌아가자 보재는 1910년 8월 17일 신한촌 한인학교에서 한인대회를 열어 성명회를 조직하고, 한민족의 독립 열망을 국내외에 성명서를 통해 알린다. 보재 스스로 작성한 성명회의 선언서는 다음과 같다.

한국민은 일본과 투쟁하기 위하여 한국민의 의무를 다할 것이며, 한국민의 역량과 수단을 다 규합할 것이다. 이 목적을 위하여 우리는 대한국의 이름을 간직하고, 한국민은 대한국 인민이란 지위를 결코 잃지 않을 것을 결정한 것이다. 우리의 과업이 얼마나 어려운 것이라 할지라도 우리는 광복과 국권의 회복에 기필코 도달할 때까지 손에 무기를 들고 일본과 투쟁하기로 한 것이다.

보재는 또 경제 자립으로 항일의 힘을 축적하기 위하여 권업회를 조직하는데, 이 단체는 연해주 교포들의 토지 조차(租借), 행정까지도 도맡게 된다.

"교포들 사이에 분열도 꽤 심했다고 하는데, 백부님은 남도와 북도 사람들 사이의 결혼을 장려하여 지방색 지워버리기에도 애쓰셨다고 합니다. 또 늘 일을 벌여놓고서는 빚을 내지 않고 뒷바라지를 하여 자칫 감투싸움에 일 자체를 그르치는 폐습을 미연에 방지했다고 그분 동지들이 들려주시더군요."

셋째 조카 완희 씨의 말이다.

보재는 1914년 연해주에서의 국권 상실 후 최초로 망명정부의 이름을 남긴 대한광복군정부를 세워 그 정통령에 추대되어 민족운동의 진로를 밝히며, 1917년 3월 2일 시베리아 니코리스코 쌍성자에서 피를 토하는 중병으로 "조국 광복을 못 보는 내 몸을 화장하여 그 재를 바다에 뿌려라"는 유언을 남기고 48세를 일기로 별세한다.

"백부님과 같이 독립운동을 하신 우리 부친은 일제하의 요시찰인으로 늘 감시를 받아왔지요. 그래 미주나 연해주와 연결된 독립운동가가 체포될 때마다 꼭 부친이 가세해서 하지 않았느냐고 문초를 받곤 하셨지요. 소공동 중국인촌에 가서 백부님 편지를 찾아오기도 하셨다는데, 내용은 암호로 되어 있었다고 해요. 이처럼 주목을 받던 분이라 백부님에 대한 얘기는 모두 묻혀 있었는데, 돌아가신 형님은 해방 15년 전 독립운동에 뜻을 두고 일부러 상하이까지 가서서 그때 백부님에 관한 자료를 많이 수집해 가지고 오셨지요. 이시영, 이동녕 선생님 등이 많은 이야기를 들려주셨답니다."

보재의 후예들은 그 때문에 남달리 일제하에서 자유의 제약을 받았다고 한다. 완희 씨가 보성중학, 연전 등 사립학교를 택한 것도 민족정신을 사립학교에서 보다 많이 가르쳤던 탓이라고 했다. 보성에서 황의돈 씨에게 국사를 배웠으며, 광주학생운동 때도 누구보다 적극적으로 맹휴에 참여했다는 것이다.

"해방 후 큰형님과 같이 이시영 선생님을 찾아뵙고 50년 전 백부님이 활약하시던 얘기를 많이 들었지요. 이 선생님은 백부님의 바로 옆집에 다 같은 광주 이씨로서, 어려서부터 죽마고우에 임정 요인으로 같이 활약하셔 그때 얘기를 환히 알고 계시더군요. 백부님이 보기 드문 천재라고 하시더군요. 큰형님이 방송국장을 하실 때 이승만 박사도 자주 뵈었고…… 큰형님은 백부님 전기 자료를 모으시는 데 돌아가실 때까지 몰두하셨는데, 원래 백부님 성격이 공은 모두 남에게 돌리시도록 하는 데다 별세 전에 그나마 자료를 모두 불사르게 했으니 남은 것이 있어야지요. 참 애를 먹었지요. 이동녕 선생님도 괜히 유언대로 백부님의 자료를 태워버렸다고 크게 후회하시더군요."

보재의 고향 충북 진천에는 그의 공적을 기리는 사당이 서 있다.

내가 본 보재 이상설

을사조약 이후부터 3·1운동까지의 독립운동, 독립사상에 당시의 보재 이상설은 중추적 역할을 하고 있다. 그분은 한민족이 시련을 겪는 그 소용돌이 속에서 독립의 지표, 방향을 제시하고 또 극동 평화의 유지를 위해서도, 한국의 독립을 위해서도 필요하다는 지론에 따라 행동한 것이다. 개화기의 전통 학자나 신학문, 근대 사상인에게도 모두 출중한 재능을 보이며, 독립운동 과정에서 지방색을 잘 조정하는 수완도 발휘했다.

이렇듯 한국독립운동사상 뚜렷한 존재이면서도 그 행적이 아직껏 묻혀 있는 것은 표면에 드러내기를 꺼린 그분의 인간상에 연유하는 것인데, 그분은 유언으로 스스로의 자취와 기록을 모두 불태우도록 요청했다. 기록에 의하면 독립운동 망명객이 꼭 연해주의 보재를 찾았다는 것인데, 질문을 먼저 던져 대답을 제대로 못하면 그대로 몰아붙이리만큼 그 성격이 추상같았다. 그분 후손의 노력으로 뒤늦게나마 보재 같은 근대사의 거목이 다시 알려지게 된 것은 그 분야를 전공하는 사람으로 무척 다행스럽게 생각한다.

윤병석(국사편찬위원회 조사실장)

보재 이상설

1870년	충북 진천군 덕산면 산척리에서 태어남
1894년	조선 최후의 갑오문과에 급제
1896년	성균관장에 임명됨
1905년	의정부참찬에 임명됨. 을사조약이 체결되자 머리를 땅에 부딪쳐 자결을 시도함
1906년	북간도로 망명, 서전서숙을 세우고 숙장이 됨
1907년	헤이그만국평화회의의 수석 밀사로 회의장에 나감
1914년	연해주에 세웠던 실권 후 최초의 망명정부 대한광복군 정부의 정통령에 추대됨
1917년	3월 2일, 시베리아 니코리스코 쌍성자에서 별세함

45

운강 양기탁

　운강(雲岡) 양기탁(梁起鐸)은 구한말 항일 논조를 펴던 《대한매일신보》의 창립자이며 주필 겸 총무였고, 3·1운동 후 민족지로 출발한 《동아일보》 편집고문이며 창립 멤버를 역임한 인물이다. 그는 배일 언론의 필화로, 일제가 꾸며낸 이른바 105인 사건의 주모자로 숱한 옥고를 치르다 상하이 임정의 국무령을 지낸 거물급 독립투사이다.

　그는 1871년 4월 2일 평양 소천에서 문장에 능한 한학자 양시영(梁時英)과 인동 장씨 사이에 형제 중 맏아들로 태어났다. 어린 시절 부친의 본적지 평남 강서군 쌍용면 신경리로 이거하여 한문사숙에서 수학할 때 그는 총준영아(聰俊英兒)라는 칭찬을 받았다고 한다. 이어 운강은 이경숙(李敬淑)과 결혼하여 1남 4녀를 두었으나 네 자매는 모두 북한에 남은 채 소식이 끊겼고, 외아들 효성(66·일본대학 법대 졸) 씨 역시 6·25전쟁 때 납북된 채 소식이 끊겼다.

　효성 씨의 부인 최선옥(59·이화전문 가정과 졸) 씨는 광산왕 최창학 씨의 따님이다. 서울 서대문구 역촌동 57의 16에 차녀와 함께 살고 있다.

효성 씨는 4남매를 두었는데, 장남 준일(37·한양대 문리대 졸) 씨는 중소기업은행 관리부 행원으로 나화자(32·성심여대 졸) 씨와 결혼했고, 차남 준영(27·연세대 경영학과 졸) 씨는 군복무 중이다. 효성 씨의 맏딸 준자(34·서울대 음대 기악과 졸) 씨는 상하이 임정 대통령을 지낸 박은식의 장손 유철(39·미 MIT 대학원 화공과 졸, 포드사 근무) 씨와 결혼하여 보스턴에 살고 있으며, 차녀 준심(30·성심여대 가정과 졸) 씨는 조충휘(35·서울공대 조선과 졸, 산은 기술부 근무) 씨와 결혼했다.

"시아버님은 일제하 죽 망명 생활을 하셔 한 번도 뵌 적이 없습니다. 그분의 유일한 핏줄이라고 하여 일제하 국내에 남은 남편은 중학 과정까지 김성수 씨가 돌봐주셨고, 그 후 저의 부친께서 인계받으셔서 대학 과정까지 마치도록 하셨지요. 거물급 독립투사의 후예인데 왜 시련이 없었겠습니까? 그분께서 처음 일본 중앙대 예과에 다니실 때 상하이에 가는 친구가 있어 시아버님께 연락을 요청했던 것이 발각되어 2년간 옥살이를 하신 후 일본대학 법대로 옮겨서야 겨우 졸업하셨지요. 귀국 후에는 《동아일보》기자로 2~3년 근무하셨고, 우리가 결혼해서 3개월 만에 《동아일보》가 폐간되자 그만 언론계를 떠나셨지요. 우리 부친께서 원래 엄하셨으니까 저는 자유연애란 생각도 못 했고, 당신께서 어릴 때부터 키운 사람이 믿음직스러우셨던지 그분과 결혼하는 것이 어떻겠냐고 제 의사를 물으셔, 그 뜻을 따랐지요. 일제 말 우리에 대한 감시는 한층 심하여 항상 경찰이 둘러싸고 있었으니, 일제에 대한 반감은 더욱 심했지요. 일제는 걸핏하면 우리에게 대동아전쟁의 감상을 묻고, 말할 때까지 요시찰의 감시망을 조금도 늦추지 않았습니다."

며느리 최선옥 씨의 말이다.

운강의 문필은 15세 때 이미 크게 빼어나 큰 뜻을 품고 상경하는데,

당시 평북 위천 출신의 유림 명망가이며 우국지사인 나운태를 만나 국사를 논하고 동학과도 결연한다.

1895년에는 미국인 게일 박사와 부친 양시영을 도와 한영사전을 편수하고, 5년 후 일본 나가사키 등지로 유학하며, 그 뒤 미인 선교사와 같이 도미하여 3년간 유학하고 33세 때 귀국한다.

이처럼 운강은 동학을 통해 민족주의를 익히고, 일본과 미국 유학을 통해 기독교 정신과 자유민주주의 사상에 일찍이 눈떠 이후 선각자로서의 기량을 한껏 발휘한다.

운강의 아들과 손자가 모두 민족재단이 설립한 중앙학교 출신이라든지, 후손들의 종교 역시 가톨릭이어서 장손 며느리와 둘째 손녀가 모두 가톨릭 재단이 설립한 성심여대 출신이라든지 운강의 체취가 이처럼 그 후대에까지 이어지고 있었다.

"저의 눈매나 얼굴 모습이 조부님을 닮았다고들 합니다만 자라나면서 점차 자랑스럽기보다는 오히려 더욱 부끄럽게 느껴집니다. 조부님은 이미 제 나이 때 국가를 위해 한몫 단단히 했습니다마는 저는 그저 저만의 일상에 겨워해야 하니…… 초등학교 3학년 때 조부님 이야기를 어머님께 처음 들었습니다. 조부님께 욕되지 않게 국가에 이바지하자고 했습니다만 어디 뜻대로 됩니까? '함부로 행동해서는 안 되겠다. 언어 행동에 조심해야 하겠다.' 이렇게 다짐하곤 하지요. 우리는 천주교를 믿으니 제사는 지내지 않으나 조부님 기일이면 '지하에 계시더라도 국가 일이나 우리 집안일이 잘되도록 돌보아 주소서!' 이렇게 묵념을 올리곤 합니다."

장손 준일 씨의 말이다.

귀국 후 잠시 회사 사무원으로 근무하던 운강은 예식관에 임명되어 궁중의 영어 통역을 맡는 한편, 외국인과 제휴하여 항일 논조를 펼 수 있는 새로운 신문 창간에 주력한다. 당시 일제는 러일전쟁을 계기로 대한제국의 민간신문에 대한 사전 검열을 단행하여 우리 신문들의 논조는 퇴색 일로를 걷던 상황이었다. 이러한 침체된 언론계의 활로를 찾기 위해 운강은 일본군의 사전 검열을 받지 않고 발행할 수 있는 민간지의 발행을 모색한다. 그는 당시 일본이 군사 동맹을 맺고 있던 영국인 기자 어네스트 토마스 베델(한국명: 배설, 러일전쟁 취재차 특파 내한)과 제휴하여 국한문의 일간지 《대한매일신보》를 1904년 7월 18일에 창간한다.

창간 사장은 베델, 총무 겸 주필은 운강이 맡는다. 이어 그는 다시 영문판인 《코리아 데일리 뉴스》와 한글판 《대한매일신보》 등 세 가지 신문을 발행하여 자유로운 항일의 필봉을 날카롭게 휘두른다. 당시 《대한매일신보》의 위력이 얼마만큼 컸던지는 초대 조선총감으로 취임한 이토 히로부미의 말에서도 엿볼 수 있다.

한국 내의 신문이 가진 권력이란 비상한 것이다. 이토의 백 마디 말보다 신문의 일필(一筆)이 한국인을 감동케 하는 힘이 매우 크다. 그중에도 지금 한국에서 발간하는 한 외국인의 《대한매일신보》는 확증이 있는 일본의 제반 악정을 반대하여 한국을 선동함이 연속 부절하니…….

따라서 《대한매일신보》는 자연 일제 총독부의 '눈엣가시'가 되어 일제는 이 신문의 날카로운 항일 논조를 꺾기 위해 일차적으로 사장인 베델을 대한제국에서 몰아내기로 작정하고 1907년과 1908년 두 차례에 걸쳐 추방 공작을 벌인다. 이어 일제는 1908년 7월 12일 국채보상금 횡령이라는 올가미를 씌워 운강을 구속한다. 당시 구국운동의 일환으로 일본에서 차관한 1300만 원의 부채를 전 국민의 의연금으로 갚자는 캠페인에

《대한매일신보》는 전국 각지에서 보내온 헌금 및 그 명단을 증면 발행하여 특보하는가 하면, 사내에 국채보상지원총합소를 설치하고 운강은 회계의 일을 맡는다.

> 나 일신만 생각하고 나라를 생각지 않으면 자함자멸(自陷自滅)이니, 그 좋은 예로는 애급이나 월남 등을 들 수가 있은즉, 우리가 분발하여 국채 1300만 원을 지금 갚으면 한국이 망하지 않고, 못 갚으면 필연코 망하리니 삼천리 강토 내의 2000만 동포가 애국심으로 일치단결하여 금연 3개월만 하여 매삭 20전씩 징출한다면 1300만 원은 손쉽게 상환할 수가 있다. 그리하여 독립을 확보하자. 《대한매일신보》, 광무 11년 2월 21일)

운강이 일제통감부에 구속되자 당시 《대한매일신보》 사장이던 영국인 만함은 서울 주재 영국 총영사에게 보고하여 즉각 석방을 요구하도록 하는가 하면, 영국의 본국 정부에서는 도쿄 주재 영국 대사에게 훈령하여 그 대사는 7월 19일 일본 외무대신 데라우치와 면담하여 운강의 석방을 요구한다.

이리하여 운강은 구속된 지 64일 만인 이해(1905년) 7월 19일 경성지방재판소 형사부의 요코다 판사로부터 증거 불충분으로 무죄 언도를 받고 석방된다.

1907년 헤이그밀사사건 때도 운강은 서울 YMCA에서 열렬한 배일 연설을 했다고 하나 그 내용은 남아 있지 않고, 1909년 3월 그의 언론 동지 베델이 과로로 병이 나 5월 1일 37세로 요절하여 한강변 양화진의 외국인 묘역 어귀에 묻혔으며, 그 위에 장지연 찬(撰)으로 된 한국식 돌비석이 서 있다.

1910년 8월 일제는 한국을 병탄하는 동시에 모든 우리 신문의 발행을 금지하고 《대한매일신보》도 총독부 기관지로 삼으니 운강은 이에 맞서 신문에서 떠난다.

1908년 신문기자로 일하던 중 운강은 안창호와 신민회를 조직하여 한일합병 후에는 신민회 간부인 김구, 이동녕, 이승훈 등과 의논하여 만주에 무관학교를 세우고 군사력 양성의 기초를 쌓으려고 노력한다.

운강은 1911년 이른바 105인 사건의 주모자로 검거되어 혹독한 고문을 받는다. 당시 《런던타임스》 기자는 고문 상황을 이렇게 보도하고 있다.

① 자그마한 나무상자 속에 사람을 쓸어 넣어서 그 사람은 바로 서지 못하고 새우처럼 구부리고 선 채로 36시간을 지내는 것.

② 머리에 칼을 씌워 높이 매달되 발이 땅에 닿지 못하고 겨우 발가락만 움직이게 하는 것이다.

③ 두 손의 엄지손가락을 묶어서 공중에 매다는 것.

④ 팔을 뒤로 꺾고 다리에 얹어 묶어서 근육의 고통을 참지 못하게 하는 것.

⑤ 팔을 뒤로 젖혀 땅에 뉘어놓고 토막나무를 목덜미에 대고 목을 뒤로 젖히고 코에 물을 붓는 것 등으로 까무러쳤다가 다시 깨어 겨우 '예' 하면 자백이라 하여 기소한 것이다.

1911년 7월 22일 경기지방법원에서 호리하라 재판장의 심리로 열린 선고 공판에서 운강은 늠름한 기상으로 진술한다.

"네가 나를 억지로 잡아다가 2년 징역형을 씌워서 지금 네가 보는 대로 홍바지를 입지 않았느냐. 그때도 나는 죄가 없고 지금도 아무 죄가 없

일본 망명 시대의 양기탁 선생(왼쪽)과 그가 주재하던 《대한매일신보》.

다. 죄가 있다면 작년이나 금년이나 한국인이 된 죄밖에 없으니 모든 피고도 죄가 없다.”

당시 일제는 그를 국내 신민회의 부회장으로 지목하고 선고 공판에서 윤치호, 안태국, 임강정, 유동열, 이승훈과 더불어 징역 10년을 선고한다. 그는 항고심에서 다시 6년형의 선고를 받는다.

1915년 출옥한 운강은 이듬해 만주로 탈출하여 독립운동을 벌이다 다시 텐진에서 일경에 체포되며, 고국으로 압송되어 거주지 제한의 연금 생활을 한다.

이어 1920년 4월 1일 창간된 《동아일보》 편집고문에 취임하나, 이듬해 26명의 미국의원단이 서울에 오자 독립진정서를 제출하는데 이 때문에 또다시 투옥된다. 복역 중에 모친 인동 장씨의 별세로 가출옥한 상황에서 다시 만주로 탈출하여 편강열 등과 봉천성 회덕현 왕가자에서 의성단(義成團)을 조직한다. 이어 김동삼, 오동진 등과 광복군총영, 군정서, 만주교민단 등을 한데 묶어 통의부를 발족시켜 민족의 독립운동을 한층 강화시킨다.

또 1923년에 지청천, 김동삼 등의 통의부, 지린성주민군, 의성단 등으로 남북 만주에 흩어져 있는 수많은 독립운동 단체를 통합하여 정의부(正義府)를 조직한 후 의용군을 국내에 파송한다.

1926년에는 고려혁명당을 조직하며, 1930년에는 상하이 임정의 국무령에 추대되나 사양한다.

"《대한매일신보》, 《황성신문》 등 언론활동을 부친(박은식)과 함께 하셨고, 그 후 해외 망명 생활도 같이 하여 아주 절친한 사이여서 저도 어려서부터 그분을 죽 뵈었지요. 아주 근엄하신 모습에다 말씀이 별로 없으며 보통 사람은 감히 농담도 붙일 수 없는 풍모였으나, 무언중에 정이 통했지요. 반생을 옥살이로 지내신 강인하고 날카로운 성품에 음식이나 의복에 화려한 것을 통 모르셨습니다. 조금도 쉬는 틈이 없고 부지런하여 국한서뿐만 아니라 늘 자전을 펼치시고 양서를 읽어 무슨 원서든지 다 통했습니다. 한번은 잠깐 귀국하셨을 때 저는 동대문 밖 탑골승방으로 그분을 찾아뵈러 갔다가 일경에 붙들려 옥살이를 한 적도 있지요. 그처럼 그분에 대한 경계가 삼엄했지요. 그 후 저도 중국군에 입대하여 이곳저곳 싸움판을 옮아 다니느라 통 뵙지를 못했는데, 마지막까지 모시지 못한 것이 참말 죄스럽습니다."

예비역 소장 박시창 장군의 말이다.

운강은 1938년 4월 19일 중국 강소성 담양현의 고당암에서 선도를 연구 중 68세를 일기로 별세한다.

"해방 후 김구 주석이 중국에서 돌아가셨다는 소식을 전해주시면서

시아버님이 묻힌 묘소의 지도와 돌아가신 날을 알려주셨지요. 선친(최창학)께서 경교장을 김구 선생의 저택으로 내놓으셔서 바로 우리 옆집이라 내왕이 잦았지요. 6·25전쟁 때 남편(효성 씨)이 납북되신 이후로는 정신 없이 생계를 찾아 헤맸지요. 훌륭한 가문의 아이들을 어떻게든지 제대로 키워야 한다는 생각으로……. 그러다 보니 벌써 이렇게 나이가 들어 좀 마음의 여유가 생기니 오히려 죄스럽고 초조해집니다. 유해는 비록 이역만리에 있더라도 비석 하나라도 국립묘지에 모셨으면 하는 소망이 간절하고, 조그만 전기라도 빨리 하나 펴내어 그분의 거룩한 뜻을 추모해가야 할 것인데……. 우리야 뭐 그저 선조에 욕되지 않게만 살아가면 되겠지요."

며느리 최선옥 씨와 장손 준일 씨의 말이다.

내가 본 운강 양기탁

13~14세 어린 시절 나는 이미 운강 선생이 《대한매일신보》의 주필로 언론계에서 큰 활약을 하고 계시는 것을 알고 있었다. 구한국이 망할 무렵 평북 철산 내가 살던 고향은 특히 배일사상이 팽배하여 신문들을 읽고는 비분강개하곤 했는데, 특히 운강의 항일 논설이 우리를 크게 자극시켰다. 그 후 나라가 망한 후 일제가 조작한 이른바 105인 사건에 우리 고향 부근의 사람들이 많이 연루되어 이 사건에 대한 우리의 관심은 더욱 컸고, 따라서 마지막 6인의 주모자 중 1인으로 끝까지 버틴 운강의 풍모를 더욱 주목하게 되었다. 그 이후 그분에 관한 소식은 단편적으로 들어왔고, 나 역시 3·1운동 때 상하이, 만주 등지로 다니면서 독립운동

에 관심을 가져왔지만 그곳에서 그분을 직접 뵙지는 못했다.

　사실상 나라가 망하게 된 시기에 선비들이 직접 행동으로 맞서 구국운동의 일선에 나서기는 어려운 일이나, 운강은 일찍이 신학문에 눈떠보다 실제적인 독립사상을 익히고서 직접 문필로 민중을 깨우치는 한편, 몸을 바쳐 직접 독립운동에 앞장선 것이 감명 깊다.

　지금의 언론인관이 많이 달라졌다고는 하나, 역시 참된 언론인이라면 일단 나라가 위기에 부닥칠 때 구국에 앞장서는 기개가 절실한 것이다. 우리는 바로 운강에게서 언론활동과 애국활동을 동일시하여 직결시킨 표본을 보게 된다.

유봉영(언론인)

운강 양기탁

1871년	4월 2일, 평양 소천에서 태어남
1895년	미국인 게일 박사와 부친 양시영을 도와 한영사전을 편찬함
1900년	일본 나가사키에 유학 감
1904년	영국인 기자 베델과 제휴하여 《대한매일신보》를 창간함
1908년	국채보상지원총합소를 설치하고 회계의 일을 맡음
1911년	105인 사건의 주모자로 검거됨
1915년	만주로 망명하여 독립운동을 벌이다 톈진에서 일경에 체포됨
1920년	《동아일보》 편집고문에 취임
1921년	26명의 미국의원단이 서울에 오자 독립진정서를 제출하여 또다시 투옥됨
1930년	상하이 임정 국무령에 추대되나 사양함
1938년	4월 19일, 중국 강소성 담양현의 고당암에서 별세함

46
성재 이동휘

　대한민국 임시정부의 국무총리 등을 역임한 중국 지역 독립운동의 거물 성재(誠齋) 이동휘(李東輝)는 1873년 12월 3일 함남 단천군 파도면 대성리에서 아전을 지낸 이성교(李聖敎)의 아들로 태어났다. 그의 생애를 헤쳐보면 공산주의 운동의 선구적 역할을 한 것이 사실이나 그의 사상 체계는 근본적으로 반일 민족독립운동에 초점을 둔 것으로 보인다.

　그가 노령에서 조직한 한인사회당도 '독립운동의 숙제를 달성코자 유력한 정부의 협조를 얻기 위하여' 볼세비키와 손잡았다고 했으며, 상하이 임시정부의 국무총리직에 있으면서 조직했던 고려공산당에 대한 조선총독부 정보자료에도 '원래 고려공산당 최후의 목적은 조선 독립에 있으므로 공산주의 선전에 사용한 금전도 요컨대 독립운동에 사용한 것이 되므로, 그러한 편법이 정신적으로 모순되는 것은 아니었다'고 되어 있다. 또한 1921년 9월 코민테른 원동부(遠東部) 위원인 스미야스키가 모스크바 당국에 대한 고려공산당의 비난 가운데에도 '고려공산당은 조선 독립에만 전념하고, 공산주의 선전은 단지 편의상 가면만으로 삼고 있으니 본래의 공산주의 운동과는 백해무일리하다'고 했다는 것이다. 이처럼 몇 가지 사실로 미루어보아도 이동휘의 본심은 반일 민족독립운동이 그 주안이었고, 공산주의 운동은 후차적인 것이었음을 짐작할 수 있다. 이동휘 자신도 공산주의가 무엇인지 아무것도 모르는 인물이었다고 한다. 그는 오직 반일 민족독립운동의 숙원을 이루기 위한 한 방편으로서 소련 정부와 제휴한 민족주의적 혁명운동가라고 할 것이다. (『한국근대인물백선』)

성재의 맏딸 의순 씨는 임정 법무총장 오영선과 결혼했으나 지금은 행방불명이다. 현재 남한에서는 성재의 후예나 근친을 아무도 찾아볼 수가 없다.

1920년 봄 성재가 상하이 임정에서 국무총리직에 있을 때 같은 아파트 방에서 그를 6개월간 모신 적이 있다는 이강훈(74·독립운동사편찬위원회 연구실장) 씨의 증언을 통해 희미하게나마 성재의 모습을 떠올릴 수 있다.

"북간도에 저의 6촌 형님이 계셔 강원도 고향을 떠나 망명길에 오른 것이지요. 제가 18세 때 3·1운동을 맞았는데 상하이에서 독립운동을 벌인다는 그분에 대한 소문이 대단해요. 그래 제가 상하이로 간다니 나이가 어리다고 모두들 말리더군요. 떼를 쓰니까 노백린, 이동휘 선생님께 소개장을 써주시더군요. 그때 노 장군은 미국에 가 계셔 이동휘 선생님을 찾아뵙고는 김약연 선생님이 써주신 소개장을 드렸더니 '나하고 같이 있자'고 반기시더군요. 그때가 1920년 봄이었지요. 헌헌장부의 모습 그대로 풍채가 참 좋아요. 기백이 있는 참 훌륭한 사람이라고 생각했지요."

그 후 성재가 만주에서 활동하고 있을 때 춘원 이광수는 만주 물린에 있었던 추정 이갑의 집에서 만난 성재의 인상을 다음과 같이 옮기고 있다.

그는 키가 크고 눈이 세모나고 검은 수염을 뻗치고 목소리가 웅장하고 손이 크고 악수할 때에는 남의 손을 으스러지게 쥐었다. 얼른 보기에 그는 열정가였다. 추정이 어디까지나 표표한 선비 같은 데 비겨 성재는 금시에 칼을 빼어 들고 삼군을 호령할 장군이었다. 추정의 가느스름한 눈에는 지모의 미소가 빛나고, 성재의 뚝 부릅뜬 눈에는 금시에 분노의 불길이 일어날 것 같았다. (『나의 고백』, 이광수, 춘추사)

한편 추정 이갑의 성재관은 '성재는 열성 덩어리이지만 사람에 속는 흠이 있다'는 것이고, 권동진은 '기력이 절륜하고 풍채 준호하고 사내답고 시원한 쾌남아'라고 평하고 있다. 야생의 기질을 담뿍 함축하고 있는 함경도의 산야에서 성재는 이처럼 무골형의 쾌남아로 자신을 다져간 것이다. 아전이었던 그의 부친은 성재 역시 아전을 시키려고 관가에 걸맞은 온갖 예의와 한학 등을 익히게 한다.

따라서 성재는 8세 때부터 향리의 대성재(大成齋)에서 한학을 익히고, 18세 때는 단천군청의 통인이 된다. 통인이라는 지방관장의 잔심부름꾼이 되면서 탐관오리의 횡포를 목격하고, 다혈기질의 성재는 군수 홍종후에게 청동화로를 뒤집어씌우고 뛰쳐나와 상경했다는 에피소드도 있다.

서울에 올라온 성재는 함경도 명천 출신의 이용익(탁지부대신 역임)을 찾아 그의 소개로 군관학교에 입하하여 무과에의 길을 다져간다.

군관학교를 졸업하고 참위(지금의 소위)로 임관하고 궁전 진위대장에 임명되어서는 고종에게 큰 충성심을 보인다.

그는 1902년 7월 강화진위대장으로 부임하여 5년 후 일제에 의해 한국군이 강제 해산되기까지 참령(지금의 소령)으로서 이 직책을 맡게 된다.

그동안 성재는 미국인 선교사 방거와 박능일 목사와 사귀면서 1902년 11월 강화도에 합일학교를 설립한다. 이처럼 개화에 눈을 뜨는 그는 훗날 기독교인이 되며 군대해산 후에는 윤치호, 안창호와 손잡고 개성, 평양, 원산 등지와 강화도에 수많은 학교를 설립한다.

그는 또한 민족 계몽을 위한 교육단체로 1906년 10월 이준, 오상규, 유진호 등 함경도 출신 청년들과 함께 한북흥학회를 조직하며, 1908년 1월에는 이갑, 유동열 등 평안도 출신이 세운 서우학회와 통합하여 서북학회로 발전시킨다.

이 학회는 이동휘, 이갑, 안창호, 유동열 등이 중심이 되어 일보 간행, 순회강연 등을 벌여 민중을 계몽하고 애국사상을 고취하는데, 이 학회는 또한 서북 5도를 상징하는 오성학교를 설립하여 인재 양성에 힘을 쏟는다.

그 후 서북학회의 활동은 더욱 뻗어나가 평양에 대성학교, 정주에 오산학교를 세우는 모체가 된다.

성재는 또한 1906년 미국에서 귀국한 안창호와 전덕기, 양기탁, 안태국, 이동녕, 조성환, 신채호, 노백린 등과 비밀결사 신민회를 조직하여 정치, 경제, 교육, 문화 등 각 방면의 계몽운동과 애국운동을 펼치는 데 진력한다.

당시의 성재는 강연회와 대담을 통해 주권 회복의 장래는 국민교육을 진흥시켜 전 국민의 문맹퇴치를 우선해야 한다고 강조하며, 전국의 삼천리 1리마다 1학교씩 3000개의 학교를 설립해야 한다고 호소한다.

임정 국무총리 시절 성재 이동휘가 정무를 처리하던 상하이 임시정부 청사.

강화도 진위대장 시절 미국인 방거 선교사 등과 친교를 맺은 그는 1907년 군대해산을 전후하여 기독교에 귀의한다. 이러한 근대 종교 조직을 통한 그의 독립운동은 후일 만주 망명 시절 독립투쟁에 큰 힘이 된다. 그는 방거 선교사와 사귀는 한편, 함경도 성진에서 선교사업을 벌이던 캐나다 선교사 그리어슨과도 친교를 맺어 그의 전도사로 일하기도 한다.

1907년 군대해산과 더불어 그의 독립운동에의 의지는 더욱 익어간다. 일제의 군대해산에 맞서 직접 그 비분의 순간을 체험한 성재는 연기우, 김동수 등 군대 동지와 함께 1909년 3월 강화도 전등사에서 의병 조직의 모의를 획책하나, 일제 관헌에 체포되어 인천 앞바다 대무의도에 유배당하는 몸이 된다. 이 유배 생활은 강화도 시절에 사귄 미국인 선교사 방거의 노력으로 6개월 만에 해금된다.

한일합병 이듬해 일제가 조작한 105인 사건에 연루되어 성재는 신민회 간부이자 기독교 요인인 윤치호, 양기탁, 이승훈, 안태국 등과 함께 체포되나 기소는 면하여 석방된다.

그는 1911년 3월 일제 관헌의 경계망을 피하여 친교가 깊은 그리어슨 선교사와 협의, 간도 명동촌으로 망명한다.

북간도에 망명한 성재는 김하규, 유동열, 김약연, 구춘선 등 기독교계 애국지사들과 함께 간도 이주 동포들의 농업 진흥책, 학교 설립 등에 주력하면서 독립운동의 기지를 다져간다.

1922년 캐나다 선교사들의 후원 아래 간도국민회가 조직되자 성재는 삼국전도회를 조직하여 한국, 중국, 연해주에 산재하는 우리 동포를 대상으로 전도사업을 벌인다. 그는 이어 집요한 일제의 감시망을 피해 노령으로 망명하여 박진순, 박수 등과 한인사회당을 조직하고 나자구에 무관학교를 설립, 간도국민회 독립군을 양성한다.

1917년에는 러시아에 사회주의 혁명이 일어났다. 그 후 제1차 세계대전 시 러시아군에 종군했던 청년 동포 70여 명이 돌아와 구국운동을 전개했고, 또 쌍성에 사범학교를 설치하여 동포교육에 힘쓰는 한편, 화발포에 노동회를 창립했다. 노동회 회장에는 김기용이 취임하고, 이동휘는 김립, 김일과 서로 협력하여 노동회를 육성하고 케렌스키의 사회당과도 유기적인 연락을 했다. 또 1919년 2월에는 중앙총회를 대한국민회라 개칭하고 윤해, 고창일을 대표로 삼아 파리강화회의에 보내어 한국의 독립을 호소토록 했다. 3·1독립선언 때에는 성대한 시위대회를 개최하는 한편 나자구에 군사 교육부를 설치하고, 군자금을 모집하여 청년들을 훈련했다. (『독립운동사』 제5권, 원호처)

1919년 8월 성재는 사위인 오영선과 부하 김립을 대동하고 임시정부의 국무총리에 취임하기 위해 상하이에 도착한다. 국무총리에 취임한 후 그는 세력을 굳히기 위해 민족진영 인사 일부까지도 규합하여 이듬해 공산주의자 그룹을 조직하며, 1921년 다시 이를 발전시켜 고려공산당으로 개칭한다.

　당시 임정 내에는 이승만, 안창호 등 민족진영의 문치파와 성재의 과격 무단파 간의 대립, 갈등이 심화되어 이른바 모스크바 자금파동으로 물의를 빚기도 한다.

　"상하이에서 성재 선생과 함께 같은 아파트 방에 묵고 있었을 때 민족지도자에 대한 기대가 컸던 탓인지, 저는 젊은 나이에 솔직히 실망도 컸습니다. 함경도 말씨를 쓰는 제자 청년들이 5~6명 늘 와서는 남도 사람들 욕을 하곤 해요. 더구나 그분은 임정의 국무총리로 전 민족의 지도자인데, 그렇듯 지방 파벌에 얽매어 맞장구를 치는 판이니. 뭐 그렇다고 그분만 탓할 것은 아닙니다. 편협한 지방 파벌 대립은 임정에 크게 번졌던 현상이니까요. 그분은 늘 텁텁하고 검소해서 아무 음식이나 잘 드시고, 교만한 티가 나지 않았지요. 여하튼 독립투쟁에의 정열은 대단하여 역시 애국자는 애국자라고 탄복했지요. 매일 임정 청사에 나가서 회의를 주재하고 집에 와서도 보고를 받곤 했지요. 그러면서 그분은 임정 사절로 그의 비서 한형권, 김립을 모스크바로 보내 레닌과 교섭하여 독립운동 자금으로 200만 루블을 달라고 하니, 일국의 독립을 그 정도로 할 수 있겠느냐고 물어 후회했다고 해요. 혁명 직후라 인플레가 심해 나머지는 맡겨두고 우선 40만 루블만 가져가자고 했는데, 20만 루블은 도중에 낭비하고 20만 루블만 가져왔다고 해서…… 성재 사람들이 저지른 일이라고 비난을 하여 바로 이 사건으로 국무총리직을 물러나지요."

이강훈 씨의 말이다.

이후 성재는 만주에서 무력에 의한 그의 독립투쟁 노선을 계속 굳혀 간다. 1920년대 초 간도의 독립군이 일본에게 쫓기어 밀산을 거쳐 시베리아의 이만으로 퇴각할 때에는 긴급 구호금으로 1만 원을 보내주는가 하면, 간도국민회장인 구춘광에게 한국 독립군의 재정적 지원을 의뢰하기도 한다.

1921년 6월 성재는 박진순, 이극노를 거느리고 상하이에서 유럽을 거쳐 모스크바에 도착하여 코민테른의 종용으로 이해 11월 임시 연합 간부의 일원이 되며, 이듬해 모스크바에서 열린 극동인민대표회의 대표 및 꼬르뷰로(고려공산당의 분규로 새로 대치된 고려국) 위원 등으로 활약한다.

그는 그 이후 한때 블라디보스토크 신한부(新韓府)의 당도서관장직을 지내는 등 연해주에서 비교적 한적한 여생을 보내다 1934년 12월 하바로프스크에서 열린 시국 강연회에 참석한 날 밤 기숙사에서 공산당원의 총탄을 맞아 별세한 것으로 전해지나, 확실한 사인은 아직 밝혀지지 않고 있다.

내가 본 성재 이동휘

3·1운동 후 독립운동을 열망하여 간도의 6촌 형님을 찾아갔던 나는 그곳에서 국민회 중심으로 동포 사이에 크게 알려진 성재의 인물됨을 확인하게 되었다. 1920년 봄 간도국민회 유지들이 써준 소개장을 들고 나는 상하이로 그분을 찾아가 상하이 임정 국무총리 시절의 그분과 같은 아파트에 살면서 약 6개월간 모신 적이 있었다. 그분은 크리스천으

로 김약연 등 기독교인들과 함께 국민회를 조직하여 교육과 농촌 계몽에 힘쓰는 한편, 열렬하게 민족운동에 헌신하여 임정의 국무총리로 추대된 것이다.

시원한 대장부의 풍채로 독립운동을 지휘하여 동포들의 존경을 받아온 그는 어떤 심오한 철학을 지녔다기보다는 행동이 앞서는 무인형의 지도자로 보였다. 때문에 그분이 고려공산당을 이끌었다고 해도 지금의 공산당과는 전혀 다른 것이고, 오직 자기 나름대로의 조직과 독립운동 자금이 필요하여 일시적으로 그들과 손잡았던 것으로 생각된다.

그는 한때 예수교 전도사로서도 크게 활약했으며, 곳곳에 학교를 세워 새 시대 조류나 새 학문을 퍼뜨리는 개화 계몽운동을 벌이는 데 앞장서기도 했다. 그분에 대한 평가가 아직껏 제대로 정립되지 못하고 있으나, 아무튼 정열적인 애국투사의 한 분으로 독립운동에 헌신한 사실은 지워지지 않을 것이다.

이강훈(독립운동사편찬위원회 연구실장)

성재 이동휘

1873년	12월 3일, 함남 단천군 파도면 대성리에서 태어남
1902년	강화진위대장으로 부임함
1906년	이준 · 유진호 등과 한북흥학회를 조직, 안창호 · 양기탁 등과 신민회를 조직함
1907년	기독교에 귀의함
1908년	한북흥학회를 서우학회와 통합하여 서북학회로 발전시킴
1909년	의병 조직을 모의하다 발각되어 인천 앞바다의 대무의도에 유배되나 6개월 만에 석방됨
1811년	105인 사건에 연루되어 일경에 체포됨. 석방 후 간도 명동촌으로 망명함
1917년	러시아 혁명 후 노동회를 창립함

1919년	상하이 임정 국무총리에 취임함
1922년	모스크바에서 열린 극동인민대표회의 대표 및 꼬르뷰로 위원 등으로 활약함
1934년	12월, 하바로프스크에서 열린 시국강연회에 참석한 날 밤 공산당원의 총탄을 맞아 별세함

47

우남 이승만

　우남(雩南) 이승만(李承晩)은 망국의 혁명투사로서 생애의 태반을 항일 구국운동에 바쳐오다 8·15해방 후 귀국하여 초대 대통령을 거쳐 12년간 이 나라 정치의 정상을 점해온, 우리 국민에게 너무나도 가까우면서도 멀리 느껴지는 인물이다. 그는 오늘의 동시대를 우리와 함께 살아오면서도 엄청난 거리를 두고 살아온 전설 속의 인물처럼 인식되고 있다.

　한동안 북악 산록의 경무대 안에서 카리스마의 신비에 싸여 이 나라의 민주세력과 길항(拮抗)해오던 그는 자칫 '한국의 조지 워싱턴'이란 명예를 누릴 수도 있는 인간사의 종장(終章)을 스스로 뒤엎고 4·19학생혁명의 유혈을 지켜보면서 대통령 이전의 사저, 이화장으로 향한 귀거래사를 쓸쓸히 읊조려야 했다.

　우남이 오랜 해외 망명 생활을 청산하고 국민의 뜨거운 기대와 환호 속에 금의환향의 여장을 풀고 정상의 대통령직에서 물러나 다시 자연인 이승만으로 돌아와 하와이로 망명하기까지 잠시 머물던 이화장의 오후는 지금도 신비스런 경적 속에 묻혀 있다.

서울 종로5가에서 혜화동 쪽으로 가는 큰길을 따라 800m쯤 들어서다 원남동 쪽으로 가는 길과 마주한 이화동 입구로 들어서서 500m쯤 올라오면 유독 우묵하게 숲이 우거진 이화장이 나타난다.

왁자지껄 시끄러운 동네, 바로 문밖에서 뛰놀고 있는 어린이들의 함성과는 너무나도 대조되는 고요한 대기가 감돌고 있다. 벽 하나 사이로 이다지도 판이한 상황이 펼쳐지고 있는 것이다.

정부 수립 후 그다지도 돋보였던 한국 정치의 산실이던 이화장에는 지금 우남의 3대가 살고 있다. 우남의 생애 반려로 하와이까지 따라가 그의 임종을 지켜보던 부인 프란체스카(77) 씨와 양자 내외 이인수(46·고려대 경영대학원 졸), 조혜자(35·이화여대 불문과 졸) 씨와 그 아들 형제 등이다.

"어머니께서는 편찮으셔서 세상과 접촉하시기를 통 꺼리십니다. 양해해주세요. 선생님(인수 씨)은 작년에 미국 뉴욕대학에 유학하여 정치학 박사 과정을 밟고 계십니다. 그러니까 제게 물어주시면 가급적 알고 있는 모든 것을 말씀드리겠습니다."

며느리 조혜자 씨의 말이다.

우남 내외에 대해서는 이미 알려질 수 있는 사실은 너무 수두룩하게 나와 있고……. 혈맥 속에 얽혀 있는 우남의 사연들, 그 후손들에게 비치고 있는 우남과의 맥락을 헤쳐보는 것이 여기서 밝힐 일이다.

서울 종로구 이화동 1번지에 속해 있는 이화장은 대지가 2000평, 본래 전라도 어느 갑부가 지은 것으로 전해지고 있다. 8·15해방 후 우남이 귀국하고 나서의 거처로서 국내의 몇몇 갑부들이 돈을 모아 사 줬다는 이 집은 요즘 유류난으로 난방 시설의 가동도 제한하고 있는 형편이다.

집 관리비는 낙산과 연결된 후원의 각종 나무가 값진 것이어서 정원사들이 그 가치를 쳐서 팔아 충당하고 있다는 것이다.

"10여 년 전만 해도 이화장이 저와 이처럼 끊을 수 없는 인연이 닿을 줄은 꿈에도 생각하지 못했습니다. 그때 저는 대학을 졸업하고 스위스 페스탈로치 아동촌에 근무했을 때였지요. 마침 제네바에 계시던 한표욱 대사님께서 귀국길에 그분과 중매를 서서 정동교회에서 김광우 목사님 주례로 결혼식을 올렸지요. 처음 이화장에 들어서니 사람 하나 얼씬하지 않고, 서글픈 생각이 들 만큼 썰렁하더군요. 아버지께서 선생님을 양자로 들이실 때 '네가 결혼해서 아들 하나는 꼭 낳아야 한다. 그 다음은 네 마음대로 하라'고 당부하셨대요. 그처럼 아버지는 당신의 핏줄을 이으시는 것이 돌아가실 때까지의 소망이었다고 해요. 결혼 후 제가 첫 아들을 낳으니까 어머니께서 빈에서 짐을 꾸려 오셨지요. 연금법이 통과된 덕분으로 현직 대통령 월급의 반을 받으셔서 그것으로 생계를 꾸려가시고, 나무를 가꿔 집 관리비에 보태고 있지요. 시댁 어른께서도 가꿔주시고, 선생님(인수 씨) 집안이 원래 교육자들 아닙니까(인수 씨의 생부 이승용 씨는 의정부 교육감을 역임했다)? 나무 가꾸기는 곧 사람을 키우는 것과 같다고 아주 열심이시지요. 선생님도 나무 기르는 취미가 대단하십니다."

며느리 조혜자 씨의 말이다.

우남은 1875년 3월 26일 보학(譜學)에 밝은 시골선비 이경선(李敬善)의 장남으로 황해도 평산군 능내동에서 태어났다. 6대 독자인 우남은 모친이 그를 잉태하기 전에 용이 품으로 드는 꿈을 꾸었다 하여 아명을 승룡(承龍)이라 했으며, 양녕대군(세종의 형)의 16대손이다.

우남은 어려서 유학을 배워 사서삼경을 모두 익히나 그가 신학문에

우남 이승만이 귀국한 뒤, 하야 후 하와이 망명 전까지 기거하던 이화장.

접한 것은 1894년 배재학당에 입학했을 무렵이다. 우남이 배재에 재학한 지 1년 만에 미국에서 돌아온 서재필이 이 학교의 교사로 취임하며, 우남도 서재필이 조직한 협성회(의회법을 연구하기 위한 모임)라는 토론회에 가담하여 민주주의적 참정에 대한 식견을 넓혀간다.

이 모임은 1896년 문호를 개방하여 관리, 학자, 상인 등 일반인이 다수 참가하게 되자 배재학당의 영역을 벗어나 회명을 바꿔 독립협회로 발전한다.

독립협회의 청년 이승만이 숨바꼭질을 벌이는 상황. 독립협회의 결성은 이승만을 결정적으로 정치의 소용돌이에 휩쓸리게 하는 계기가 된다. 서재필이 발행하던 《독립신문》이 고종황제의 노여움을 사 서재필은 다시 국외 추방을 당하고 창립자를 잃은 독립협회가 해산 직전의 위기에 몰리자, 체포령이 두려워 평산에 피신 중이던 우남은 상경하여 독립협회의 활동을 더욱 활발히 하도록 추진하면서 가두연설을 벌이기 위해 만민공동회를 조직한다. 이때 이미 우남은 이 단체의 가장 인기 있는 청년 웅변가로 민중의 호응을 얻는다.

이듬해 고종이 시끄러운 비평자들을 제거하기 위해 독립협회 회원에 체포령을 내리자, 3대 회장이던 윤치호와 이승만 등은 아펜셀러(배재학당 설립자)의 집에 피신, 체포를 면하나 우남은 주위의 만류를 무릅쓰고 곧 단신으로 경무청을 향해 떠난다. 그가 경무청에 도착했을 때는 수천명의 군중이 그를 따라 그는 군중대회를 열고 간부의 석방을 요구하며 3일간이나 연좌한 끝에 피체된 간부들의 석방에 성공한다.

뒤이어 그는 처음 추밀원이 열리던 날 일본에 있는 정치 망명가를 용서하고 박영효를 의장으로 임명하도록 제안하여 고종의 노여움을 다시 사 체포되어 모진 고문 끝에 재판에서 무기징역을 언도받고 1904년 8월 9일 고종의 특사로 석방되기까지 오랜 감옥 생활을 한다. 옥중에서 저술한 『독립정신』은 그 후 한국 독립운동의 이론서로 성가가 컸다.

우남이 출옥한 당시 일제의 침탈에 국운은 이미 기울 대로 기울어 그는 민영환, 한규설 등과 함께 한미우호조약 중에 분명히 약속된 상호방위수교의 발동을 탄원하기 위해 도미할 것을 계획하고, 1904년 11월 4일 제물포(지금의 인천)를 떠나 일본을 거쳐 11월 29일 호놀룰루에 도착한다.

"박씨 부인과 사이에 아들 두 분이 계셨는데, 작은아드님은 7년간 옥고를 치르시는 중 작고했고, 큰아드님은 태산이라고 하와이로 가실 때 데려가시다가 전염병에 걸려 17세로 요절하셨다고 해요. 미국인들이 병원에서 격리시키자 시체라도 한번 보았으면 좋겠다고 탄원했지만 어디 통했겠어요? 그야말로 가슴이 아팠다고 해요. 그 후 하와이에서 돌아가시기 전 혼미한 정신 속에서도 부모님께 대한 마지막 효심이라고 그토록 양자를 원했다고 해요. 저는 그분을 직접 뵙지는 못했지만 위엄만 갖추신 분으로 연상해왔는데, 이 말을 들으니까 마치 봄바람이 부는 듯한 인자스런 따뜻한 인간미를 느낄 수가 있었지요.

강석 씨를 양자할 때 종친회에서 말이 많았다고 해요. 아버지는 양녕 대군 자손인데 강석 씨는 효녕대군 자손인 데다 대로 따져서는 손자뻘 이었다고 해요. 그 후 아버지의 염원을 전해 들은 종친회는 가까운 종 친 중 대를 가려 교육적 배경을 검토한 결과 선생님(인수 씨)을 선정하셨 다는데, 아버지(우남)께서도 당시 하와이에 계시면서 정치적으로 어려 울 뿐 아니라 생활 면으로도 위협을 받을 때니 이렇게 된 판국에 누가 자식을 주겠냐고 염치없는 소망이라고 하셨대요. 선생님은 집안 큰 어 른의 후예 노릇 하는 것이 맡겨진 운명이라고 하여 양자를 수락하고, 텅텅 빈 폐가로 들어오신 것이지요."

며느리 조혜자 씨의 말이다.

1904년 미국 워싱턴에 도착한 우남은 고종황제의 친서를 갖고 루스벨 트 대통령을 만나나, 이듬해 6월 루스벨트 대통령 주재로 개최되는 러일 강화회의에 한국 문제를 상정시키려던 계획은 좌절된다.

그 이후 우남은 학업에 정진하여 조지워싱턴대학, 하버드 대학원(석 사 과정)을 거쳐 1910년 프린스턴대학에서 「미국의 영향을 받은 영세중립 론」이라는 논문으로 박사 학위를 받는데, 학창 생활 중에도 그는 170회 나 한국에 관한 강연을 한다.

학창 생활을 끝낸 우남은 1910년 서울 YMCA에서 한국 청년의 조직적 교육과 전도를 전담하기 위해 귀국하며, 이듬해 황성 기독교 청년회 학 관의 교장이 된다.

"당시 그분은 YMCA 학교에서 우리 청년들에게 독립심을 심어주기 위해 근대 문명과 국제법을 열심히 가르쳤습니다. 그분은 육정수, 신흥 우, 이상재, 김일선 등과 의형제를 맺고 '장래 한국에 유용한 인재를 길러내고 자신들도 생명을 바쳐 나라를 돕자'고 결의했지요. 이때 한국 독립운동 배후에서 동정하고 도와주는 주한 미국인 목사들과도 퍽 친하게 지내셨어요. 그분은 1년 후 일제가 기독교도 탄압을 위해 조작한 105인 사건을 피해 다시 미국으로 떠나셨고 그 후 저도 미국 유학을 가서 다시 뵈었는데, 공부할 때는 잡념을 갖지 말고 몰두하라고 격려해주시더군요."

임병직 씨의 말이다.

그 후 우남은 8·15해방을 맞기까지 줄곧 해외에서 독립운동에 전념한다.

"1919년 국내에서 3·1운동이 발발하자 우남은 전 미국의 한국인을 필라델피아 미국독립관 빌딩에 모아놓고 대한국민회를 조직하여 '우리도 국내 동포들과 함께 궐기하자'고 외치셨지요. 100여 명의 동포가 참석했는데, 그때로서는 참 많이 모인 것이지요. 당시 상원의원 조지 노리스, 스펜서 씨, 스미드 필라델피아 시장 등 미국 정치인들도 참석했는데, 우남은 우리 독립선언서를 영어로 번역해서 낭독하고 뒤이어 자유의 종을 손수 울렸지요. 참 감동적인 장면이었어요.

그 후 서울에서 독립운동하는 분들이 한성정부(지하조직)를 세우고 우남을 대통령으로 추대했고, 이어서 상하이 임정에서도 마찬가지였어요. 이듬해 상하이 임정에서 초대해 그곳을 방문하실 때 저도 수행했습니다. 당시 우남의 목에 일본 정부가 30만 달러의 현상금을 걸던 때라 참말 아슬아슬한 고비를 넘기고 상하이에 와서 환대를 받으면서, 임정 요인들과 주로 앞으로의 정책 토론을 많이 했지요. 흔히 우남과 상하이 임정의 반목이 심했던 것으로 알고 있습니다마는, 저는 쌍방이 모두 독립운동을 한다는 목표는 일치했다고 생각합니다. 단지 그 방법론을 둘러싸고 이 박사는 외국의 여론을 일으켜 외교활동에 역점을 두는 입장이었고, 상하이 임정 측은 주로 무력항쟁에 호소했던 차이뿐이지요."

임병직 씨의 말이다.

광복을 맞아 35년 만에 귀국한 우남은 좌우익이 격돌하는 세찬 정치 소용돌이를 헤치고 집권에 성공하여 1948년 대한민국 정부의 초대 대통령에 취임한다. 혁명투사로서의 지나친 반대급부를 기대해온 그는 노후의 오만과 아집으로, 그의 정치 생애 후반을 독재노선으로 이끌어오다 4·19학생혁명으로 하야하여 하와이로 망명했다가 1965년 7월 19일 미국 육국병원에서 고국을 그리며 별세한다. 그 후 그의 유해는 국민장으로 서울 국립묘지에 안장된다.

우남을 에워싼 정치적 평가는 아직껏 백인백색으로 분분하나, 아무런 축재도 없이 깨끗한 생애를 마친 것은 나라와 민족을 위해 헌신해온 그의 생활관을 더욱 돋보이게 하고 있다.

"병구가 가끔 라디오 드라마를 듣고서는 할아버지 목소리 흉내를 잘 내지요. 어찌 보면 그 애는 할아버지하고 닮은 데가 많은 것 같아요. 아직 어리지만 외교관 기질을 닮아 유치원에서도 가끔 화제가 되는 모양이에요. 어떤 때는 고양이를 만들다가 잘 안 되면 '나는 고양이를 안 만들고 호랑이를 만든다'고 소리친대요. '가화만사성, 안빈낙도(家和萬事成, 安貧樂道: 가정이 화목하면 모든 일이 다 이루어진다. 가난 속에서도 편안함을 느끼고 일을 즐겨라)'가 우리 집의 가훈이라고 하더군요."

며느리 조혜자 씨의 말이다.

내가 본 우남 이승만

구한말 구국 개화운동에 앞장서다 옥중에서도 자기 신념을 굽히지 않은 위대한 정신을 지닌 선비 우남을, 나는 아주 젊었을 때(1910년) YMCA 학교에서 만나 그때 그분에게 국제법 강의를 들으면서 이후 줄곧 그분에게 영향을 받아오며 내 생애를 다져왔다.

그분은 한 번 의지를 잡으면 죽어도 그 의지를 변하지 말아야 하며 자기가 정해놓은 주지(主旨), 이념, 이상을 바꿔서는 안 된다는 굳센 정신력을 몸소 실천했고, 또 나에게도 가르쳐주었다.

해외에서 온갖 고초와 모함을 받으면서도 그분은 오로지 애국심만으로 이를 물리쳤고, 늘 검소 절약하는 생활태도로 솔선수범했다.

노후의 그분을 가리고 충동질하면서 놀아난 아랫사람들의 난잡스런 행동 때문에 우리가 숭앙하던 애국의 영웅이 무참하게 축출되어 이역 땅에서 쓸쓸히 숨을 거둔 사실을 가장 슬프게 생각한다.

그분은 자신이 정작 검소하면 다른 사람들도 모두 그렇게 따르리라 생각해온 것인데, 그런 실정을 모른 것이 실수라면 실수이리라.

우남의 독립 애국정신은 앞으로 날이 갈수록 우리 마음속에 더욱 빛날 것이다.

임병직(전 외무부장관)

우남 이승만

1875년 3월 26일, 황해도 평산군 능내동에서 태어남
1894년 배재학당에 입학
1896년 독립협회의 창립 멤버로 활약
1897년 독립협회 집회로 체포됨

1904년	고종의 특사로 석방되어 미국으로 망명
1910년	프린스턴대학에서 박사 학위를 받고 귀국, 황성기독교청년회 학관의 교장이 됨
1911년	일제가 105인 사건을 조작하자 이를 피해 다시 도미
1919년	한성정부, 상하이 임정의 대통령으로 추대됨
1948년	대한민국 초대 국회의장, 초대 대통령, 이후 대통령 3선
1960년	4·19혁명으로 하야, 미국으로 망명
1965년	7월 19일, 미국 육군병원에서 별세

48

계원 노백린

계원(桂園) 노백린(盧伯麟)은 대한제국 육군 정령(지금의 대령), 육군무관학교장, 헌병대장, 육군연성학교장 등 구한말의 무관으로 입신하여 대한민국 임시정부 군무총장, 국무총리, 참모총장 등을 역임한 정통 군인 독립투사이다.

그는 1875년 12월 2일 황해도 송화읍 풍천에서 시골선비 노상구(盧尙久)의 3형제 중 3남으로 태어났다. 어려서부터 신장면대(身長面大)하고 뛰어나게 힘이 세어 장차 항우와 같은 장수가 될 것이라는 촉망을 받았으며, 백린이란 이름도 인중호걸(人中豪傑)이요, 수중기린(獸中麒麟)의 뜻으로 명명한 것이라 한다.

그의 맏형 진국(鎭國)이 구한국군의 도영장(都領將: 지금의 대대장급), 둘째 형 진민(鎭民)이 중영장(지금의 중대장급)을 지낸 전형적인 무관 집안이다. 계원의 부친은 그가 무인이 되기를 희망하고, 또 소질이 있다고 해서 "아무리 무인이 된다고 해도 무엇인가 지식 정도가 특출해서 졸병을 부릴 줄 아는 지장이 되어야 한다"고 타이르면서 한문도 빼놓지 않고 가르쳤다. 그는 대장이 되려는 웅지를 품고 상경하여 계동 1번지에 거주하면서 스스로의 아호를 계원이라 한다.

장남 선경(84) 씨는 중국으로 망명한 계원을 따라 만주로 가 독립군 양성소인 신흥무관학교를 졸업하고 독립군에 소속되어 광복활동을 벌이다 일제에 체포되어 신의주형무소에서 3년간의 옥고를 치르기도 했다. 수년 전에 작고한 차남 태준(=화경) 씨는 1931년 3월 중국 난징에서 한독당에 가입하며, 이듬해 4월 중국중앙군관학교에 들어가 군사교육 및 훈련을 받고 1936년에 졸업한다. 그는 한독당에 돌아와 청년단을 조직하고 그 단장에 선임되어 항일투쟁에 앞장서온 인물로, 광복 후 광복군 제2지대장 대리로 대원들을 이끌고 금의환향했다.

계원의 맏딸 숙경(87) 씨는 이원재(작고·세브란스의전 3회 졸) 씨와 결혼하여 남편을 따라 만주 하얼빈으로 망명하여 상하이 임정에 독립자금을 대었고, 차녀 순경(76) 씨는 정신학교 시절 3·1운동을 맞아 당시 이화학당의 유관순과 쌍벽을 이루던 여학생 주모자로 1년 6개월간 옥고를 치른 후, 하얼빈으로 가서 한일합병 후 할복자살한 순국 장교(당시 계급 참령) 박승환의 아들 박정욱(작고·세브란스의전 졸) 씨와 결혼하여 역시 독립자금을 대어왔다.

계원의 장남 순경 씨는 김인선(72·평양양재학교 졸) 씨와 결혼하여 3남 3녀를 두었다. 선경 씨의 장남 영석(51·신흥대영문과 졸, 건축업) 씨는 김순덕(47 씨)와 결혼했고, 차남 영훈(45·전북대 상과 졸, 외환은행종로지점 근무) 씨는 김영자(38) 씨와 결혼했고, 3남 영탁(42·중앙대 상경과 졸, 신우버스 경리과장) 씨는 김현자(35·고대 대학원 영문과 졸, 숭실중학 영어 교사) 씨와 결혼했다.

영주(52), 영덕(32), 영복(28) 씨 등 선경 씨의 3자매는 모두 도봉구 미아동 507의 284에서 부모와 함께 살고 있다.

계정의 차남 태준 씨는 안정숙(63·중국시안간호학교 졸) 씨와 결혼하여 서울 관악구 대방동 23의 33에 살고 있으며, 외아들 천민(27·중앙대 신문학과 졸) 씨를 두었다. 계정의 맏딸 숙경 씨는 동훈(세브란스의전 졸업반 때 작고), 승훈(작고·세브란스의전 졸) 씨 형제와 인철(작고·이화여전 기악과 졸), 인영(53·이화여대 가사과 졸), 인순(48·이화여대 약대 졸, 뉴욕 거주) 씨 등 4자매를 두었고, 차녀 순경 씨는 외아들 준(36·한양대 건축과 졸) 씨와 영자(53·이화여전 보육학과 졸), 정자(52·우석대 졸, 남복현 한국은행 감사와 결혼), 현자(51·공주사범 졸), 선자(49·수도의대 졸), 길자(48·이화여대 심리학과 졸), 인정(45·이화여대 심리학과 졸, 뉴욕 거주), 휘정(43·이화여대 심리학과 졸) 씨 등 7자매를 두었다.

계정의 장남 선경 씨는 80의 노구에 독립군 활동과 일제하의 옥고를 치르는 등 온갖 풍상을 겪은 분답지 않게 곱게 늙은 꼿꼿한 모습을 보여주었다. 자그마한 집들이 게딱지처럼 들어선 미아동 산마루의 좁다란 집(대지 28평)에 아들, 딸, 손자 등 열한 식구가 비좁게 살고 있었지만 궁상스런 표정을 찾아볼 수가 없었다.

"광복을 맞고서도 경상도, 전라도 등 여러 군데로 옮아 살았지요. 이제는 나이 많아 치과 개업도 못 하고 있으니 은행에 다니는 아들 형제가 우리 대가족의 생계를 맡고 있지요. 황해도 고향 땅에만 해도 부친께서 구한말에 받으신 훈장이며 옥새가 찍힌 임관지며 유물들이 많았지만, 지금은 겨우 사진 몇 장이 남아 있을 뿐이지요. 처자 권솔을 버리고 나라 하나만 생각하신 분이니까, 이렇게 살아도 아버지의 청백한 생활, 정신에 어긋나지 않는구나 생각하면 오히려 위로가 돼요. 아주 꼿꼿하게 사셔 때로는 너무 바르게, 지나치게 정직하게 사시지 않았나도 생각하지만…… 우리는 가난하게 사는 것이 오히려 부끄럽지 않아요."

장남 선경 씨의 말이다.

"조부님이 큰일을 하신 것이 솔직히 말해 자랑스럽지요. 남에게 손해 안 끼치고 바르게 살아가야 한다고 다짐하곤 하지요. 돈은 없이 살지만 마음만은 남부럽지 않게 살아가야겠어요. 어렸을 때 조부님께서 고생하신 얘기를 듣고서는 많이 울었어요. 조부님의 원이 왜놈들 물리치고 남대문에 입성하시는 것이었다고 이범석 장군이 말씀하셨어요. 상하이에 묻힌 유해를 아직 찾지도 못하고 있으니까……. 하기는 더 생존하셨어도 아마 안창호 선생님처럼 국내에 붙들려 오셨을지도 모르지 않느냐고 위로해주시더군요."

손녀 영주 씨와 영복 씨는 말끝을 맺지 못한 채 눈물을 흘렸다.

1895년 구한국 정부에서 전국의 수재 120명을 뽑아 유학 보낼 때 계정은 이갑, 유동열, 윤치성 등과 도일, 게오의숙에서 보통과와 특별과를 수학한다. 이어 계정은 1898년 11월 성성(成城)학교를 졸업하며, 이듬해 11월 일본 육군사관학교에 입학한다.

귀국 후 민영환의 주선으로 육군 참위에 임관되며 한국무관학교 보병과 교관에 임명되어 후진 양성에 진력한다. 1904년 러일전쟁 때 만주의 대련, 여순 등지를 모두 시찰하고 돌아와 부위(副尉), 정위(正尉), 참령(參領), 부령(副領), 정령(正領)으로 승진하여 육군무관학교장, 헌병대 대장, 육군연성학교장 등 요직을 지낸다.

"지금 종로4가 동대문경찰서 뒤쪽에 육군유년학교가 있었고 중앙청 쪽 시민회관 옆에 육군본부가 있어 그곳의 교육국장 겸 헌병사령관직을 지내셨지요. 육군연성학교는 경복궁 건너편 국군통합병원 자리에 있었고 육군무관학교는 삼청동 꼭대기 지금의 중앙공무원교육원 부근에 있었는데, 아버지의 교장 시절 생도로는 이응준, 김석원 장군 등이 계셨고, 저도 어려서 삼청동에 가서 아버지가 야외훈련을 시키는 장면을 본 적이 있습니다. 집에서도 교육이 아주 엄하셔서 무슨 일이든지 하라고 하시면 꼭 해야지 명령불복종이란 있을 수 없지요. 그런데 너는 얌전하니 의사가 되라고 하셨어요."

장남 선경 씨의 말이다.

어려서부터 계원의 귀염을 받고 자라나면서도 그의 교육을 받은 이응준 장군의 회고담이다.

"저는 18세 때 평안도 산골에서 상경하여 보성중학 1회 모집 때 입학했어요. 변영태 국무총리나 납북당한 윤기섭 씨가 모두 동기생이었고, 그때 이미 제 장인이 되신 이갑 선생과 노 정령이 자주 내왕하셔 뵈었지요. 2학년 1학기가 되었을 때 무관학교 결원이 1명 생겼다면서 시험 치러 군인이 되라고 하셔 그 후 그분의 지도를 받게 되었는데, 에피소드도 많지요. 당시 무관학교 장교 중 양반 자제라고 하여 노 교장이 부르면 느릿느릿 양반 걸음걸이니…… '발뒤꿈치를 들고 구보로 와' 하고 호통치셨지요.

또 그분이 일본 유학 시절 도쿄의 우리 공사관 주최로 우리 유학생과 군인들이 신년 하례식을 하는 자리에서 장 모 씨가 양반에 관한 말씀을 많이 하니까 '이놈아, 여기까지 와서 양반 타령이냐'고 따귀를 갈기시더군요. 성미가 대단히 괄괄하신 분이었지요. '구한국군 소위로 계시면서 한국 청년을 20명이나 일본 육사에 보낸 대단한 분이다. 참 사내다운 분' 이라고들 하더군요. 그 후 무관학교 교장으로 계실 때 오오구라라는 일본군 대위가 교관으로 와 있었는데, 계원과 일본 육사 동기인 데다 평소 한국인을 멸시해온 작자라 계원이 엄연히 계급이 위인데도 경례를 안 해요. 그러니까 불러 세워서는 '여기가 생도를 가르치는 곳이니까 계급

캘리포니아 한인비행학교와 교관들(왼쪽에서 네 번째가 노백린).

에 따라 경례를 하라'고 해서는 그 후로 경례를 받으셨지요. 이처럼 군율
이 엄했습니다."

1907년 8월 1일 일제의 압력에 한국군이 해산됨에 따라 육군연성학
교도 폐교되어 계원은 군부 교육국장으로 옮긴다. 군적을 떠난 그는 낙
향하여 안창호 등과 함께 신민회를 조직하여 해서교육총회장으로, 교
육총감인 김구와 함께 교육운동을 벌이기도 한다.

"여름철 어느 날 삼청동 막바지 무관학교에서 '교장 명령이니 송림이
우거진 경치 좋은 계곡에 생도들을 모두 모으라'고 하고서는…… 시내
명월관 등 일류 요릿집에다 시킨 요리상이 잔뜩 나와 우리는 교장이 한
턱 잘 내는구나 하고 맛있는 점심을 들었지요. 그런데 그분 말씀이 '한
국 형세로 보아 더 이상 교장직에 오래 못 있을 듯하니 곧 떠나겠노라'고
하시고는 '공부 잘해서 나라 위해 큰 재목이 되라'고 비장한 훈시를 하시
더군요. 자신의 송별연을 베푸신 것이지요."

이응준 씨의 말이다.

고향에서도 일관헌의 감시로 지목을 받게 된 계원은 피신책으로 수안
금광에 손을 대기도 하고, 또 윤치성과 함께 종로에 피혁상을 내어 양화

점도 경영하나 4~5년간 10여 만 원의 가산만 탕진하게 된다. 이렇게 하여 일제의 감시망을 흩뜨러버린 계원은 1914년 미국으로 망명하여 재미 교포의 후원으로 캘리포니아에 항공학교를 설립하는데, 당시 미국에 있던 박용만과 같이 하와이에서 국민군단을 창설하고 군사훈련을 했던 인연으로 상당한 자금 지원을 받기도 한다. 앞으로의 전쟁에서는 육군보다는 하늘을 나는 공군의 힘이라야 세계를 제패할 수 있다는 선견지명을 펼친 것이다.

1919년 3·1운동 후 상하이 임정이 수립되자 계원은 군무총장(국방부장관)에 취임하여 이해 12월 호놀룰루에서 구미위원회와 임정이 보조를 맞추도록 하며, 이듬해 북캘리포니아 주 윌포스 비행사 육성소를 감독하다가 그해 11월 초에는 이승만과 함께 상하이로 돌아온다. 이어 국무총리에 취임하여 4~5년간 임정의 정무를 통괄하며, 참모총장에 취임하기도 한다.

1920년 계원의 명의로 광복군을 모집한 군무부 포고의 내용이다.

충용한 대한의 남녀여! 혈전의 시(時), 광복의 추(秋)가 래(來)했도다. 너도 나아가고 나도 나아갈지라. 정의를 위하여, 자유를 위하여, 민족을 위하여 철과 혈로써 조국을 살릴 때가 이때가 아닌가. 혼 있고 피 있는 대한의 남녀여! 선조를 위하여, 후손을 위하여, 무도한 왜적에게 학살을 당하는 너의 부모, 형제, 자매를 위하여 최후의 희생을 공(供)할 때가 아닌가. …… 반만년 역사의 권위를 장(仗)하여 2000만 민족의 의용을 합하여, 20세기 금일의 시대적 요구에 응하여 인도를 부르짖으며 나아갈 때에 무엇이 두려우며 무엇을 근심할까? 네 앞에 독립이요, 네 앞에 자유뿐이로다. …… 이것이 과연 우리의 정당한 요구요, 필연한 사실이요, 완전한 자각이라 하면, 주저

말고, 고려(顧慮) 말고 하루바삐 너도 나와 대한민국의 군인이 되며, 나도 나가 대한민국의 군인이 되어, 2000만 남녀는 1인까지 조직적으로 통일적으로 광복군 되기를 서심(誓心)단행할지어다.

계원은 임정 국무총리를 사임한 이듬해 1926년 1월 22일 상하이 법조계(法租界) 망지로 영길리 객사에서 자녀들에게 조국을 잊어서는 안 된다는 유언을 남기고 별세한다.

"가훈이라야 뭐 별것 있나요? 그저 조부님처럼 살아가라고 가르치지요. 어려서부터 담력이 뛰어나서 집안에 미신으로 세워놓은 우상을 모두 헐어버렸다고 해요. 그 후 기독교를 믿으셔 우리에게까지 이어지고 있지요. 얼음을 깨고 들어가 냉수욕을 즐기셨고, 중국에서도 자전거 타기를 좋아하셨고, 밤새껏 통음하시기도 했지요."

장남 선경 씨의 말이다.

광복 후 장남 선경 씨는 군에 입대하여 육사 8기생 과정을 거쳐 6·25전쟁 때는 일선 전투에도 참여했다가 4·19혁명 전 대령으로 예편됐다. 계원의 권유로 군인이 되어 광복군 간부로 활약해온 차남 태준 씨는 정부 수립 후 초대 육군참모총장 물망에까지 올랐었고, 이범석 국무총리의 비서실장을 지내면서 민족청년단의 조직책으로 활약하다가 수년 전에 작고했다.

광화문통에서 호령을 하면 남대문이 쩡쩡 울렸다는가 하면, 푸줏간에서 칼로 쇠고기 다리를 손수 치며 육회를 먹었고, 생계란 30~40알을 깨어서 한꺼번에 들었다는 장수의 신화를 간직한 채 광복운동을 지휘한 근대 한국군의 원로로 추앙받고 있는 계원의 풍모를 어디서 다시 찾아야 할까?

내가 본 계원 노백린

　내 장인 되시는 이갑 선생과의 두터운 교분을 가지신 계원 선생을 나는 어려서부터 뵈어왔고, 특히 그분이 한국무관학교장 시절의 그 생도로서 친히 그분의 가르침을 받으면서 나는 그분이 체통부터 건장하고 한국 군인으로서는 제일이라고 느껴왔다.

　칼을 쭉 빼어 들고 말 타고 가시는 그분의 모습은 위엄이 가득 서려 아주 인상적이었고, 을사조약 이후 자결하신 민영환 선생의 사진과 혈죽을 무관학교 강당에 걸어놓은 충렬의 군인이었다.

　그러면서 그분은 여름철이면 한남동으로 한강에 우리 생도들을 데리고 가서 상도동 둑으로 헤엄쳐 건너가는가 하면, 오가는 길에 「백두산에서 한라산까지」의 노래를 부르게 하며 애국하는 자세를 익혀주셨다.

　일제의 침략으로 무관학교가 해산된 후 내가 일본육사로 진학했다 졸업하고 다시 귀국하여 그분을 뵈었을 때 '나라를 잃고 군인이 무슨 필요가 있을까' 하는 생각은 잘못이며 '남들이 뭐라고 해도 군인이 되어야 한다'고 격려해주셨다.

　호탕하고 술 잘하시는 남자다운 기상에다 군인다운 군인으로서 계원 선생은 내 어린 시절부터 오늘에 이르기까지 많은 영향을 주셨으며, 특히 그분의 네 자녀가 모두 광복운동에 참여하여 독립유공자로 표창받은 것도 모두 계원 선생의 영예인 것이다.

이응준(재향군인회 자문위원장, 초대 육군참모총장)

계원 노백린

| 1875년　　12월 2일, 황해도 송화읍 풍천에서 태어남

1895년	이갑 · 유동열 · 윤치성 등과 도일, 경응의숙에서 보통과와 특별과를 수학함
1898년	일본 성성(成城)학교를 졸업함
1899년	일본육군사관학교에 입학함
1907년	한국군이 해산됨에 따라 군부 교육국장을 지냄
1914년	미국으로 망명, 캘리포니아에 항공학교를 설립하며, 박용만과 국민군단을 창설함
1919년	상하이 임정의 군무총장에 취임함
1920년	북캘리포니아 주 윌로스 비행사 육성소를 감독하다가 상하이로 돌아옴
1926년	1월 22일, 상하이 법조계 망지로 영길리 객사에서 별세함

백범 김구

네 소원이 무엇이냐 하고 하나님이 물으신다면 "내 소원은 대한 독립이오" 하고 대답할 것이다. 그 다음 소원이 무엇이냐 하면 나는 또 "우리나라의 독립이오" 할 것이요, 또 그 다음 소원이 무엇이냐 하는 세 번째 물음에도 나는 더욱 소리 높여서 "나의 소원은 우리나라 대한의 완전한 자주독립이오" 하고 대답할 것이다. 동포 여러분! 나 김구의 소원은 이것 하나밖에는 없다. 내 과거의 70 평생을 이 소원을 위하여 살아왔고 현재에도 이 소원 때문에 살고 있고 미래에도 나는 이 소원을 달하려고 할 것이다. (『백범일지(白凡逸志)』, 김구)

상하이 임시정부 독립운동의 총수로서 이처럼 조국 독립을 종교로 삼아온 백범(白凡) 김구(金九)는 1896년 7월 11일 황해도 해주 백운방기동(텃골)에서 가난한 농민 김순영(金淳永)과 곽낙원(郭樂園) 사이에 외아들로 태어났다.

백범의 어린 시절은 상하이 망명 당시 국내에 있던 인(仁)과 신(信) 두

어린 아들에게 서술한 형식으로 엮은 『백범일지』 상권에 상세히 수록되어 있다.

내가 아홉 살 적에, 어머니는 내게 이런 말씀을 하셨다. "너의 집에 허다한 풍파가 모두 술 때문이니 두고 보아서 네가 또 술을 먹는다면 나는 자살을 하여서 네 꼴을 안 보겠다." 나는 이 말씀을 깊이 새겨들었다. 이때쯤에는 나는 국문을 배워서 다 떼었다. 그러나 내가 글공부를 하리라고 결심한 데는 한 동기가 있었다. 하루는 어른에게서 이러한 말씀을 들었다. 몇 해 전 일이다. 문중에 새로 혼인한 집이 있었는데 어느 할아버지가 서울 갔던 길에 사다가 주셨던 관을 밤에 내어 쓰고 새 사돈을 대했던 것이 양반들에게 발각이 되어서 그 관은 열파를 당하고 그로부터 다시는 우리 김씨는 관을 못 쓰게 되었다는 것이다.

나는 이 말을 듣고 몹시 울었다. 그리고 그 사람들은 어찌해서 양반이 되고 우리는 어찌해서 상놈이 되었는가 물었다. 어른들이 대답하는 말은 이러했다. 방아메 강씨도 그 조상은 우리 조상만 못했지만은 일문에 진사가 셋이나 살아 있고, 자라소 이씨도 그러하다고……. 이 말을 들은 뒤로 나는 부쩍 공부할 마음이 생겨서 아버지께 글방에 보내어 달라고 졸랐다.

이러한 양반에의 반발, 갈등 의식에 젖은 젊은 백범은 동학운동에 가담한다. 1893년 동학에 입교하여 접주가 되며, 이듬해 700여 명의 동학군을 거느리고 그 선봉장으로 나선다.

우리 동네에서 남쪽으로 20리쯤 가서 갯골이란 곳에 사는 오응선과 그 이웃 동네에 사는 최유현이라는 사람이 충청도 최도명이라는 동학 선생에게서 서도를 받아 가지고 공부를 하고 있었는데, 문득 있다가 문득 없어지며, 능히 공중으로 걸어 다니므로 충청도 그 선생 최도명한테 다녀온다고 했다. 나는 이 동학이라는 것에 호기심이 생겨서 이 사람들을 찾아보기로 결심했다. 갯골 오씨 집 문전에 다다르니…… 내가 공손히 절을 한즉 그도 공손히 맞절을 하기로 나는 황공하여서 내 성명과 문벌을 말하고 내가 비록 성관을 했더라도 양반댁 서방님인 주인의 맞절을 받을 수 없으려거든 하물며 편발 아이에게 이런 대우가 과도한 것을 말했다.

그러더니 선배는 감동하는 빛을 보이면서 그는 동학도인이라 선생의 훈계를 지켜 빈부귀천에 차별이 없고 누구나 평등으로 대접하는 것이니 미안해 할 것 없다고 말하고 내가 찾아온 뜻을 물었다. 나는 이 말을 들으며 별세계에 온 것 같았다. (『백범일지』)

동학군을 이끌고 강계에서 싸움을 벌이던 백범은 전세가 불리하여 안악으로 내려오던 중 저하포에서 일본 육군 중위 시다(土田讓亮)를 만나 한칼에 그를 찔러 죽여 국모(명성황후) 살해의 원한을 풀고 체포되어 사형 언도까지 받았으나 고종의 특사를 받는다. 하지만 그는 일제의 압력으로 인천감옥에서 복역하다 1898년에 탈옥하여 피신 생활을 하다 공주 마곡사의 중이 되기도 한다.

1년 만에 환속한 백범은 어린이 계몽·교육 사업에 종사하다 1904년 신천 사평동에서 최준례(崔俊禮)와 결혼한다. 당시 신랑의 나이는 29세, 신부의 나이는 18세. 첫 번째 약혼녀가 죽고 두 번째 안창호의 누이(신호)와의 약혼도 깨어진 후 세 번째 겨우 이루어진 성혼이다.

이 부인은 1924년 상하이에서 작고했고, 그 사이에 3남매를 두었으나 맏딸 화경이 어려서 죽었으며, 장남 인 씨도 28세 때 충칭에서 호흡기병으로 타계했고, 차남 신(信) 씨만이 살아남은 유일한 백범 집안의 증인이다.

1922년 상하이에서 태어난 신 씨는 중국곤명국립서남연합대학을 수료하고, 중국공군비행병학교, 중국공군사관학교를 거쳐 1947년 귀국 후 이듬해 육군항공기지대에 입대하여 공군 준장, 공군참모총장, 주중 대사 등을 지내다 1971년 이래 교통부장관을 거쳐 현재 유정회의원이다.

그의 부인 임윤연 씨는 1971년 11월에 타계했고, 그 사이에 진(27·미국남캘리포니아대학 기계공학과에 재학하다 현재 군복무 중), 양(25·연세대 정외과졸) 씨 등 4남매가 있다.

1910년 한일합병이 되자 백범은 황해도 대표로 신민회에 참가하여 일제에 항쟁하는데, 밖에서 무관학교를 세워 독립군을 양성하기로 한 결의가 탄로 나 일본 경찰에 많은 동료와 함께 체포되어 17년형의 징역 선고를 받는다.

1914년 감형으로 인천감옥에서 풀려난 백범은 잠시 농사를 짓다가 상하이로 간다. 그는 임시정부의 문지기가 되기를 원하나 초대 경무국장이 되며, 1923년 내무총장, 4년 후 국무령에 오른다.

1928년 백범은 독립운동 노선에 혼선을 빚어온 공산주의자들을 제외하고 민족진영의 단결을 꾀해 이동녕, 이시영 등과 한국독립당을 창당하는데 조완구, 조소앙, 안창호 등도 창당 멤버가 된다.

"제가 태어난 지 석 달 만에 어머님이 돌아가신 데다 아버님은 망명 생활에 쫓겨 다니시는 몸이었으니, 할머니가 줄곧 저를 키워오셨지요. 형님과 저를 고아원에 버려두신 적도 있었으니까, 개인적으로는 참 불우한 가정생활이었지요. 그러다가 제가 세 살 때 할머니보고 제발 본국에 돌아가시자고 하여 저는 10년간 황해도 안악에서 아버지 없는 유년 시

해방 후 백범이 숙소로 사용하다 안두희의 흉탄에 숨진 경교장.

절을 보냈지요. 제 나이가 원체 어렸으니 일제도 달리 박해할 방도는 없었던지, 오고 가는 편지를 뜯어 보고 상하이에서 소식이 있느냐 물어보기도 하고, 경찰서장이 할머니에게 모찌(일본 떡)를 사 가지고 와서는 아버지가 귀국하면 좋은 벼슬자리를 주고 또 아이들을 좋은 학교에 다니게 해주마고 회유하기도 했지요. 그러다가 우리가 중국으로 도망가게 되어 놓쳐버린 셈이지요. 최근 도쿄 한국문제연구소장 최서면 씨가 발굴해낸 자료를 보니, 일제총독부가 독립투사 가족을 감시하던 자료인데, 안악경찰서와 상하이 총영사관 등이 우리를 얼마나 철저히 감시했는지를 알 수가 있어요."

차남 신 씨의 말이다.

임정의 백범은 1931년 이봉창이 일왕에게 폭탄을 던지도록 하며, 이듬해 윤봉길이 상하이 홍구 공원에서의 일본인 천장절 기념식장에 폭탄을 던지도록 지휘하여 만보산 사건 이래 석연치 않던 중국인의 대한

감정을 말끔히 씻어주고, 용기 있는 한민족으로 격려를 받는 전기를 이룬다. 왜경의 검거 선풍이 심해지자 백범은 "두 사건의 책임자가 바로 나 김구이다"라는 성명을 내어 '60만 원의 현상 붙은 사나이로 위험을 한 몸에 안고 상하이를 떠나 가흥으로 임시 피신을 하기도 한다.

"13세 때 보통학교 5학년에 다니다 다시 중국에 들어가서 아버님을 뵈었는데, 어떤 얼굴 시커먼 사람이 중국 옷을 입고 딱 버티고 서 있어요. 3세 때 떠나 다시 뵙게 되니 기억이 납니까? 처음 뵙는 것이나 다름없지요. 한참 서먹해했는데 할머니가 부자지간을 소개하시더군요. 참 기막힌 일이지요. '내가 이만큼 손자들을 키웠으니 자네는 신발이나 사 신기라'고 말씀하시더군요. 아버님도 과묵하신 분이라 아무런 말씀 안 하시고 우리 머리만 쓰다듬으시더군요. 우리 형제는 서로 얼굴만 바라보고 있었지요. 그때 중국 가서도 아버님과 함께 잘 수는 없었어요. 윤봉길 의사 사건 직후 아버님은 곧 피신하셨으니까요. 많은 스파이들이 늘 뒤따르니 한집에서 살 수가 있나요? 우리 역시 성과 이름을 바꾸고 피신해 다녔지요. 원체 땅덩어리가 넓어 피해 다니기는 좋더군요. 남과 북이 말이 안 통하는 정도니까요."

차남 신 씨의 말이다.

1933년 백범은 장개석과 만나 낙양군관학교 분교를 한국 군관 양성소로 쓰기로 합의하나 일제의 방해로 뜻을 이루지 못한다. 중일전쟁 이후 1938년 백범이 장사에서 한국독립당, 한국국민당, 조선혁명당의 3당 통합 문제를 다루다 이운한에게 맞은 탄환은 평생 그의 오른쪽 가슴에 박혀 있었다. 백범은 통합된 한국독립당수에 추대되는 한편 임정 국무회의 주석에 취임한다.

1940년 한국광복군을 조직하여 총사령관에 지청천, 참모총장에 이범석을 임명하며, 태평양전쟁이 발발하자 임시정부 이름으로 대일 선전포고를 하는 한편, 광복군으로 하여금 한미 제휴로 국내 침투작전을 세우는 도중 해방을 맞아 애석해한다.

"대학 2년을 마치고 군에 입대하여 인도의 라호르란(지금 파키스탄)에 건너가 2년간 비행 훈련을 거의 마쳤는데 해방을 맞았어요. 충칭에 들어가서 아버님을 모시고 귀국하겠다고 하니 '나라 독립 위해서 일부러라도 비행사를 양성해야 할 텐데, 비행술을 마저 배우고 귀국하라'고 하셔 난징에 돌아와서 훈련을 마치고 제대 후 1947년 9월에야 귀국했습니다."

차남 신 씨의 말이다.

1946년 1월 23일 고국을 떠난 지 27년 만에 백범은 미군정의 반대로 개인 자격으로 겨우 귀국한다. 하지만 백범은 그를 맞는 국민들의 환호성에 채 답하기도 전에 모스크바 3상회의로부터 4개국 한국 신탁통치의 소식이 알려져 반탁운동을 지휘해야 한다.

1947년 유엔 총회는 남북을 통한 유엔 감시 하의 총선거를 실시할 것을 결의하나 북한이 이를 수락하지 않아 국토 분단의 위기가 닥치자 백범은 38선을 넘어 평양에 간다. 김구, 김규식, 김일성, 김두봉 등 '4김 회담'을 통해 통일 한국을 이루려 하나 결국 이 노력은 수포로 돌아가고 만다.

"1947년 4월 19일 백범 선생이 38선을 넘어 여현 땅에 오후 6시쯤 도착했는데, 보안대원이 초라한 민가에 안내하더군요. 밤 10시가 지나도록 그들은 일언반구도 없었지요. 기다리다 못한 백범 선생은 흥분된 얼굴색으로 책임자를 불러오라 하고 그들이 꿇어앉자 호통을 치시더군요. '너 이놈들! 국사 위해서 온 사람 대우가 이거냐?' 하시면서요. 평양에서 돌아오실 때 김두봉이 '김 장군님, 함께 금강산이나 구경하시지요' 하니 편안하게 구경할 때가 아니라고 거절하시더군요."

당시 백범 비서 선우진 씨의 말이다.

1948년 8월 15일 이승만을 대통령으로 하는 정부가 수립되자 백범은 정계 은퇴 생활을 하다 1949년 6월 26일 경교장 숙소에서 육군 소위 안두희의 총탄을 맞고 쓰러져 국민장으로 효창공원에 안장된다.

서울 서대문구 서대문 로터리 언덕 위에 위치한 경교장 자리는 고려병원 빌딩이 들어섰으나 당시 건물은 그대로 보전되어 사무실로 쓰고 있다.

"아버지가 암살되신 후 젊은 혈기로 참기 힘들었지만 '진충보국하라'는 아버지의 교훈을 더 크게 명심했지요. 주중 대사 때도 장개석 총통이 아들처럼 대해주셔 참 고마웠고, 외국에 가서도 아이들이 우리말을 잊지 않도록 유의했지요. 아버님 말씀도 때때로 들려줍니다. 자식들의 잘못으로 부모님이 욕되시는 일이 있지 않을까, 공사 생활을 통해 이처럼 늘 조심성이 앞섭니다."

차남 신 씨의 말이다.

내가 본 백범 김구

애국자의 유형으로 백범 선생은 일제에 적극 항거하던 무력투쟁형에 속하며 내가 접해온 많은 독립투사 중 출중한 애국자라고 생각한다. 이처럼 적극적인 무력항쟁을 내세우시면서도 그분은 중국 망명 생활을 통해 늘 학문을 연구하는 태도를 지녀 글씨도 매우 잘 쓰셨다.

항거의 방편으로 폭력 수단을 쓰시던 그분 스스로 폭력에 목숨을 잃은 것은 아이러니한 사실이지만, 어찌 보면 의로운 남아다운 떳떳한 생애를 마쳤다고도 할 수 있다. 지금 다시 열리는 남북대화를 근 30년 전 예견이나 했듯이 그분이 공산당과의 화합이 어려운 줄 알면서도 강행했던 것은 백범다운 애국정신, 애국혼의 발로였다고 상기하게 된다. 중국 임정에서 연락 임무를 맡았다가 일경에 체포되어 그분을 뵙지 못한 나는 귀국 후 경교장으로 찾아가 뵈었는데 "수고 많았네. 이제부터 젊은이들이 앞장서서 일해야지"라고 하신 말씀이 기억난다. 시골 노인 같은 서민형이면서도 당차고 무서운 분이라는, 상상하던 대로의 모습을 그대로 접했던 것이다.

송지영(《조선일보》 논설위원)

백범 김구

1876년	7월 11일, 황해도 해주 백운방기동(텃골)에서 태어남
1893년	동학에 입교하여 접주가 된 후 동학군의 선봉장이 됨
1910년	황해도 대표로 신민회에 참가, 체포되어 17년 징역형 선고를 받음
1914년	상하이로 망명
1919년	상하이 임정 초대 경무국장이 됨
1923년	임정 내무총장이 됨
1927년	임정 국무령에 오름
1928년	민족진영의 단결을 위해 한국독립당을 창당함
1938년	한국독립당수, 임정 국무회의 주석에 취임
1940년	한국광복군을 조직함
1946년	상하이에서 귀국함
1947년	유엔에 의해 남한만의 총선이 실시되려 하자 국토 분단을 막기 위해 38선을 넘어가 설득하려 함
1949년	6월 26일, 경교장 숙소에서 육군 소위 안두희의 총탄을 맞고 별세함

2011년 6월 30일 경남 진주 공군교육사령부 연병장에서 열린 제126기 공군사관후보 임관식에서는 백범의 외증손자인 동만(24) 씨가 소위로 임관되었다. 이날 역시 공군 출신인 아버지 김호연(56 · 한나라당 천안읍 국회의원) 씨가 철제 계급장을 아들의 어깨 위에 달아줘 더욱 관심을 끌었다. 김 의원도 공군 사관후보생 73기 출신이다. 김 의원의 부인은 백범의 차남인 김신(88 · 공사 2기) 제6대 공군참모총장의 딸 김미 씨다. 김 의원은 청년 시절 장인이 공군 참모총장을 지낸 '처갓집 분위기'를 고려해 공군 장교의 길을 택했다고 밝혔다. 《조선일보》, 2011년 7월 1일)

김신 씨는 광복 후 공군 창설에 참여해 대한민국 첫 전투기 조종사 10명 중 한 명이 됐다. 그는 6 · 25전쟁 때 제10전투비행 전대장으로, 우리 공군 최대 전공 중 하나로 꼽히는 승호리 철교 차단 작전을 이끌기도 했다. 승호리 철교는 당시 세계 최강이던 미 공군이 500회 이상 출격하고도 폭파에 실패한 것을 김 씨가 미군보다 훨씬 낮은 고도에서 위험을 무릅쓴 폭격을 감행하도록 우리 공군 조종사들에게 지시하여 폭파에 성공함으로써 미군으로부터도 격찬을 받았다. 김 씨는 1960년 38세의 젊은 나이로 공군 수장인 참모총장이 됐다.

그 후 차남인 김양 전 국가보훈처장도 공군 중위로 전역했다. 김양 씨의 아들 용만 씨도 2010년 12월 제125기 공군 사관후보생으로 임관했다. 김신 씨의 장남인 김진 전 대한주택공사 사장도 공군 병장을 지냈으니 백범 집안은 곧 '하늘색 공군 가문'인 셈이다.

공군 교육사령부 관계자는 "김구 선생은 독립운동을 하던 당시 대한민국의 이름으로 일본에 선전포고를 하고 낙하산 부대를 편성해 본토(조선) 상륙 훈련을 한 일이 있다. 이런 역사적 인연이 이어져 후손들이 공군에 입대하는 것 같다"고 말했다.

미국 대학에서 국제관계학을 전공한 김동만 소위는 전공 연관성을 살려 정보장교를 지원했다. 그는 "어린 시절 백범 선생의 애국애족 정신과 굳은 기개를 들으면서 자랐고, 외조부와 부친에 대한 존경과 자부심으로 자연스레 3대째 공군 장교의 길을 걷게 되었다"고 말했다.

2012년 8월 백범의 손자인 김양(59) 전 국가보훈처장이 조부와 부친에 이어 3대째 훈장을 받은 것으로 확인됐다.

국가보훈처 관계자는 "김 전 보훈처장이 지난 6월 30일 공무원으로서 직무에 공적이 뚜렷한 사람에게 수여되는 황조근정훈장을 받았다"고 밝혔다. 김 전 처장은 2010년

1월 재직 당시 경술국치 100년을 맞아 아키히도 일왕 방한이 추진됐을 때 "과거사 문제가 어느 정도 정리되지 않고는 방한이 곤란하다"고 소신을 밝히기도 했다.

50

한힌샘 주시경

한힌샘(白泉) 주시경(周時經)은 독립협회 회원으로 국문동식회(同式會), 국어강습회 등을 열어 한글을 근대화하고 국어와 국문에 관한 지식을 보급한 인물이다. 그는 1876년 12월 23일 황해도 봉산군 쌍산면 무릉골에서 가난한 선비 주학원(周鶴苑)의 6남매 중 차남으로 태어났으며, 중종 때 최초의 서원인 백운동서원을 세운 주세붕의 12대손이다.

선생이 잉태될 때 선생의 어머니 꿈에 백발노승이 연적을 주면서 "남편이 연적을 찾으니 이를 주라" 했는데 이때부터 태기가 있어 무릉골 자그마한 초가에서 선생을 낳으신 것이다. 그 아버지 32세, 그 어머니 29세 때였다. …… 형제들이 연년생임과, 집이 가난함과 젖이 넉넉하지 못함과, 낳던 다음 해에 큰 흉년이었던 때문에 그 작은 양도 채우지 못하여 몇 번인가 기절한 일도 있었으며, 그 어머니와 누님이 도라지를 뜯어다가 죽을 쑤어서 어린 형제들의 나이 차례로 분배했다 한다.

주시경의 후계자 김윤경은 생전에 그에게서 직접 들은 이야기를 『주시경 선생 전기』(1959년 한글학회)에 이렇게 적고 있다.

주시경은 모두 3남 2녀를 두었는데, 이들 중 장남 삼산과 차남 백산은 일찍이 작고했다. 맏딸 송산 씨는 이종우(78·홍익대 학장 역임) 화백과 결혼하여 서울 마포구 신석동에 살고 있으며, 차녀 춘산(68) 씨는 서울 도봉구 수유리에 살고 있다.

3남 왕산(65·중앙중학교 교장) 씨는 서울 마포구 신수동 89의 18에 살고 있으며, 고태자(63) 씨와 사이에 3남매를 두었다. 장남 영일(41) 씨는 서울공대 기계과를 거쳐 미국 워싱턴 가톨릭대학의 조교수로 근무하는 이공학박사이며, 맏딸 소영(34) 씨는 홍익대 공예학과를 졸업했으며, 차남 영석(32) 씨는 서강대 사학과를 나와 모토로라 코리아에 근무하고 있다.

"우리 형제들 이름의 돌림자는 원래 모두 '회'자인데 아버지께서 모두 '산(山)'자 돌림으로 바꿔 지어주신 것이지요. 삼각산, 백두산, 인왕산 등을 본뜨신 듯한데 아마도 아버지께서 산을 무척 좋아하신 모양이지요? 참 아버님의 아호는 한글 전공하신 분답게 순한글 아호로 한힌샘이라고 매우 특이한데, 저도 그 유래는 잘 모릅니다."

막내아들 왕산 씨는 40년 전 전문학교를 졸업하고 《조선일보》 기자로 입사하여 방종현(작고·서울대 문리대 학장 역임) 등과 함께 《조선일보》 맞춤법통일안을 제정했으며, 그 후 신문이 폐간되면서는 중앙중학교 국어교사로 옮겨 줄곧 한글을 가르쳐 부친의 대를 잇고 있다.

주시경은 6세 때부터 집에서 한문을 배우며, 12살 때 백부 학만(鶴晩) 씨의 양자로 올라와 글방에 다니며 한문 공부를 계속하다가 19세 때 신학문에 접하게 되는데, 당시의 상황을 김윤경은 이렇게 전하고 있다.

선생의 큰아버지는 처가에서 한 해 반이나 아무 하는 일 없이 먹고만 지내다가…… 자녀를 다 잃고 실망하여 술로 세월을 보내다가 선생을 양자로 데려온 것이므로 그리 화평한 가정은 되지 못했다. 선생이 다니는 글방도 장사하는 사람들과 중인 자제들뿐이었으므로 선생은 더 훌륭한 선생에게 배우기를 원했다. 그런데 선생이 다니던 글방에 가는 도중에는 이회종이란 진사가 자질(子姪) 몇 명을 데리고 가르치는 글방이 있었다. 선생은 글방에 갔다가 올 적마다 그 집 문앞에서 한두 시간씩 우두커니 기다림같이 섰다가 가기를 수십 일이나 했다. 이 진사는 이상하게 생각하여 친히 선생에게 물었다.

그제야 선생은 묻는 대로 자기는 '종바닥서당'에 다님과 이 선생 같은 분에게 배우기를 원한다고 말하므로 이 선생은 곧 허락…… 그러한데 선생은 한문만 배우는 것은 시대가 요구하는 학문이 아니요, 시간만 낭비함이라고 깨닫게 되었다.

19세 되던 해 9월에 선생은 머리를 깎고 배재학당에 들어갔다. 당시 선생의 주택은 남대문로 상동교회 옆 남창동 작은 초가였다. 너무 가난하기 때문에 공부하는 여가에는 배재학당 인쇄소 잡역을 하면서 교사 박세양, 정인덕 씨 등에게서 신학문을 배웠다. (『주시경 선생 전기』)

그는 공부하는 학생 신분으로 개화운동에 나서 1896년 배재학당 안에 조직된 진보적 학생 단체인 협성회의 일(전적 및 월보찬술원)이나 《독립신문》의 일에 몰두하며, 이듬해 독립협회 회원이 된다.

21세 때 김명훈과 결혼, 배재의 은사인 서재필이 주동이 된 독립신문사의 회계 겸 교보원(校補員)의 일로 생계를 꾸려나간다. 그는 또 《독립신문》 안에 국문동식회를 설립하여 개화운동 중에서도 언어와 문자 문제에 각별한 관심을 쏟는데, 우리글(훈민정음)을 창제한 세종대왕, 중종 때 이를 개량한 최세진에 이어 우리글을 근대화시킨 인물이다.

당시 한힌샘의 활약을 김윤경은 이처럼 전하고 있다.

23세 되던 9월에 만국지지과(萬國地誌科)를 졸업하게 되었다. 선생이 지지학 교사 서재필 박사에게 총애를 받음도 이때부터였다. 그리하여 그 뒤 서재필 박사가 선생을 독립신문사의 회계 겸 교보원으로 뽑아 쓴 것이다. …… 인쇄소 관리자는 미국인 교사 올링거 박사였다. 일이 있는 시간 밖에는 시간을 다 사생활에 쓸 수 있으므로 선생은 이러한 여유의 시간을 한글 연구에 바치었다. 그 인쇄소에서 박아내는 《협성회보》나 《독립신문》이 다 순한글로 박게 되었고, 선생이 이를 다 교정했던 것이다. 재학 당시부터 한글 연구를 위하여 국문동식회를 조직하고 문서나 책자를 박을 때에는 순한글로 하기를 권장했다. (『주시경 선생 전기』)

그의 이력서에는 23세 배재학당의 만국지지 특별반을 졸업하고, 25세에 보통과를 졸업했다고 간략하게 기재돼 있으나 사실상 이 동안은 눈코 뜰 새 없는 바쁜 나날이었음을 다음의 기록에서 엿볼 수 있다.

25세 되던 1900년 6월에 선생은 배재 보통과를 졸업했다. 또 인천 이운(利運)학교에서 항해술을, 서울 수진동 흥화학교에서 측량술을, 이화학당의 영국인 의학박사에게 영어와 의학을 배웠고, 그 의학박사에게 선생은 한글을 가르쳐주었다. 또 외국어학교에서는 일어와 청어(淸語)의 강의를 수시로 들었다. 독학으로는 한글 연구, 그 밖에 식물학, 기계학, 종교학을 연구했다.

그리고 선생은 서울 안의 각 학교와 강습소, 외국인의 한어 연구소들의 교사로 분주했다. 또 인쇄 직공, 간호원, 학교 사무원, 협성회 간부 전적, 동회보 기자, 독립신문사 회계 겸 교보원, 동 신문사 총무, 독립협회 간부, 국문동식회와 만민공동회의 조직자 겸 지도자로 대단히 분주한 생활이었다. (『주시경 선생 전기』)

그 후 사회인으로서의 활동이 본격화되면서 그는 국어국문학을 연구하는 학자이자 교육자로서 탁월한 역량을 발휘해간다.

"그분께서 국어 연구를 하게 된 동기는 배재학당에서 영어를 익히면서 문법을 배우다 보니 우리 국어에도 문법이 필요하다고 절감하신 데서 비롯된 듯해요. 사실상 우리말 연구에 외국어 지식을 응용하신 최초의 학자라고 할 수 있지요.

마침 당시 지석영의 「신정국문」이란 국문 개량 건의가 정부에서 채택되어 학부 안에 국문연구소를 두게 되는데, 18명 내외의 연구위원 속에 당당히 끼어들게 되지요. 그때 22회에 걸친 연구 토론 기록이 있었는데, 최근 서울대 이기문 교수가 없어졌던 12회분 기록을 일본 어느 도서관에서 복사해 왔다고 하더군요. 한일합병 후 국문연구소도 흐지부지 없어지고 임원들도 모두 흩어져버렸으나 주시경 위원만은 계속 연구를 하지요. 당시 서울 시내 사립학교가 6~7개교 있었는데 주 선생님은 조선어 과목을 빼놓지 않고 이 학교 저 학교로 다니시면서 모든 것을 국문으로, 그것도 '새 철자법으로 쓰자'고 깨우쳤지요. 늘 큰 보따리에 유인물 등 교재들을 넣고 다녀서 '주보따리'라는 별명도 지니셨고…… 제자들이 참 많지요. 그중 직계 제자로는 최현배, 김윤경, 장지영, 김두봉 등을 꼽을 수 있지요."

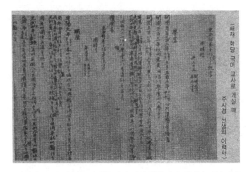

주시경이 34세 때 손수 작성한 자필 이력서(학력과 경력이 적혀 있다).

국어학자 이희승 씨의 말이다.

그 후 최남선이 광문회를 설립했을 때 한힌샘은 국어사전 편찬을 맡아 힘쓰는데, 완성을 보지는 못하지만 우리나라 최초의 국어사전 편찬 사업이었다.

이때 저서로는 『국어문전음학』(1908년), 『한자초습』(1908년), 『국문초학』(1908년), 『국어문법』(1910년), 『말의 소리』(1914년) 등이 있다.

"당시 지금의 수송동 조계사 자리에 보성중학교가 있었는데, 주 선생님은 이곳의 교실을 빌려 국어강습회를 열고 일요일이면 특강도 하셔 가르치셨는데, 저도 한두 번 들은 적이 있습니다. 하여튼 가르치시는 열의가 참 인상적이었어요. 그때그때 새로운 주장을 하셔 평소에 늘 연구하시는 모습을 학생들이 보게 되어 누구나 감동을 받게 되었지요. 바로 길 하나 건너서 교원양성소(지금의 중동고교 자리)가 있어 외솔 등 그곳 학생들이 기숙사를 빠져나와 주 선생님의 가르침을 자주 받게 되고, 그 직계 제자로 한글 연구에 몰두하게 된 것이지요."

이희승 씨의 말이다.

그의 학문적 바탕은 역시 한글을 통한 민족 얼의 깨우침에 있었으니,

중국의 문호 양계초가 한국을 방문하여 광문회에 들렀을 때 그와 사귀어 접촉하면서 『안남망국사』를 얻어 보고, 우리나라가 일제에 지배되어감이 안남(베트남)과 비슷함을 깨달아 이를 순한글로 번역하여 당시 박문서관 주인 노익형으로 하여금 발간하게 한다. (1908년)

이처럼 그의 생애는 학문 연구의 면에서는 매우 풍요했으나 물적 생활에서는 무척 간구했으며, 한힌샘은 이러한 생활을 학구에의 열정과 사명감으로 극복해간다.

> 무명옷을 입고 짚신을 신으면서도 끼니를 궐하신 적이 한두 번이 아니었으며…… 상동 집은 운신하기에도 불편한 데다가 햇빛조차 잘 안 들어오기 때문에 낮에도 등불을 켜야 책을 볼 수 있을 정도였다. (『주시경 선생 전기』)

"아버님이 고생하시던 일기를 해방 후 출판하려고 수소문하다가 6·25전쟁을 맞았는데 9·28서울탈환 후 하루는 당시 서대문 인창고교 부근에 사시던 이희승 선생님이 아주 미안하게 되었다고 해요. 전쟁통에 불이 나 보관 중이시던 아버님 일기가 온통 불타버렸다는 얘기였지요. 아버님께서 지금 서울시 경찰국 바로 뒤 북창동 집에 사실 무렵 그때 기록하셨던 것을 읽은 일이 기억나는데…… 길보다 낮은 3평짜리 집에서 콩나물을 드시면서 연명하셨다는 것이지요."

막내아들 왕산 씨의 말이다.

'가난' 때문에 그의 생애는 39세의 짧은 생애로 단축되어 1914년 7월 27일 열무김치로 점심을 먹던 중의 체증으로 별세하여 경기도 고양군 은평면 신사리에 묻혔다가 1960년 한글학회에서 양주군 직접면 장현리로 이장한다.

"돌아가신 집은 지금 시민회관 뒤 내수동 보인상고 입구의 상당히 큰 집이었는데, 늘 고생하시는 것을 보다 못한 경상도 어느 독지가가 지어 준 것이지요. 외삼촌 말씀으로는 성격이 깐깐하셔서 길가에서 파는 것은 위생에 나쁘다고 일절 군것질을 못 하게 하셨고, 만년에 세검정에 따로 과수원을 사셔 손수 가꾸신 과일을 먹도록 했다는 것입니다. 그저 후예로서는 아버님이 좀 더 사셨더라면 보다 큰 엄청난 업적을 남기셨으리라는 아쉬움뿐이지요."

막내아들 왕산 씨의 말이다.

내가 본 한힌샘 주시경

주시경 선생은 우리 국어를 근대 학술에 접근시키신 최초의 국어학자이다. 그분이 국어 연구에 얼마나 몰두하셨는지는 한 번 연구가 시작되면 거의 침식을 잊으셨으며, 길을 가시면서도 한창 생각에 몰두하다 전봇대에 머리를 부딪친 적이 여러 번 있었다는 에피소드로도 짐작할 수 있다. 나도 그분의 일요 특강을 1~2회 수강한 적이 있으나 그때의 인상은 한마디로 열강 그것이었다.

사실상 개인적으로는 그분을 사숙한 탓으로 국어학이라는 내 전공의 길을 밟았다고 할 수 있다. 대한제국 시대 공부하고 싶어 상경했다가 몇 해 안 되어 집안이 가난하여 낙향해야 했던 나에게 주시경 선생이 손수 등사하신 우리말 교재는 이상스런 충동과 흥미를 북돋아주는 것이었다. 당시 휘문의숙에 재학하던 일가 청년이 겨울방학에 가지고 온 것을 빌려 본 것인데, 그때 나도 이 방면의 공부를 해야겠다고 다짐하여 그 후 언어학 책을 닥치는 대로 사서 보게 되고, 국어학을 전공하게 된 것이다. 이처럼 한힌샘 선생은 국어 연구에 빼놓을 수 없는 학자이자 또 우리 전공학도에게 길을 열어주신 스승이다.

이희승(단국대 동양학연구소장)

한힌샘 주시경

1876년	12월 23일, 황해도 봉산군 쌍산면 무릉골에서 태어남
1894년	배재학당에 입학
1896년	독립신문사 안에 국문동식회를 설립, 독립협회 회원이 되며, 진보적 학생 단체인 협성회를 조직
1898년	배재학당 만국지지 특별반 졸업
1900년	배재학당 보통과를 졸업
1907년	학부 안에 둔 국문연구소 위원으로 위촉됨
1908-1914년	『국어문전음학』, 『한자초습』, 『국문초학』, 『국어문법』, 『말의 소리』 등 저서를 냄
1914년	7월 27일, 체증으로 39세를 일기로 별세

2012년 6월 서울시는 세종대로에 일제강점기 한글 보급을 위해 힘쓴 주시경과 호머 헐버트 박사를 기리는 조형물을 세우기로 했다. 이 일대를 한글 문화관광 중심지로 만드는 사업 중 하나다.

시는 세종대로 일대 통의 · 통인 · 내수 · 세종로동 등 47만 ㎡에 '한글 마루지(랜드마크)'를 만들면서 그 안에 국어학자 주시경과 헐버트 박사 기념 공간을 만들고 각종 상징물을 세울 계획이다. 이와 함께 조선어학회 선열 33인 추모탑도 이곳에 세워진다.

KI신서 4724

한국의 명가 근대편 1

1판 1쇄 인쇄 2013년 2월 1일
1판 1쇄 발행 2013년 2월 8일

지은이 김덕형
펴낸이 김영곤 **펴낸곳** (주)북이십일 21세기북스
부사장 임병주
MC기획1실장 김성수 **BC기획팀장** 심지혜
책임편집 양으녕 **디자인 표지 · 본문** 네오북
영업본부장 최창규 **영업** 이경희 정경원 정병철
마케팅본부장 주명석 **마케팅** 김현섭 민안기 강서영 최혜령 김해나 김다영 이은혜
출판등록 2000년 5월 6일 제10-1965호
주소 (우 413-120) 경기도 파주시 회동길 201(문발동)
대표전화 031-955-2100 **팩스** 031-955-2151
이메일 book21@book21.co.kr **홈페이지** www.book21.com
트위터 @21cbook **블로그** b.book21.com

© 김덕형, 2013

ISBN 978-89-509-4665-4 03900
      978-89-509-4668-5 03900(SET)
책값은 뒤표지에 있습니다.